U0448555

国家哲学社会科学成果文库

NATIONAL ACHIEVEMENTS LIBRARY
OF PHILOSOPHY AND SOCIAL SCIENCES

西南酋邦社会与中国早期文明

段渝 等著

商务印书馆
The Commercial Press
创于1897

作者简介

段渝 教授，博士生导师，1983年毕业于四川大学历史系，历任四川省社会科学院历史研究所副所长、所长，《中华文化论坛》常务副主编，教育部人文社会科学重点研究基地四川师范大学巴蜀文化研究中心主任，为四川省学术与技术带头人、国务院政府特殊津贴享受者，担任中国先秦史学会副会长、中国西南民族研究学会副会长等，为国家社会科学基金历史学科评审组专家。致力于中国古代文明、先秦史、巴蜀文化、南方丝绸之路等研究。出版学术专著9部，合著17部，发表学术论文300余篇。主持国家社会科学基金重大项目1项、年度项目4项，教育部人文社会科学重点研究基地重大项目2项，省部级和国外科研项目14项。获中国图书奖1项，四川省哲学社会科学优秀科研成果一等奖1项、二等奖4项、三等奖9项，四川省精神文明建设"五个一工程"奖1项。曾在英国伦敦大学亚非学院（SOAS）东亚系、艺术与考古系合作研究并讲学，在德国汉堡大学中文系、海德堡大学汉学系、韩国首尔大学东洋史系、延世大学文学院、翰林大学亚洲文化研究所等讲学，在巴黎吉美亚洲艺术博物馆、泰国东方大学演讲。

《国家哲学社会科学成果文库》
出版说明

为充分发挥哲学社会科学研究优秀成果和优秀人才的示范带动作用，促进我国哲学社会科学繁荣发展，全国哲学社会科学规划领导小组决定自2010年始，设立《国家哲学社会科学成果文库》，每年评审一次。入选成果经过了同行专家严格评审，代表当前相关领域学术研究的前沿水平，体现我国哲学社会科学界的学术创造力，按照"统一标识、统一封面、统一版式、统一标准"的总体要求组织出版。

全国哲学社会科学规划办公室
2011年3月

目　　录

前言 ·· 1

第一章　西南夷概念及其时空构架的历史演变 ······················· 12
　第一节　西南夷名称和概念的历史演变 ································ 12
　　一、西南夷的名称 ··· 13
　　二、西南夷与南中 ··· 14
　　三、西南夷概念的历史演变 ··· 17
　　四、从西南夷到南中的时空变化 ······································· 21
　第二节　西南夷时空构架的历史演变 ··································· 23
　　一、时序脉络：古文化的分期 ·· 24
　　二、空间构架：文化区的演变 ·· 29

第二章　巴蜀广汉本南夷：巴蜀地区的部落和酋邦时代 ············ 33
　第一节　巴蜀地区的部落时代 ·· 33
　　一、"新石器革命" ·· 33
　　二、多元与一体 ··· 44
　第二节　成都平原史前城址群与酋邦社会 ····························· 46
　　一、成都平原史前城址群的发现 ······································· 46
　　二、史前城址与酋邦物化象征 ·· 52
　　三、宗庙与酋邦意识形态 ·· 54
　　四、迈向早期国家之路 ··· 56

  第三节 巴地的酋邦社会 …………………………………… 67
   一、巴地的古蜀文化因素 ………………………………………… 67
   二、廪君酋邦的崛起与演进 ……………………………………… 70
   三、板楯蛮的酋邦社会 …………………………………………… 73

第三章 部落时代的巴蜀西南外蛮夷 ………………………… 78
  第一节 小生态中的文化与族群 …………………………… 78
   一、文化区域 ……………………………………………………… 79
   二、共同地域传统 ………………………………………………… 94
  第二节 早期青铜时代的文化与族群 …………………………… 96
   一、文化区域的分布 ……………………………………………… 96
   二、连续性与间断性 ……………………………………………… 101

第四章 青铜时代的巴蜀西南外蛮夷 ……………………… 104
  第一节 青铜文化的年代 ……………………………………… 104
   一、考古学年代数据 ……………………………………………… 104
   二、整体年代与区域年代 ………………………………………… 110
  第二节 青铜文化区域的形成 ………………………………… 112
   一、青铜文化区域 ………………………………………………… 112
   二、青铜文化区域的时空变化 …………………………………… 125
   三、文化演进的外在动力 ………………………………………… 128

第五章 雊结耕田有邑聚：夜郎、滇、邛都酋邦社会 ………… 135
  第一节 夜郎青铜文化与酋邦社会 …………………………… 135
   一、夜郎的地理位置和族属 ……………………………………… 135
   二、夜郎地区青铜文化 …………………………………………… 137
   三、夜郎酋邦社会 ………………………………………………… 156
  第二节 滇池区域青铜文化与酋邦社会 ……………………… 161
   一、滇的地理位置和族属 ………………………………………… 162

二、滇池区域青铜文化 ………………………………………… 162
　　三、滇池区域酋邦社会 ………………………………………… 172
第三节　劳浸、靡莫 ……………………………………………… 182
　　一、劳浸、靡莫的地理位置和族属 …………………………… 182
　　二、劳浸、靡莫青铜文化 ……………………………………… 183
　　三、劳浸、靡莫部落社会 ……………………………………… 186
第四节　邛都青铜文化与酋邦社会 ……………………………… 189
　　一、邛都的地理位置和族属 …………………………………… 189
　　二、邛都青铜文化 ……………………………………………… 191
　　三、邛都酋邦社会 ……………………………………………… 195

第六章　或土著或移徙：徙、笮都、冉、駹社会 …………………… 201
第一节　徙青铜文化与社会组织 ……………………………………… 201
　　一、徙的地理位置和族属 ……………………………………… 201
　　二、徙青铜文化 ………………………………………………… 202
　　三、徙人的部落社会 …………………………………………… 203
第二节　笮都 …………………………………………………………… 205
　　一、笮都的地理位置和族属 …………………………………… 205
　　二、笮都青铜文化 ……………………………………………… 207
　　三、笮都酋邦社会 ……………………………………………… 210
第三节　冉、駹青铜文化与社会 ……………………………………… 214
　　一、冉、駹的地理位置和族属 ………………………………… 214
　　二、冉、駹青铜文化 …………………………………………… 215
　　三、部落与酋邦 ………………………………………………… 218

第七章　编发随畜迁徙：嶲、昆明及其他族群与社会 …………… 223
第一节　嶲 ……………………………………………………………… 223
　　一、嶲的地理位置和族属 ……………………………………… 223
　　二、嶲青铜文化 ………………………………………………… 224
　　三、嶲部落社会 ………………………………………………… 225
第二节　昆明 …………………………………………………………… 227

一、昆明的地理位置和族属 ………………………………… 227
　　　二、昆明青铜文化 …………………………………………… 227
　　　三、昆明酋邦社会 …………………………………………… 231
　第三节　白狼、槃木、唐菆 ……………………………………… 232
　　　一、白狼、槃木、唐菆的地理位置和族属 ………………… 232
　　　二、白狼、槃木、唐菆的青铜文化与部落社会 …………… 233
　第四节　句町 ……………………………………………………… 237
　　　一、句町的地理位置和族属 ………………………………… 237
　　　二、句町青铜文化 …………………………………………… 237
　　　三、句町酋邦社会 …………………………………………… 240
　第五节　漏卧 ……………………………………………………… 240
　　　一、漏卧的地理位置和族属 ………………………………… 240
　　　二、漏卧青铜文化与部落社会 ……………………………… 241
　第六节　白马、僰、且兰、滇越、哀牢、摩些夷 ……………… 243
　　　一、白马 ……………………………………………………… 243
　　　二、僰 ………………………………………………………… 244
　　　三、且兰 ……………………………………………………… 246
　　　四、滇越 ……………………………………………………… 247
　　　五、哀牢 ……………………………………………………… 250
　　　六、摩些夷 …………………………………………………… 250

第八章　三星堆古蜀文化在西南夷地区的传播和影响 …………… 251
　第一节　三星堆文化的空间分布 ………………………………… 251
　第二节　古蜀文明与西南夷诸文化 ……………………………… 256
　　　一、三星堆古蜀文明与青衣江、大渡河流域古文化 ……… 256
　　　二、三星堆古蜀文明与金沙江、安宁河、雅砻江流域古文化 … 260
　　　三、古蜀文化与滇文化 ……………………………………… 266
　　　四、古蜀文化与黔中和黔西北青铜文化 …………………… 270
　第三节　三星堆文化与西南夷各族群的关系 …………………… 273

第九章　西南夷道的开通 · 278
第一节　五尺道的开通问题 · 278
一、五尺道并非秦人开凿 · 278
二、蜀故徼的开、关问题 · 279
第二节　五丁力士与五尺道 · 281
一、五丁力士 · 282
二、五丁力士与五尺道的开通时代 · 283
第三节　五尺道：蜀通西南夷的重要通道 · 285
一、蜀通西南夷 · 285
二、五尺道：蜀通西南夷的官道 · 287

结语 · 290
一、不同时空背景下西南夷的区域性政治中心 · 290
二、青铜时代西南夷区域性政治秩序的重建 · 290
三、西南夷地区文明的起源 · 291
四、西南夷与长江中下游、古蜀、中原酋邦的比较 · 296
五、融入秦汉文明 · 302

参考文献 · 306

CONTENTS

Introduction ·· 1

Chapter 1 The Concept of the Southwest Yi and the Historical Evolution of the Space and Time Framework ·············· 12

    Section 1 The Historical Evolution of the Name and Concept of the Southwest Yi ·· 12

    Section 2 The Historical Evolution of the Space and Time Framework of the Southwest Yi ································ 23

Chapter 2 Bashu and Guanghan Originally Were South Barbarians: The Tribes and Chiefdoms Era of the Bashu Area ············· 33

    Section 1 The Time of the Tribes in the Bashu Area ················ 33

    Section 2 The Prehistoric Site Groups and Chiefdom Society in Chengdu Plain ··· 46

    Section 3 The Ba Area of Chiefdom Society ·························· 67

Chapter 3 The Barbarians Outside Southwest Bashu Area in the Time of the Tribes ·· 78

    Section 1 The Cultural and Ethnic Groups in A Small Ecological Environment ·· 78

    Section 2 The Cultural and Ethnic Groups in Early Bronze Age ·· 96

Chapter 4 The Barbarians Outside Southwest Bashu Area in
  the Bronze Age ·· 104
  Section 1 The Age of Bronze Culture ·· 104
  Section 2 The Formation of the Bronze Culture Area ············· 112

Chapter5 Topknot, Farming, Living in Towns and Settlements:
  The Chiefdom Societies of Yelang, Dian and Qiongdu ········· 135
  Section 1 The Bronze Culture and the Chiefdom Society of
             Yelang ·· 135
  Section 2 The Bronze Culture and the Chiefdom Society of
             Dian Area ·· 161
  Section 3 Laojin and Mimo ·· 182
  Section 4 The Bronze Culture and the Chiefdom Society of
             Qiongdu ··· 189

Chapter 6 Aborigines or Migration: The Societies of Si, Zuodu,
  Ran and Mang ··· 201
  Section 1 The Bronze Culture and the Social
             Organization of Si ··· 201
  Section 2 Zuodu ·· 205
  Section 3 The Bronze Culture and Society of Ran and Mang ······ 214

Chapter 7 Tress and Migrating Along with the Livestock:
  Xi, Kunming and Other Ethnic Groups ······························· 223
  Section 1 Xi ·· 223
  Section 2 Kunming ··· 227
  Section 3 Bailang, Panmu, Tangzou ·· 232
  Section 4 Gouding ·· 237
  Section 5 Louwo ··· 240
  Section 6 Baima, Bo, Julan, Dianyue, Ailao and Mosuoyi ············ 243

Chapter 8 The Dissemination and Influence of the Sanxingdui and Ancient Shu Culture in Southwest Yi Area ·· 251
    Section 1   The Spatial Distribution of the Sanxingdui Culture ······ 251
    Section 2   The Ancient Shu Civilization and the Southwest
                Yi Cultures ··· 256
    Section 3   The Relationship between the Sanxingdui Culture and
                Ethnic Groups of Southwest Yi ································ 273

Chapter 9 The Opening of the Southwest Yi Road ···························· 278
    Section 1   The Issues of the Opening of the Wuchidao ············· 278
    Section 2   Wuding and Wuchidao ·· 281
    Section 3   Wuchidao: An Important Road from Shu to
                Southwest Yi Area ··· 285

Conclusion ·· 290

Bibliographics ·· 306

前　言

本书为国家社会科学基金项目"西南酋邦社会与中国早期文明——西南夷政治组织与文化演进研究"(07XZS003)的最终成果,受国家社会科学基金重大项目"中国国家起源的理论与方法"(12&ZD133)资助。

一

在汉代和汉以降的文献中,西南夷是指中国古代分布在青藏高原东缘巴蜀以西、以南和西南地区的古代族群,即秦汉时期分布在今四川西南、西北和云南、贵州等地区属于氐羌系统和濮越系统的各个族群的总称。本书所研究的西南酋邦社会,是指先秦、秦汉时期西南夷在各自小生态区内所形成的政治组织和政体群,即以《史记》、《汉书》、《后汉书》、《三国志》、《华阳国志》等文献所记载的"以百数"的"君长"为代表的"巴蜀西南外蛮夷"[①]的西南夷社会,以及先秦时期曾长期被认为是"南夷"[②]和"西僻之国"的巴蜀酋邦社会[③]。

[①] 《史记》卷116《西南夷列传》。
[②] 《汉书》卷28上《地理志上》。
[③] 需要特别指出,在公元前316年秦灭巴、蜀以前,不论巴还是蜀,都属于西南夷的范畴。《战国策·秦策一》和《华阳国志·蜀志》均说蜀为"西僻之国而戎狄之长",而《荀子·强国篇》也直接把巴称为"西戎"。《汉书·地理志》更是明确记载:"巴、蜀、广汉本南夷,秦并以为郡",这里的巴、蜀指秦汉时期的巴郡和蜀郡,广汉指秦汉时期的广汉郡,而广汉郡是分别从巴郡和蜀郡割地设置的,即所谓"分巴割蜀以成黔、广"(《华阳国志·蜀志》),"黔"指黔中郡,"广"指广汉郡。很清楚,《汉书》是把秦灭以前的巴和蜀视为南夷的。《汉书》为官修史书,《汉书》把被秦灭以前的古巴、蜀称为"南夷",这个看法必然是代表了汉王朝的普遍意见,为

由于自然地理和文化地理的原因,中国西南自古便是一个多民族分布的地区,这些民族都拥有各自独具风貌的文化,这种多种类型的文化同居一隅的现象早在新石器时代就已经初现端倪。随着西南地区各人类群体从新石器时代族群向青铜时代族群过渡的完成,这种文化格局更加明显地凸显出来,西南地区也因此成为了众多古代族群活动的分布区域,他们聚族而居,各自拥有大致稳定的活动范围,形成了西南夷地区的多族群分布格局。

关于"巴蜀西南外蛮夷"即西南夷地区青铜时代的诸族群,《史记·西南夷列传》为我们保存了一段珍贵的记载,这也是我国古代文献有关西南夷地区古代族群最早而且较为完整的记载:

> 西南夷君长以什数,夜郎最大;其西靡莫之属以什数,滇最大;自滇以北君长以什数,邛都最大;此皆魋结,耕田,有邑聚。其外西自同师以东,北至楪榆,名为嶲、昆明,皆编发,随畜迁徙,毋常处,毋君长,地方可数千里。自嶲以东北,君长以什数,徙、筰都最大;自筰以东北,君长以什数,冉、駹最大;其俗或土著,或移徙,在蜀之西。自冉、駹以东北,君长以什数,白马最大,皆氐类也。此皆巴蜀西南外蛮夷也。

除上述诸族群外,根据《汉书》、《后汉书》及《华阳国志》等文献的记载,西南夷尚有劳浸、漏卧、句町、白狼、楼薄、槃木、唐菆等较小的族群,除此之外还有众多未能在历史文献中留下族名,而被司马迁统称为"君长以什数"、"以百数"的数量更多的小族群。

考古发掘资料证实,大凡在《史记·西南夷列传》中列入记载的某族群的分布地区,基本上都找到了与其相对应的某种青铜时代的文化遗存,这证明司马迁的记载是基本准确的。

我国西南地区民族种类众多,迁徙活动频繁,各族群的势力范围时有进退伸缩,导致各族群的分布区域也时常随之发生变化,以至出现他们在地理分布

(接上页)朝廷所公认。这些记载无可非议地说明,在当时的中原人眼中,先秦时期的巴、蜀,均毫无例外地属于西南夷中的成员。本书对西南夷的研究,即以此为空间范围,但侧重点有所不同。本书的章题,将"西南夷"和"巴蜀西南外蛮夷"加以分别标识,但为了避免繁琐,在各章的具体论述中,在没有特别提示的情况下,仍然使用西南夷名称。对此,读者自然能够根据各章内容予以清晰地分辨。

上常呈现犬牙交错的状态,在历史文献所载某一族群的分布区内出现另一族群的活动痕迹,也是常有的事。另外,由于西南夷地区青铜时代诸族群的规模都不大,又密集地分布在西南一隅,所以诸族群之间的文化交流比较频繁,相互间的影响也较为强烈,导致了各族群的文化中除了自身的主体文化因素外,还都不同程度地包含其他文化的因素。特别是其中有些族群具有同一族源,他们在文化上的联系则更为密切,以上现象也大多得到了考古材料的印证。

根据考古发现,约在中原的商周时期西南夷地区便开始进入青铜时代,春秋至西汉时期,西南夷青铜文化的发展已达顶峰。同时,从商周到汉代,西南夷地区的一些族群也在经过长期发展演化后,在较为独立和封闭的地理空间中演进为具有相当分层与组织能力的社会,发展到复杂酋邦的水平。但是西南夷各族群却并没有从酋邦组织进一步演进为国家,没有在自身文化进化的基础上过渡到文明社会,而是在汉代文化的强劲扩展和传播下,从青铜时代跨入铁器时代,并在政治上纳入到汉代国家的体制之内,纳入到文明社会之中,从而结束了其尚未完成的文明起源进程[①]。

二

对西南夷族群社会和政治组织的研究,学术界多年来一直在持续开展。早期的国内学者倾向于使用摩尔根(H. Morgan)和恩格斯的国家起源理论来解释古代西南夷族群的社会发展水平,或者将之解读为摩尔根的"部落联盟",或者按照斯大林《论辩证唯物主义与历史唯物主义》中提出的"五大社会形态"模型,将之解释为"奴隶制国家"[②]。例如,童恩正先生早期便使用"奴隶社会"这一概念来定义西南夷族群的社会发展形态,但他后来放弃了这一观点,转而使用"酋邦"这一人类学概念来研究西南夷古代社会[③],这意味着学术界在古代西南夷社会的研究上进入新的学术和理论视野。

1955年,西方人类学家奥博格(K. Oberg)根据研究墨西哥南部低地印第

[①] 参见段渝《论金沙江文化与文明起源》,《中华文化论坛》2002年第4期,第34页。
[②] 陈淳:《文明与早期国家探源:中外理论、方法与研究之比较》,上海书店出版社2007年版,第110页。
[③] 童恩正:《中国西南夷地区的古代酋邦制度:云南滇文化中所见的实例》,《中华文化论坛》1994年第1期,第90页。

安人群的经验,首次提出"酋邦"(chiefdom)概念,用来表述一种既有别于史前部落又有别于国家文明的复杂社会的政治组织形式[①]。后经美国人类学家 E. R. 塞维斯(Elman. R. Service)、弗里德(M. H. Fried)等学者的深入研究[②],这一概念和观点近几十年来在国际上日益为更多的历史学家、考古学家和人类学家运用并加以新的发展[③]。

E. R. 塞维斯在《原始社会的组织》和《国家与文明的起源》中提出,人类社会的政治组织经历了四个连续发展的阶段,即游群、部落、酋邦、国家。其中后两个阶段——酋邦和国家,即属近年来为国内学术界所盛称的文明起源时代和文明时代[④]。西方学者对从酋邦制社会发展到国家文明社会的研究,主要集中在中美洲、秘鲁、近东、西欧以及太平洋岛屿等西方学术传统所关注的区域,取得了丰富的经验与理论成果。这一理论早期由海外学者张光直先生引入国内,他强调了酋邦阶段研究的对象正是弗里德所称的"分层社会"(ranked society),地方群落组织成为一个锥体结构的系统。因此,他提出了使用人类学酋邦理论研究中原夏商周三代王朝起源的可能性[⑤],在国内学界引起了反响。

早年方国瑜、江应梁、尤中等先生曾从民族史的角度对西南夷进行了研究[⑥],虽然提及西南地区的奴隶制,但没有涉及对政治组织内涵的研究。近年来学术界的相关成果,主要是西南地区各文物考古单位对墓葬、遗址和遗物所进行的研究,尽管一些学者在他们的论著中研究了西南夷的社会组织,但还没有深入到对政治组织发展演变的分析。国外学者除 20 世纪二三十年代个别人如 D. C. 葛维汉(D. C. Graham)对西南地区的史前文化及历史时期

---

① Oberg, K: *Types of Social Structure Among the Lowland Tribes of South and Central America*, American Anthropologist, 1955, 57, 3, pp. 472 – 487.

② Service, E. R.: *Origins of the State and Civilization*, New York, Norton, 1975; Fried, M. *The Notion of Tribe*, Menlo Park, Cummings, 1975.

③ Timothy Earle: *Chiefdoms in Archaeological and Ethrohistorical Perspectives. Annual Review of Anthropology*, 1987; "The Evolution of Chiefdom", in T. K. Earle, ed., *Chiefdom: Power, Economy and Ideology*, Cambridge University Press, 1991.

④ Service, E. R.: *Origins of the State and Civilization*, New York, Norton, 1975.

⑤ 参见张光直《中国青铜时代》,生活·读书·新知三联书店 1983 年版,第 46、56 页。

⑥ 参见江应梁《西南边疆民族论丛》,珠海大学 1948 年版;尤中《中国西南民族史》,云南人民出版社 1984 年版,第 37 页;方国瑜《中国西南历史地理考释》,中华书局 1987 年版,第 13 页。

的少数民族进行过研究外,几乎很少有人论及中国西南酋邦社会与文明进程的研究。至于透过物质文化遗存对社会结构、政治制度、经济技术和文明演进程度所进行的分析,国内外学术界基本没有论及,难以看出在中国文明形成时代西南地区文明演进的水平以及西南夷各族文化从分散走向整合的历史进程。

20世纪90年代后,童恩正先生首先使用酋邦理论研究西南夷社会,并得出古代西南夷社会组织处于酋邦这一历史发展阶段的结论①。在此前后,中国学者先后深入运用酋邦理论探索中国早期国家起源的可能,并取得相当成果②。也有学者对西方学者基于美洲、太平洋岛屿、非洲人类学田野调查所提出的酋邦理论在中国的使用提出过质疑③。但不管怎样,酋邦理论进入中国学术界,并作用于早期文明起源的研究之中,已经成为一种事实。当然,由于传统史学观念的影响,中国学者的研究重心长期围绕着黄河流域的三代王朝展开,而长江流域的早期国家起源则相对较受到忽略。中国学者近年开始运用酋邦概念分析中国文明起源和形成的进程,在许多方面取得进展,但远未达成一致。在中国西南地区文明与国家起源的研究上,除了个别学者从酋邦的观点分别对包括滇、夜郎、巴蜀等著名的古代西南夷社会进行全面或个别的个案研究外,还缺乏从区域政治组织与文明演进的角度进行系统全面的研究和比较。

三

中国西南地区的古代酋邦社会,并不是由某个单一民族所构成的整体社会,也不是以几个族群联合形成的统一的政治经济实体。

由于历史文献记载的不足征,西南地区的上古史显得非常复杂而隐秘,学

---

① 参见童恩正《中国西南地区的古代酋邦制度:云南滇文化中所见的实例》,《中华文化论坛》1994年第1期,第83—93页。
② 参见谢维扬《中国早期国家》,浙江人民出版社1995年版,第171—305页。易建平:《部落联盟与酋邦——民主·专制·国家:起源问题比较研究》,社会科学文献出版社2004年版,第105—546页。段渝:《酋邦与国家起源:长江流域文明起源比较研究》,中华书局2007年版,第1—447页。沈长云、张渭莲:《中国古代国家起源与形成研究》,人民出版社2009年版,第74—112、325—331页。
③ 参见王震中《中国文明起源的比较研究》,陕西人民出版社1998年版,第170—173页。王震中:《国家形成的标志之管见:兼与"四级聚落等级的国家论"商榷》,《历史研究》2010年第6期,第17页。

术界对这个地区古代社会各个族群的族属和年代等问题的看法存在相当分歧。更为重要的是,学术界在对西南夷的研究中,往往只是从《史记·西南夷列传》出发,仅对"巴蜀西南外蛮夷"进行分析,却忽略了先秦时代的巴、蜀均属西南夷范畴这个历史事实。

西南夷的族群和地理等概念,在先秦秦汉时期有一个历史的演变过程。先秦时期的西南夷,包括了巴、蜀在内,称巴、蜀为"南夷",而汉代西南夷的北界则向南推到了汉嘉郡、朱提郡和越嶲郡一线,汉代文献关于西南夷地理方位的记载,是在汉武帝时期南夷的大量南迁以后才基本上固定下来的。

包括巴、蜀在内的整个西南地区,在夏、商、西周、春秋、战国前期都可以称为西南夷地区。直至公元前316年秦并巴、蜀以后,对巴、蜀在政治、经济和文化上进行了大规模改造,巴和蜀成为汉文化圈的重要一员,从此才不再被视为西南夷,而蜀郡西南部的沈黎郡在汉武帝时期才退出南夷的范围。自此之后,汉代的西南夷地区就仅指"巴蜀西南外蛮夷",即夜郎、靡莫之属(包括滇)、嶲与昆明、邛都、徙与筰都、冉駹、白马等七个区域,以及东汉时期归附中央王朝的永昌郡,而邛都、徙、筰都、冉駹、白马等到了两晋时期也被排除在南中之外。

新石器时代晚期是古蜀文明的起源时代,也就是古蜀的酋邦时代,这可以通过历史文献和考古资料的分析大体得到解释。大约在商代,成都平原古蜀地区由于三星堆文化的兴起而进入国家与文明时代。巴人的酋邦时代于史无征,考古学资料则显示出,当春秋战国之际巴国进入峡江流域之前,长江三峡东部清江流域的廪君蛮尚处于酋邦时代,长江三峡西部嘉陵江流域的板楯蛮也处于酋邦时代。而商代的巴国有着强大的军队,西周时代的巴国已是周王室分封在南土的诸侯之首,为著名的"汉阳诸姬"之一。

在巴、蜀西南徼外,是汉代文献所称的西南夷的世界。虽然西南夷各族见诸历史文献记载并不算太晚,先秦文献对其中的某些族群有着间接而模糊的记载,但是对西南夷社会比较集中而轮廓大致完整的记载,是司马迁的《史记·西南夷列传》。根据《史记·西南夷列传》的记载来看,西南夷从先秦到汉初,其社会仍然在部落与酋邦时代徘徊,没有进入国家与文明。虽然其中某些族群及其文化已行进在通向国家与文明的道路上,但还未能跨进国家与文明的门槛。汉武帝开西南夷,对西南夷进行大规模改造,政治上在西南夷地区设置郡县,经济上在西南夷地区设立铁官,实行盐铁专营制度,文化上将汉文化大量而源源不断地输入西南夷地区,最终将西南夷纳入到汉代国家的体制之内,从而结束了西南夷的酋邦时代,并使西南夷地区成为中国文明的重要亚文明区之一。

四

考古学家在属于西南夷范围的今四川西部和西南部发现的新石器晚期文化遗存,主要集中在岷江上游地区、青衣江流域和安宁河流域;在属于西南夷范围的贵州西部地区,21世纪以前很少发现新石器时代文化的遗存,近年来始有新石器晚期文化遗存的重大发现;历年来云南发现的新石器晚期文化遗存比较丰富,但可确认的遗存在空间分布上呈现出明显的不均衡性,而以云南西部至中部地域为集中分布区。由于文献资料不足征,所以这一大批新石器时代晚期文化遗存的发现就尤为重要,为探讨西南夷地区新石器文化晚期部落时代的文化与族群提供了非常宝贵的实证资料。

迄今西南夷地区的考古资料显示出,在新石器时代晚期,西南夷地区部落的分布已经比较广泛,并在多数地方形成了区域性的分布空间,意味着部落间相互依存关系的发展和共同地域传统的初步形成。根据目前已有的考古资料,部落时代的西南夷文化可以大致划分为15个区域,分别是:1.黔西滇东北;2.滇池区域;3.安宁河流域;4.青衣江流域;5.岷江上游;6.金沙江上游;7.金沙江中游;8.洱海区域;9.滇中(通海县杞麓湖周围);10.澜沧江中游;11.滇东南(元江—红河支流和南盘江下游的支流);12.滇南(澜沧江下游、元江中游);13.滇西、滇西南(澜沧江中游、下游及怒江上游和中游);14.滇西(怒江下游和伊洛瓦底江支流龙川江—瑞丽江和大盈江流域);15.滇西南(沧源耿马)(澜沧江中游、下游及怒江上游和中游)。

在上述西南夷地区新石器时代晚期文化的15个区域,已初步形成了各自区域内连续或不连续的空间分布形态,它们的空间分布形态具有很大程度的相似性:多位于大河支流流域两岸的台地、湖滨、浅丘或缓坡地带,并以这种有限的自然地理环境作为各自文化生长点的依托和界域,因而各种类型的分布一般以自然地理为界限,表现出明显的小生态内部的地域文化特点,意味着各种类型文化都是适应当地的小生态而发展起来的。由于金沙江、澜沧江、怒江均为两岸高山夹峙,滩险弯急,支流之间被高山峡谷所分割,不像黄河中下游和长江中下游那样有宽敞的平原,易于形成一种或数种文化的广阔的连续性分布空间,而是以小生态为族群及其文化的分布界域,从上游到下游相间分布,并以这种形态基本涵盖了各个流域。例如,金沙江以南区域与洱海以北的剑湖区域以及滇池区域和杞麓湖区域的新石器文化遗存虽然具有某些联系,但各自所显示出的独有的且主流性的文化特征更为鲜明,它们分别代表了不同的考古学文化类别。所以,从整体形态上看,西南夷地区的新石器时代晚期文化具有复杂性、多元性和流域性(区域性)等显著特征,而这些因素直接导致了多数族群具有持续发展的不稳定性特点。特别是由于这些族群资源获取能力不足,资源需求不足,促进政治组织演进的动力不足,以及组织机制的力量不足等几种先天性缺陷,致使他们难以在自身新石器时代晚期文化的基础上进一步向着青铜时代演进。

不过另一方面,西南夷地区新石器文化各区域之间又存在着某些共同的文化因素,并以此为基础,初步造就出西南夷地区的共同地域传统。在陶器方面,西南夷各区域类型多数以小平底为主,器形以罐类为主,如夜郎区域、滇池区域、安宁河流域、金沙江上游、金沙江中游、滇南以及滇东南区域。在石器方面,各区域类型多见长条形石斧、半月形穿孔石刀和梯形石斧,如夜郎区域、安宁河流域、金沙江上游、洱海区域、滇南及滇西南等区域,而有肩有段石器则在金沙江中游和雅砻江流域广泛分布。在文化类型方面,从金沙江以南的龙川江谷地向西直至澜沧江中游的广大地域内,分布着元谋大墩子、宾川白羊村、永平新光等三个类型,但其间在文化遗存方面却又显示出较多共性,而位于金沙江中游南岸的大墩子类型则与北岸的礼州类型有许多相似之处。

从西南夷地区新石器时代文化的面貌来做进一步分析,可以看出,它的各种特点事实上反映了各个区域中各族群的来源、迁徙、适应能力、交往范围等多方面关系,使西南夷地区的新石器时代晚期文化显现出它的走廊性和土著性二重特征,由此构成了西南夷地区民族文化生长壮大的基础。

关于西南夷地区早期青铜时代的文化遗存,目前的发现还相当有限。从已有的考古资料看,早期青铜时代的文化遗存仅在黔西滇东北区域、滇池区域、滇西剑湖区域、洱海区域、滇西南澜沧江和怒江下游等有所发现,而大多数早期青铜文化遗存既与当地的新石器时代晚期文化之间没有直接的继承发展关系,又与全盛时代的西南夷青铜文化遗存之间没有直接的发展演变关系。

五

西南夷地区文明与国家起源的进程,与黄河流域中原地区的夏商周及其诸侯国、长江流域的巴国、蜀国以及楚国、吴国、越国等有很大的相异性。不论中原、巴、蜀还是楚、吴、越等国的文明,青铜器都可以作为其文明高度发达的标志和物化形式,所以,青铜时代可以作为其灿烂文明的同义语。然而西南夷地区的情况却与此有很大的不同。

西南夷地区大约在商周之际开始逐步进入青铜时代,到春秋战国时代,西南夷地区形成了多个生长在大河流域支流小生态中的青铜文化群,目前在考古学上反映出来的这样的青铜文化群主要有十余个,分别是:1.黔西滇东北夜郎青铜文化区;2.滇东曲靖盆地劳浸、靡莫青铜文化区;3.滇池区域青铜文化区;4.安宁河流域邛都青铜文化区;5.青衣江流域徙青铜文化区;6.雅砻江下游盐源盆地笮都青铜文化区;7.保山盆地嶲青铜文化区;8.洱海区域昆明青铜文化区;9.岷江上游冉駹青铜文化区;10.川北陇东南氐文化区;11.金沙江上游白狼、槃木、唐菆青铜文化区;12.红河流域句町青铜文化区;13.滇南地区漏卧青铜文化区。这些青铜文化区域与历史文献所记载的巴蜀西南外的夜郎、滇、嶲、邛、笮、昆明以及其他族群的文化区域可以相互对应。

生活在西南夷地区大河流域支流小生态中的青铜文化群体经过长期发展演进,相互交流,日益扩展,由某些共同文化因素而形成共同地域传统,并由于一些共同具有的青铜文化要素而构成特征鲜明的西南夷青铜文化。如果用中原青铜时代的眼光来衡量,西南夷青铜文化似乎已经达到文明的水平,建立起早期国家组织。但是,如果我们用文明与国家形成的一般定义去详加考察,就会发现西南夷青铜文化仍然不能称之为文明,它只是青铜器的流行时代,它们的酋邦社会也没有在社会复杂化进程中进一步演进到国家。这些生长在西南地区大河支流小生态中的西南夷酋邦社会,虽然在外力的推动下产生了青铜文化,但并没有以此突破酋邦组织的政治体制,而是形成了一种酋邦组织与青铜文化紧密结合的复杂的二元结构。这种二元结构的长期稳定化发展,虽然没有导致西南夷酋邦在自身的基础上最终产生出古代文明和国家,但却在西南夷地区共同地域传统的形成以及西南夷文化在整体上的进步起到了重要的维系和推动作用。

根据《史记》等历史文献的记载,从对考古资料的综合分析中增加认识,西南夷地区的13个青铜文化区域可以划分为"魋结耕田有邑聚"、"或土著或移徙"以及"编发随畜迁徙"等三种经济类型的社会,它们在政治社会演进中的发展水平高低不一,主要形成了酋邦和部落两种政治组织形态。属于"魋结耕田有邑聚"的社会有:夜郎、滇、邛都、劳浸、靡莫,这五个社会中的夜郎、滇、邛都等三个青铜文化群在政治社会演进的进程中已进入较高级的酋邦时代,而劳浸和靡莫仍然在部落时代徘徊。属于"或土著或移徙"的社会有:徙、筰都、冉、駹,其中的筰都已进入比较发达的酋邦社会,冉、駹存在部落与酋邦并存的特点,徙则仍然在部落社会中逡巡不前。属于"编发随畜迁徙"的社会有:嶲、昆明、白狼、槃木、唐蒙、句町、漏卧,以及白马、僰、且兰、滇越、哀劳、摩些夷等,它们当中除昆明和句町已进入酋邦社会外,其余都还在部落时代徘徊。

因此,如何使用适合的理论和方法对西南夷酋邦的政治组织进行分析,并基于西南夷地区本身考古所反映的社会特征,形成一种有效的学术解释力,不但是对西南夷古代社会研究的内在诉求,同时也可以为中国古代国家起源的多种特质提供新的视野与解读可能性。

六

值得注意的是,西南夷酋邦的很多考古迹象显示了青铜文化的发达。这个现象很容易造成一种假象,即按照中原的文明起源现象,进而推测西南夷地区已经达到了中原三代时期的"青铜文明"阶段。实际上,西南夷的青铜文化是受到古蜀文明剧烈影响之后的结果,古蜀文明在独立于中原文明独自演进的过程中,本身发展出并具备了大型礼仪中心、发达的青铜文明、城市以及发达的宗教控制和暴力垄断,是整个长江流域唯一由复杂酋邦演进为国家文明水平的社会①。因此,西南夷的青铜文化并不能被视为达到了同等条件下独立发展的技术高度。正如直到近代,凉山的彝族已经开始使用火器作战,但并不意味着这一社会组织已经发展到近代水平。

对于西南夷地区而言,以夜郎、滇、笮都、邛都等为代表的政治组织走在了西南夷各族社会演进的前列,处于酋邦向国家演进、史前向文明过渡的阶段。如果没有秦王朝尤其是汉王朝国家力量的进入,将汉文化包括铁器和政治制度在内的各种文明要素在西南夷地区作强劲扩展和传播,造成西南夷地区从史前和青铜时代跨入铁器时代,并将其纳入秦汉国家体制的政治秩序之内,西南夷族群仍旧会按照自身的发展方向和逻辑,完成向国家社会的演进。这就是说,西南夷复杂酋邦已经站在了文明曙光的门槛面前。换言之,酋邦理论既为我们解释西南夷古代社会的发展水平提供了重要理论资源和方法视野,而西南夷材料的具体研究,又能进一步丰富酋邦理论和早期文明起源研究的视野和方法。

本书旨在详细占有历史、考古和民族学资料的基础上,通过对相关文化因素及其组合方式和演变关系等的细致分析和比较,深入、系统地研究西南夷各族群的政治组织及其演进,探讨在政治组织演进过程中的社会复杂化及其机制,由酋邦组织向国家演化的方式和途径,以期揭示西南夷政治组织演进的历史进程和特点,从而把文明与国家起源的研究从区域类型分析和物质文化探讨推进到政治组织与文明演进研究的新高度。

本书由段渝全面主持完成。刘弘撰写了第四章至第七章的大部分考古资料。李竞恒撰写了第二章第二、三节以及第五章和第六章及结语的部分子目。邹一清、颜信、李竞恒参加了图片和参考文献的整理工作。英文目录为颜信翻译,段渝校订。

---

① 参见段渝《酋邦与国家起源:长江流域文明起源比较研究》,第 397—419 页。

第 一 章

西南夷概念及其时空构架的历史演变

西南夷是中国古代分布在西南地区的非华夏或非汉系的民族,包括古代的氐羌和濮越两大民族系统,它们是如今这一广阔地域内汉藏语系藏缅语族和壮侗语族各民族的先民。

濮越为上古时代中国南方的主要民族系统之一,是今壮侗语族各民族的先民。濮越的历史十分悠久,因其分布甚广,群落众多,故称"百濮",或称"百越"。而历史上属于氐羌系统的族类,是如今藏缅语族各族的先民,如:今甘、青、川交界处,古代是西羌以及其后的党项羌,现在是藏族;岷江和大渡河上游,古代是冉、駹及白狼、槃木、唐菆等,现在是羌族和藏族中的嘉戎支;沿大渡河及安宁河至滇东、黔西及昆明一带,古代是筰都、巂等部落,或者是越巂羌叟,现在主要是彝族;沿安宁河至大理一带,古代是摩沙和昆明,现在是纳西族、普米族和白族。据历史文献及本民族传说,这些族体的历史均可上溯到氐羌。就语言的系属而言,他们都是汉藏语系中藏缅语族之下的各族,有着亲缘的关系[①]。在中国南方,古代民族的构成基本上就是濮越和氐羌两大民族系统。至今除苗瑶语系外,中国南方仍以壮侗语族及藏缅语族的民族为主。

第一节 西南夷名称和概念的历史演变

在中国古代文献中,西南地区的非华夏或非汉系的民族被称为"西南

---

① 参见罗常培等《国内少数民族语言文字的概况》,中华书局1954年版。

夷"①,或"巴蜀西南外蛮夷"②,或"蜀郡徼外"蛮夷③。对西南夷的深入研究,有必要首先分析其概念、内涵及其历史演变。

一、西南夷的名称

有关西南夷较完整而详备的记载,首见于《史记·西南夷列传》。此篇总叙部分记载说:

> 西南夷君长以什数,夜郎最大;其西靡莫之属以什数,滇最大;自滇以北君长以什数,邛都最大,此皆魋结,耕田,有邑聚。其外西自同师以东,北至楪榆,名为嶲、昆明,皆编发,随畜迁徙,毋常处,毋君长,地方可数千里。自嶲以东北,君长以什数,徙、筰都最大;自筰以东北,君长以什数,冉、駹最大,其俗或土著,或移徙,在蜀之西。自冉、駹以东北,君长以什数,白马最大,皆氐类也。此皆巴蜀西南外蛮夷也。

西南夷族类有异,成分复杂。按《史记》有关篇章以及《汉书》的记载,实际上包括西夷和南夷两部分。所说"夷",即是《西南夷列传》总叙末句所记"蛮夷",是汉代对巴蜀西南外少数民族的通称,"西"和"南"均为方位词,西夷是指位于巴蜀以西的非华夏族的民族或族群,南夷是指位于巴蜀以南的非华夏族的民族或族群。

流传至今的文献表明,将巴蜀西南外的民族或族群称为"西南夷",是始见于西汉文献的称谓,在先秦文献里还没有发现这一称呼。先秦时期普遍把分布在中原诸夏周边的民族或族群称为"蛮夷",对僻处西南地区的巴和蜀亦不例外。据《战国策·秦策一》所记载的张仪、司马错之言,蜀是"西辟(僻)之国而戎狄之长也",《华阳国志·蜀志》也说秦灭蜀后,"戎伯尚强,乃移秦民万家实之"。所谓"戎狄"和"戎伯",都是指古蜀国境内的氐羌系和濮越系的各族或其君长。先秦时期臣属于蜀的族类众多,汶山、僚、僰都曾先后为蜀附庸,蜀为其长,而被通称为"戎狄之长",那么蜀国连同其境内臣属于蜀的这些族类无疑也都被视为"戎狄"。先秦文献中仅在《战国策·秦策一》直接提到巴蜀西南外

---

① 《史记》卷116《西南夷列传》。
② 《史记》卷116《西南夷列传》,《汉书》卷95《西南夷传》。
③ 《后汉书》卷86《南蛮西南夷列传》。

非华夏的民族或族群之臣属于蜀国者,仅在《战国策·秦策一》中有此一见,说明汉代所称西南夷,在先秦时代多称"戎狄",这是随时代的变化而引起的称谓变化,这种名异实同,在中国古代史上是常见的通例。①

应当指出,先秦史上所谓"东夷"、"西戎"、"南蛮"、"北狄"②,原是中原诸夏对周边非华夏族的民族或族群以及一些原出华夏但已经"戎狄"化了的族群的称谓,是他称,非自称,是泛称,非专称。"东夷"、"西戎"、"南蛮"、"北狄"或又合称为四夷③,即四方之夷。关于这一点,唐代孔颖达的解释最为精当。他说:"四夷之名,随方定称,则曰东夷、西戎、南蛮、北狄。其当处立名,则名从方号。"又说:"夷为四方总号。"④从《左传》、《国语》等先秦史籍可见,不仅"四夷"事实上都包含大量不同的族系,其中许多族系可以蛮、夷或戎、狄互称,而且这些名称亦多随时代的变迁而不同,但他们的族属并没有改变。无论先秦西南地区的"戎狄",还是汉代的西南夷,都包括若干不同的族类,所说"戎狄"或西南夷,都是泛称,而不是一个统一或单一民族的族称。

二、西南夷与南中

《史记·西南夷列传》总叙把西南夷分为四大类别,其中包括七个区域。四大类别的第一类是夜郎、靡莫之属和滇、邛都,属于"魋结,耕田,有邑聚"族类的所在;第二类是嶲、昆明,属于"编发,随畜移徙,无常处"族类的所在;第三类是徙、筰都、冉駹,属于"或土著,或移徙"族类的所在;第四类是白马,属于"氐类"的所在。七个区域分别是夜郎、靡莫之属(包括滇)、嶲与昆明、邛都、徙与筰都、冉駹、白马。很明显,这是以文化属性、民族系统和经济类型进行分类的。夜郎、靡莫和滇、邛都文化相近,均属濮越系族类,以定居农业为生产和生活方式。嶲、昆明属于游牧的羌系族类。徙、筰都、冉駹属于氐羌系族类,其中有的是以定居农业为主要生产和生活方式,有的则是半农半牧生产和生活方式。白马则属氐类⑤。除白马以外,在其他每一个类别中,均包括若干区域,

---

① 段渝:《西南夷考释》,《天府新论》2012年第5期,第119—120页。
② 参见《礼记·王制》,《史记》卷1《五帝本纪》。
③ 《左传·昭公十七年》记载孔子曰:"吾闻之,天子失官,学在四夷,犹信。"
④ 《左传·文公十六年》孔颖达疏。
⑤ 过去有的学者认为,《史记·西南夷列传》总叙中的末句"皆氐类也"是关于西南夷各族群族属的总体概括,认为西南夷均为氐类族群。其实,总叙中的这一句只是针对"自冉、駹以东北,君长以什数,白马最大"而言,并不是说整个西南夷均属氐类。我们只要仔细分析就不难看出,《西南夷列传》总叙是从政治、经济和文化诸方面对西南夷加以分类的,非常精当,而其中对于族类的分别也是十分明晰而准确的。即使在今天看来,这样的分类也是比较科学的。

每一个区域内都有"以什数"的众多"君长",分别以一个"君长"代表一个族群,以区域中最大的君长代表区域。七个区域中有六个区域有"君长",一个区域"毋君长"。如此看来,西南夷地区至少有上百个"君长",所以太史公说"西南夷君长以百数"①。对于各个区域内"以什数"的"君长",总叙只列出了当中"最大"的"君长"和主要"君长"的名称,他们分别是:夜郎、滇、邛都、嶲、昆明、徙、筰都、冄、駹、白马,其中的滇属于靡莫之属,靡莫自然也是"以什数"的"君长"之一,而嶲、昆明则是"毋君长"之属。所称"君长",当然不是君主制时代的王或帝王,而是犹如"氐王"、"白虎夷王"一类族群的酋豪或首领,其性质如同鱼豢《魏略·西戎传》所记载的"氐人有王,所从来久矣"②,属于仍然逡巡在前国家社会时代的部落或酋邦之长。

《史记·西南夷列传》总叙划分的七个区域,与汉武帝开西南夷所设置的犍为郡、牂柯郡、越嶲郡、沈黎郡、汶山郡、益州郡等六个郡,具有历史、民族和文化等方面深刻的内在联系。根据《汉书·地理志》的记载,犍为郡包括西僰,属犍为南部;牂柯郡包括夜郎、且兰、同并、漏卧、句町等"故侯邑";越嶲郡包括邛都、筰都、昆明等部;沈黎郡原为筰都居地,汉武帝元鼎六年置郡,天汉四年罢置,筰都南迁至越嶲郡之大筰、定筰、筰秦等地;汶山郡主要是冄、駹居地,属于该地"六夷、七羌、九氐,各有部落"的主要部分③;益州郡主要是嶲唐和昆明等居地。从汉至晋,西南夷郡县多有分合,其缘由复杂,不过汉武帝开置此六个郡时,主要原因还是与族类和政治地理直接相关,《史记·西南夷列传》对于区域的划分亦当主要据此而来。

《汉书·西南夷传》除将《史记·西南夷列传》的"西南夷君长"改为"南夷君长"外,其他文字与之大同小异。

《华阳国志》的记载则有所不同。《华阳国志·南中志》说:

> 南中在昔盖夷越之地,滇濮、句町、夜郎、叶榆、桐师、嶲唐侯王国以十数。编发左衽,随畜移徙,莫能相雄长。

---

① 《史记》卷116《西南夷列传》。
② 《三国志》卷30《魏书·乌丸鲜卑东夷传》裴松之注引。
③ 《后汉书》卷86《南蛮西南夷列传》。

很明显,《华阳国志》所记载的"南中"是一个地域范围的概念,而《史记·西南夷列传》和《汉书·西南夷传》所记载的"西南夷"是地域与族群的概念,二者在概念上有所区别。

这里有两个问题需要注意:

第一,《华阳国志·南中志》说南中诸部均为"编发左衽,随畜移徙",显系误记。按《史记》、《汉书》的记载,滇、夜郎等均属"魋结,耕田,有邑聚"的族群,只巂、昆明等为"编发,随畜移徙"的族群。所以任乃强先生《华阳国志校补图注》依《史记》文将此句增改为"或椎髻耕田,有邑聚,或编发,随畜移徙"①,当有所本。

第二,"南中"名称始见于三国蜀汉时期②,《三国志·蜀书·诸葛亮传》说"南中诸郡并皆叛乱",裴松之注引《汉晋春秋》说"亮至南中,所至战捷",均可为证。南中,是用以指称蜀汉以南的地区,不属于行政建制和区划。蜀汉和晋代的南中并不是秦汉时期西南夷的全部,仅相当于秦汉时期南夷的大部分地区,而不包括秦汉时期的西夷。与《史记》和《汉书》相比较,《华阳国志》没有把徙、筰都、冉駹、白马等著录在《南中志》,而是把他们分别著录在《蜀志》和《汉中志》内。《华阳国志》之所以没有把《史记》、《汉书》的西夷以及部分南夷在《南中志》中叙录,这是因为晋时南中不包括秦汉的西夷以及南夷中的越巂等地区。《三国志·蜀书·李恢传》裴松之注说:"臣松之讯之蜀人,云庲降,地名,去蜀二千余里,时未有宁州,号为'南中',立此职以总摄之。晋泰始中始分为宁州。"晋时有"南中七郡"之说,即朱提、建宁、云南、兴古、牂牁、益州、永昌等七郡,自晋泰始六年置宁州以后,乃陆续分置为十四州。

第三,《华阳国志》总叙将南中十四郡分为滇濮、句町、夜郎、叶榆、桐师、巂唐等六个区域,其中滇濮是以族类名称(滇为族称,濮为族属)代表区域,叶榆和桐师是以地名代表区域,句町、夜郎和巂唐则分别是以族群和郡县名称代表的区域。显然,这是从区域即势力范围或地盘的角度立说,而不是从族群或郡县角度立说③。在常璩所划分的六个区域内,"侯、王国以十数",侯、王国即侯

---

① 任乃强:《华阳国志校补图注》,上海古籍出版社1987年版,第229页。
② 参见《三国志·魏书》、《三国志·蜀书》。
③ 《华阳国志》卷4《南中志》总叙将晋南中十四郡划分为六个区域,其中有夜郎郡,有属兴古郡之句町县和属永昌郡之巂唐县。很明显,这不是以郡或县来划分区域,否则各区域之间的地位和级别均不对等,而南中十四郡中的大多数也无从在这六个区域内安排。

国和王国,这些以十数的侯国和王国即是《汉书·西南夷传》中屡次说到的"邑君",邑君即是所谓"邑侯君长",他们多数是从属于"最大"的君长的,《华阳国志·南中志》划分的六个区域,实质上就是六个大君长及其势力范围所在的区域。从《史记》、《汉书》、《后汉书》的《西南夷传》及《华阳国志·南中志》可以看出,汉晋之间"西南夷数反"。汉昭帝元年"牂柯、谈指、同并等二十四邑凡三万余人皆反",汉成帝河平二年南夷夜郎王、句町王、漏卧侯等"更举兵相攻",夜郎王兴"将数千人","从邑君数十人"见牂柯太守陈立,夜郎王兴被陈立断头后,"其妻父翁指与其子邪务收余兵,迫胁旁二十二邑反"。这表明,夜郎王、句町王均有自己的势力范围,他们在各自的势力范围内都是称雄称长者。依此类推,南中各地均有最大君长的势力范围,他们于是成为南中"以十数"的侯、王国的典型代表。由于这样的缘故,南中地区也就自然地形成了以势力范围为基础的政治地理区域,这就应当是《华阳国志·南中志》划分南中为六个区域的依据。

三、西南夷概念的历史演变

中国西南地区的古代酋邦社会,并不是由某个单一民族所构成的整体社会,也不是以几个族群联合形成的统一的政治经济实体。

由于历史文献记载的不足征,西南地区的上古史显得非常复杂而隐秘,学术界对这个地区古代社会各个族群的族属和年代等问题的看法存在相当分歧。更为重要的是,学术界在对西南夷的研究中,往往只是从《史记·西南夷列传》出发,仅对"巴、蜀西南外蛮夷"进行分析,却忽略了先秦时代的巴、蜀均属西南夷范畴这个历史事实。

历史文献十分清楚地显示出,在公元前316年秦灭巴、蜀以前,不论巴还是蜀,都属于西南夷的范畴。《战国策·秦策一》和《华阳国志·蜀志》均说蜀为"西僻之国而戎狄之长",而《荀子·强国篇》也直接把巴称为"巴戎"。《汉书·地理志》更是明确记载:"巴、蜀、广汉本南夷,秦并以为郡。"[1]这里的巴、蜀指秦汉时期的巴郡和蜀郡,广汉指秦汉时期的广汉郡,而广汉郡是分别从巴郡和蜀郡割地设置的,即所谓"分巴割蜀以成黔、广"[2],"黔"指黔中郡,"广"指

---

[1] 《汉书》卷28上《地理志上》。
[2] 刘琳:《华阳国志校注》卷1《巴志》,巴蜀书社1984年版,第39页。

广汉郡。很清楚,《汉书》是把被秦灭以前的古巴国和蜀国视为南夷的。《汉书》为官修史书,《汉书》把被秦灭以前的古巴、蜀称为南夷,这个看法自然是代表了中央王朝的意见,是两汉朝廷的共识。这些记载无可非议地说明,在当时的中原视野及观念中,先秦时期的巴、蜀,均毫无例外地属于西南夷中的成员。

据《华阳国志·蜀志》记载,秦汉时蜀郡州治成都少城西南两江有七桥:"直西门郫江中曰冲治桥;西南石牛门曰市桥,下,石犀所潜渊也;城南曰江桥;南渡流曰万里桥;西上夷里桥,亦曰笮桥;从冲治桥西北折曰长升桥;郫江上西有永平桥。"①成都少城是先秦时期古蜀王国都城的中心位置所在地,也是秦汉时期蜀郡郡治的官署所在地。这说明了两个史实:第一,"夷里桥"的名称来源于夷人居住的区域名称"夷里"。第二,"夷里"的"里",是地方低层行政单位的名称。"十里一亭",里有里正,是标准的汉制,而汉制本源于秦制,即"汉承秦制"。由此可见,在先秦时期,成都城市西南居住着不少夷人,建有专门的街区"夷里"。第三,"夷里桥"亦曰"笮桥",说明居住在"夷里"的夷人是西南夷中的笮人。既然成都少城西南有夷里桥,又称笮桥,直到秦之蜀郡守李冰治蜀时仍然还居住着西南夷笮人并保留着笮人的街区和名称,那么先秦时期的蜀国与笮人相同,都属于西南夷的组成部分,就是没有什么疑问的了。

古蜀人被排除出西南夷族类以及古蜀国故地被排除出西南夷地区,应是在战国后期秦并巴蜀以后。根据历史文献的记载,公元前314年,秦置蜀郡,同时又以蜀为侯国,"贬蜀王更号曰侯"②,在蜀国故地实行郡县制与分封制并行的过渡政策。秦惠王封蜀王子通国(又作公子通、公子繇通)为蜀侯,以陈壮(或作陈庄)为相,并以秦大夫张若为蜀国守。但是,秦国在故蜀国的统治却不是一帆风顺的,故蜀国对秦国的反抗此起彼伏、时有发生,这些反秦事件大多发生在故蜀国疆域的南部。在蜀故地以南,蜀王子安阳王统兵3万伺机反扑③。而分布在青衣江地区的蜀国旧臣"丹、犁",照旧拥戴蜀王为君长,期以内外接应反秦。秦惠王更元十四年(前311年),"相壮杀蜀侯来降"④。秦武

---

① 刘琳:《华阳国志校注》卷3《蜀志》,第227页。
② 《史记》卷70《张仪列传》。
③ 王国维校,袁英光、刘寅生整理:《水经注校》卷37《叶榆水注》引《交州外域记》,上海人民出版社1984年版,第1156页。
④ 《史记》卷5《秦本纪》。

王元年(前310年),秦派名将甘茂定蜀,一并诛杀参与谋反的陈壮。秦武王三年(前308年),秦复封公子煇(或作晖、恽)为蜀侯。秦昭王六年(前301年),蜀侯煇反,司马错定蜀,令蜀侯煇夫妇自裁,一并"诛其郎中令婴等二十七人"①。次年,秦又封蜀公子绾为第三任蜀侯。秦昭王二十二年(前285年),秦"疑蜀侯绾反,王复诛之,但置蜀守"②。从公元前316年灭蜀,直到公元前285年诛蜀侯绾,经过三十余年的时间,历经三代蜀侯与秦国之间的抗争与镇压,直到秦昭王二十二年,秦国才最终在故蜀国建立起单一的郡县制度。故蜀国故地的民众,也由于秦对蜀长期剧烈的政治经济改造和文化变革而"染秦化",在文化模式方面发生了巨大变化③。大约在此之后,蜀才被时人从"南夷"的概念内分离出来。而即便如此,到了汉初景、武之间,蜀人仍然还是被认为"质文刻野",经过文翁入蜀为蜀郡守,选派蜀人子弟到京师长安学习律令,学成归蜀以后用以教授蜀人子弟,才颇改蜀人的蛮夷之风④。至此,时人也才最终改变了对蜀人属于蛮夷的传统观念。

至于与故蜀同属南夷的笮都夷及其居地的变化,情况更为复杂。笮都夷原居岷江上游汉代之汶山郡⑤,大约在战国秦汉年间南迁到古蜀国南部,汉武帝时期,将笮都夷的居住地域设置为沈黎郡。据《汉书·西南夷传》记载:"南粤破后……及汉诛且兰,邛君,并杀笮侯。冉、駹皆震恐,请臣置吏。以邛都为粤(越)嶲郡,笮都为沈黎郡,冉駹为文山郡。"⑥沈黎郡置于汉武帝元鼎六年(前111年),《后汉书·笮都夷传》记载:"元鼎六年,以为沈黎郡",又载:"至天汉四年,(沈黎郡)并蜀,为西部,置两都尉",⑦至安帝延光二年(123年)改为蜀郡属国,灵帝时改为汉嘉郡。可见,此汉嘉郡辖境大致上就是沈黎郡辖境,基本无变迁。据《续汉书·郡国志》的记载,汉嘉郡(即汉武帝时期的沈黎郡,但汉

---

① 刘琳:《华阳国志校注》卷3《蜀志》,第199页。
② 同上书,第200页。
③ 段渝:《论秦汉王朝对巴蜀的改造》,《中国史研究》1999年第1期,第25页。
④ 参见《汉书·循吏列传·文翁传》。并见刘琳:《华阳国志校注》,第214页。
⑤ 汶山郡位于岷江上游地区,《华阳国志·蜀志》记载:"汶山郡本蜀郡北部冉駹都尉。"颜师古注《汉书·武帝纪》引服虔曰:"今蜀郡北部都尉所治本笮都地也。"这应该是先秦时期笮都夷最初的分布地。参见段渝《四川通史(卷一 先秦)》,四川人民出版社2010年版,第450页。
⑥ 《汉书》卷95《西南夷传》。
⑦ 《后汉书》卷86《南蛮西南夷列传》。

嘉郡的面积小于沈黎郡,辖境当今四川雅安地区)辖有汉嘉(今四川芦山县)、严道(今四川荥经县)、徙(今四川天全县)、旄牛(今四川汉源清溪镇)四县,包含了青衣江上游和大渡河上中游地区。沈黎郡原为羌系的丹、犁二族居地,原属古蜀国的范围。汉武帝时因丹、犁二族之名在其地设置沈黎郡,此后沈黎郡易名,仍以蜀郡西部都尉、蜀郡属国为行政区划名称。由此可见,沈黎郡原为蜀地。

先秦至汉初,沈黎郡原为笮都夷所居,至汉武帝开西南夷后,笮都从沈黎郡南迁至雅砻江中下游今四川凉山州盐源县、盐边县和云南永胜县一带。笮都南迁的年代,当在汉武帝天汉四年(前97年)前。《华阳国志·蜀志》记载汉武帝元鼎六年以"西部笮为沈黎郡",即以笮都为沈黎郡郡治。但自天汉四年沈黎郡并蜀为西部都尉,而两都尉分驻牦牛和青衣后,笮都县即不复见于记载。《汉书·地理志》记载东汉和帝以前,蜀郡已无笮都县。至安帝延光二年改蜀郡西部都尉为蜀郡属国,辖四县,也无笮名。可见,在武帝天汉四年,笮随同罢置,即在此之前,笮都已经南迁。[1]

这就说明,关于西南夷的民族和地理概念,在先秦秦汉时期有一个历史的演变过程。先秦时期的西南夷,包括了巴、蜀在内,称巴、蜀为南夷,而汉代西南夷的北界则向南推到了汉嘉郡、朱提郡和越巂郡一线,汉代文献关于西南夷地理方位的记载,就是在汉武帝时期南夷的大量南迁后才基本上固定下来的。

因此,可以说,包括巴、蜀在内的整个西南地区[2],在夏、商、西周、春秋、战国前期都可以称为西南夷地区。直至公元前316年秦并巴、蜀以后,对巴、蜀在政治、经济和文化上进行了大规模改造,巴和蜀成为汉文化圈的重要一员[3],从此才不再被视为西南夷,而蜀郡西南部的沈黎郡在汉武帝时期才退出南夷的范围。自此之后,汉代的西南夷就仅指"巴蜀西南外蛮夷"的夜郎、靡莫之属(包括滇)、巂与昆明、邛都、徙与笮都、冉駹、白马等七个区域,以及东汉时期归附中央王朝的永昌郡,而邛都、徙、笮都、冉駹、白马等到了两晋时期也被排除在南中之外。

---

[1] 参见段渝《西南夷考释》,《天府新论》2012年第5期,第123页。
[2] 当代的中国西南地区,包括四川、重庆、云南、贵州、广西和西藏;而古代所称的西南地区,则相当于今天的四川、重庆、云南和贵州。本书所谓西南地区,是指古代的西南地区。
[3] 参见段渝《论秦汉王朝对巴蜀的改造》,《中国史研究》1999年第1期,第25页。

四、从西南夷到南中的时空变化

到三国两晋时期,西南夷的概念又出现了新的变化,这从《华阳国志》有别于《史记》、《汉书》和《后汉书》的有关记载中可以清晰地加以判别出来。

《史记·西南夷列传》总叙从地理空间和族群划分上把西南夷明确分为七个区域,分别是夜郎、靡莫之属(包括滇)、嶲与昆明、邛都、徙与筰都、冉駹、白马。《汉书·西南夷传》除将《史记·西南夷列传》的"西南夷君长"改为"南夷君长"外,其他文字与之大同小异。《后汉书》中有关西南地区的历史材料多出于《华阳国志》,虽然其中有关西南夷族群的各篇传记已与《史记》、《汉书》有所不同,不过在地理空间方面还是与《史记》、《汉书》大体一致的。但是,在成书于两晋之际的《华阳国志》中,对于西南夷地理空间方面的记载则出现了较大变化,与《史记》和两《汉书》已有较大不同。

《华阳国志·南中志》记载说:"南中在昔盖夷越之地,滇濮、句町、夜郎、叶榆、桐师、嶲唐,侯王国以十数。编发左衽,随畜移徙,莫能相雄长。"[①]

很明显,《华阳国志》所记载的"南中"是一个地域范围的概念,而《史记·西南夷列传》和《汉书·西南夷传》所记载的"西南夷"是地域与族群相结合的概念,二者在概念上是有所区别的[②]。

"南中"始见于三国蜀汉时期,《三国志·蜀书·诸葛亮传》说"南中诸郡并皆叛乱",裴松之注引《汉晋春秋》说"亮至南中,所至战捷"[③],均可为证。《三国志·蜀书·李恢传》裴松之注云:"臣松之讯之蜀人,云:庲降,地名,去蜀二千余里。时未有宁州,号为南中,立此职以总摄之。晋泰始中始分为宁州。"[④]既然是"号为南中",就说明南中不是行政区划建置,而是地域名称,并且是别称。在晋泰始六年置宁州之前,蜀汉以南地区被时人"号为南中",即"蜀之南中",但在晋置宁州以后,南中即属宁州辖境,所以《华阳国志·南中志》开篇即说:"宁州,晋泰始六年初置。蜀之南中诸郡,庲降都督治也。"[⑤]可知南中这个称谓是蜀汉对其南方诸郡的统称,而由蜀汉之庲降都督治理其军政。晋时有

---

① 刘琳:《华阳国志校注》卷4《南中志》,第333页。
② 参见段渝《西南夷考释》,《天府新论》2012年第5期,第120页。
③ 《三国志》卷35《蜀书·诸葛亮传》。
④ 《三国志》卷43《蜀书·李恢传》。
⑤ 刘琳:《华阳国志校注》卷4《南中志》,第333页。

"南中七郡"之说,即朱提、建宁、云南、兴古、牂牁、益州、永昌等七郡,是因袭蜀汉而来,自晋泰始六年置宁州以后,乃陆续分置为十四州。

关于南中的地理空间位置,《华阳国志·南中志》撰曰:"南域处邛、笮、五夷之表",南域是指蜀汉南方的地域,即指南中而言,其中的"五夷"是指分布于"宁州附塞部落之名",当在建宁郡界①,可见,南中是用以指称蜀汉以南地区的习惯名称,即邛、笮、五夷(或做五茶夷)之南的广大地域。《华阳国志·南中志》还记载:"相如知其不易也,乃假巴、蜀之论以讽帝,且以宣[使指]于百姓。卒开僰门,通南中。"②僰门,意指僰道通往南中的交通要塞,"开僰门,通南中",表明南中在僰道(今四川宜宾至云南曲靖之间)以南。可见,南中主要指今天的云南省和贵州省西部地区。有的论著认为今四川省南部也包括在南中当中,当属误解。《华阳国志·南中志》的记载表明,蜀汉和两晋时期的南中已不是战国秦汉时期西南夷的全部,战国秦汉时期南夷中的邛都和徙、笮都、冉駹、白马等全部西夷已被排除在南中之外,表明蜀汉两晋时的南中仅相当于战国秦汉时期西南夷的一部分地区。

在《史记·西南夷列传》、《汉书·西南夷传》和《后汉书·西南夷传》里,是把包括羌系民族和濮越系民族在内的整个西南夷统称为"夷","夷"是作为一个泛称名词被加以使用的。但在《华阳国志·南中志》里,对西南夷和"夷"的认识已从称谓上发生了重要变化。前引《华阳国志·南中志》总叙说:"南中在昔盖夷越之地,滇濮、句町、夜郎、叶榆、桐师、嶲唐,侯王国以十数。"其中的南中是地域名称,夷越是族系名称。这里将南中和夷越相对应举出,显然认为分布在南中地区的族系是夷越。此句中十分关键的是"在昔"二字。所谓"在昔",是指从前而言,所谓从前,自然是指三国两晋以前的先秦秦汉时期。而"南中在昔盖夷越之地",就是说先秦秦汉时期南中为夷越的活动地区。在这里,并没有像《史记》和两《汉书》那样把这片地域与西南夷相对应,而是用夷越名称取代了西南夷名称。这就是说,在《华阳国志》看来,从先秦时期直到三国两晋,分布在南中地区的族系都是夷越,而夷越包括了"滇濮、句町、夜郎、叶榆、同师、嶲唐"等为代表的以十数的南中地区的所有侯王国。从族系的角度

---

① 刘琳:《华阳国志校注》卷4《南中志》,第369页。
② 同上书,第342页。

看,在常璩所列举出的这些侯王国中,滇是濮越系民族,同样属于濮越系民族的还有夜郎、句町;而叶榆、桐师是地区名称,分布在叶榆的是昆明族,属于羌系民族,桐师又作同师,分布在桐师一带的是哀劳人,可能属于与羌系民族有关的藏缅语族;巂唐,在《史记》《汉书》里单称巂,属于羌系民族。可见,所谓"夷越",其实包含夷和越两个部分,其中的夷,是指羌系民族,越是指濮越系民族,夷越则是对南中地区所有羌系民族和濮越系民族的统称。因此,不仅西南夷概念被南中取代,而且"夷"的内涵也发生了重要变化。

在《华阳国志·南中志》里,通篇所述为南中诸夷或夷濮,只有一处提及西南夷,而在《史记》、《汉书》中分别为西南夷七个区域大君长的滇、夜郎等,虽然在《华阳国志·南中志》总叙里列出了它们的名称,但在具体叙述中,却几乎没有关于这些在战国秦汉时期强大一时的"王国"或"邑君"等酋豪的记载,而在先秦两汉不见于史载的其他诸多南中酋豪却成为了叙事的主角。

以上说明,在蜀汉两晋之间,已把战国秦汉时期包括徙、笮都、冉駹、白马等全部西夷以及南夷中的邛都纳入蜀地范围内,所有这些地域及其民族均在《华阳国志·蜀志》中加以记述,而只把战国秦汉时期南夷的所在地域及其大部分民族作为南中之夷,纳入《南中志》加以记述。这表明,蜀汉两晋时期已不再把西南夷作为一个广大地域内非汉系民族的整体加以看待了。

需要特别说明的是,为了区分先秦时期与汉代西南夷的不同内涵和分布地域,本书在论及先秦时期包括巴、蜀在内的西南夷时,并不称为先秦西南夷,或先秦西南夷地区,而是分置专章对先秦巴、蜀进行分析;在分析论述汉代文献所指的从先秦至汉代的西南夷或其分布地域即所谓"巴蜀西南外蛮夷"时,则径直称为"西南夷",或"西南夷地区",或"巴蜀西南外蛮夷"。关于此,还请学者明辨之。

第二节 西南夷时空构架的历史演变

作为一种历史过程,古文化的盛衰兴亡不可避免,留下了一部高潮与低谷相激荡的文化演变史,于是形成分期。各个分期的相互衔接,便是文化演进的时序。而文化区的分布形态,以及构成这种分布形态的诸种因素,包括中心、次中心和边缘等多级层次,便形成文化的空间构架。

一、时序脉络：古文化的分期

(一)古蜀文化的盛衰

古蜀文化的兴衰史经历了五个时期，先后延续大约一千七八百年之久。

滥觞期 这个时期约当夏商之际，形成了以广汉三星堆古城为中心的早期蜀文明，显著标志是建于早商时期的规模宏大的三星堆古城，它是在宝墩文化的基础上发展起来的，表明最初城市的聚合过程业已达到相当水平，早期城市生活方式初步确立。在这一时期，青铜器制作业已出现，器种主要是兵器和工具[1]，表明已步入青铜时代。对应于历史文献，这正是"三代蜀王"角逐争雄[2]，而以鱼凫王统治的建立为终结的时期，表明高于史前酋邦制的阶级国家已经诞生[3]，早蜀文明逐步走向兴旺发达。

勃兴期 年代约当商代中期至周初。在此期间，城市生活方式基本确立，并初步形成了以广汉三星堆古城为中心，以成都、雅安沙溪、汉中盆地等为战略支撑点的在政治上分级、在功能上分区的广阔的空间构架[4]。社会结构日益复杂化，神权政治臻于极盛，经济空前繁荣，青铜文化进入全盛期。这表明早蜀文明已经走向成熟。在这个时期的最晚阶段，古蜀政治史上发生了第一次王朝更迭，杜宇王朝取代了鱼凫王的统治，号为蜀王，一号"杜主"[5]。随着鱼凫王国的终结，神权政体基本宣告结束，人治初步取代了神治，标志着古蜀文明出现了巨大的历史性转折和进步。

扩张期 约当西周一代和春秋早期。古蜀文明在物质和技术方面的文化广延性大为增强，古蜀文明的空间构架不断扩大。虽然这一时期的物质文化遗存在考古上发现还不多，但古文献却可说明，这一时期在精神领域和政治制度、社会结构等方面已向纵深发展，城市体系扩大，国家形态日益成熟。

鼎盛期 约当春秋至战国晚期。显著特点是青铜文化的中兴，城市体系的发展，文字制度的形成以及礼乐制度的完善。这个时期政治史上最引人注

---

[1] 这是指出土于新繁水观音 M1、M2 和汉源富林的青铜器，其始铸年代为商代前期。参见杜迺松《论巴蜀青铜器》，《江汉考古》1985 年第 3 期，第 63 页。
[2] 扬雄：《蜀王本纪》，《全汉文》卷 53。刘琳：《华阳国志校注》卷 3《蜀志》，第 181 页。
[3] 参见段渝《论蜀史"三代论"及其构拟》，《社会科学研究》1987 年第 6 期，第 89—90 页。
[4] 参见段渝《四川通史》第 1 册，四川大学出版社 1993 年版，第 41 页。
[5] 刘琳：《华阳国志校注》卷 3《蜀志》，第 182 页。

目的变化恰好位于它的首尾两端。首先是春秋早期鳖灵入蜀，推翻了杜宇王朝，建立起无论政治势力还是文化影响都比较强大的开明氏王朝。后一个变化是公元前316年秦灭蜀，古蜀政治史随之结束，古蜀文明的相对独立发展进程也随之阻断，逐步汇入以秦汉文明为主体的中国文明的一体化大潮之中[①]。

转型期 约当战国晚期到西汉初叶。古蜀王国虽已灭亡，然而古蜀文明的一些基本因素并没有一同消亡。它们是一方面与汉文化迅速融合，另一方面仍在继续发展演变，开始了统一王朝下地域文化的整合与重组，成为后来巴蜀传统的重要根源之一。

(二)古代巴文化的盛衰

由于文献和考古资料的缺乏，使我们对古代巴文明发展历程的了解还存在许多缺环，已知材料中也有相当的争论之点。因此，对巴国文明兴衰史的认识，当前还不能说是完全清晰透彻的。大致说来，它经历了四个时期，前后延续约及一千多年。

滥觞期 约当商周之际。从殷卜辞中与商王朝相抗衡的"巴方"[②]，到被商王朝征服从而成为甸服的"巴奠(甸)"[③]；从巴师参与周武王伐纣"著乎《尚书》"，"巴师勇锐，歌舞以凌殷人"，到"武王既克殷，以其宗姬封于巴"[④]，成为周王朝镇抚南土的同姓诸侯国[⑤]，这当中约及数百年的时间，是巴国文明的形成时期。不过，对于这个时期巴国文明的考古学文化遗存，尚无公认的材料。但从文献分析，它是一种方国文明，则是可以肯定的。

勃兴期 约当春秋时期。随着王纲解纽，诸侯逾制，巴国也竭力扩张其势力范围。它东渡汉水，与邓相争，又同楚缔结军事联盟，扫荡江汉间小国，更有北进中原、更为伯主的意图。从文献上看，它的若干政治制度仍然带有周文化的特征，但考古材料显示出来的巴国青铜文明则有其独特性。

鼎盛期 约当春秋末叶至战国晚期。青铜文化在此期间发展到高峰，器种多，数量大，分布广，青铜器制作水平臻于成熟，而地方特征鲜明突出。巴蜀

---

① 参见段渝《从巴蜀的巴蜀到中国的巴蜀》，《光明日报》2000年5月17日。
② 对殷卜辞中的"巴"，学者尚有不同认识。
③ 《小屯南地甲骨》第1059片。
④ 刘琳:《华阳国志校注》卷1《巴志》，第21页。
⑤ 参见《左传·昭公九年》。

文字和符号广泛流行，表明业已采用文字制度。都城业已发展成为地域性的增长中心和多种产业的生长点，具有组织地区商业贸易的经济功能。

转型期 约当战国末叶至汉初。巴国于公元前316年灭于秦，巴文化逐步融合于中华文化统一发展的潮流当中。但巴文化的若干因素长久保存下来，继续发展演变，形成了颇具特色的"巴渝文化"，是如今巴蜀文化的重要根源之一。

（三）巴蜀西南外蛮夷

新石器时代晚期是古蜀文明的起源时代，也就是古蜀的酋邦时代。巴人的酋邦时代于史无征，考古学资料显示，当巴国进入峡江流域之前，长江三峡东部清江流域的廪君尚处于酋邦时代，长江三峡西部嘉陵江流域的板楯蛮也处于酋邦时代[1]，而商代的巴国有着强大的军队，西周时代的巴国已是周王室分封在南土的诸侯之首，为著名的"汉阳诸姬"之一。

在巴、蜀西南外，是汉代文献所称的西南夷的世界。虽然西南夷各族见诸历史文献记载并不算太晚，先秦文献对其中的某些族群有着间接而模糊的记载，但是对西南夷社会比较集中而轮廓大致完整的记载，是汉代司马迁的《史记·西南夷列传》。根据《史记·西南夷列传》的记载来看，西南夷从先秦到汉初，其社会仍然在酋邦时代徘徊，没有进入国家与文明。虽然其中某些族群及其文化，已行进在通向国家与文明的道路上，但还未能跨进国家与文明的门槛。汉武帝开西南夷，对西南夷进行大规模改造，政治上在西南夷地区设置郡县，经济上在西南夷地区设立铁官，实行盐铁专营制度，文化上将汉文化大量而源源不断地输入西南夷地区，最终将西南夷纳入到汉代国家的体制之内，纳入到文明社会之中，从而结束了西南夷的酋邦时代，并使西南夷地区成为中国文明的重要亚文明区之一。

《史记·西南夷列传》首见"西南夷"称谓，《史记》、《汉书》等把西南夷区分为西夷和南夷两类。对于西南夷的年代，如果从《史记》和《汉书》来看，仅为西汉时期，从《后汉书》看，还包括东汉时期，以后历代史书也提到西南夷，时代更晚。本书研究的西南夷的时间段是在先秦秦汉时期，但上限到什么时段，历史文献并没有记载。不过，《逸周书·王会篇》记载了西南地区的一些族群参加

---

[1] 参见段渝《渝东长江干流青铜文化的几个问题——兼论渝东与川东渠江流域青铜文化的关系》，《考古与文物》2011年第5期，第42页。

成周之会,如该书记载的"百濮"和"产里",学者多认为是西南地区的族群。《逸周书·王会》记载商代初年成汤令伊尹为四方献令说:"正南、瓯邓、桂国、损子、产里、百濮、九菌,请令以珠玑、玳瑁、象齿、文犀、翠羽、菌鹤、短狗为献。"这个殷畿正南的百濮,专贡矮犬,当即云南之濮①。濮或作卜,见于殷卜辞:"丁丑贞,卜又象,□旧卜。"郭沫若释为:"卜即卜子之卜,乃国族名。"②卜子,《逸周书·王会》记载周初成周之会,"卜人以丹砂",王先谦补注:"盖濮人也。"卜、濮一声之转。杜预《春秋释例》说:"建宁郡南有濮夷,无君长总统,各以邑落自聚,故称百濮。"晋建宁郡的地域范围,大致相当于今云南省的昆明、曲靖、玉溪大部分地区以及贵州省威宁县的部分地区③。据此,可以认为周初已有西南夷某些族群的模糊概念,尽管还没有见到当时有西南夷这个提法的历史文献。

从早期中印交通即《史记·西南夷列传》和《史记·大宛列传》所记载的"蜀身毒道"亦即学术界所称的"南方丝绸之路"的开通情况分析,西南夷主要族群与古蜀的关系早已发生并达到比较密切的程度,在政治和文化联系较为密切的基础上,这条由古蜀腹心地区经由西南夷地区通往印度地区的漫长交通线才有可能开通。

如果比较一下汉武帝为打通汉王朝与大月氏的联系派遣十余批汉使试图经西南夷地区去大月氏而被氐、筰、昆明等族阻碍,无法通过这一史实,就可说明,如果没有同西南夷建立密切的政治与文化联系,就不可能从他们的地盘通过。由此可见,蜀身毒道的开通,必然是在古蜀与西南夷建立了良好关系的前提下才有可能初步完成的。

方国瑜先生曾经认为,蜀、身毒国道经过西南地区,是这个地区在一定的社会条件下建立起来的,而且是由该地区的居民开发的,由于西南地区各部族社会、经济、文化发展到一定阶段,各地部族要求与邻境交换产品,相互往还频繁开辟了道路,甲地与乙地之间,乙地与丙地之间,丙地与丁地之间均已开辟了道路,如此连贯起来,开成了一条漫长的交通线④。从义理的角度推论,方

---

① 参见章太炎《西南属夷小记》,《制言》半月刊第25期,1936年,又见李绍明、程贤敏编:《西南民族研究论文选(1904—1949年)》,四川大学出版社1991年版,第1—6页。
② 郭沫若:《殷契粹编考释》,科学出版社1965年版,第669页。
③ 参见刘琳《华阳国志校注》卷4《南中志》,第402页。
④ 参见方国瑜《中国西南历史地理考释》,中华书局1987年版,第7页。

国瑜先生的看法并无不妥之处,不过方国瑜先生对这个问题进行分析的时候,西南地区还没有足以借鉴的相关考古发现与研究成果问世,而其后数十年的考古资料则显示出另外一种情况,所以在当时看来比较合理的推论现在就有更新和修正的必要。

1986年在四川广汉三星堆祭祀坑中出土了大量青铜人物雕像,其中除古蜀人的形象造像外,还有不少西南夷人物形象即"魋结"、"编发"等造像(图1-1、图1-2)[1]。这表明,早在三星堆文化时期,也就是相当于商代中期(祭祀坑的年代为商代晚期,但瘗埋其中的青铜雕像则属于商代中期的遗物)[2],西南夷的一些"君长"与古蜀王国之间已存在密切的政治与文化(宗教)关系[3],这应当就是"蜀身毒道"之所以能够开通的一个重要基础和必要条件。反之,如果没有蜀与身毒国的联系,仅仅是西南夷各族群间道路的开辟,当然就不会有"蜀身毒国道"的名称。至于"五尺道"的开通,同样也是在商周时期[4]。蜀身毒道和五尺道的开通,表明商周时期西南夷的政治经济和社会组织已演进到相当程度。

图1-1 辫索式帽人头像
四川广汉三星堆二号祭祀坑出土

---

[1] 段渝:《商代蜀国青铜雕像文化来源和功能之再探讨》,《四川大学学报》1991年第2期,第104页。
[2] 参见陈德安《三星堆遗址的发现与研究》,《中华文化论坛》1998年第2期,第63页。
[3] 段渝:《政治结构与文化模式——巴蜀古代文明研究》,学林出版社1999年版,第108—121页。
[4] 段渝:《五尺道的开通及其相关问题》,《四川师范大学学报》2013年第4期,第157页。

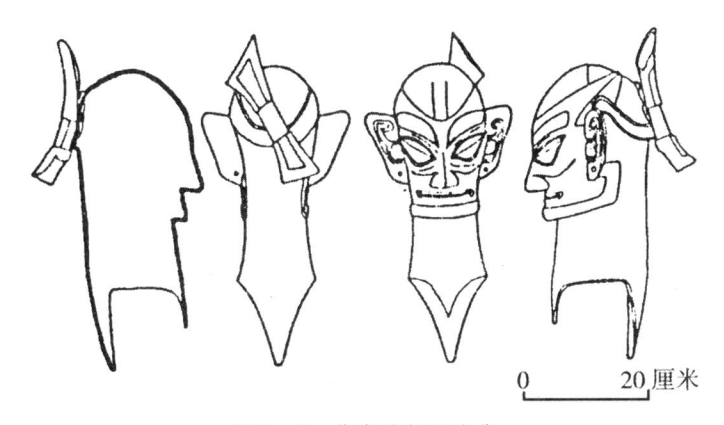

图 1-2 戴发簪铜人头像
四川广汉三星堆二号祭祀坑出土

二、空间构架：文化区的演变

(一)古蜀文化区

古蜀文化区大约形成于四千年以前，略与中原二里头文化相当，属于夏代纪年范围的早期阶段。

夏商时代，古蜀文化区主要分布在横断山脉以东到长江三峡鄂西之间。它以成都平原为根据地，以广汉三星堆为中心，向东连续辐射分布到川中丘陵、川东平行岭谷，东出三峡，与江汉平原相接。从成都平原往北，跨过川北边缘山地，是又一片高原绿洲，那就是汉中盆地，它通过嘉陵江河谷与成都平原相连，是商代蜀文化区的北部边缘。从成都平原往南，顺岷江而下，即达岷江支流青衣江和大渡河流域，这里也是古蜀文化的传播辐射之地。依靠长江、岷江、沱江、嘉陵江四条大江，凭借地理的向心形结构，古蜀文明得以形成独具一格、分布广阔的连续性空间构架①。

西周时代，由于古蜀王国政权的更迭，使古蜀文明的运作机制发生变动，文化面貌出现一系列演变。相应地，古蜀文化区的空间分布形态也发生了一些变化。文化中心从三星堆(今四川广汉)稍南移至成都，"以汶山为畜牧，南中为园苑"，"巴亦化其教而力务农"②，其北缘的进退不大，西缘和南缘有较大

---

① 参见段渝《论巴蜀地理对文明起源的影响》，《四川大学学报》1988年第2期，第103页。又见林向《论古蜀文化区——长江上游的古代文明中心》，载《三星堆与巴蜀文化》，巴蜀书社1993年版，第76页。
② 刘琳：《华阳国志校注》卷3《蜀志》，第182页。

幅度的进展,东缘则保持了稳固的连续性空间。

春秋至战国时代,蜀文化区的东部边缘,由于巴国文明进入长江三峡巴渝地区而向四川盆地中部退缩,但在西部却扩展不少。向南,由于开明王攻伐青衣,"雄张僚僰"[①],又得以形成新的次级文化中心。当古蜀文明全盛之时,其地域"东接于巴,南接于越[②],北与秦分,西奄峨幡"[③],而其影响和渗透范围,还远远超出了这一地域界限。以后,直到汉代之初,蜀文化区的演变仍未泯灭。

(二)巴文化区

战国以前的所谓巴文化,包括巴国文化和巴地文化两部分。巴国文化是指一种方国文明,巴地文化则是指一种地缘文化。两者不但发展进程不同,文化面貌有异,而且在空间分布上也并不重合,因而实际上是两种文化。

商代晚期巴国文化分布在汉水上游。西周时代,它仍以汉水上游为基本地域依托。春秋时代,巴国文化区有所扩展,南及大巴山北缘,东至今湖北襄阳,并有越汉水而东的发展态势。春秋末战国初,巴国举国南迁至长江干流,先后在清江、川峡之间至四川盆地东部立国。这几个地方,留下了巴国文化的大量遗迹。

巴地文化包括四川盆地东部、长江三峡和鄂西南的土著新石器文化,考古学上称之为早期巴文化,其中包括若干史前群落的文化,主要是濮系各支的古文化。从新石器时代到春秋末叶,这些文化在当地发展演变,盛衰兴替已达一二千年之久。

战国初,巴国溯江进入四川盆地东部地区,始将青铜文化与当地的土著新石器文化融合起来,也将巴国文化与巴地文化融合起来。这个时候,才形成了完整意义上的巴文化,两个巴文化区也才重合起来[④]。

战国时代巴文化区以巴渝地区为中心,向北伸至大巴山南缘,向南延及贵州东部,向西与蜀文化区的东缘相交错,向东达到鄂西南清江流域,并对湘西地区产生了较大的影响。

尽管战国中叶巴国迫于楚国兵锋的进逼而不断沿江西退,但被楚国占领

---

① 刘琳:《华阳国志校注》卷3《蜀志》,第185页。
② 同上书,第185页。
③ 刘琳:《华阳国志校注》卷3《蜀志》,第175页。
④ 参见段渝《论"早期巴文化"》,《巴渝文化》第3辑,西南师范大学出版社1994年版,第185—194页。

的巴国故地依然保留着浓厚的巴文化特色,在这个区域内形成巴文化与楚文化相互融合的状态,《华阳国志·巴志》称之为"江州以东,滨江山险,其人半楚"①,文化呈现出亦巴亦楚的面貌,学术界称之为"巴楚文化"。

《华阳国志·巴志》记述巴地范围说:"其地东至鱼复(今重庆奉节),西至僰道(今四川宜宾),北接汉中,南极黔、涪(今鄂、湘、黔、川边)",相当于秦巴郡的四境所至。这一大片地区,从史籍和考古资料可以证实,正是巴文化的分布地区,不仅地域与共,风俗略同,而且族类相近,语言相类,文化遗存的面貌也颇多相同,具有浓厚的共同地域传统。

(三)巴蜀西南外蛮夷

古代西南夷地区地域辽阔,学术界一般根据《史记·西南夷列传》的记载来认定,把古代巴蜀以西和以南的地区划为西南夷地区。但这只是汉代以来的认识,并非先秦时期人们对于西南夷概念的理解。从历史文献的记载可知,西南夷的空间范围事实上是随着中央王朝在西南地区实力的消长而发生历时性的伸缩进退,并不是一成不变的。根据历史文献的记载,先秦时期的巴和蜀均属"南夷"②,直到汉武帝时期,始将南夷的北境向南推到沈黎郡(今四川雅安地区)、越巂郡(今四川凉山州地区)和朱提郡(今云南昭通和四川宜宾地区)以南。

不过,《史记》以后的一些文献对西南夷空间范围的记述与之异同不一,或者说比《史记》更加明晰。

值得注意的是,在地理空间界域方面,关于西南夷的西南部地域范围的界域所在,历史文献没有明确的记载,但是根据对文献所记载的"滇越"地望的考证,当可取得较为明晰的证据。

《三国志·魏书·乌丸鲜卑东夷列传》裴松之注引鱼豢《魏略·西戎传》记载西南夷地区有"盘越国":"盘越国,一曰汉越王,在天竺东南数千里,与益部相近,其人小与中国人等,蜀人贾似至焉。"③盘越,《后汉书·西域传》误作"盘起",《梁书》卷五四《中天竺传》作"盘越",《南史》卷七八作"盘越",《通志》亦作

---

① 刘琳:《华阳国志校注》卷1《巴志》,第49页。
② 《汉书·地理志》记载:"巴、蜀、广汉本南夷,秦并以为郡。"可知先秦的巴和蜀均属南夷范畴。
③ 《三国志》卷30《魏书·乌丸鲜卑东夷传》裴松之注引。

"盘越"。据沙畹研究,盘越地在东印度阿萨姆与上缅甸之间①。据汶江先生研究,盘越即滇越,即东印度阿萨姆的迦摩缕波②。《史记·大宛列传》记载:"昆明之属无君长……然闻其西可数千里,有乘象国,名曰滇越,而蜀贾奸出物者或至焉。"直到汉魏,蜀人商贾仍在东印度进行经商活动。《大唐西域记》卷十《迦摩缕波国》记载:"迦摩缕波国,周万余里,国大都城,周三十余里……人形卑小,容貌黧黑,语言少异中印度。"③这里所说迦摩缕波国"人形卑小,容貌黧黑,语言少异中印度",就是《魏略·西戎传》所说的"其人小与中国人等",其实也就是分布在东印度阿萨姆地区与雅利安人语言有异的达罗毗荼人,亦即所谓僬侥④。从《华阳国志·南中志》和《后汉书·哀牢传》的记载来看,西南夷的空间范围包括了后来缅甸的许多地区,是直接毗邻东印度阿萨姆地区的⑤。《华阳国志·南中志》"哀牢郡"记载说永昌郡有"身毒之民",表明地近身毒。《后汉书·陈禅传》记载说:"永宁元年,西南夷掸国王献乐及幻人",掸国在今缅甸,时称西南夷。《后汉书·明帝纪》更是明确记载说:"西南夷哀牢、儋耳、僬侥、盘木、白狼、动黏诸种,前后慕义贡献",直接把僬侥之地纳于西南夷地域范围。《华阳国志·南中志》说:"身毒国,蜀之西国,今永昌是也。"《大唐西域记》卷十《迦摩缕波国》还记载:"此国(按,指迦摩缕波)东,山阜连接,无大国都,壤接西南夷,故其人类蛮僚矣。详问土俗,可两月行,入蜀之西南之境。"这些记载十分清楚地说明,出蜀之西南境即西南夷,其境地是与东印度阿萨姆地区相连接的。如果按照这样的认识,那么对西南夷的研究,就应放在更加广阔的地理空间背景下加以考虑。

---

① 参见沙畹《魏略·西戎传笺注》,载《西域南海史地考证译丛》第7编,冯承钧译,商务印书馆1962年版,第41—57页。
② 参见汶江《滇越考》,《中华文史论丛》1980年第2辑,第61—66页。
③ 季羡林等校注:《大唐西域记校注》下册,中华书局2000年版,第794页。
④ 段渝:《中国西南早期对外交通——先秦两汉的南方丝绸之路》,《历史研究》2009年第1期,第10页。
⑤ 《华阳国志·南中志》记载:"(哀牢)其地东西三千里,南北四千六百里。"《后汉书·哀牢传》记载:"(哀牢夷)其称邑王者七十七人,户五万一千八百九十,口五十五万三千七百一十一。"方国瑜先生认为,据此可见,哀牢地广人众,包有今之保山、德宏地区及缅甸伊洛瓦底江上游地带,见《中国西南历史地理考释》上册,第22、24页。方先生之说,符合古文献记载。

第 二 章

巴蜀广汉本南夷：巴蜀地区的部落和酋邦时代

几乎在整个先秦时代,巴、蜀地区都属于西南夷的范畴。因此,包括了巴、蜀在内的整个西南地区,在东周及此前的中原观念中均属于广义的西南夷[①]。对巴、蜀古代酋邦起源与社会复杂化的研究,对于解释整个西南地区的古代酋邦社会,具有重要意义。

第一节 巴蜀地区的部落时代

一、"新石器革命"

英国考古学家柴尔德(Vere Gordon Childe)提出的"新石器时代革命"的学术观点,划定了对于史前所见遗存及其后世演进关系的重要边界。根据这一方法,没有农耕与农作物周期性生产的制度性背景,西亚、埃及与欧洲等地的古代社会复杂化则是不可想象[②]。因此,追溯孕育古蜀酋邦政治组织的四川盆地及其周围新石器时代文化遗存,具有重要的学理意义。

1990年,在四川盆地西部北缘的广元中子铺发现了新石器时代遗址,距今6700—5700年(图2-1),发现有与汉水上游地区老官台文化李家村类型造型相似的陶器[③]。1989年在广元张家坡发现了受到汉水上游地区龙山文化风

[①] 早在上世纪四十年代,孙次舟先生就指出,先秦之蜀"本夷族"、"夷蛮"。他还认为,蜀人与西南夷的邛都人都属于"椎髻夷之种族"。见孙次舟《古蜀国之起源》,《川大史学·历史地理卷》,四川大学出版社2006年版,第247—248、256页。宋治民先生也认为,秦以前巴蜀地区也属于"夷"的范畴,宋治民:《蜀文化与巴文化》,四川大学出版社1998年版,第166页。

[②] 参见〔英〕柴尔德《远古文化史》,周进楷译,上海文艺出版社1990年版,第60—96页。

[③] 参见陕西省考古研究所等《陕南考古报告集》,三秦出版社1994年版,第72页。

格影响的陶器,另有石斧、石锛若干①。广元邓家坪也发现了等同于龙山文化阶段的夹砂陶、石刀、石铲等器物②。四川盆地西部北缘的这些新石器时代遗存,显示了古蜀地区早期人群已从事定居的农耕生活。而这些地点出土的与汉水上游地区风格接近的陶器,则暗示了这些人群的文化很可能直接或间接受到了汉水流域史前文化的影响。

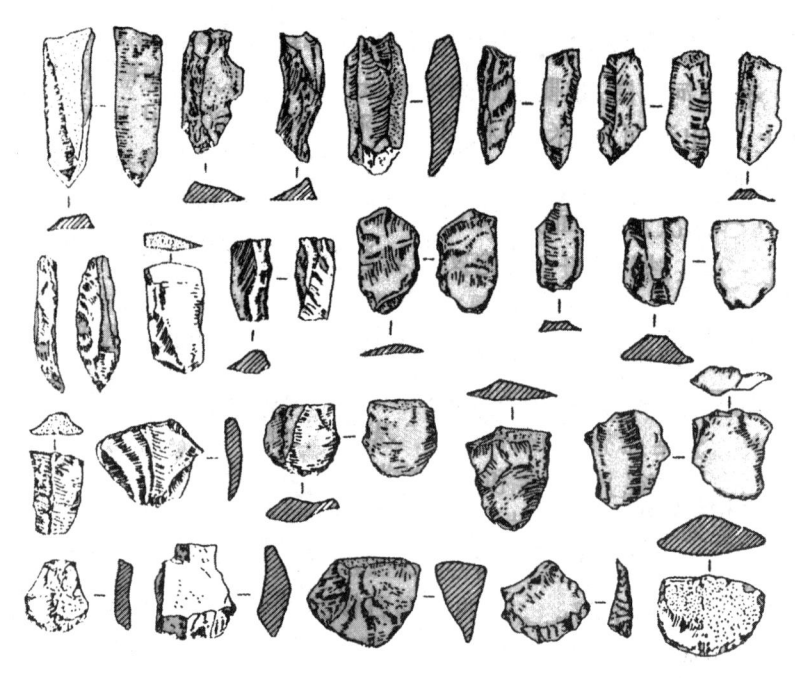

图 2-1 打制石器
四川广元中子铺遗址出土

在成都平原北缘的四川绵阳边堆山,发现了距今四千余年的新石器时代遗址。1989 年对遗址的发掘,发现了夹砂粗陶、细陶,磨制的骨器、石斧、石锛、石刀、箭镞等器物,另有以草拌泥,木条作筋,经过火烧的房屋痕迹③。通

---

① 参见中国社会科学院考古研究所《四川广元市张家坡新石器时代遗址的调查与试掘》,《考古》1991 年第 9 期,第 775—776 页。
② 参见宋治民《蜀文化与巴文化》,第 29 页。
③ 参见中国社会科学院考古研究所四川工作队《四川绵阳边堆山新石器时代遗址调查简报》,《考古》1990 年第 4 期,第 307—313 页。

过对陶器器形与形制的比较（图2-2），学者认为三星堆遗址一期文化与边堆山文化之间存在着紧密联系，有的学者甚至将三星堆一期文化归入到边堆山文化范畴①。这说明，成都平原北缘的边堆山遗址，对于理解古蜀文化的形成，具有意义。

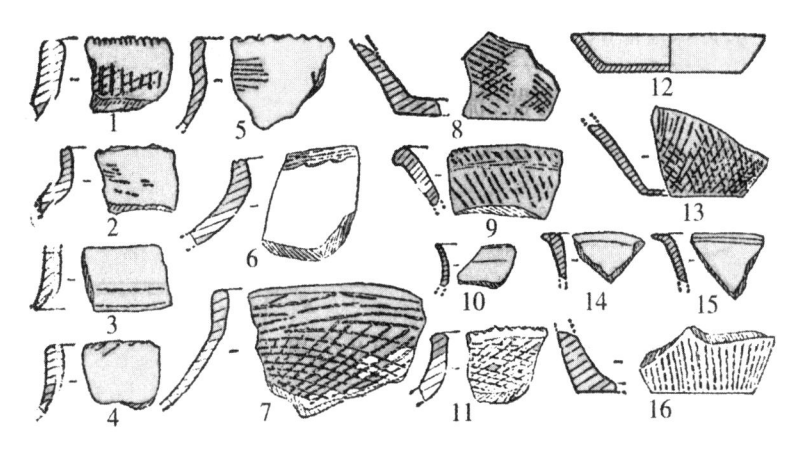

1. AⅢ式罐形器口 2. AⅣ式罐形器口 3. Ⅱ式盆形器足 4. AⅢ式罐形器口
5. AⅠ式罐形器口 6. AⅣ式罐形器口 7. BⅠ式罐形器口 8. Ⅱ式罐形器底
9. Ⅰ式盆形器口 10. CⅠ式罐形器口 11. AⅡ式罐形器口 12. Ⅰ式盆形器
13. Ⅱ式罐形器底 14. Ⅱ式盆形器口 15. Ⅲ式盆形器口 16. Ⅰ式罐形器底
（12为1/4，余为1/3）

图2-2 陶器
四川绵阳边堆山遗址出土

在岷江上游地区，以四川茂县营盘山遗址为代表的新石器农耕人群之文化面貌，与绵阳、广元等地的新石器文化之间存在着共同因素。除了彩陶器（图2-3）之外，另也多见夹砂陶（图2-4）、泥质陶（图2-5）、玉器、石器等遗存②。这些定居农业人群的新石器时代遗存，很可能与古史传说中古蜀人先祖之一的"蚕丛氏"之间存在密切联系③。2000年在岷江上游地区发现与大量彩陶共存的成都平原宝墩文化陶器④，显示了岷江上游史前农耕人群与成都

---

① 参见何志国《绵阳边堆山文化初探》，《四川文物》1993年第6期，第12页。
② 参见蒋成、陈剑《岷江上游考古新发现述析》，《中华文化论坛》2001年第3期，第54页。
③ 参见段渝《酋邦与国家起源：长江流域文明起源比较研究》，中华书局2007年版，第290页。
④ 参见段渝《玉垒浮云变古今：古代的蜀国》，四川人民出版社2001年版，第16—17页。

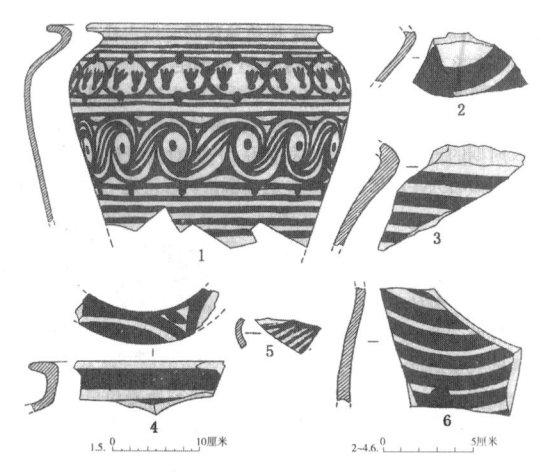

1~3. Ⅰ式彩罐（H8：1、T8④：72、H8：12）
4、6. Ⅱ式彩陶罐（H21：25、T17②：6）
5. Ⅱ式彩陶钵（T6②：29）

图 2-3　彩陶器
　　　　四川茂县营盘山遗址出土

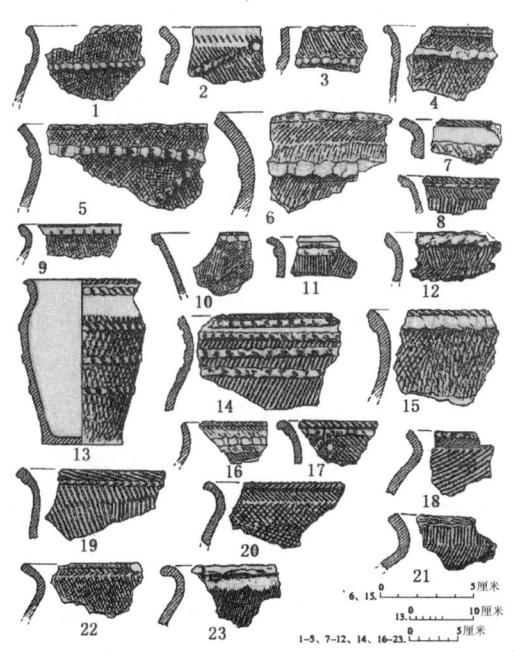

图 2-4　夹砂陶器
　　　　四川茂县营盘山遗址出土

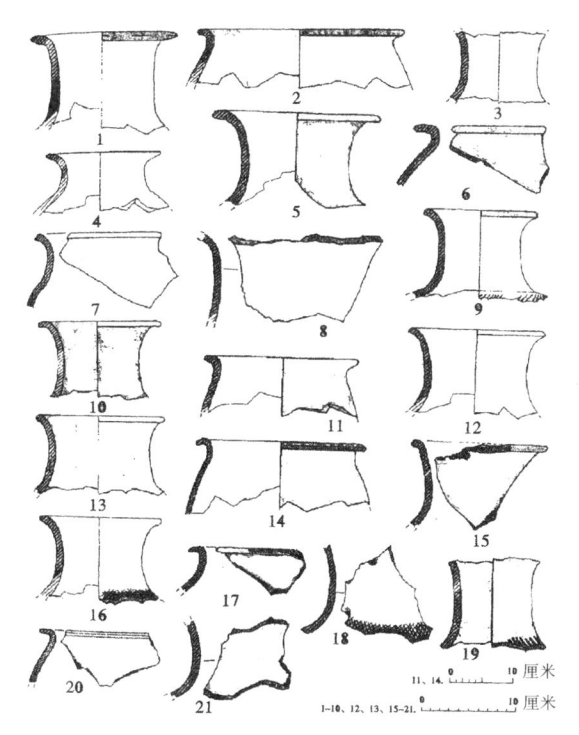

4、7.Ⅰ式罐(H4:19、H4:12) 2、11、20.Ⅱ式罐(H11:2、T12⑥:50、H8:29) 6、14、17.Ⅲ式罐(T1④:29、T12④:21、T14②:7) 1、10.Ⅰ式高领罐(采:2、H12:2) 5、8、13、16.Ⅱ式高领罐(T8:④:42、H42:10、H8:67、T10④:33) 3、9、12、15、18、19、21.Ⅲ式高领罐(T13①:7、T14③:13、T11③:33、H17:26、H19:10、T11③:22、T10③:21)

图2-5 泥质陶器
四川茂县营盘山遗址出土

平原古蜀社会之间的关联。2006年在茂县白水寨、沙乌都新石器时代遗址，也发现了与成都宝墩文化联系的陶器，具有宝墩文化的典型特征如灰砂夹陶、褐陶侈口罐多装饰绳文、锯齿状花边等[1]。也正如学者所指出，四川盆地西北缘的考古新发现，使得岷江上游新石器时代文化与成都平原宝墩文化在时间、空间上的关系更为密切，为探索古蜀文明的源头，提供了重要线索[2]。

在大渡河中游地区的四川汉源狮子山遗址，发现了夹砂的红陶器物，同样

---

[1] 参见成都市文物考古研究所、阿坝藏族羌族自治州文物管理所、茂县羌族博物馆《四川茂县白水寨和沙乌都遗址2006年调查简报》，《四川文物》2007年第6期，第3—10页。
[2] 参见陈剑《四川盆地西北缘龙山时代考古新发现述析》，《中华文化论坛》2007年第2期，第14页。

为岷江上游地区彩陶文化影响所波及,是盆地西部新石器文化分布之南界①。石斧、石锛、石凿的发现,器物口沿与花边的形制,既反映了农耕社会的面貌,也显示了与广元、绵阳诸遗址之间的联系。这些千丝万缕的联系,正是古蜀地区产生早期复杂社会与文化面貌的基础。在雅安斗胆村、姚桥、人民广场、芦山升隆农场、天全始阳等处,则存在有柄石锄的新石器文化分布②。

安宁河流域新石器文化以四川凉山州西昌市横栏山遗址和西昌礼州遗址最为重要③。横栏山遗址发现大量陶片(图 2-6),以泥质灰陶和夹砂红、褐陶为主,多为平底,纹饰丰富,有些陶器口沿饰花边或波浪纹,器形主要有罐、钵、瓶、壶等。石器以斧为主,多为打制。礼州遗址发现的石器大多经过磨制,以双孔半月形弧刃直背石刀最具特色。生活用具主要是陶器,全部为手工制作而成,器形比较多样(图 2-7)。相对年代为新石器时代晚期,稍晚于横栏山遗址。

从这些与成都平原古蜀文明起源有着或多或少不同关系的新石器时代遗存可知,在相当于中原地区仰韶至龙山阶段,四川盆地及其周边地区已经出现了一定数量的定居农耕聚落,这些人群的陶器与文化受到了来自黄河上游、汉水上游等不同外来文化风格的影响,显示了构成古蜀文化源流的复杂面貌。

尤其值得注意的是四川盆地及其西北缘地区分布的农耕文化遗存。以茂县营盘山遗址为代表的岷江上游新石器文化,对应了较为成熟的农耕人群社会。在茂县和汶川地区,有非常丰富和密集的聚落遗址,显示出高地农业人群的经营形态已较为成熟。由于岷江上游高山峡谷的复杂地形限制,气候干寒,又不足以支撑起农耕的进一步发展与资源的高效利用,因此那里的农耕人群,有的便沿着岷江河谷下行,走出山区,进入成都平原④。彩陶与宝墩文化风格的陶器共存,便显示了这些人群的文化与早期古蜀文化形成之间的密切联系。

---

① 参见中国社会科学院考古研究所四川队《四川汉源县大树乡两处古遗址调查》,《考古》1991 年第 5 期,第 388—389 页。
② 参见段渝《玉垒浮云变古今:古代的蜀国》,第 16 页。
③ 参见西昌市文物管理所《四川西昌市横栏山新石器时代遗址调查》,《考古》1998 年第 2 期,第 5 页。礼州遗址联合考古发掘队《四川西昌礼州新石器时代遗址》,《考古学报》1980 年第 4 期,第 443—456 页。
④ 参见段渝《酋邦与国家起源:长江流域文明起源比较研究》,第 289—290 页。

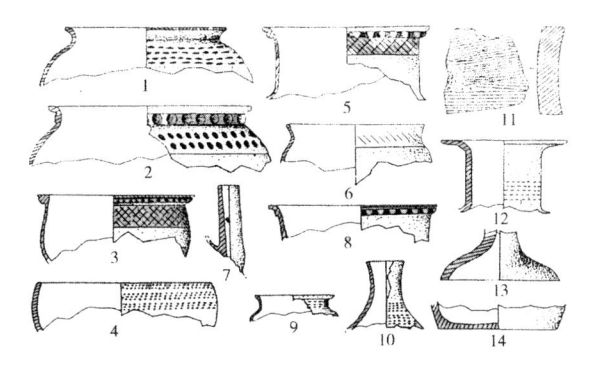

图2-6 陶器

四川西昌市横栏山遗址出土

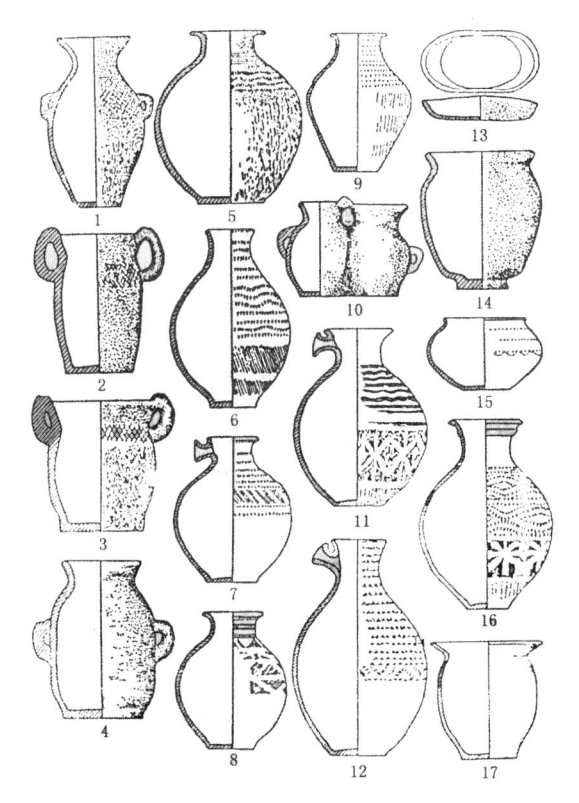

1、2.Ⅱ式双耳罐 3、4.Ⅱ、Ⅲ式双耳罐 5、6.壶 7.带流壶 8、9.壶 10.双联罐 11、12.带流壶 13.盘 14、15.Ⅰ、Ⅱ式罐 16.壶 17.坛

图2-7 陶器

四川西昌市礼州遗址出土

成都平原地势平坦,气候温暖湿润,水系发达,土地肥沃,非常有利于农耕定居生活。而且,由于新石器时代北半球的气候普遍比现代温暖①,可以推测,当时的成都平原,比现代更加温暖,具有更加丰富的动植物资源,也更适合那些由高地迁徙而来的人群发展农业。而这些迁徙而来的农业人群,在平原沿水网居住,也伴随着对水资源的利用与管理,促进了社会复杂化的过程。另一方面,广元、绵阳的陶器、石器均与宝墩文化之间具有不同程度的联系,甚至有学者将三星堆一期文化归入到绵阳边堆山文化的范畴。这就说明,以成都平原为中心发展的古蜀文明源头,除了岷江上游高地务农的人群之外,也有来自四川嘉陵江上游和涪江流域的农耕人群的参与。换言之,这些分别从西北、北面、东北汇聚到成都平原的不同人群,在这里发生了融合。

　　峡江②流域新石器文化的典型代表之一是巫山大溪文化③。遗址上下重叠的文化层显示出早晚两个发展阶段的情况。其中发现了重叠排列的密集的墓葬(图2-8),盛行单人葬。生产工具出土极为丰富,有石斧、锛、锄、凿、纺轮等,大多是打制而后加以琢磨,以长条形大型石斧和磨制精细的圭形凿最具特色。陶器数量很多,以红陶为主,还有少量彩陶(图2-9)。绝对年代距今5300—6000年。

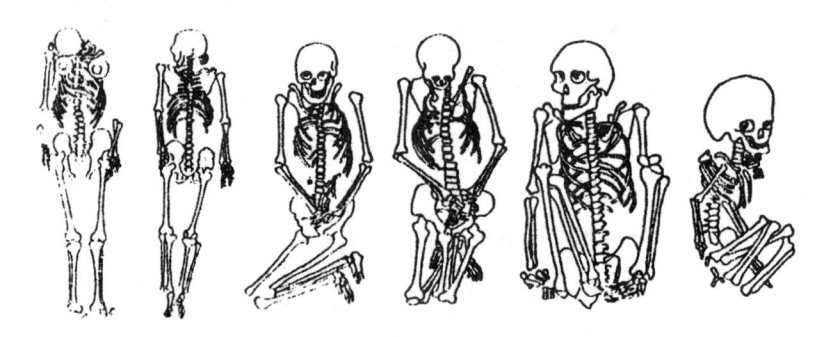

图2-8　四川巫山大溪遗址墓葬葬式图

---

①　参见〔美〕布雷特·辛斯基《气候变迁和中国历史》,蓝勇等译,《中国历史地理论丛》2003年6月,第54页。
②　长江自重庆奉节至湖北宜昌一段,称为峡江。参见《中国地图册》,地图出版社1966年版。
③　参见四川省博物馆《四川巫山大溪新石器时代遗址发掘记略》,《文物》1961年第11期,第15—20页。四川省博物馆:《巫山大溪遗址第三次发掘》,《考古学报》1981年第4期,第461—490页。

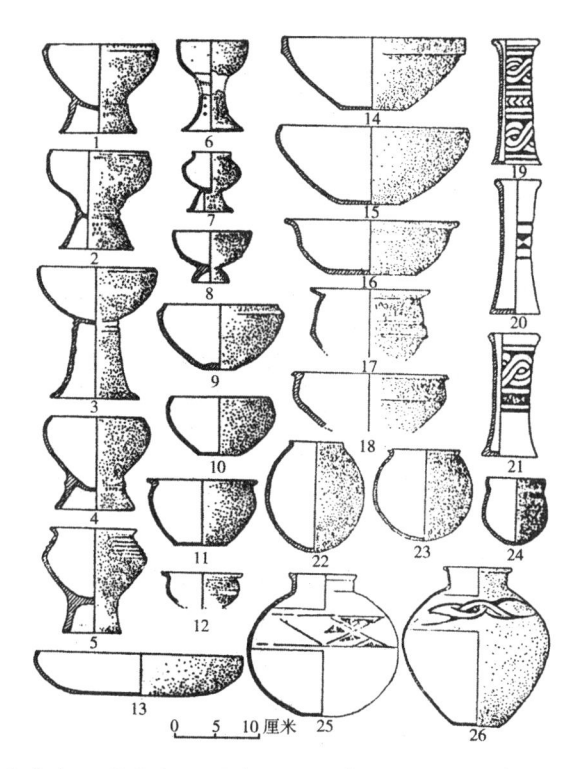

1、2.Ⅰ式豆 3.Ⅵ式豆 4.Ⅲ式豆 5.Ⅱ式豆 6、7.Ⅳ、Ⅴ式豆 8.Ⅰ式矮圈足豆 9～11.Ⅰ～Ⅲ式钵 12.Ⅱ式盆 13、14.Ⅳ、Ⅴ式钵 15.Ⅳ式钵 16～18.Ⅰ、Ⅲ、Ⅳ式盆 19～21.彩陶瓶 22、23.Ⅱ式釜 24.Ⅰ式釜 25、26.彩陶罐

图 2-9 陶器
四川巫山大溪遗址出土

分布在峡江沿岸的瀼井沟遗址群主要有哨棚嘴遗址[1]、中坝遗址[2]、老关庙遗址[3]、魏家梁子遗址[4]等。各遗址都发现大量陶器,相互之间既有一定的关系,又有相当的区别,且与长江三峡内外的新石器时代文化有着某种联系。

---

[1] 参见王鑫《忠县瀼井沟遗址群哨棚嘴遗址分析》,《四川考古论文集》,文物出版社1996年版,第19—43页。

[2] 参见孙智彬《中坝遗址新石器时代遗存初论》,《四川文物》2003年第3期,第32—40页。

[3] 参见吉林大学考古学系、四川省文物考古研究所《奉节县老关庙遗址第三次发掘》,《四川考古报告集》,文物出版社1998年版,第155页。

[4] 参见中国社会科学院考古研究所长江三峡考古工作队:《四川巫山县魏家梁子遗址的发掘》,《考古》1996年第8期,第1—18页。

位于四川盆地东北部米仓山东段南麓的通江擂鼓寨遗址①,出土大量陶器,主要器形有罐、尊形器、瓶、盆、钵、碗等(图2-10)。出土石器有细石器、打制石器和磨制石器三类。

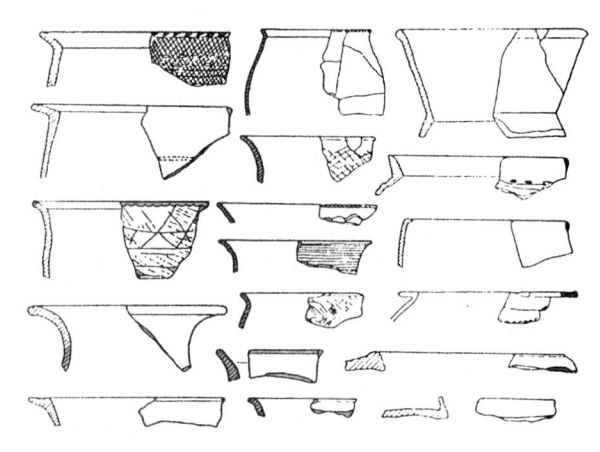

图2-10 陶器
四川通江擂鼓寨遗址出土

巴蜀地区新石器文化最为重要的是成都平原新石器末叶文化,包括宝墩文化②和三星堆遗址第一期文化③。宝墩文化得名于新津县宝墩遗址,以它为代表的成都平原史前古城遗址群,包括新津宝墩古城址、都江堰芒城古城址、温江鱼凫村古城址、郫县古城村古城址、崇州双河古城址和紫竹村古城址、大邑盐店古城址和高山古城址等数座古城遗址,均属同一文化,距今约4500—3700年。生产工具主要是石器,多为通体磨光,呈小型化,以斧、锛、凿为主。陶器质地分夹砂陶和泥质陶两种,陶色有灰、褐、外灰内褐等。陶器器形以小平底器和圈足器为主,典型陶器有绳纹花边口罐、敞口圈足尊、盘口圈足尊、喇叭口高领罐、宽沿平底尊等。宝墩文化初步分为四期六段,延续时间八百年左右。

---

① 参见雷雨、陈德安《巴中月亮岩和通江擂鼓寨遗址调查简报》,《四川文物》1991年第6期,第52—55页。
② 参见《成都史前城址发掘又获重大收获》,《中国文物报》1997年1月19日;成都市文物考古工作队:《四川新津县宝墩遗址调查与试掘》,《考古》1997年第1期,第40—52页;成都市文物考古工作队:《郫县古城发掘取得重大收获》,《中国文物报》1998年3月18日;江章华、颜劲松、李明斌:《成都平原的早期古城址群——宝墩文化初论》,《中华文化论坛》1997年第4期,第8—12页。
③ 参见四川省文管会等《广汉三星堆遗址》,《考古学报》1987年第2期,第227—250页。

广汉三星堆遗址分为四期,第一期属新石器末叶文化,第二期至四期属早期文明,其中第二、三期称为三星堆文化,第四期属十二桥文化,与第一期不能同日而语。第一期文化面貌同宝墩文化有若干共同之处,距今约4500—3700年(一说4800—4000年),生产工具小型化,有石斧、锛、凿等,通体磨光,加工精整。陶器以泥质灰陶为主,器形以宽沿平底器为主。

从巴蜀地区新石器时代文化主要遗址的情况,不难看出巴蜀地区新石器革命造成了不同类型的生产性经济的发生和发展,主要有盆地原始农业经济和高原原始畜牧业经济两大类型,而间以渔猎经济这一更为古老的经济形式。原始农业经济可从各地所出大量农业生产工具窥其梗概,各遗址所出大量陶器和家畜遗骨也是具体的证明。原始畜牧业则不仅见于古代文献的记载,而且得到了考古学的充分证实。考古资料还说明,商品交换关系在各种生产性经济区域之间开始初步发展起来,各地文化交流日益频繁,成为推动社会前进的源泉之一。

巴蜀地区新石器革命所取得的重要成果之一是早期定居的农耕聚落的建立。这一方面体现在排列密集成群的墓葬的出现上,另一方面也体现在房屋建筑遗址成组的出现上。有迹象表明,居址与农具、日常生活用品、艺术品等的制作都在同一或相邻空间,也与墓葬相辅相成。显然,永久性定居和定居农业已经产生。

在技术方面,巴蜀地区新石器时代已经出现生产工具的专门化发展,工具组合各具特点,与各地的经济生活相适应,也意味着劳动分工呈现出新的发展趋势。陶轮和纺轮普遍出现,不仅反映了制陶术和纺织术的进步,还意味着人们科学知识的显著提高,对于圆周运动及其规律已有掌握,并把它运用于生产和生活的实践当中。建筑术主要有干栏式和地面木构式两种,反映了人们更能适应生态环境,生存能力得到了增强。技术的进步还表现为人们对艺术品、装饰品质料及工艺形式的不断追求,不仅选料严谨,而且精琢细磨,在工艺上出现了许许多多新鲜的发明创造。

精神生活中最重要的特征之一是宗教信仰的形成,而巫术对于人们的精神世界乃至现实生活都具有一定的支配作用,地地道道的自由世界已经一去不复返。

巴蜀地区新石器时代的社会结构,总的说来还没有形成凌驾于社会之上的国家机器,不过贫富不均、等级划分已经产生并有所发展,阶级分化开始出现,甚至出现了史前酋邦一类政治组织。而它的质变,即阶级社会的诞生和国家的形成,则是进入文明时代的最重要标志。

二、多元与一体

巴蜀新石器时代文化具有明显的多元起源性质,在它的发展过程中,又逐渐出现一体化的发展趋势。

四川盆地东部长江三峡的巫山大溪文化,是同一文化比较晚期的遗址。大溪文化并不发源于四川境内,它后来的发展方向也在湖北的江汉平原,可能是构成先楚文化的早期因素之一,对巴蜀古文化并没有产生太多明显的影响。但礌井沟遗址群则显示出土著文化的特征,它们与当地后来的青铜时代文化有着发展演变的关系。

四川盆地东北部新石器时代文化主要分布在嘉陵江支流渠江流域,同样显示出与当地后来青铜时代文化的发展演变关系。

川西北岷江上游新石器文化,如从其来源考察,有可能是当地土著文化吸收了庙底沟文化和马家窑文化的若干因素而形成的,很大程度上同西北高原氐羌先民的文化有关。岷江上游古文化曾在文明起源时代对成都平原古蜀文化的产生和形成发生过重要影响。

川西大渡河流域和青衣江流域的古文化面貌,因考古资料的局限,还不十分清楚,似乎存在不同来源的文化因素,而两大流域中均有一定的成都平原早期蜀文化渊源,倒可以充分肯定。

川西南安宁河流域的新石器时代文化遗址,文化面貌不同于巴蜀其他地区的古文化,它们均与史前和历史时期成都平原的文化传统相去甚远,其来源目前还不十分清楚,但有一些迹象显示出它们与西北高原古文化的某种关系。

成都平原新石器文化的发展脉络比较清楚,分布北达四川绵阳,南抵长江沿岸,西至四川汉源,东面伸入到三峡以东的湖北宜昌,播染空间十分广阔。由于它明显区别于任何其他地区的古文化,因此可以肯定是一种土著新石器文化。

由文化史发展的不平衡规律所决定,不仅巴蜀地区的所有新石器文化之间,即便是在每一支新石器文化内部,事实上演化程度都并不是一致的,因此先进与落后总是普遍存在。而从新石器文化中进一步生长出文明因素,也远远不是同时的。于是往往会出现这样的情形:当某支文化中最先进的部分已经进入文明门槛时,它的其他部分或边缘还在新石器末叶徘徊。成都平原古文化就是如此,当三星堆第二期文化已经产生文明社会最重要的因素——早期城市,从而意味着早期城市生活方式已经初步确立时,与它属于同一文化区系的四川阆中、南充、重庆忠县、湖北宜昌等地的居民聚落,仍然逡巡于城市文明之外。因此巴蜀新石器文化下限的确定,就只能是模糊的,它与文明时代的上限之间,犹如犬牙交错,不可能截然分明。所以,巴蜀新石器文化呈现出进步与落后交织的面貌,就一点也不足为怪了。

可以看出,巴蜀新石器时代,在文化来源上表现出显著的多元化性质。大溪文化是不同系统的外部文化或受外部文化影响而在四川盆地东部地区发展起来的文化。川西南安宁河流域古文化的面貌相当复杂多样,既具有小生态中文化的半稳定性,又具有史前族群较强的流动性,表现出南来北往的文化走廊特征。岷江上游的古文化则是以土著因素为主,受到了中原古文化和西北高原古文化的重要影响。土著文化除在成都平原形成若干中心分布区外,还受到岷江上游文化和川北绵阳边堆山文化的影响,它们可能是成都平原宝墩文化的渊源之一。尽管岷江上游文化和川北绵阳边堆山文化自身的来龙去脉还不十分清楚,但从它们与宝墩文化有若干共同因素,而这些因素又与其他各种文化判然有别的情况来看,它们也应是土著文化。这样,到新石器时代之末,在四川盆地,以成都平原为重心的古文化便大致形成了一体化的发展趋势,从而引发了文明的起源。

正如人类学家厄尔(Timothy Earle)所说,不同基础的环境、经济与社会有不同的社会复杂化演进之路[1]。显然,不同的自然环境与地理基础,与不同的社会复杂化模式之间具有极其紧密的关联。古蜀地区的史前酋邦社会之形成,与新石器时代以来成都平原的环境地理背景关系密切。由于高地农耕人群向低地平原的迁徙并不是在某一个阶段完成的,而是伴随了长时间段的一个历史过程,因此不同时间段迁入的人群,很容易在新的土地上为争夺资源而发生武装冲突。另一方面,由于水网分布的平原地理结构,对于水资源的管理

---

[1] Timothy Earle, *How Chiefs Come to Power*:*The Political Economy in Prehistory*, Stanford, California, Stanford University Press,1997, p. 210.

与利用,很可能也促成了成都平原农耕社会的内部管理与组织复杂化的进程。这两个因素,很有可能紧密地交织在一起,最终导致酋邦社会的产生、复杂化和向早期文明的转型①。

第二节 成都平原史前城址群与酋邦社会

20世纪20年代末,在成都西门白马寺发现了有别于中原形制的青铜器,学者卫聚贤据此于40年代初首次提出了考古学意义上的"巴蜀文化"概念,引起了学术界的广泛争论②。在50年代以后,随着四川巴县冬笋坝和昭化宝轮院船棺墓葬的发掘与研究,使"巴蜀文化"这一概念在考古学中得到确认。同时,随着研究的深入,"蜀文化"和"巴文化"的考古学内涵差异得到了学界的共识③。通过考古学和历史学的深入研究,学术界认为,以成都平原为中心的蜀文化与以川东、鄂西地区的巴文化之间的社会复杂化进程存在很大差异。因此,需要对蜀文化地区和巴文化地区的古代酋邦政治组织进行区分讨论。

一、成都平原史前城址群的发现

随着来自成都平原西北、北面、东北面不同农耕族群逐渐汇聚到这一中心地区,在良好的自然条件下发展、融合,人口与社会组织的规模逐渐增长,而社会的复杂化与组织化也呈现为日渐发展的趋势。在公元前2400年左右,成都平原开始出现巨大的古城群,显示这一地区已经发展到相当复杂的社会。

1995年以来,在成都平原发现了八座新石器时代晚期的城址,属于宝墩文化的范畴。

据发掘者研究,成都平原宝墩文化可以分为四期。

第一期:以宝墩遗址早期为代表。

第二期:以鱼凫村遗址一、二期和宝墩遗址二、三期为代表。

第三期:以古城村遗址早期为代表。

第四期:以鱼凫村遗址三期和古城村遗址晚期为代表。

---

① 参见段渝《论巴蜀地理对文明起源的影响》,《四川大学学报》1988年第2期,第104—105页。
② 参见卫聚贤《巴蜀文化》,《说文月刊》第3卷第4期,1941年版;同书第3卷第7期,1942年版,渝版第1号。
③ 参见宋治民:《蜀文化与巴文化》,第1—2页。

表 2-1　宝墩文化分期表

期别（类型）	遗存	宝墩	鱼凫村	古城	芒城	双河	紫竹	盐店	高山	三星堆一期
一期		一期								√
二期	鱼凫村类型		一、二期			早期				√
	宝墩类型	二、三期			√	晚期	√	√	√	
三期（古城类型）				早期						月亮湾
四期（鱼凫村第三期类型）			三期	晚期						

注：本表参考赵殿增、李明斌《长江上游的巴蜀文化》第 161、162 页绘制。

根据对宝墩文化与广汉三星堆遗址第一期文化遗存的初步比较研究，可以看出，三星堆遗址第一期文化应当属于宝墩文化的范畴，涵盖了宝墩文化的第一期至第三期，年代跨度较长。[①]

在四川新津发现的宝墩古城遗址（图 2-11），现已发现内城和外城，城址平面大致呈不甚规整的五边形，外城墙长约 2000 米，宽约 1500 米，城墙周长约 6.2 千米，总面积达 260 万平方米；内城垣南北长 1000 米，东西宽 600 米，周长 3200 米，墙体现存顶宽 7.3—8.8 米，底宽 29—31 米，高 4 米，面积 60 万平方米，墙体无垮塌和二次增补的迹象，应属一次性筑造完成，土方量初步推算达到了 25 万立方米以上[②]。宝墩古城的出现，标志着成都平原进入了史前古城兴起的时代。

比新津县宝墩古城稍晚出现的都江堰芒城村（图 2-12）和崇州紫竹村古城[③]，则标志着该地区已经形成了以古城为政治中心组织的城池并存阶段。这两座城址的面积，分别为 10 万平方米和 20 万平方米。由于芒城村位于由岷江上游地区进入成都平原的隘口，这座城址很可能是具有军事屏障功能的一处遗址[④]。

[①] 参见江章华、王毅、张擎《成都平原早期城址及其考古学文化初论》，成都文物考古研究所：《成都考古研究》（一），科学出版社 2009 年版，第 63—85 页。

[②] 参见成都市文物考古工作队《四川新津县宝墩遗址调查与试掘》，《考古》1997 年第 1 期，第 40—52 页；中日联合考古调查队等：《四川新津县宝墩遗址 1996 年发掘简报》，《考古》1998 年第 1 期，第 29—50 页。成都文物考古研究所、新津县文管所：《新津宝墩遗址调查与试掘简报（2009—2010 年）》，《成都考古发现（2009）》，科学出版社 2011 年版，第 67 页。

[③] 参见成都市文物考古工作队、都江堰市文物局《四川都江堰市芒城遗址调查与试掘》，《考古》1999 年第 7 期，第 14—27 页。另见叶茂林、李明斌《宝墩文化发现新遗址》，《中国文物报》2000 年 7 月 12 日。

[④] 参见段渝《玉垒浮云变古今：古代的蜀国》，第 79 页。

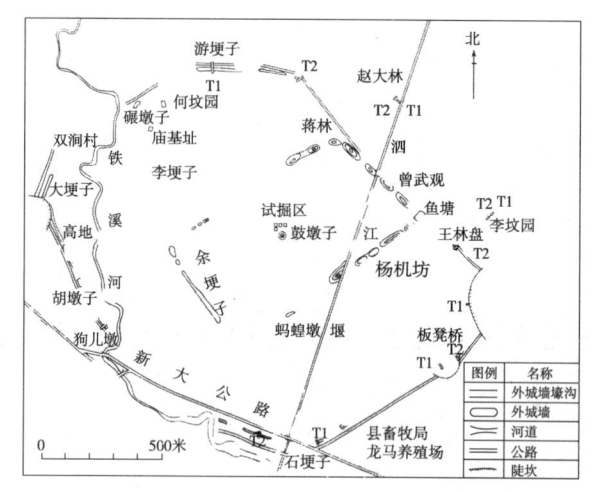

图 2-11　四川新津宝墩古城平面图

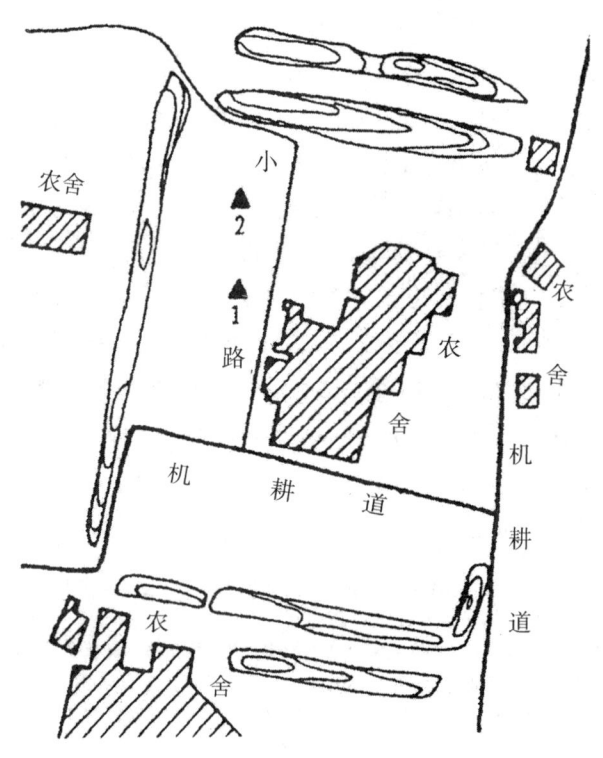

图 2-12　四川都江堰芒城村遗址平面图

再稍后的阶段,则出现了崇州双河村、郫县古城村、温江鱼凫村三座并存的古城。崇州双河村古城分为内外两圈,东垣内圈长约450米,北垣和南垣内圈残长约200米(图2-13)①;郫县古城村城垣长637米,宽约487米,总面积31万平方米,整个墙体分为两次筑造而成(图2-14)②;温江鱼凫村古城南垣长480米,西垣南段残长约350米,西北垣西段残长370米,总面积32万平方米(图2-15)③。

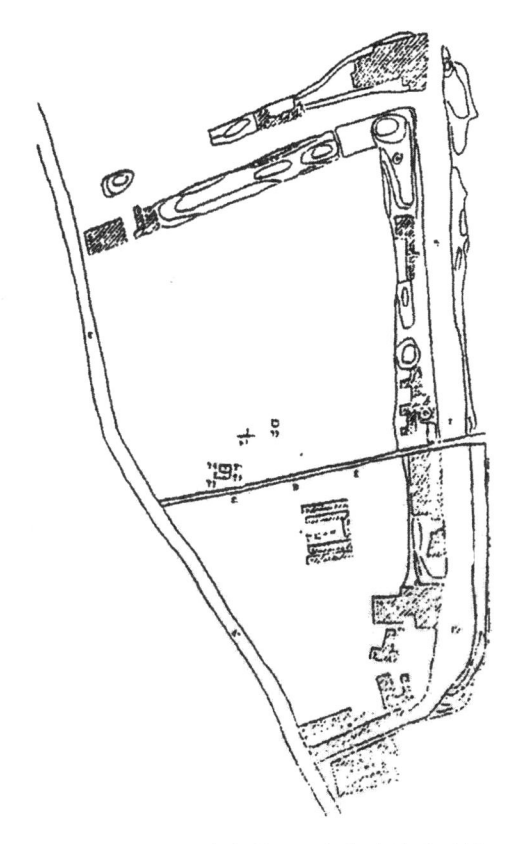

图2-13 四川崇州双河古城遗址平面图

---

① 参见成都市文物考古工作队《四川新津县宝墩遗址调查与试掘》,《考古》1997年第1期,第40—52页。成都市文物考古工作队《四川新津县宝墩遗址1996年发掘简报》,《考古》1998年第1期,第29—50页。
② 参见成都市文物考古工作队《四川省郫县古城遗址调查与试掘》,《文物》1999年第1期,第32—41页。
③ 参见成都市文物考古工作队《四川温江县鱼凫村遗址调查与试掘》,《文物》1998年第12期,第38—55页。

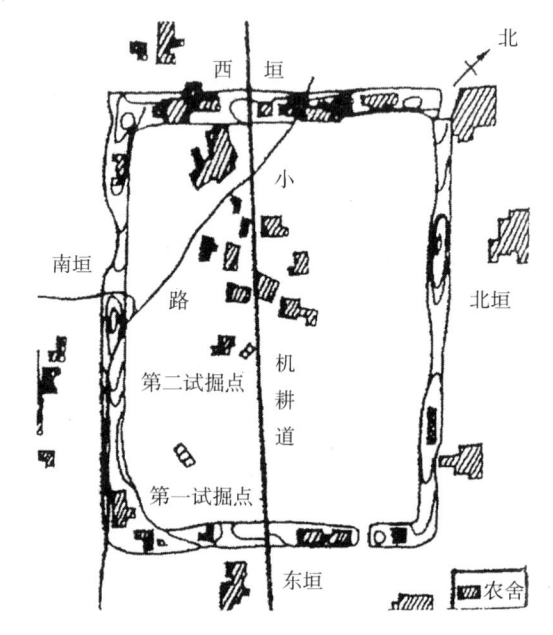

图 2-14　四川郫县古城遗址平面图

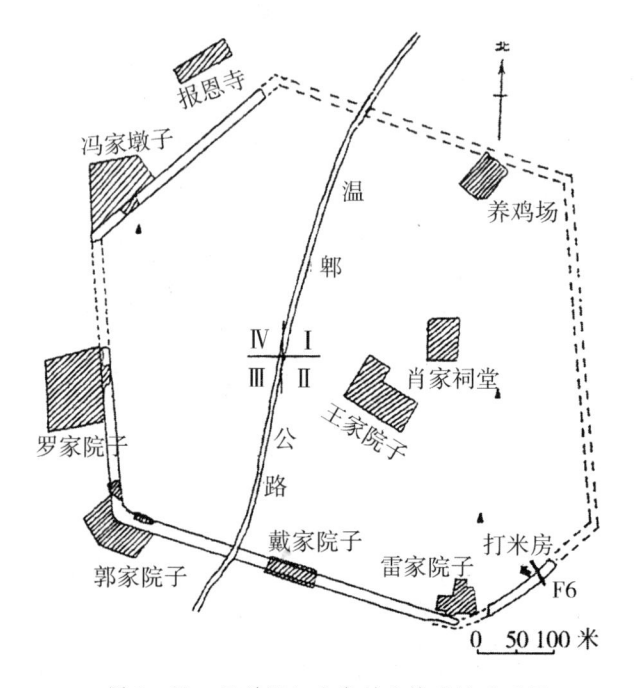

图 2-15　四川温江鱼凫村古城遗址平面图

显然，这些位于成都平原的史前古城址规模巨大（图 2-16），与同时期处于向文明迈进关键阶段的中原龙山文化诸古城相比，在规模上不但毫不逊色，而且远超过一些同时期的龙山古城。例如，河南淮阳发现的平粮台遗址，城址呈正方形，面积只有 3 万 4 千平方米[1]；河南登封王城岗古城，占地 1 万多平方米[2]；郾城郝家台遗址属于龙山中期，面积约 2 万平方米[3]。很多龙山古城，面积只有几万平方米，最小者甚至只有 1 万多平方米，与成都平原动辄数十万平方米的巨大城址形成了对比。成都平原宝墩文化的这些史前古城，即使是放到同时代的中原地区，也属于规模巨大的城址群，总体规模超过了中原地区。

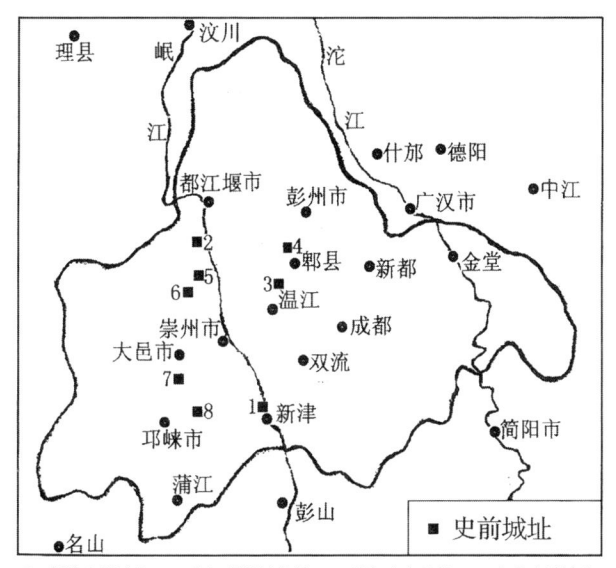

图 2-16 四川成都平原宝墩文化城址分布图

1. 新津宝墩城址 2. 都江堰芒城城址 3. 温江鱼凫城址 4. 郫县古城城址
5. 崇州双河城址 6. 崇州紫竹城址 7. 大邑盐店城址 8. 大邑高山城址

这就意味着，史前成都平原发达的农业社会在经历了新石器时代的发展之后，在人口、技术、农作规模、组织能力、管理等方面已经达到了相当复杂的水平。

---

[1] 参见河南省文物研究所、周口地区文化局文物科《河南淮阳平粮台龙山文化城址试掘简报》，《文物》1983 年第 3 期，第 27 页。

[2] 参见河南省文物研究所、中国历史博物馆考古部《登封王城岗遗址的发掘》，《文物》1983 年第 3 期，第 8 页。

[3] 参见靳桂云《龙山时代的古城与墓葬》，《华夏考古》1998 年第 1 期，第 40 页。

要修建这样规模巨大的城址，显然有必要提供充分的内在动员机制，将大量劳动力、管理人员组织起来，而除了动员机制之外，还必须具备提供大量粮食供应以及对粮食进行公共管理与再分配的社会组织力量。因此，这些城址所体现的发展水平，已经非常接近文明的前夜，是社会高度复杂化发展的物化体现。

二、史前城址与酋邦物化象征

成都平原出现的这些史前城址，反映了社会复杂化与酋邦政治的组织能力。在此，研究者必须对这些大型工程出现背后的社会机制和内在动力作出合理的解释，有效的解释将直接关涉到对当地史前社会发展方式与通往早期国家之路的理解。

首先，这些古城很容易被直观地理解为具有军事防御功能的城堡。因为，孕育了中原早期国家起源的黄河中下游地区，在这一阶段出现了大批龙山古城，而这些古城也伴随着战争武器的显著增长[1]，表明龙山古城的出现是社会剧烈冲突和制度性暴力出现之后的必然产物[2]。那么，成都平原这些古城，是否与黄河中下游地区的龙山古城一样，标志着战争与社会的剧烈冲突呢？

城垣的防御功能，必须体现为工程学意义上的"直立式挡土墙"，垂直的对外墙体，才可以构成有效的防御功能。黄河流域的龙山古城，城垣均为陡峭的直立形态，显示了古城的建造具有明确的军事功能。可是，成都平原的这些古城，如宝墩、鱼凫村、古城村的城垣墙体宽度都在 20—31 米，顶部宽度 7—19 米，顶部和底部宽度差距明显，有较大的斜坡堆筑，整个城垣截面呈现为梯形。这样的一种结构，既有利于内部人员的出逃，更有利于外部力量的进攻，军事防御功能并未凸显。那么，这是由于当时古蜀人群的工程筑造技术水平限制吗？同时代的黄河中下游地区古城筑造技术可以修建直立式挡土墙，说明临近文明起源前夜的公元前 2000 年纪，完全有足够的技术力量修造直立的墙垣。体现在成都平原的考古学中，古城村的大型礼仪建筑便使用了挖掘基槽，并在槽内埋设竹子作为护壁，再填充鹅卵石等技术。古城村墙垣的建造中，也大量应用了鹅卵石加固城墙的手段[3]，这些技术完全可以将城墙的墙体加工

---

[1] Li Liu, *The Chinese Neolithic: Trajectories to Early States*, Cambridge University Press, 2004, p. 64.

[2] 参见李竞恒《干戈之影：商代的战争观念、武装者与武器装备研究》，四川师范大学电子出版社 2011 年版，第 43—44 页。

[3] 参见段渝《酋邦与国家起源：长江流域文明起源比较研究》，第 246 页。

为直立式挡土墙,用于军事防御。

因此,成都平原的史前古城结构,说明它们与同时期黄河中下游大批出现的古城之间具有不同的政治功能与社会内在动力。即使具有一定的军事防御功能,也并非最为核心的意义所在。因此,要理解这些古城的功能,就必须从政治与意识形态的角度入手。美国美术史学者巫鸿先生曾经对思想史与政治领域中的"纪念碑"(monument)有过研究。从政治功能的角度,"纪念碑"指的是那些大型公共场所巨大、耐久而庄严的建筑物,包括金字塔、方尖碑、凯旋门、纪念堂等,基于这些空间与大型建筑背后所体现的政治与礼仪功能,巫鸿提出了"纪念碑性"(monumentality)这一概念。根据这一思路,中国古代那些凝结了宗教、礼仪与庄严的政治含义之物化体现,均为具有"纪念碑性"的功能。因此,古代中国的宗庙、礼器、都城、宫殿,都被视为典型的"纪念碑性"物化载体[①]。

尽管巫鸿的论述,在西方美术史学界存在争议,但这一思路本身对于理解成都平原史前古城的政治、礼仪、意识形态与社会整合功能,则具有某种重要启示。因为按照"纪念碑性"的思路,作为神权政治物化体现的"九鼎"与神庙、巨大的城垣,其实都指向了同一政治、礼仪的庄严象征功能。

实际上,还没有证据表明古蜀地区这些热衷于修造大型城垣建筑的酋邦政治体是依靠制度化的暴力垄断来实现社会整合的。相反,大量的考古迹象与人类学视野显示,古代社会往往依靠意识形态的垄断来实现政治整合,酋邦社会意识形态的控制,依靠于意识形态与其物质象征之体现[②]。规模巨大的陵墓、宗庙、广场、纪念碑、城垣,还有投入了巨大人力、资源、采矿、运输、冶炼、技艺在内的复杂管理链条才能完成的巨大青铜器,均属于"纪念碑性"的政治礼仪载体,也是厄尔所说的意识形态物化体现。

"因此,城垣修建这一行为,从根本上说是一种政治行为,它从把自然资源、生产性资源和劳动力资源物化为大型城墙建筑的角度,显示了酋邦组织的巨大威力,标志着权力的强大和尊严,象征着权力的构造物和它的支配能力"[③]。正因为巨大的城垣体现了权力与资源整合的政治物化象征,因此它与别的那些

---

① 参见〔美〕巫鸿《礼仪中的美术:巫鸿中国古代美术史文编》上册,郑岩等译,生活·读书·新知三联书店 2005 年版,第 45—49 页。
② Timothy Earle, *How Chiefs Come to Power: The Political Economy in Prehistory*, pp. 150—151.
③ 段渝:《酋邦与国家起源:长江流域文明起源比较研究》,第 247 页。

"纪念碑性"神圣物化象征一样,既是权力的创生,又是产生权力的基础。掌握了这些具有"纪念碑性"的神圣象征,便是掌控了权力。因此,宝墩文化时代古蜀各酋邦的不同精英们,并不需要制度化的暴力与军事力量,便可以通过政治、宗教、礼仪等意识形态象征,对社会进行有效的管理。暴力,对于这一时期的古蜀政治而言,只是一种辅助性的手段,有时也被用于阻挡继续来自岷江上游地区南迁的异族人群,但绝不是管理整个社会的根本性力量。

德国学者罗曼·赫尔佐克(Roman Herzog)曾经举出了一个很有代表性的例子,有助于我们对古蜀地区巨大城垣建筑物的理解。某日,他本人曾到印度阿姆利则地方锡克教徒的黄金圣殿去,见到了一支由神庙组织起来的劳动大军。他们的任务是用一道一百多米长的巨大土堤将神庙的圣池隔为两半。在神庙的号召下,成千上万的人,包括男女老少,日复一日地为神庙劳动。"这些人中没有哪一个是被军警强迫来的,大家都自觉自愿地来了。"[①]需要指出的是,20世纪印度锡克教神庙通过意识形态对教徒的号召能力,显然远远无法与四千多年前修建成都平原古城的规模相提并论。但通过对这则材料的阅读,不难想象通过意识形态对社会进行管理并有效营造大型工程的巨大力量。印度这条20世纪的资料,与古蜀酋邦营建大型城垣二者之间,具有很多类似之处。第一,二者都不是通过制度化的军警或暴力,强迫人们投入劳动的;其次,二者的行动背后,都体现出了意识形态的目的追求。第三,反过来,意识形态本身又强化了这一工程活动的合法性与意义所在。

正是由于古城乃是政治、礼仪、意识形态的物化象征,因此它被筑造成具有很大内外坡度的巨大梯形结构。这样的坡度不利于防御,却更能体现城垣的巨大气势。此种与黄河流域史前古城的构造差异,乃是基于二者背后的不同内在动力。

三、宗庙与酋邦意识形态

1997年至1998年,在四川郫县古城村史前古城内的中心位置,发现了一座长50米,宽11米,面积约550平方米的大型礼仪建筑(图2-17)[②]。在这

---

① 〔德〕罗曼·赫尔佐克:《古代的国家:起源和统治形式》,赵蓉恒译,北京大学出版社2003年版,第117页。

② 参见成都市文物考古工作队等《四川省郫县古城遗址调查与试掘》,《文物》1999年第1期,第57—59页。

一宗庙建筑内，发现了五座横列于建筑物中部的长方形卵石台基。每一座台基都是以竹子做护壁，然后在里面填充鹅卵石。显然，这五座位于宗庙型建筑物中部的卵石台，在这一古城政治体与意识形态中，具有非常核心的意义，才被专门修建庙宇，加以保护，且位于古城的中心。

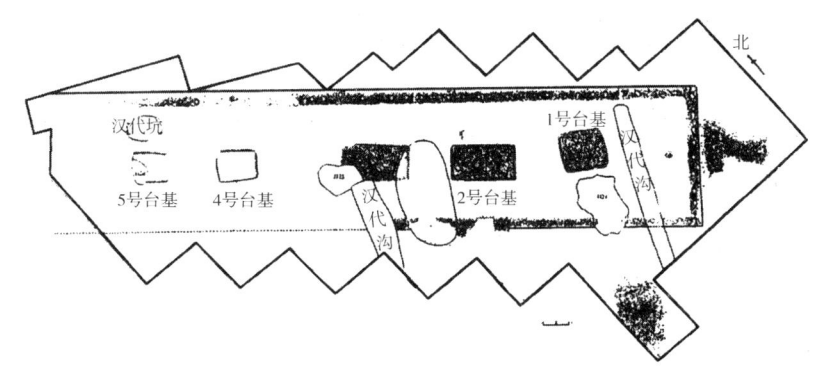

图 2-17 四川宝墩文化房址（郫县古城 F5）及卵石台基平面图

这一大型礼仪中心的五座卵石台，与古蜀人的宇宙观之间具有紧密联系，是古蜀人酋邦时代政治体意识形态的核心基础。"五"作为一个神圣数字的观念，在古蜀地区一直具有长远的传统。在三星堆二号坑中发现的宗教首领形象，戴着"五"齿高冠。不但青铜太阳轮上被表现为"五"条射线，而且石边璋上也以"五"幅图为一组，每组图案上表现"五"个人物。在更晚期的彭县竹瓦街一号、二号古蜀窖藏中出土的青铜罍，也以"五"为单位进行组合。四川新都战国蜀王木椁墓的腰坑中随葬青铜器也以"五"为基本单位进行组合。除了这些考古材料之外，传世文献也记载古蜀开明王朝前五代君王谥为五色帝，并以五色为庙主，蜀王妃为"五妇"，社会组织为"五丁"等[1]。

宗教思想史学者伊利亚德（Mircea Eliade）指出，神庙、王城、王宫所在的区域在萨满性质的远古文化中通常被视为通天的神圣所在，也被理解为"世界的中心"[2]。另一方面，通过对神圣的范式性不断地再现，世界因之而被神圣

---

[1] 段渝：《先秦巴蜀的尚五观念》，《四川文物》1999 年第 5 期，第 15—18 页；段渝：《玉垒浮云变古今：古代的蜀国》，第 345—346 页。

[2] Mircea Eliade, *Shamanism: Archaic Techniques of Ecstsy*, Translated from the French by Willard R. Trask, Princeton and Oxford: Princeton University Press, 2004, pp. 264 - 265.

化。人们的宗教行为帮助维持了这个世界的神圣性①。因此,以"五"崇拜为基础的神圣象征,乃是对宇宙最本质力量的模仿。通过对本质的模仿与再现,表明世界与神圣同构,政治、礼仪、宗教被囊括为一。显然,这一酋邦政治体的精英们正是通过对宇宙论为基础的宗教礼仪与意识形态控制,通过对神庙的管理、祭祀活动的掌控,获取了政治权力的合法性。再以神庙为中心,营建大规模的城垣建筑。

与此相类,古城村 F5 的这一位于城池中心的大型礼仪建筑,正是这一酋邦政体的意识形态中心,在这里所体现的"五"崇拜,反映了古蜀酋邦意识形态物化的功能。这一中心宗庙,与大型城垣建筑一样,具有"纪念碑性"的本质。C. 克拉克洪(C. Kluckholm)认为,物质文明要素包括了城市、文字、金属器和大型礼仪建筑中至少两个要素且加上大型礼仪建筑同时出现在一个社会中,才能称之为"文明"②。这就意味着,"文明"的界定中,大型礼仪建筑具有非常核心的含义。必须具备大型礼仪建筑,再加上城市、文字、金属器中任意两种或以上,才能构成"文明"的水平。而如果没有大型礼仪建筑,则不能算作文明。古城村大型礼仪性建筑的发现,再结合大型城垣之存在,表明成都平原这一史前酋邦政治体已经达到了非常接近文明的水平。从理论上说,只要在这个酋邦社会里进一步发展出金属器,或发明了文字,就可以被视为跨入文明门槛的社会了。

四、迈向早期国家之路

从目前所掌握的各种材料看,成都平原现已发现的新石器时代晚期城址共 8 座,其中时代最早的古城有七座,它们是:新津宝墩古城、温江鱼凫村古城、都江堰市芒城村古城③、崇州双河古城和紫竹村古城、大邑县盐店古城和高山古城④。这七座新石器时代晚期的古城,构成成都平原的史前古城群。

宝墩古城、芒城村古城、崇州双河古城、紫竹村古城、盐店古城和高山古城的使用年代都不长,到宝墩文化二期以后便基本上同时废弃了。这几座城址

---

① 参见〔罗马尼亚〕米尔恰·伊利亚德《神圣与世俗》,王建光译,华夏出版社 2002 年版,第 52 页。

② C. Kluckholm, *The Moral Order in the Expending Society*, *City Invincible: An Oriental Institute Symposium*, 1960, p. 400.

③ 参见成都市文物考古工作队等《四川都江堰市芒城遗址调查与发掘》,《考古》1999 年第 7 期,第 27 页。

④ 成都市文物考古研究所初步发掘清理的四川大邑县盐店古城和高山古城,基本情况见《中国考古学年鉴(2005 年)》。

均未发现有晚于宝墩二期的同一文化遗存,表明在这几座古城废弃的同时,这里的族体也随之消失了。鱼凫村的文化演变情况虽然稍有不同,但古城址的情况却表明,鱼凫村一、二期的年代大体与宝墩城址同时[①],古城的存在时代也在这个时段范围即宝墩文化二期以内,随后就废弃不用了。

宝墩文化第三期,在成都平原出现郫县古城村古城。郫县古城村古城的总体文化面貌与宝墩古城一致,基本继承了宝墩古城的文化遗产,因此从文化的角度看,它是宝墩文化的继续发展,从族体的角度看,它是宝墩族体的迁徙,从古城的角度看,它是宝墩古城的转移、分化和扩张,成为当时宝墩文化的中心古城。

郫县古城村古城的连续使用年代跨度也不长。发掘情况表明,古城村古城的城墙经过两次修筑,第一次修筑于宝墩文化三期,第二次修筑于宝墩文化四期的晚段偏早阶段,但到宝墩文化四期时,古城村古城已经衰落了。

除宝墩文化三期郫县古城村古城遗址以外,四川省文物考古研究院于1998年、1999年在广汉三星堆遗址的夏商城址内的月亮湾发现了时代更早的城墙基址。[②] 三星堆工作站站长陈德安先生在谈到三星堆早期遗存时,特别标出"城的出现"字样作为子目。[③] 目前资料尚未发表,不过联系到1963年月亮湾第三层的发掘情况看[④],在这一时期即相当于宝墩文化的三期早段,在月亮湾一带形成一定规模的古城是极有可能的,这同时也是三星堆二期形成巨大的古蜀国都城的基础。

就截至目前的发掘资料看,宝墩文化第四期时,在宝墩文化的分布范围内,似不再有古城存在(此期内三星堆遗址第一期是否有古城,尚无材料能够判明)。虽然古城村遗址晚段仍然存在,但已是强弩之末,不成其为完整的古城,大大衰落了下去。至于鱼凫村三期,虽然它与二期具有直接叠压关系,但由于它与二期的文化面貌存在一定差别,并且晚于叠压城垣的地层的年代,也

---

① 参见宋治民《试论四川温江鱼凫村遗址、新津宝墩遗址和郫县古城遗址》,《四川文物》2000年第2期,第12页。
② 参见林向《蜀与夏——从考古新发现看蜀与夏的关系》,《中华文化论坛》1998年第4期,第64页。
③ 陈德安:《三星堆遗址的发现与研究》,《中华文化论坛》1998年第2期,第62页。
④ 参见马继贤《广汉月亮湾遗址发掘追记》,《南方民族考古》第5辑,四川大学出版社1992年版,第310—323页。

晚于鱼凫村城垣的年代,所以它应是鱼凫村城垣废弃后形成的文化堆积①。这就是说,当鱼凫村第三期文化发展起来时,古城已经废弃。

在宝墩文化第四期即鱼凫村第三期前后,广汉三星堆遗址第一期(属于宝墩文化范畴)发展演变到第二期,诞生了三星堆文化宏伟巨大的都城,文明初步形成。从这一发展轨迹看,很有可能是由于受到三星堆文化(三星堆遗址二至三期)辉煌文明的强烈吸引,成都平原古城政治凝聚力的中心转移到了三星堆,致使宝墩文化古城走向了衰落。这象征着一个旧时代——文明起源时代的终结,标志着一个新时代——文明时代的来临②。

随着宝墩文化的衰落,位于成都平原广汉的三星堆文化也进入了第二期。在这一时期,成都平原史前文化的政治凝聚力由古城中心转移到了三星堆。这一过程,既是宝墩文化走向衰亡的过程,也是古蜀酋邦迈向早期国家的过程。

大量的考古与人类学研究显示,社会复杂化的加剧以及酋邦向早期国家演进的过程中,战争具有重要的推动意义。正如厄尔所说,军事活动是维持及创造大规模政治结构,诸如复杂酋邦或国家的关键因素③。基于宗教或政治的原因,有限的资源需要更多的投入才能保持进一步运转的可能,从而直接或间接地导致对资源的竞争性掠夺。

在长江中游和下游,都曾经出现过依靠意识形态内在动力形成的高度复杂社会,这些规模巨大的酋邦曾营建过大批古城与礼仪性建筑,包括祭坛、坟墓等。但由于这些社会缺乏来自外界的有效竞争,尤其是基于暴力与资源掠夺性的制度性战争活动,而是完全依赖意识形态的惯性对社会进行管理和组织。因此,这些社会未能完成迈向早期国家的瓶颈突破,而是最终走向了崩溃。反之,黄河中下游流域的史前酋邦尽管结构简单,规模较小。但由于黄河中下游流域的社会复杂化过程伴随着激烈的战争与资源再分配整合机制,从而导致了三代王朝在该地区的出现④。甚至有学者认为,黄河中下游流域的

---

① 参见李明斌《试论鱼凫村遗址第三期遗存》,《考古与文物》2001年第1期,第40—41页。蒋成、李明斌:《四川温江县鱼凫村遗址分析》,《东南文化》1998年第4期,第15—29页。
② 参见段渝《四川通史(卷一·先秦)》,四川人民出版社2010年版,第64—67页。
③ Timothy Earle, *How Chiefs Come to Power: The Political Economy in Prehistory*, p.105.
④ 参见李竞恒《干戈之影:商代的战争观念、武装者与武器装备研究》,第33—35页。

第二章　巴蜀广汉本南夷：巴蜀地区的部落和酋邦时代　59

国家起源机制，也存在着相当的内在差异。例如，刘莉通过研究和比较就认为，以二里头遗址为代表的国家水平遗存，之所以出现在豫中地区，是由于这个社会没有庞大的贵族性礼仪性消费，但当地社会的集体主义取向，则可以通过军事行动，发展壮大。而山东龙山文化，由于贵族精英的制度化存在，使得社会未能整合为一大集体利益，因此没有出现早期国家①。由此可见，早期国家的出现，需要非常复杂的条件。

首先，在三星堆遗址存在规模巨大的城墙，东西长 1600—2100 米，南北宽 1400 米，总面积 3.5—3.6 平方公里（图 2-18），其规模超过了早商时期的郑州商城。规模巨大的城墙之存在，显示了这一政治组织具有非常集中的权力，能够将自然资源、生产性资源和劳动力资源物化为大型"纪念碑性"工程，体现了政治体的强大支配力。三星堆政治体存在一个高度有效进行生产与资源再分配的中心，是毫无疑问的②。

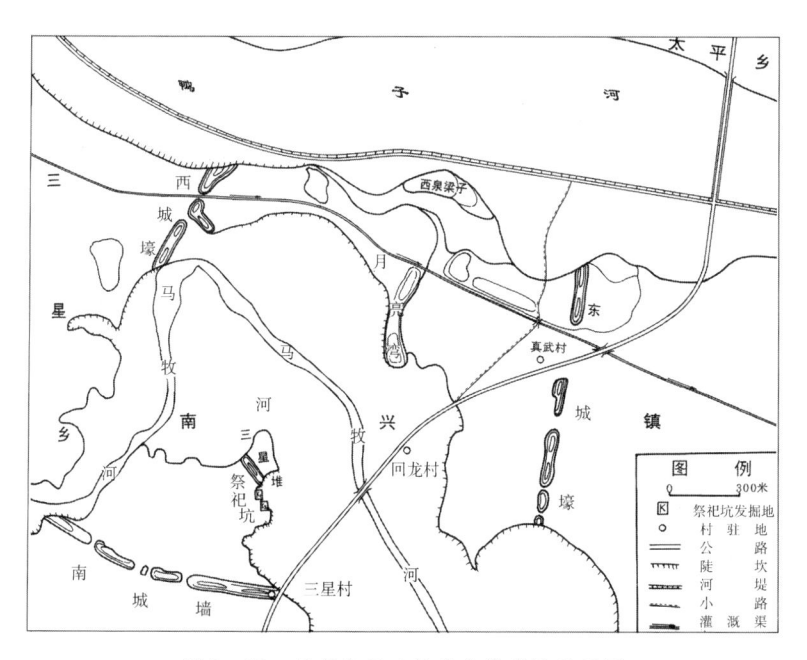

图 2-18　四川广汉三星堆古城遗址平面图

---

① Li Liu, *The Chinese Neolithic: Trajectories to Early States*, pp. 248-251.
② 参见段渝《巴蜀古代城市的起源、结构和网络体系》，《历史研究》1993 年第 1 期，第 17—34 页。

另一方面,在三星堆的两个祭祀坑中,出土了大批的矛、戈、剑等形制的玉石武器(图2-19)。考古学经验显示,礼仪性的非实用器,往往都是由实用器物演变发展而来。虽然这些玉石武器只被用于宗教礼仪活动,但从侧面显示了三星堆政治体已经存在战争功能的武器,而这些武器的象征,在意识形态的礼仪活动中具有相应意义。另外,在三星堆二号祭祀坑中,还出土了20件直援无胡青铜戈(图2-20),锋刃被表现为锯齿状,表明这些青铜武器的非实战功能。但它们同样显示了青铜形制的武器在礼仪活动中的重要性。此外,三星堆祭祀坑中也发现有全身披挂各种防御性甲类的青铜人像(图2-21)。这些材料加上在成都新繁水观音和彭县竹瓦街发现的青铜武器,都显示了武装化的人群在三星堆政体的普遍存在,这也意味着三星堆的社会存在着制度化的暴力[1]。

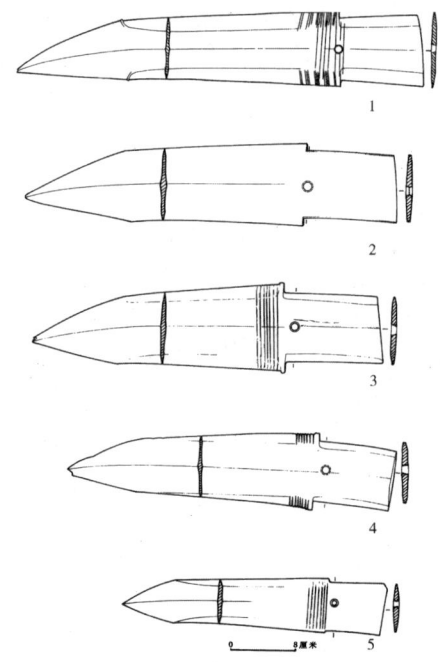

1. Aa Ⅰ 式(K1:108)　2. Aa Ⅱ 式(K1:162)　3. Aa Ⅱ 式(K1:09)
4. Aa Ⅲ 式(K1:160)　5. Aa Ⅳ 式(K1:97-4)

图2-19　玉戈

四川广汉三星堆出土

---

[1] 参见段渝《酋邦与国家起源:长江流域文明起源比较研究》,第423—424页。

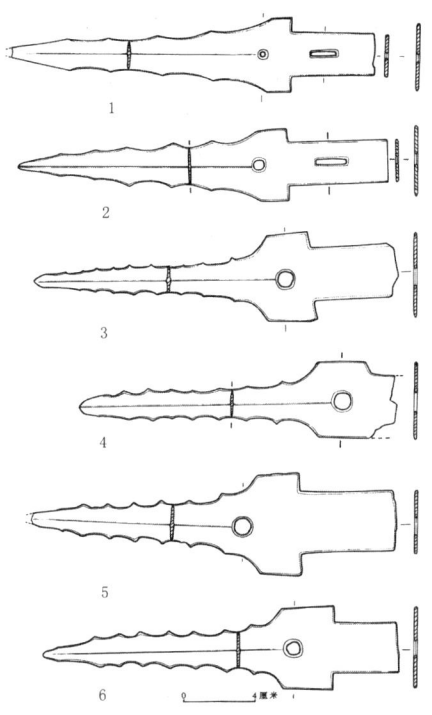

1. AⅠ式(K1：7-1)　2. AⅡ式(K1：3-7)
3. AⅡ式(K1：127)　4. AⅡ式(K1：69)
5. AⅢ式(K1：247-2)　6. AⅢ式(K1：108)

图 2-20　青铜戈
四川广汉三星堆出土

图 2-21　青铜武士雕像（残）
四川广汉三星堆出土

综合这些迹象，不难发现三星堆政体与宝墩时期修建古城的那些酋邦区别之所在。在宝墩文化晚期，随着依靠意识形态对社会进行管控的神权模式的逐渐崩溃，成都平原古蜀酋邦中的一支，最终发展成为了早期国家。三星堆政体曾经与宝墩时期成都平原古城政体共同存在，但最终超越了这个区域复杂的史前酋邦群体，成为整个长江流域第一个迈入文明门槛的社会。

尽管没有完备的考古资料如同地层一般清晰地记录下三星堆政体迈向早期国家之路的完整过程。但一些稍晚时期传说的叙事，则在很大程度上反映出这一背景。

历史记载和考古资料的综合分析告诉我们，古蜀早期历史上的蚕丛、柏濩、鱼凫"三代蜀王"之间是一种在有限空间内同时并存，为争夺成都平原这块膏腴之地而角逐争雄的酋邦关系，他们是历史文献所见古蜀地区最早的酋邦社会。

三代蜀王中的蚕丛和鱼凫分别是从岷江上游地区南迁进入成都平原的。而柏濩的来源，按照一些学者的研究，应是成都平原西北部地区今都江堰市"灌口"、"观坂"一带的土著[1]，那里正是成都平原较早开发的地区之一，这已经由近年以来成都平原的若干考古新发现所充分证实。三代蜀王虽然初入成都平原的时间不一，但他们的相继南迁却使他们在成都平原先后相遇，终致因资源和生存空间的争夺而发生大规模的酋邦征服战争。

蚕丛氏从岷山区域南迁成都平原，其原因当与经济类型和生态环境有关。鱼凫氏的情形与蚕丛氏大体相似，也应是一支从经营高地农业的族群转化发展为经营低地农业的族群。至于柏濩，近年来成都平原宝墩文化的发现[2]，已证实距今4000多年以前的成都平原西北地区岷江中游一带，是农业已经发展起来的地区。不论从时间还是空间上看，这一带的考古遗迹颇与柏濩史迹相合，表明位于今都江堰地区灌口一带的柏濩氏，是一支经营低地农业的族群。

蚕丛氏从岷江上游南迁成都平原，其迁徙路线是沿岷江河谷而下，经灌口从成都平原西北角进入成都平原的。在岷江南入成都平原之地，古有蚕崖关、蚕崖市、蚕崖石等地名[3]，正是蚕丛氏经由岷江河谷南出灌口进入成都平原的

---

[1] 蒙默等：《四川古代史稿》，四川人民出版社1988年版，第13页。
[2] 参见江章华、颜劲松、李明斌《成都平原的早期古城址群——宝墩文化初论》，《中华文化论坛》1997年第4期，第9—11页。
[3] 参见曹学佺《蜀中名胜记》卷6。

证据。蚕丛氏南出灌口,正与居息在这里的柏濩相遇,于是发生争夺土地和资源的战争。

鱼凫南下进入成都平原,也是经由岷江河谷南出灌口的,《蜀王本纪》和《华阳国志·蜀志》都记有"鱼凫王田于湔山",湔山即今都江堰市与汶川县之间的茶坪山,表明了鱼凫经湔山南下,走的是蚕丛氏南下的同一条路线。于是,在鱼凫王与蚕丛之间,引发了另一场酋邦战争。

三代蜀王之间酋邦战争的史迹,在历史文献上有蛛丝马迹可寻。《蜀王本纪》记载:"蚕丛、柏濩、鱼凫,此三代各数百岁,皆神化不死,其民亦颇随王化去。"这其实就是说,在征服战争中失败的酋邦,其中一部分民众成为征服者酋邦的臣民,另一部分则随其首领逃亡。《史记·三代世表》正义引《谱记》说:"周衰,先称王者蚕丛国破,子孙居姚、嶲等处。"反映的就是蚕丛氏酋邦在战争中失败后,其中一部分逃至姚(今云南姚安)、嶲(今四川凉山西昌)等处的史迹。此即"神化不死"、"其民亦颇随王化去"的实质。

三星堆遗址第二期始出现鱼凫王的标记——鸟头勺柄,同时此期也不乏蚕丛氏文化的石器、陶器等生产和生活用具。一号祭祀坑所出青铜雕像中,有一跪坐人物像(K1∶293),发式似扁高髻,下身着犍鼻裤,一端系于腰前,另一端反系于背后腰带下,当是蚕丛氏后裔形象的塑造。据民族学调查,岷江上游戈基人被称为有尾人[1],实际上是"衣服制裁,皆有尾形"[2]中的一种,即着犍鼻裤,因其一端下垂,似尾,故名。一号坑内所瘗埋的一自然梯形石块,也与理县佳山戈基人石棺葬中瘗埋自然石块一致[3]。而三星堆遗址出土文物中代表文明高度发展的部分,即体现古蜀王国政权核心的物质文化遗存,却不能反映蚕丛氏的文化。这就意味着,蚕丛氏遗民中的绝大部分,已成为鱼凫王所建古蜀王国中的治民。而鱼凫王作为古蜀王国的创建者,作为一个国家政权的第一代君主,也由此得到了证明。

征服战争扩大了征服者酋邦的王权,为维护王权并保证对被征服者的土地、人民进行统治,王权又得到进一步上升,转化为君权,并建立起相应的统治

---

[1] 参见胡鉴民《羌民的信仰与习为》,《边疆民族论丛》,1940 年。
[2] 《后汉书》卷 86《南蛮西南夷列传》。
[3] 参见《四川理县佳山石棺葬发掘清理报告》,《南方民族考古》第 1 辑,四川大学出版社 1987 年版,第 211—236 页。

机器。此时,在这个王权的统治范围内,不再以血缘而主要以地缘关系来划分其国民,而公共权力的设置和加强又是其绝对需要。于是,在以成都平原为中心的古蜀大地上,一个以鱼凫王为统治核心的古蜀王国建立起来。古蜀王国定都于今广汉三星堆遗址,其初创年代大致与黄河流域夏王朝的中、晚时期相当。

三星堆政体的崛起,必然伴随着一系列的动荡与暴力对抗过程,最终超越了复杂酋邦仅仅依靠宗教意识形态实现社会管理的水平,通过制度性暴力的实践,形成了政治权威的崛起,同时也伴随着资源再分配的等级系统。R. L. 卡内罗(R. L. Carneiro)在《国家起源理论》(*Theory of the Origin of the State*)一书中认为,在一个封闭环境中,有限资源造成冲突剧烈,战争活动会导致强有力的领袖出现;与敌对人群的斗争,强大的军事领袖可横向扩大其控制下的土地与人口,进而导致社会组织水平的提升[1]。成都平原,显然是一个较为封闭的生态系统。尽管这一地区自然环境优越,动植物资源丰富,非常适宜农耕人群的定居与发展。但由于是封闭的生态,各种资源有限,正适合卡内罗所描述的那种有限资源的封闭环境。这样,进入成都平原不同人群之间的战争,实际上刺激了原有酋邦社会的权力组织结构和内部管理水平。在严酷的战争环境中,可能产生职业的战争首领,如安第斯山脉的酋邦模式,也可能产生身兼神权与战争权的首领,如夏威夷酋邦模式。后者,最终演化进入了早期国家社会。

由复杂酋邦演进到早期国家,三星堆政体不但存在着城市、大型礼仪中心,也具备了发达的青铜冶炼技术。一些早期文字(图 2 - 22),也在酝酿和发展的过程中[2],显示了文明的高度水平。而大量的青铜器(图 2 - 23),除了表明三星堆政治体具备了发达的工业技术与专业人员之外,还表明这一政治体已经具备了强大的资源获取能力。在三星堆出土的青铜制品,总重量达 1000 公斤,要冶炼出这重达 1000 公斤的青铜,需要 5000—20000 公斤的铜矿石,而成都平原是大河冲积平原,缺乏铜、锡、铅等资源。通过对合金成分与高放射性铅同位素的研究表明,制作三星堆青铜器的铜矿石等原料主要来自云南地

---

[1] 转引自 Timothy Earle, *How Chiefs Come to Power: The Political Economy in Prehistory*, p. 108.
[2] 参见段渝《巴蜀古文字的两系及其起源》,《考古与文物》1993 年第 1 期,第 12 页。林向:《古蜀文化的发现与研究》,《寻根》1997 年第 4 期,第 7 页。

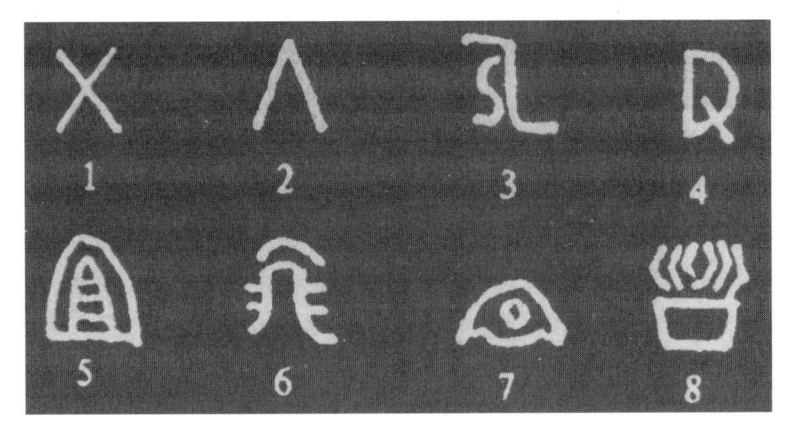

图 2-22　器物上的文字符号
四川广汉三星堆出土

区[1]。再结合在云南地区发现的蜀文化器物与影响,表明三星堆政治体具备了从遥远地区获取各种资源的复杂手段。除了贸易、朝贡之外,不排除直接或间接性的暴力掠夺的可能。

综合这些视角,可以非常立体地展示三星堆政治体的崛起,意味着古蜀地区迈入了文明的门槛。政治精英通过发达的意识形态物化诸如青铜神器、祭坛等,结合对暴力的垄断,成功地建立起早期国家的政治秩序。自此以降,古蜀地区结束了酋邦社会阶段,进入了持续发展上千年的古蜀王朝和古蜀文明的新时期。

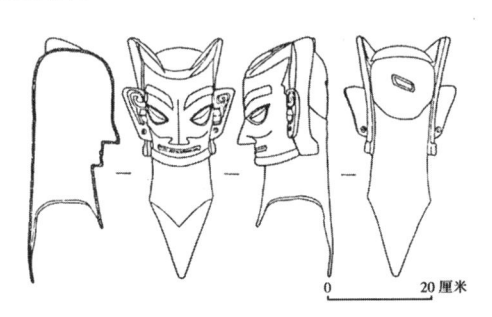

图 2-23:1　双翼冠铜人头像　　　　图 2-23:2　半浮雕跪坐人像
四川广汉三星堆出土　　　　　　　　四川广汉三星堆出土

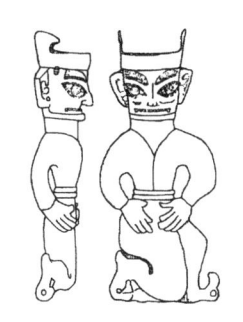

---

[1]　参见金正耀等《广汉三星堆遗物坑青铜器的铅同位素比值研究》,《文物》1995 年第 2 期,第 80—85 页。

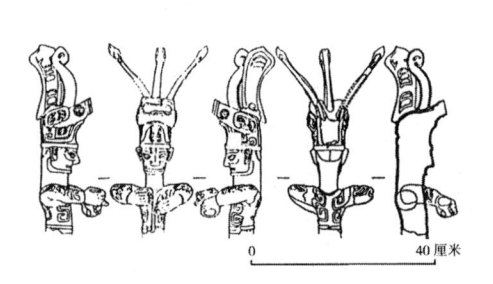

图 2-23:3　铜兽首冠人像
　　　　　四川广汉三星堆出土

图 2-23:4　勾云纹凸目面具
　　　　　四川广汉三星堆出土

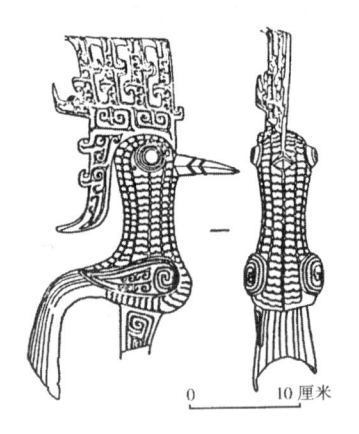

图 2-23:5　铜鸟
　　　　　四川广汉三星堆出土

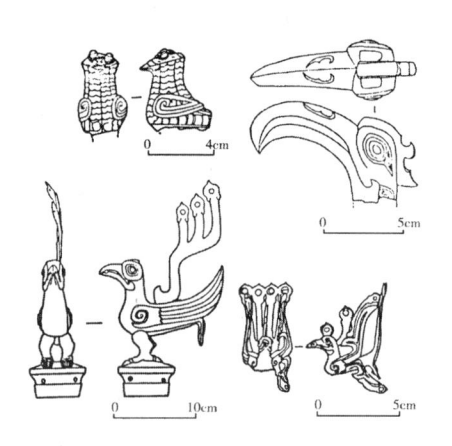

图 2-23:6　鸟形饰件
　　　　　四川广汉三星堆出土

图 2-23:7　青铜树枝上的人首鸟身像
　　　　　四川广汉三星堆出土

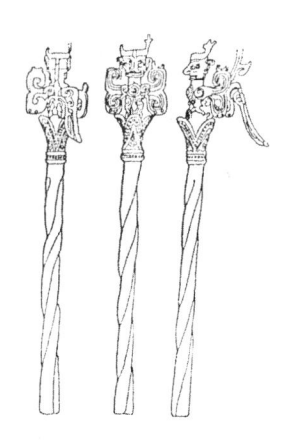

图 2-23:8　青铜树枝上的人首鸟身像
　　　　　四川广汉三星堆出土

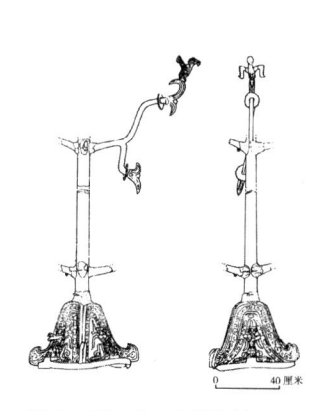

图 2-23:9　青铜神树
四川广汉三星堆二号坑出土

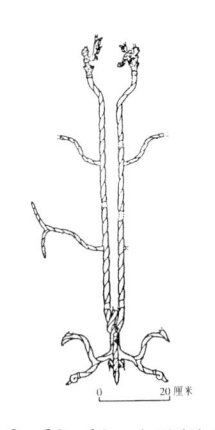

图 2-23:10　小型青铜神树
四川广汉三星堆祭祀坑出土

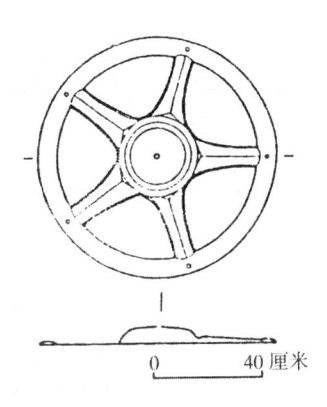

图 2-23:11　青铜太阳形器
四川广汉三星堆祭祀坑出土

第三节　巴地的酋邦社会

相对于成都平原的古蜀人酋邦与文化而言，"巴文化"的情况显得较为复杂。其难点既在于对"巴文化"概念的限定不够，从而导致"巴国"、"巴人"与"巴文化"等概念的混淆，又在于巴地所见的考古发现中，没有如成都平原地区那样非常明确的大型中心遗址，用以确认复杂酋邦或早期国家之存在中心。但通过考古资料的梳理并结合传世文献的分析，巴地史前社会、文化、族群与酋邦社会形态，同样可以得到某种程度的解释。

一、巴地的古蜀文化因素

"巴"这一区域，最北包含了陕西南部，嘉陵江与汉水上游之西部区域，最南包括了贵州中部以及湘西地区，东至川东嘉陵江、渠江一带，西至鄂西宜昌地区。凡此地理区域之内，即为古代文献中之"巴"地。需要特别指出的是，"巴地"并不意味着便是"巴文化"的分布区域，同样也不同于后来出现的"巴国"所覆盖之区域。在巴地存在和活动的各古代族群，即可统称为巴人。至于历史文献如《左传》、《华阳国志·巴志》等提到的"巴国"，则是姬姓的宗支，西周初年被周武王分封到巴地，是所谓的"汉阳诸姬"之一[1]。"巴国"的文化，显

---

[1] 段渝：《巴人来源的传说与史实》，《历史研究》2006年第6期，第15—18页。

然是"巴地"古代文化中非常重要的一支,但二者并非等同概念。而战国时期的"巴文化",则是巴国文化与巴地文化复合共生的一种地域文化,即东周时期以来,巴国南迁至巫峡、夔峡和四川盆地东部地区,巴国文化与巴地文化最终合二为一,呈现为"巴文化"的整体性色彩①。因此,这里对"巴"的研究,实际上是对巴地古代族群、社会与酋邦的研究。

根据英国考古学家柴尔德的传播论考古学观点,典型的考古文化器物所对应的文化,一般则对应了相应的文化和政治共同体。考古器物的相似性,表明文化的传播,同时也意味着文化政治体的相应移动②。大量的考古材料显示,早期的巴地区域之文化并非"巴文化"或"早期巴文化",而是明显受到了蜀地三星堆文化强烈的影响,或者直接就是三星堆文化向东扩散到川东、鄂西的结果。这些情况表明,早期的巴地文化,实际上具有浓厚的古蜀文化氛围与相关因素。古蜀文化分布的东部边缘,正是渝东、鄂西的巴地,蜀文化通过川中丘陵,再经由渝东岭谷,东出三峡,直到鄂西宜昌地区,自西向东传播。在鄂西地区,还出土过三星堆文化典型的鸟头柄器物。这些迹象均表明,古蜀人有自西向东移植开拓的趋势③。

这样的考古证据较为丰富。例如,20世纪50年代,在巫山大昌坝遗址便出土了夹砂的红褐色陶器,还出土过一件典型三星堆文化鸟首形饰的青铜器④。在忠县㽏井沟哨棚嘴遗址二期、三期,也分别可见自三星堆至十二桥文化之遗存⑤。在从忠县到巫山360公里的沿江地带,都发现过相同特征与性质的文化因素⑥。另外,在南充缙佛寺⑦、阆中兰家坝、通江擂鼓寨⑧、巴中月亮岩⑨等嘉陵江以及渠江流域都有此类成都平原特征文化的分布。这些遗址

---

① 段渝:《酋邦与国家起源:长江流域文明起源比较研究》,第202—205页。
② 参见陈淳《考古学理论》,复旦大学出版社2004年版,第71—73页。
③ 参见屈小强、李殿元、段渝《三星堆文化》,四川人民出版社1993年版,第610—611页。
④ 参见四川省博物馆《四川省长江三峡水库考古调查简报》,《考古》1959年第8期,第393—403页。
⑤ 参见王鑫《忠县㽏井沟遗址群哨棚嘴遗址分析》,《四川考古论文集》,第87页。
⑥ 参见四川省博物馆《川东长江沿岸新石器时代遗址调查简报》,《考古》1959年第8期,第393—403页。
⑦ 参见重庆市博物馆《四川嘉陵江中下游新石器时代遗址调查》,《考古》1983年第6期,第496—500页。
⑧ 参见四川省文物考古所等《通江县擂鼓寨遗址试掘简报》,《四川考古报告集》,文物出版社1998年版,第41—58页。
⑨ 参见雷雨、陈德安《巴中月亮岩和通江擂鼓寨遗址调查报告》,《四川文物》1991年第6期,第52—55页。

中，都发现了成都平原三星堆及十二桥文化的典型陶器，诸如夹砂之红陶、灰陶等，纹饰以素面为主，也有波浪形、弦纹、方格纹、绳纹等特征。这些证据表明，自三星堆到十二桥文化时期的古蜀人群，直接或间接地沿平行岭谷向渝东及巫山地区移动，成都平原的典型文化，已经传播到了巴地的这些区域。

另外，在巫峡以东之鄂西地区，同样可见来自成都平原的古蜀文化影响。根据王劲的研究，在鄂西峡江地区发现之陶器有各种类型，其中受到了中原文化的影响，但三星堆文化的影响，尤其表现为夹砂灰陶系列、小平底罐、高柄豆、鸟头形柄、尖底杯、尖底钵等器物组合群。因此，王劲指出，尽管以中原二里头文化和商文化为代表的觚、盉、斝、罍、大口尊、鬲等器物都在鄂西峡江地区考古中有所反映，但其在文化遗存中占主导地位，决定其文化面貌的却是来自成都平原的三星堆文化因素[1]。

宋治民先生认为，古蜀文化是通过"沿江而下"对早期巴地文化进行强烈影响的。在沿江的鄂西宜昌中堡岛遗址、秭归朝天嘴遗址等处都发现有古蜀文化的小平底陶罐、鸟头形勺柄、高柄豆形器座等。这些器物在更早一些的宜昌白庙遗址皆无发现，证明乃系外来的文化因素[2]。在鄂西秭归、宜昌、宜都等地的长江两岸，以三斗坪为代表的一系列遗址，包括了秭归鲢鱼山、朝天咀、宜昌中堡岛、上磨脑、小溪口、三斗坪、白狮湾、路家河、杨家咀，宜都红花套、向家沱、毛细套、城背溪等遗址，被称为"三斗坪类型"。此一类型的陶器，包含了十分浓厚的三星堆文化因素，那些典型的器形，广泛见之于三星堆二、三期[3]。从这些遗址都是沿江分布的位置不难判断，古蜀文化确实系沿江而下，深刻影响到古代巴地分布的最东部分。

这些考古发现有力地表明，新石器时代晚期该地区的大溪文化人群逐渐被来自成都平原的古蜀人所取代。这些丰富的遗存，覆盖面广泛，而时间很长，显示了古蜀人在该地区活动的稳定性。因此，"西陵峡地区三星堆文化因素集结，是古蜀人中的一支直接沿江东进迁徙、拓展扩张的结果，属于迁徙传

---

[1] 参见王劲《鄂西峡江沿岸夏商时期文化与巴蜀文化关系》，李绍明、林向、赵殿增编：《三星堆与巴蜀文化》，巴蜀书社1993年版，第227—231页。
[2] 参见宋治民《蜀文化与巴文化》，第236页。
[3] 参见杨权喜《荆楚地区巴蜀文化因素的初步分析》，李绍明、林向、赵殿增：《三星堆与巴蜀文化》，第233—234页。

播一类文化现象"①。由于古蜀地区在三星堆二、三期已经进入了文明时代，而伴随着较为发达的三星堆政体对渝东、鄂西的强烈影响，伴随着更复杂政治群体的迁入以及发达文化、技术条件的传播，必将刺激该地区社会的复杂化。可以说，巴地后来逐渐崛起的廪君酋邦政治体与板楯蛮酋邦，都可能直接或间接受过来自西面古蜀文化与技术的影响。②

二、廪君酋邦的崛起与演进

在传世文献中，有关于古代巴地廪君政治集团崛起的记载，可以为研究者在考古材料尚不十分充足的情况下研究巴地的早期酋邦组织，提供分析的线索。

《后汉书·南蛮西南夷列传》记载：

> 巴郡南郡蛮，本有五姓：巴氏、樊氏、瞫氏、相氏、郑氏。皆出于武落钟离山。其山有赤黑二穴，巴氏之子生于赤穴，四姓之子皆生黑穴。未有君长，俱事鬼神，乃共掷剑于石穴，约能中者，奉以为君。巴氏子务相乃独中之，众皆叹。又令各乘土船，约能浮者，当以为君。余姓悉沉，唯务相独浮。因共立之。是为廪君。乃乘土船，从夷水至盐阳③。盐水有神女，谓廪君曰："此地广大，鱼盐所生，愿留共居。"廪君不许。盐神暮辄来取宿，旦即化为虫，与诸虫群飞，掩蔽日光，天地晦暝。积十余日，廪君伺其便，因射杀之，天乃开明。廪君于是乎夷城④，四姓皆臣之。廪君死，魂魄世为白虎。巴氏以虎饮人血，遂以人祠焉。

这段文献材料，交织着大量远古的神话、风俗与信仰，但其中隐含有关于廪君政治集团起源与组织形式的一些可能的历史背景。"未有君长"的记载暗示，这一古代人群最早并没有一个最高的权力中心，而是按照血缘组织的形式，分为"巴氏、樊氏、瞫氏、相氏、郑氏"五个血族。在社会复杂化还未达到酋

---

① 段渝：《酋邦与国家起源：长江流域文明起源比较研究》，第196页。
② 参见段渝《渝东长江干流青铜文化的几个问题——兼论渝东与川东渠江流域青铜文化的关系》，《考古与文物》2001年第5期，第42—49页。
③ 夷水乃鄂西清江。
④ 此以上并见《代（世）本》。

邦水平之前,这些血族之间并无必然的权力中心整合为共同体的必要。只有通过意识形态的整合或战争活动,才可能促成社会复杂的进一步可能。

德国社会学家马克斯·韦伯(Max Weber)曾提出过"卡里斯玛"这一概念来描述魅力型领袖与权威的某种构成。"卡里斯玛"一词最早出现于《圣经旧约》中,原义是"神恩赐的礼物"。获得了这种神所赐予非凡禀赋之人,就可以成为犹太民族的领袖。韦伯借用了《旧约》中的这个词,并运用于学术领域。他对该词的学术定义是:"'卡里斯玛'(Charisma)这个字眼在此用来表示某种人格特质;某些人因具有这个特质而被认为是超凡的,禀赋着超自然以及超人的,或至少是特殊的力量或品质。这是普通人所不能具有的。它们具有神圣或至少表率的特性。某些人因具有这些特质而被视为'领袖'(Fuhrer)。"[①]显然,拥有了此类超自然禀赋的非凡人格之人,乃是天然的领袖,他们的超人力量或神迹显现,乃是基于某种神授或伟大命运的规定,是普通人所无法抗拒的超自然力量与本质的体现。因此,研究此类具有"卡里斯玛"色彩的人物或象征,往往是了解或切入古代权力起源的重要途径。

韦伯又指出,此种非凡禀赋之人,往往有两种获得身份的方式:第一种是基于其人格的固有之禀赋。"然而另一种卡里斯玛却是可以透过某些不寻常的手段在人或物身上人为地产生出来"[②]。按照韦伯的这一划分,我们大致可以将非凡魅力型领袖的超自然神圣权力来源分为:1.非凡的先天出生;2.非凡的后天手段或表现。

根据这一理论,廪君酋邦组织的权力来源,正体现了这两种原则。首先,这五个血族组织居住在"赤穴"和"黑穴"这两个地点。但只有作为巴氏的廪君出生在"赤穴",其他的血族首领则出生在"黑穴"。这一传说,暗示廪君的出生,本来就已经被赋予了天生的超自然属性这一色彩。可是,这一非凡的人格禀赋,还不足以使他获得最高的神圣身份,足以在竞争活动中获取最高权力。因此,他就需要通过"某些不寻常的手段在人或物身上人为地产生出来"。廪君人为产生这一神圣身份的手段,是宗教性质的"奇迹"。

---

① 〔德〕马克斯·韦伯:《韦伯作品集Ⅱ:经济与历史支配的类型》,康乐等译,广西师范大学出版社2004年版,第353—354页。

② 〔德〕马克斯·韦伯:《宗教社会学》,康乐等译,广西师范大学出版社2006年版,第3页。

通过奇迹获取非凡身份这一现象,广泛见于各种人类古代文明之中。例如,在古代玛雅宗教中对"雨蛇"神居住"雨神之家"的石灰岩圣井怀有深刻的信仰情感,玛雅贵族往往把作为神使的活人投入名叫奇岑伊扎(Chichen Itza)的圣井中,如果他经过很长时间而不死去,那么他便会因已具有神圣身份而被奉为最高统治者[①]。显然,玛雅社会中此类显示出"奇迹"身份的人,并非生而异禀,而是通过后天的奇迹显现,表明了他足以胜任非凡的身份。

正如玛雅人那一位在石灰岩圣井水中没被淹死的信使,廪君也通过奇迹,经过了宗教考验,证明了他非凡的超自然身份。在第一次投掷竞赛中,唯独廪君获胜。而在第二次乘坐土船的竞赛中,其他四位血族竞赛者的船都沉入水中,只有廪君的土船以超自然的伟大力量漂浮在水上。这两次考验,再加上他的非凡出生,证明了他正是那一位拥有了超自然本质的伟大首领。

必须指出的是,带有浓厚宗教意识形态色彩的竞争,往往是酋邦首领获取权力的唯一手段。正如考古学家柯林·伦福儒(Colin Renfrew)、保罗·巴恩(Paul Bahn)所说,相邻地区宗教礼仪性的竞争关系广泛见于考古中的人群,这一点可以解释为何古代玛雅不同共同体的祭祀中心却具有共同的风格,这正是意识形态竞争的结果[②]。例如,古代良渚文化各个中心之间存在着分享了共同意识形态基础的不同小共同体之间的激烈竞争,这些竞争很大程度上表现为在墓葬、祭祀中心、艺术品消费等各方面的奢侈竞赛。如在良渚存在着一种名为"玉敛葬"的宗教行为。1978年寺墩M3出土21件玉璧是被击碎后埋入的。从M3∶70玉璧破碎情况分析,裂块是二次对向受力致碎,带有方向性,因此证明是人为故意打碎[③]。在1982年发掘的寺墩M3,一些玉璧、玉琮还有被火烧过的痕迹[④]。这样在某种仪式中毁灭神圣艺术品的行为,很容易令人联想到西北美和东北亚一些文化中的竞争活动,将珍贵的铜器丢入海中,或者放火烧掉豪宅,既是显示实力,也是为了向神灵献祭[⑤]。

因此,文献中对廪君通过超自然力量获取权力的记载,很可能蕴藏着此类

---

　① 参见林大雄《失落的文明:玛雅》,华东师范大学出版社2001年版,第67、68页。
　② 参见〔英〕柯林·伦福儒、保罗·巴恩《考古学:理论、方法与实践》,中国社科院考古所译,文物出版社2004年版,第385页。
　③ 参见屠燕治《试论良渚玉璧在货币文化中的地位》,《中国钱币》1998年第2期,第46页。
　④ 参见汪遵国《良渚文化"玉敛葬"述略》,《文物》1984年第2期,第23—34页。
　⑤ 参见〔法〕马塞尔·莫斯《礼物:古式社会中交换的形式与理由》,汲喆译,上海人民出版社2005年版,第27页。

古代通过宗教意识形态竞争获取权力合法性的史实。在五个血族激烈的宗教性竞赛中,巴氏血族取得了胜利,这一血族的首领廪君成为这一政治集团的首领。自此,廪君酋邦政治集团产生了。

根据文献的记载,廪君酋邦曾与一些人群发生过战争。导致战争的原因,很可能是对鄂西南盐水地区盐资源的争夺。射杀盐水神女的故事,至少说明廪君酋邦集团通过暴力活动,以武力获取胜利,并夺得食盐资源。根据任乃强先生的研究,巴地的食盐资源,在古代政治与族群的崛起或斗争背景中,具有非常重要的意义,即所谓"盐泉之利"[1]。此一事件对于廪君酋邦的权力集中与社会的进一步复杂化非常重要。因为通过对盐这一稀缺资源的垄断,廪君酋邦的首领获得了集中的政治、经济与资源再分配的权力,"四姓皆臣之"说明其酋邦组织内部已不是原有仅仅依靠意识形态的非凡力量凸显政治权力的合法性,而是通过政治资源再分配的手段,使权力凌驾于另外四个血族之上。另外,通过战争活动,廪君酋邦的权力执行也同样得到了军事性的强化[2]。换言之,军事指挥与资源再分配的权力,表明廪君酋邦内部的分层日益强化,由原来的竞争性关系演化为"四姓皆臣之"的君臣,表明这是一个高度分层的社会。

最后,廪君酋邦的首领被神化为白虎这一神灵,并在酋邦的社会生活与政治组织中通过献祭,不断得到强化,具有了非凡的意识形态功能。而廪君酋邦以人为祭品,同样表明廪君酋邦社会必然存在着制度化的暴力,才可能源源不断地捕获他族牺牲者献祭白虎神灵。这一阶段,已经非常接近中原地区龙山文化中广泛所见的人牲现象。表明政治组织的宗教意识形态与制度化暴力已经形成了良好的同构关系,权力、组织、信仰,被整合到一个有机的共同神权政体之中[3]。

三、板楯蛮的酋邦社会

板楯蛮又称賨人,通过对传世文献与考古发现的研究,基本可以确定,这一高度武装化的族群,曾经在东周和秦汉时期活跃于四川盆地东部地区。因此,在对巴地酋邦社会研究中,有必要对板楯蛮的组织与历史进行一些考察。

---

[1] 任乃强:《说盐》,《川大史学·任乃强卷》,四川大学出版社 2006 年版,第 310—311 页。
[2] 参见段渝《酋邦与国家起源:长江流域文明起源比较研究》,第 213—214 页。
[3] 参见段渝《政治结构与文化模式:巴蜀古代文明研究》,学林出版社 1999 年版,第 70—78 页。李竞恒:《干戈之影:商代的战争观念、武装者与武器装备研究》,第 49—54 页。

根据《华阳国志·巴志》的记载,秦昭王时,板楯蛮射杀白虎有功,因而受到了赏赐。在楚汉之际,他们又在汉高祖平定秦地的战争中有功,因而再次受到赏赐。《华阳国志·巴志》中记载:"阆中有渝水,賨民多居水左右,天性劲勇。"《舆地纪胜》卷162引《元和志》:"故賨城在流江县东北七十里。"流江县,即现今之四川渠江县。根据这些文献,表明板楯蛮的活动区域是四川盆地东部巴地嘉陵江流域和渠江流域。文献表明,秦汉时代的汉人认为他们是帮助武王伐纣的"巴人"的后裔。

《后汉书·南蛮西南夷列传》记载:"至高祖为汉王,发夷人还伐三秦,秦地既定,乃遣还巴中,复其渠帅罗、朴、督、鄂、度、夕、龚七姓,不输租赋,余户乃岁入賨钱,口四十。世号为板楯蛮夷。"根据这一记载,表明楚汉之际,汉军在兵力不足的情况下,曾借用过这一高度武装化的善战族群投入到关中和中原地区的战争中。尤其值得注意的是,这一材料中记载了板楯蛮的社会组织,一共有"七姓",这七个大的血族组织,分别由"渠帅"掌管。徐中舒先生曾就这一记载分析为,板楯蛮的每一个大姓,即为一个部落[1]。徐中舒先生的分析,具有重要的参考价值。不过考虑到"部落"一词在人类学和现代中国社会学科中浓厚的摩尔根理论色彩,将其视为某种形式的血族组织,似乎更为合适。因此,这一文献可能反映的事实是,板楯蛮在楚汉之际已经形成了以七个血族为基础的权力共同体,且每一个血族中都有一个权力中心"渠帅"。另外,"渠帅"等级的人物,不缴纳租赋,其他成员则要"岁入賨钱,口四十"。这也证明,板楯蛮社会"其间具有等级关系"[2]。根据弗里德(M. H. Fried)的观点,分层社会正是社会复杂化的重要特征[3]。因此,板楯蛮分层结构的等级社会,表明其复杂化程度已经达到了一定的水平。

另外,文献也表明板楯蛮人群很可能已经存在了一定规模的政治中心。在传世文献中,有"賨城"与"賨国"的记载,如《华阳国志·巴志》:"宕渠盖为故賨国,今有賨城";《舆地纪胜》卷162引《元和志》:"故賨城在流江县东北七十里。"这些文献中,均将板楯蛮活动的中心称为"国"和"城"。当然,擅长狩猎白

---

[1] 参见徐中舒《论巴蜀文化》,四川人民出版社1981年版,第13页。
[2] 段渝:《酋邦与国家起源:长江流域文明起源比较研究》,第226页。
[3] Fried, M H.: *The Evolution of Political Society*, New York: Random House, 1967, p.187.

虎的板楯蛮人群应当还处于一种混合型经济的阶段,并无发展出真正意义上古城的可能,也并未出现"国"这一政治结构。但这些文献很可能表明,板楯蛮的七个血族组织具有一个共同的政治中心。另外,在四川宣汉县的罗家坝遗址中,还曾出土过一枚圆形铜印章,同墓中还有一件玉璧①。当然,这一器物可能通过战争或贸易,来自外部世界。但正如学者所言:"酋长需要由明显的权威物品来象征这样的能力,这些权威物品或奢侈品常常表现为外来性和神秘性,以体现拥有者超自然的本质和能力。"②因此,无论铜印章是板楯蛮自己制造的政治象征性艺术品,还是从外部获取的某种权威象征品,至少都能表明这一社会中存在着用某种非凡的权威之物来体现超自然的本质与政治结构之间的联系。

除了政治中心与权威象征之外,文献与考古证据还表明,板楯蛮是一高度武装化的社会,战争与武装活动在这一社会中非常频繁。因此,高度的武装化与频繁的战争,也会对这一社会形成强烈的影响。《后汉书·南蛮西南夷列传》中描述板楯蛮是"其人勇猛,善于兵战"。在四川宣汉县发现的罗家坝遗址,是一处位于渠江流域的板楯蛮的文化遗存③。这一遗存的年代在战国中晚期,正好是文献中记载秦昭王因板楯蛮射杀白虎有功而进行赏赐的时间。在这里发现的三十多个墓葬中,出土的主要青铜器便是兵器,主要有钺、剑、矛、箭镞等(图2-24、图2-25)。这些青铜兵器的器形属于比较典型的东周时代四川盆地东部巴人的形制,青铜矛上还有巴蜀符号。而伴出的青铜生活用品如釜、甑等器形也是典型的巴地器物形制(图2-26)。由此可见,这些包括青铜兵器在内的器物,可能并非板楯蛮自己制作,而是通过战争或贸易获取。

在罗家坝遗址中,墓葬广泛随葬成套的青铜武器,表明这是一个高度武装化的社会。例如,M25随葬了铜矛、铜钺、铜剑、铜镞④,还有印章和玉璧,表明此人可能是某一层次的首领,用印章和玉璧象征其身份,同时也是一名武士,使用远击之矛,近搏之剑,远射之镞。而M33不但出土了青铜鼎、敦、盒、壶、

---

① 参见四川省文物考古研究所、达州地区文物管理所、宣汉县文物管理所《四川宣汉县罗家坝遗址2003年发掘简报》,《文物》2004年第9期,第34—46页。
② 陈淳:《文明与早期国家探源:中外理论、方法与研究之比较》,上海书店出版社2007年版,第212页。
③ 参见段渝:《略谈罗家坝遗址M33的时代和族属》,《四川文物》2004年第1期,第37页。
④ 参见四川省文物考古研究所、达州地区文物管理所、宣汉县文物管理所《四川宣汉县罗家坝遗址2003年发掘简报》,《文物》2004年第9期,第34—46页。

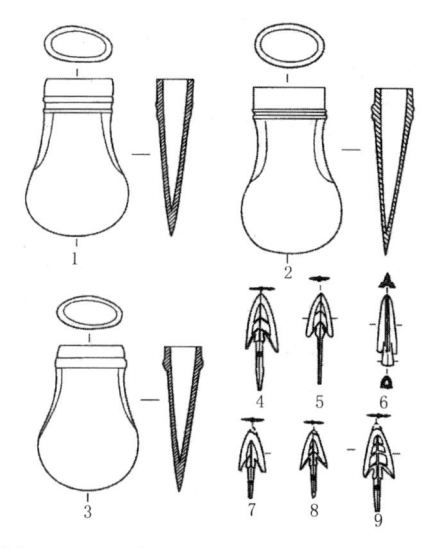

1.B型钺　2.A型Ⅰ式钺　3.A型Ⅱ式钺　4、5.A型Ⅱ式镞
6.C型镞　7、8.B型Ⅱ式镞　9.B型Ⅰ式镞（均为1/2）

图2-24　青铜钺、镞
四川罗家坝出土

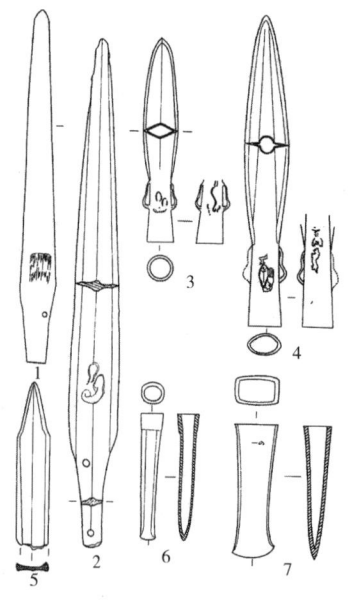

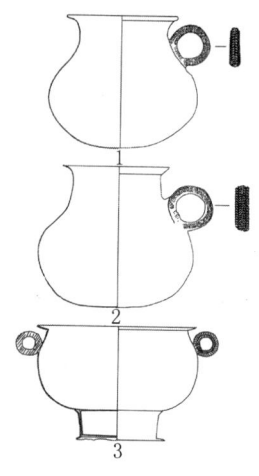

1.Ⅰ式鍪(2003XLAIV区 M25:8)
2.Ⅱ式鍪(2003XLAVI区 M5:15)
3.甑(2003XLAIV区 M25:5)（均为1/4）

图2-25　青铜剑矛
四川罗家坝出土

图2-26　青铜鍪、甑
四川罗家坝出土

簋、缶、豆等器物,还出土了无胡三角形援青铜戈、柳叶形青铜剑、弓形耳青铜矛。M33死者遗骸身上带有多个箭头,表明他是战斗而死,他的死亡很可能与楚人的交战有关①。另外,罗家坝墓葬的大部分墓主为男性,年龄在20—35岁之间。除了M33的墓主身中多箭之外,M5人骨的左股骨内有1枚铜镞,盆骨上有5枚铜镞,表明他也死于冲锋陷阵之中。而M13可见到一把青铜剑从墓主肋骨穿过,而铜钺也直接砍入髋骨之中②。另外其他墓葬中,也都发现了类似的现象,表明这里埋葬着大量战死的板楯蛮武士。

这些考古材料表明,板楯蛮族群不但高度武装化,而且经常处于频繁的战争活动中。这一社会并无大型礼仪中心,也没有定居或宣示政治功能的巨大城垣,而是依靠七个血族组织的联合,不断参与各种战争,有时与楚人作战,有时则举行大规模的猎虎,还曾卷入中原的楚汉战争之中,在东汉不仅时常反叛攻汉,有时也被汉政府用以攻打羌人。

因此,这一族群是一个比较典型的武士社会,缺乏非常有效和强大的意识形态礼仪中心以及其物化表现形式。厄尔曾研究过南美洲安第斯高原的旺卡(Wanka)酋邦,这一社会的酋长身份一般为作战首领,因此只有间接的权力。这一社会也缺乏意识形态的物化表现形式。但夏威夷酋邦的意识形态物化表现则与权力基础紧密连接③。从这一点进行比较可以发现,古蜀人的社会组织中,大型礼仪中心与意识形态物化表现,各种"纪念碑性"物质载体非常丰富,这些载体与权力基础紧密联系,同时伴随着各族群之间对资源的争夺,因此造成社会精英垄断意识形态的同时,也控制了战争与资源的再分配,从而顺利地迈向早期国家之路。但四川盆地东部的板楯蛮酋邦,正如南美安第斯高原的武士社会一样,是一个高度武装化的社会,这个社会较为简单的权力结构与政治体制,很难刺激原有组织发生根本性的变化,因此只能长时期地停留在武士主导的酋邦社会阶段。

---

① 参见段渝《略谈罗家坝遗址M33的时代和族属》,《四川文物》2004年第1期,第37页。
② 参见陈卫东《长江上游地区巴文化研究的回顾与展望》,《四川文物》2007年第6期,第13—21页。
③ Timothy Earle, *How Chiefs Come to Power: The Political Economy in Prehistory*, pp. 191—192.

第 三 章

部落时代的巴蜀西南外蛮夷

一般认为,中国考古学上的新石器时代晚期相当于人类学和历史学上的部落时代[1]。关于西南夷地区的部落时代,历史文献的记载十分贫乏。先秦文献自不必说,即令两汉魏晋文献对西南夷的记载,在很大程度上记载的差不多也仅仅是青铜时代即酋邦时代西南夷的基本情况,而对西南夷史前时代的情况或是只言片语,或是未置一词。很明显,如果仅仅从历史文献资料出发研究部落时代的西南夷,自然不可能取得多大进展。所幸的是,迄今有关西南夷地区新石器时代晚期的考古发现日益丰富,一定程度上弥补了文献不足征的缺憾。

第一节 小生态中的文化与族群

在属于西南夷范围的今四川西部和西南部发现的新石器晚期文化遗存,主要集中在岷江上游地区、青衣江流域和安宁河流域;在属于西南夷范围的贵州西部地区,21世纪以前很少发现新石器时代文化的遗存[2],近年来始有新石器晚期文化遗存的重大发现[3];历年来云南发现的新石器晚期文化遗存比较丰富,但可确认的遗存在空间分布上呈现出明显的不均衡性,云南西部至中部

---

[1] 由历史发展不平衡规律所决定,当一些地区和民族进入文明时代时,另一些地区和民族还在史前或部落时代徘徊。这里所说的是一般情况。
[2] 参见熊水富、宋先世主编《贵州田野考古四十年》,贵州民族出版社1993年版,第85页。
[3] 参见王红光《贵州考古的新发现和新认识》,《考古》2006年第8期,第3页。

地域为集中分布区①。由于文献资料不足征,所以这一大批新石器时代晚期文化遗存的发现就尤为重要,为探讨西南夷地区部落时代的文化与族群提供了非常宝贵的资料。

一、文化区域

迄今西南夷地区的考古资料显示出,在新石器时代晚期,西南夷地区部落的分布已经比较广泛,并在多数地方形成了区域性的分布空间,意味着部落间相互依存关系的发展和共同地域传统的初步形成。根据目前已有的考古资料,部落时代的西南夷文化可以大致划分为 15 个区域,每个区域在文化上都有一些共同的特征,而区域之间也有着程度不等的联系。

1. 黔西滇东北

黔西滇东北地区属于从新石器时代晚期到青铜时代初期的考古学文化,是以在贵州威宁中水发掘的鸡公山遗址命名的"鸡公山文化"。鸡公山文化的绝对年代为距今 3300—2700 年②。

鸡公山文化广泛分布在黔西北和滇东北之间,已发现遗址 20 余处,分布在贵州西北部的威宁、毕节和云南东北部的昭通、鲁甸、绥江、大关、威信等县,地理范围主要是在金沙江下游东部及其支流牛栏江流域、横江流域上游,中心地区主要是黔西北中水盆地至滇东北昭鲁盆地③。在中水盆地发现的遗址 7 处,有鸡公山、吴家大坪、水果站、营盘山、金鸡梁子、大冲沟、窄沟等④,滇东北地区发现遗址 16 处,有昭通闸心场⑤、小米寨、白坡塘、双龙井、小湾子、腊鸡寨、巡龙、黑泥地、鲁甸马厂、野石遗址⑥、绥江县金银山、大关县瓦厂坪、天堂坝,以及威信县两合岩等⑦。这些遗址的共同特征是:石器多磨制梯形斧、锛,

---

① 参见云南省文物考古研究所《探寻历史足迹,保护文化遗产——纪念云南省文物考古研究所成立五十年》,云南教育出版社 2009 年版,第 42—43 页。
② 参见贵州省文物考古研究所、四川大学历史文化学院考古系、威宁县文物保护管理所《贵州威宁县鸡公山遗址 2004 年发掘简报》,《考古》2006 年第 8 期,第 26 页。
③ 参见张合荣、罗二虎《试论鸡公山文化》,《考古》2006 年第 8 期,第 57—65 页。
④ 同上。
⑤ 参见葛季芳《云南昭通闸心场新石器时代遗址的发掘》,《考古》1960 年第 5 期,第 12 页。云南省文物工作队:《云南昭通马厂和闸心场遗址调查简报》,《考古》1962 年第 10 期,第 529—530、534 页。
⑥ 参见游有山《鲁甸野石山新石器时代遗址调查报告》,《云南文物》第 18 期,1985 年,第 25 页。
⑦ 参见张合荣、罗二虎《试论鸡公山文化》,《考古》2006 年第 8 期,第 57—65 页。

陶器以泥质为主,也有夹砂陶,均手制,一般形体较小,几乎都是平底器,流行单耳器,器类以罐为主,纹饰简单,主要是平行弦纹(图3-1)①。

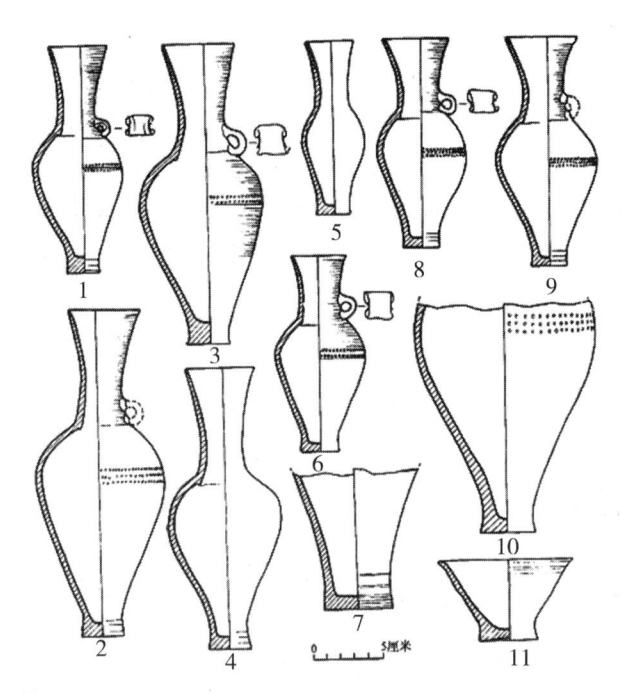

1. 细颈瓶(K9:3) 2. 细颈瓶(K9:6) 3. 细颈瓶(K9:5) 4. 细颈瓶(K9:4)
5. 细颈瓶(K9:13) 6. 细颈瓶(K9:9) 7. 细颈瓶(K9:16) 8. 细颈瓶(K9:14)
9. 细颈瓶(K9:15) 10. 细颈瓶(K9:7) 11. 细颈瓶(K9:10)

图3-1 陶器

贵州鸡公山遗址出土

据张合荣、罗二虎研究,鸡公山文化分早、晚两期②。从发掘简报公布的资料分析,鸡公山遗址的祭祀坑有不同类型,存在涂抹青膏泥与否的区别,在涂抹青膏泥的坑内出土有小件青铜器,而未涂抹青膏泥的坑则不出青铜器,这个现象有可能是代表遗址早晚的标志之一。但目前资料有限,还不能明确判断鸡公山文化新石器时代文化与早期青铜时代的分野。即令是在区域内出土

---

① 参见王大道《再论云南新石器文化的类型》,《云南考古文集》,云南民族出版社1998年版,第41—61页。
② 参见张合荣、罗二虎《试论鸡公山文化》,《考古》2006年第8期,第57—65页。

青铜器的遗址如鸡公山遗址和不出青铜器的遗址如吴家大坪遗址之间,由于陶器非常近似,也难以判明新石器时代文化与早期青铜时代这两个时段的分野。但是,从一般情况出发,早期青铜文化既然介于新石器时代晚期文化和青铜时代文化之间,即所谓铜石并用阶段,那么对黔西滇东北地区新石器晚期文化的研究,自然可以从鸡公山文化入手进行分析。

2. 滇池区域

滇池区域的石寨山类型[①],广泛分布在金沙江中游的南岸支流地带的云南宣威、东川、禄劝、禄丰、富民、安宁、昆明、晋宁、呈贡、江川、峨山、宜良、陆良等县境,而以滇池、抚仙湖、星云湖周围分布最为密集。石寨山类型器物的共同特征是:石器中流行有肩有段石锛,陶器以夹砂陶为主,红色略多,泥质陶较少,主要是红色,陶器多手制,以平底器为主,带耳器较少,未见三足器、尖底器,纹饰以划纹为主。石寨山类型遗址分布的地理环境不尽相同,有湖滨或其缓坡、台地遗址,盆地边缘缓坡遗址,河旁台地遗址,洞穴等几类。石寨山类型的年代,据中国科学院贵阳地化研究所测定,碳十四年代为距今 $4260±165$ 年[②],阚勇认为石寨山类型新石器文化晚期遗址的年代为距今 $3115±90$ 年[③]。这个史前文化区域与滇池区域青铜文化区的分布空间基本重合,均在云南中部偏东及东部地区,其主要生产工具从有段石锛发展为实心有段铜锛→半圆銎铜斧→四方銎铜斧和长条形铜锄;断面椭圆的梯形石斧演变为椭圆銎铜斧;陶器质地均以夹砂陶为主,红陶居多;史前时期晋宁石寨山类型的有段石锛、断面椭圆的梯形石斧以及侈口高领鼓腹平底罐、底部有同心圆纹的凸底盘、内折沿小碗等,在青铜时代的滇文化区中使用了很长时间(图3-2)[④]。

3. 安宁河流域

安宁河流域史前时期的文化遗存,主要有位于金沙江中游北岸支流安宁

[①] 参见云南省博物馆考古发掘工作组《云南晋宁石寨山古遗址及墓葬》,《考古学报》1956年第1期,第43—63页。
[②] 参见王大道《再论云南新石器文化的类型》,《云南考古文集》,云南民族出版社1998年版,第41—46页。
[③] 参见阚勇《试论云南新石器文化》,《云南考古文集》,云南民族出版社1998年版,第28页。
[④] 参见王大道《云南青铜文化与新石器晚期文化的关系》,《云南考古文集》,云南民族出版社1998年版,第135页。

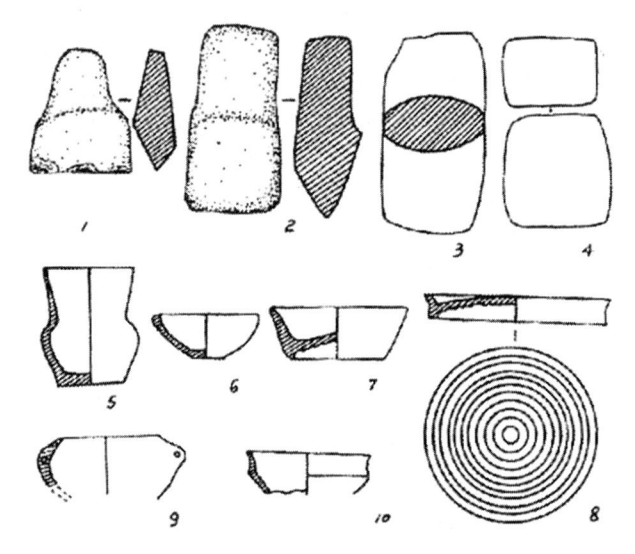

1. 有肩有段石锛　2. 有段石锛　3. 长方形石斧　4. 石锤　5. 高领鼓腹平底罐　6. 内折沿小平底碗　7、8. 凸底盘　9. 双耳盆　10. 折腹钵(1. 禄丰出土，2、3、4、5、9. 晋宁石寨山出土，6、8. 昆明官渡出土，7. 呈贡石子河出土，10. 昆明海口老街出土)

图 3-2　石寨山类型陶器
云南滇池区域

河流域的四川西昌礼州遗址[1]、西昌大兴横栏山遗址[2]、西昌经久乡大洋堆遗址[3]、西昌咪咪啷遗址[4]、西昌栖木沟遗址[5]、马鞍山遗址[6]、营盘山遗址[7]，以

---

[1] 参见礼州遗址联合考古发掘队《四川西昌礼州新石器时代遗址》，《考古学报》1980年第4期，第443—456页。

[2] 参见西昌市文物管理所《四川西昌市横栏山新石器时代遗址调查》，《考古》1998年第2期，第5—9页。成都市文物考古研究所、凉山彝族自治州博物馆：《四川西昌市大兴横栏山遗址调查试掘简报》，成都市文物考古研究所编：《成都考古发现(2004)》，科学出版社2006年版，第20—38页。

[3] 参见西昌市文物管理所、四川省文物考古研究所、凉山彝族自治州博物馆：《四川西昌市经久乡大洋堆遗址的发掘》，《考古》2004年第10期，第23—35页。

[4] 参见凉山彝族自治州博物馆、成都市文物考古研究所：《四川西昌市咪咪啷遗址调查试掘简报》，成都市文物考古研究所编：《成都考古发现(2004)》，科学出版社2006年版，第39—52页。

[5] 参见四川省文物考古研究院、凉山彝族自治州博物馆、西昌市文物管理所：《凉山州西昌市栖木沟遗址试掘简报》，《四川文物》2006年第1期，第13—20页。

[6] 参见成都市文物考古研究所、凉山彝族自治州博物馆、西昌市文物管理所《四川西昌市经久乡马鞍山遗址发掘简报》，《成都考古发现(2005)》，科学出版社2007年版，第88—112页。

[7] 参见成都市文物考古研究所、凉山彝族自治州博物馆、西昌市文物管理所《四川西昌市营盘山遗址发掘简报》，《成都考古发现(2005)》，科学出版社2007年版，第62—85页。

及位于安宁河西岸的德昌县王家田遗址[①]、汪家坪遗址[②]等。

根据1974年至1976年的三次发掘与调查,礼州遗址文化广泛分布在西昌市、德昌县、米易县、冕宁县等地。据发掘报告,礼州遗址的遗物主要出土于墓葬,遗址地层只见第三、四层的少量遗物。据江章华分析,礼州遗址可分为早、中、晚三段,第三、四层为早段,以AM10为代表的中段,以BM3为代表的晚段[③]。报告发表的早段的第三、四层的遗物只见1件残带流壶(BT1∶3),石器有斧、锛、凿、穿孔石刀等。中段的代表性陶器有高领壶、单耳罐、带流壶、钵等,纹饰主要是戳印纹。晚段的代表性陶器有双耳罐、双耳杯、双联罐、带把罐、杯等,纹饰主要是划纹和素面陶。礼州文化的总体特征是:石器大多磨制,以双孔半月形弧刃直背石刀最具特色,陶器均夹砂、手制,器形以小平底为主,主要器形有双联罐、带流壶、双耳罐、大口深腹罐、桶形器、小口瓶等,纹饰有划纹、锥刺纹、篦纹、附加堆纹等。

以横栏山遗址为代表的新石器文化遗存,除横栏山遗址外,还有马鞍山遗址、栖木沟下层遗存和营盘山下层遗存。这类遗存在安宁河流域有着较为普遍的分布,学术界将其命名为"横栏山文化"[④]。横栏山文化的主要特征是:陶器以夹砂灰褐陶为主,其次为夹砂灰陶和夹砂红陶,泥质陶非常少见。陶器大多为素面,纹饰常见戳印纹、附加堆纹、划纹等,少见绳纹,以戳印的米点纹、篦点纹和口沿下所饰附加堆纹为特征。陶器为手制,以泥条盘筑为主,大多经过轮修,个别陶器外表经过刮磨。陶器均为平底器,器型以附加堆纹口沿罐、肩部戳印米点纹斜肩罐、肩部戳印篦点纹斜肩罐、喇叭口罐等为典型特征,另有器盖、钵、碗、瓶、壶等及少量带流壶(图3-3)。生产工具主要是磨制石器,有斧、锛、凿、镞、穿孔石刀、网坠等。

礼州遗址与后来以大石墓为显著特征的邛都青铜文化之间,并无文化承袭与演变的关系。西昌横栏山新石器时代晚期的文化遗址,同样与以大石墓为主要特征的青铜时代的邛都没有直接关系。

[①] 参见四川省文物考古研究院、凉山彝族自治州博物馆《凉山州德昌县王家田遗址发掘简报》,《四川文物》2006年第1期,第3—10页。

[②] 参见成都文物考古研究所、凉山州博物馆、德昌县文管所《四川凉山州德昌县汪家坪遗址调查简报》,成都文物考古研究所编:《成都考古发现(2007)》,科学出版社2009年版,第215—227页。

[③] 参见江章华《安宁河流域考古学文化试析》,《四川文物》2007年第5期,第5页。

[④] 同上书,第10页。

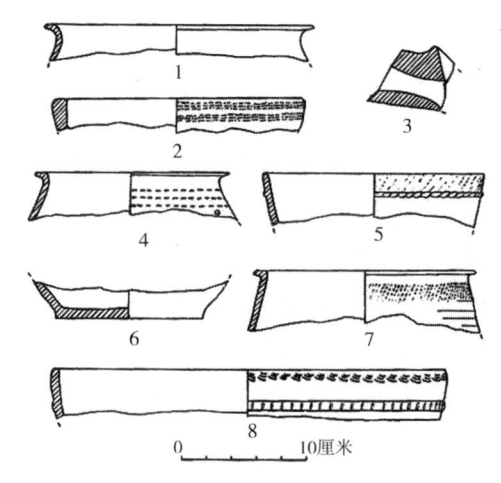

1.C型罐(T202④:80) 2、5、8.钵(T102④:62、T203④:2、T102④:59) 3.器流
(T201④:48) 4.B型罐(T202④:76) 6.器底(T201④:59) 7.D型罐(T201④:50)

图3-3 陶器

四川横栏山遗址出土

4.青衣江流域

在以青衣江为中心并波及大渡河流域的区域内,史前文化遗存较多发现。青衣江流域新石器文化分布较为广泛,在四川雅安等地发现三十多处石器地点,大致有河坝与山坡两种类型①。大渡河上游小金河半山上的丹巴县中路乡罕额依遗址②,文化内涵十分丰富,出土不少建筑遗存和大量陶器,各期陶器富于变化,第三期的陶器与岷江上游石棺葬有一定关系。出土石器的数量和种类都相当丰富,有细石器、打制石器和磨制石器三类。大渡河下游新石器文化以四川汉源最为集中,发现古遗址十多处,其重要代表是汉源狮子山遗址③、汉源大树乡、汉源麦坪等。这里出土石器以斧为多,半打半磨,陶器以夹砂红陶和棕红陶为主,时代距今约3500—4000年左右。

---

① 参见魏达仪《雅安石器调查记》,《文物参考资料》1958年第1期,第15页。赵殿增:《四川原始文化类型初探》,《中国考古学会第三次年会论文集》,文物出版社1984年版,第56页。

② 参见四川省文物考古研究所、甘孜州文化局《丹巴县中路乡罕额依遗址发掘简报》,《四川考古报告集》,文物出版社1998年版,第59—77页。

③ 参见刘盘石、魏达仪《四川汉源县大树公社狮子山发现新石器时代遗址》,《文物》1974年第5期,第91—92页。《四川汉源县大树乡两处古遗址调查》,《考古》1991年第5期,第385—389页。

5. 岷江上游

在岷江上游分布有众多史前文化遗存。岷江上游新石器文化广泛分布在四川阿坝州的汶(川)、理、茂等县,约有数十个新石器出土地点①,大多分布在河流两岸地势较高的三级以上的台地,少数分布在二级台地。以茂县营盘山遗址②、汶川姜维城遗址③为代表,发掘清理的遗迹主要有灰坑和房屋居住面。出土大量陶器,以泥质灰陶、灰褐陶为主,并发现不少彩陶。陶器主要有罐、瓶、钵、盆、壶、缸、纺轮等。石器有打制和磨制两种,磨制石器体小扁薄,多数通体磨光,主要有斧、矛、砍砸器、刮削器、镞、锛、凿、网坠、纺轮等,还发现不少燧石质细石器。在有的遗址里发现了来自滨海地区的海贝,表明已初步发生了交换行为。

6. 金沙江上游

分布在金沙江上游支流腊普河东岸的戈登村类型,是一处新石器时代晚期遗址④。其特征是:石工具仅磨刃缘,以斧和刀为主,斧呈圆柱体和多梯形,刀呈单孔和无孔长方形及半圆形,陶器以夹砂陶为主,手制,多宽大板耳器,均平底,器形以罐类为主,纹饰有划纹、印纹、剔点纹(图3-4)。

7. 金沙江中游

位于金沙江中游及其龙川江和晴蛉河流域的大墩子类型⑤,广泛分布在云南禄丰、元谋、姚安、永仁县境,已发现遗址14处、墓地1处、采集点8处。共同特征是:石器以斧、锛、镞、凿为主要器类,斧以断面椭圆形、平面呈圆角长方形或长条形为主要形式,镞均无铤,以柳叶形最多,石刀有弧角长方形和双孔新月形,陶器多夹砂陶,以灰陶为主,器体一般高度,平底,以罐类为主,纹饰以印绳为主,其中绳纹较多(图3-5)⑥。大墩子遗址的年代在公元前2500—前1700年间⑦。

---

① 参见林名均《四川威州彩陶发现记》,《说文月刊》第4卷,1944年版。郑德坤:《四川古代文化史》,华西大学博物馆,1947年版。《四川理县汶川县考古调查简报》,《考古》1965年第12期,第614—618页。
② 参见蒋成、陈剑《岷江上游考古新发现述析》,《中华文化论坛》2001年第3期,第27—31页。成都市文物考古研究所:《四川茂县营盘山遗址试掘报告》,《成都考古发现(2000)》,科学出版社2002年版,第1—76页。
③ 参见王鲁茂、黄家祥《四川姜维城遗址》,《中国文物报》2000年11月26日。
④ 参见云南省博物馆《云南维西戈登村新石器》,《云南文物》1985年第18期,第45页。
⑤ 参见云南省博物馆《元谋大墩子新石器时代遗址》,《考古学报》1977年第1期,第43—72页。
⑥ 参见王大道《再论云南新石器文化的类型》,《云南考古文集》,第41—61页。
⑦ 参见刘旭《元谋大墩子遗址发掘》,云南省文物考古研究所:《探寻历史足迹,保护文化遗产——纪念云南省文物考古研究所成立五十年》,云南教育出版社2009年版,第59页。

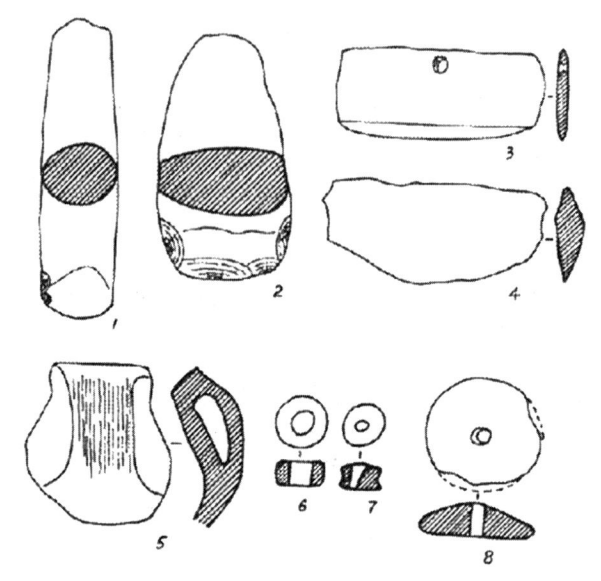

1.圆柱形石斧　2.高梯形石斧　3.长方形单孔石刀　4.半圆形石刀
5.敛口敞沿罐　6、7.陶珠　8.陶纺轮

图 3-4　戈登村类型陶器

云南维西县出土

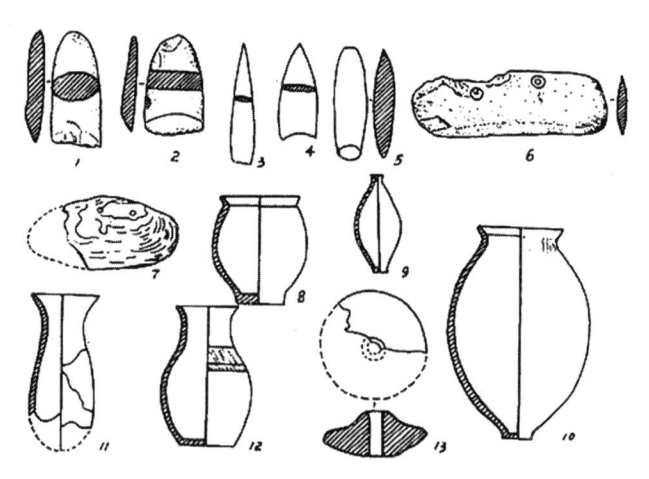

1.长条形石斧　2.梯形石锛　3、4.柳叶形石镞　5.鼓腰石凿　6.弧角长方形石刀　7.蚌刀　8.斜折沿鼓腹平底罐　9.长腹瓶　10.瓮　11.侈口圈底杯
12.长颈壶　13.纺轮

图 3-5　陶器

云南元谋大墩子遗址出土

8. 洱海区域

分布在金沙江上游支流宾居河、平川河等流域地带,而以洱海周围分布最为密集的白羊村类型①,已发现遗址 26 处、采集点 14 处。共同特征是:石器以斧最多,绝大多数呈梯形,流行新月形双孔石刀,陶器均为夹砂陶,多泥条盘筑,器身一般矮肥,除平底器外,常见圜底器、带流器,带耳器罕见,器形以罐类为主,纹饰发达,划纹最多,主要是弦纹、斜平行线和各种形式的折线构成的图案(图 3-6)②。

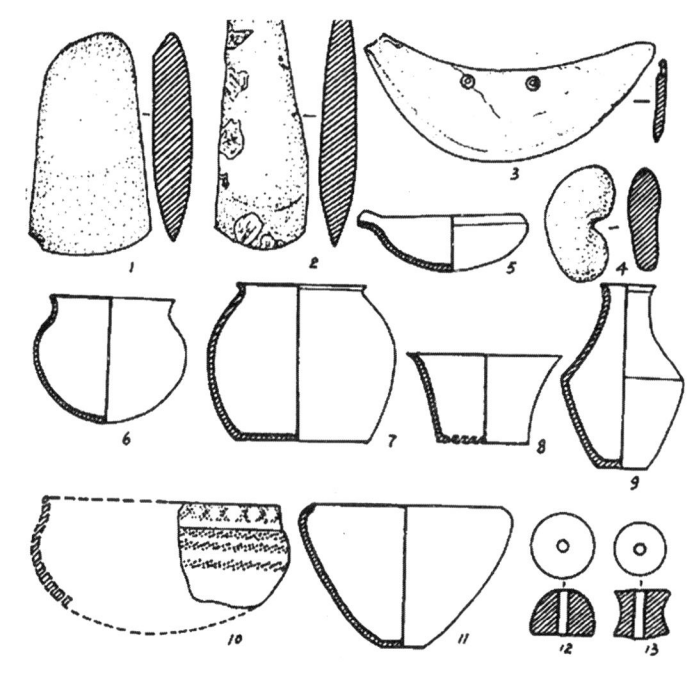

1.高梯形石斧　2.长条形石斧　3.新月形石刀　4.猪腰形网坠　5.匜　6.大口圜底罐　7.大口平底罐　8.敞口盆　9.折腹瓶　10.圜底钵　11.小平底缸　12.圆锥体陶纺轮　13.束腰陶纺轮　(1、2、3、4、5、6、10、11、12、13.宾川县白羊村出土,7、8、9.大理市马龙遗址出土)

图 3-6　白羊村类型陶器

云南出土

---

① 参见云南省博物馆《云南宾川白羊村遗址》,《考古学报》1981 年第 3 期,第 349—368 页。
② 参见王大道《再论云南新石器文化的类型》,《云南考古文集》,第 41—61 页。

9. 滇中（通海县杞麓湖周围）

位于云南中部偏南的通海县海东村贝丘遗址，其文化遗存广泛分布在杞麓湖周围①。典型器物特征是：石器以梯形斧、锛为主，也有少量有肩有段石锛；陶器以夹砂陶为主，也有泥质陶，以手工制作为主；陶色有红、黑、黄色；器型以罐、壶、杯为主，形式多样，流行圈足器；陶罐多带流器、有单流、双流、三流之分；纹饰以划纹为主，分弦纹、水波纹、十字交叉纹、人字纹、编织纹等，印纹有绳纹和连续点纹，也有三流剔刺纹、附加堆纹和镂孔（图3-7）。

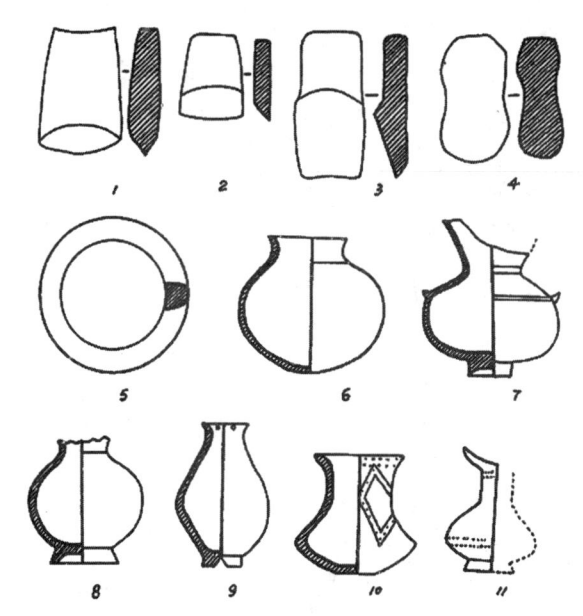

1.梯形石斧 2.梯形石锛 3.有段石锛 4.石锤 5.石环 6.短颈球腹圜底罐 7.长颈扁圆腹圈足罐 8.圆腹圈足罐 9.长腹圈足壶 10.折腹平底杯 11.带流长颈鼓腹圈足杯（1、2、4.通海海东村出土，3、5、6、7、8、9、10、11.通海杨山贝丘出土）

图3-7 陶器
云南通海县出土

10. 澜沧江中游

在云南保山一带，史前文化遗存主要分布在澜沧江支流银江河流域一带，

---

① 参见何金龙《通海县海东村贝丘遗址》，《中国考古学年鉴(1990)》，文物出版社1991年版，第304—305页。

以永平新光遗址为代表,是这一史前文化类型明确的中心分布区①。主要的石器有斧、锛、矛、镞、凿、刀、镰、锥、纺轮、磨盘、棒、研磨器、砺石等,陶器有夹砂陶和泥质陶两种,均采用泥条盘筑法手制,火候较高,器形较简单,绝大多数为平底器,少量为圈足器,主要有罐、壶、钵、盘、盆、缸、钵、豆、杯、勺、四耳器等,纹饰较复杂,主要有堆纹、刻划网格纹、浅划波浪纹、戳印或压印水波纹等20种,年代为公元前2160—前1700年(图3-8)②。

图 3-8　陶壶

云南永平新光遗址出土

11. 滇东南(元江—红河支流和南盘江下游的支流)

以1975年发现的云南麻栗坡县小河洞遗址为代表,称为"小河洞类型"③,其文化遗存广泛分布在云南东南的金平、文山、麻栗坡、西畴、广南等县,属于元江—红河支流和南盘江下游的支流。出土器物的特征是:石器以磨制的平肩和斜肩的双肩斧为多,也有少量的不对称刃(靴形)石斧;以平肩的双

---

① 参见云南省文物考古研究所《探寻历史足迹,保护文化遗产——纪念云南省文物考古研究所成立五十年》,第43页。
② 参见云南省文物考古研究所、大理州文物管理所、永平县文物管理所《云南永平新光遗址发掘报告》,《考古学报》2002年第2期,第203—227页。
③ 云南省博物馆文物工作队:《云南麻栗坡县小河洞新石器时代洞穴遗址》,《考古》1983年第12期,第1108—1111页。

肩石锛为主,也有一定数量的不对称刃(靴形)锛;陶器均为夹砂陶;陶色以红色为主,其次为灰陶,有少量褐陶和黑陶,均为手制;陶器器形主要有侈口罐、敛口罐等;纹饰以印纹为主,多见绳纹、席纹、划纹,有弦纹、水波纹、斜平行线、十字交叉、斜方格、涡纹、网纹等(图3-9)。

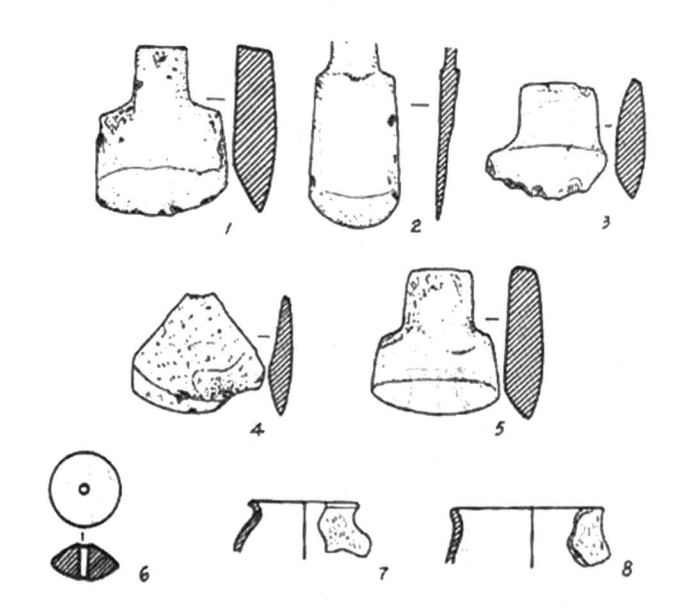

1、2.平肩双肩石斧 3.不对称刃石斧(靴形石斧) 4.三角形石刀 5.平肩双肩石锛 6.纺轮 7.敛口折沿罐 8.侈口罐(1、3、4、5.麻栗坡县小河洞出土,2、6、7、8.广南八宝铜木犁洞出土)

图3-9 小河洞类型陶器
云南出土

12. 滇南(澜沧江下游、元江中游)

分布在澜沧江下游、元江中游的云南南部及偏西地区的新平、建水、普洱、思茅、景洪、勐腊、勐海、孟连、澜沧、双江等地的新石器时代文化遗存,以1962年调查的景洪县曼蚌囡遗存为代表[①]。出土器物的特征是:石器以磨制的梯形石斧、锛和打制的网坠为主,常见高梯形的斧和锛,也有一定数量的平肩和双肩的斧和锛;网坠扁长砾石打制成束腰形,长三角形石矛亦很有特色;陶器

---

① 参见宋兆麟《云南景洪附近的新石器时代遗址》,《考古》1965年第11期,第588—589页。

质地以夹砂陶为主,陶色驳杂不一,器形有敞口平底碗和管状网坠,纹饰常见划纹和绳纹(图 3-10)。

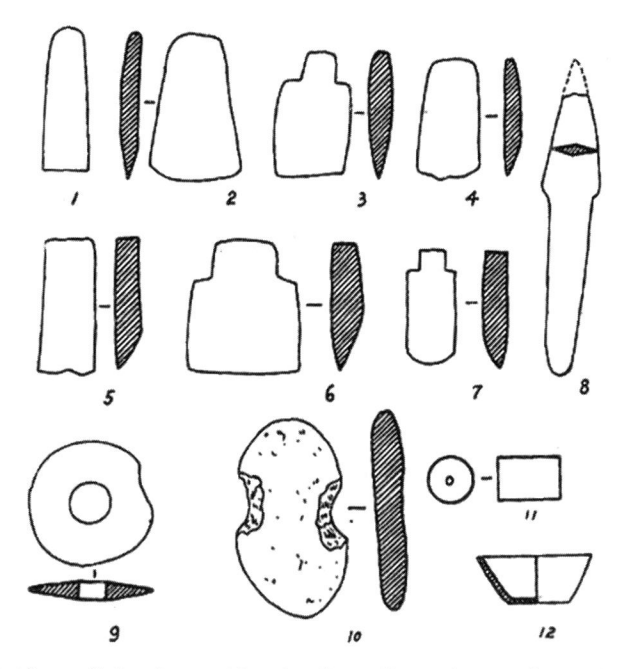

1.高梯形石斧 2.梯形石斧 3.平肩双肩石斧 4.梯形石锛 5.长条形石锛 6、7.平肩双肩石锛 8.石矛 9.石环 10.网坠 11.陶网坠 12.陶碗(1、11、12.曼洪县曼蚌囡出土,2、3、8.勐腊县大树脚出土,4、5.勐腊县曼那散出土,6.勐海县景宰出土,7.开远市小龙潭出土,8.新平县漠沙农场出土,10.孟连县老鹰山出土)

图 3-10 陶器
云南出土

13. 滇西、滇西南(澜沧江中游、下游及怒江上游和中游)

分布在云南西部和西南部的澜沧、镇源、景东、云县、昌宁、保山、施甸、龙陵等县、市并波及滇西北福贡的新石器时代文化遗存,以 1973 年试掘的云县忙怀遗址为代表①,基本上沿澜沧江中游、下游及怒江上游和中游散块分布,以澜沧县黑河流域及龙陵、施甸两县的怒江下游地段最为密集。典型器物特征是:绝大多数石器系用砾石打制而成,一面保留砾石面,一面为劈裂面;器形

---

① 参见云南省博物馆文物工作队《云南云县忙怀新石器时代遗址调查》,《考古》1977 年第 3 期,第 176—177、214 页。

主要是弧肩双肩斧,形式多样,其中弧肩圆刃和半刃者较多,也有少量圆弧刃、新月形刃、不对称刃(靴形)斧,其次是打制梯形斧,也有极少磨制梯形和条形斧;一种打制的单平面砾石手锤和椭圆刮削器以及用打下的石片再加工成的束腰形网坠颇具特色;陶器质地驳杂不一,纹饰多见划纹,印纹中有绳纹(图3-11)。

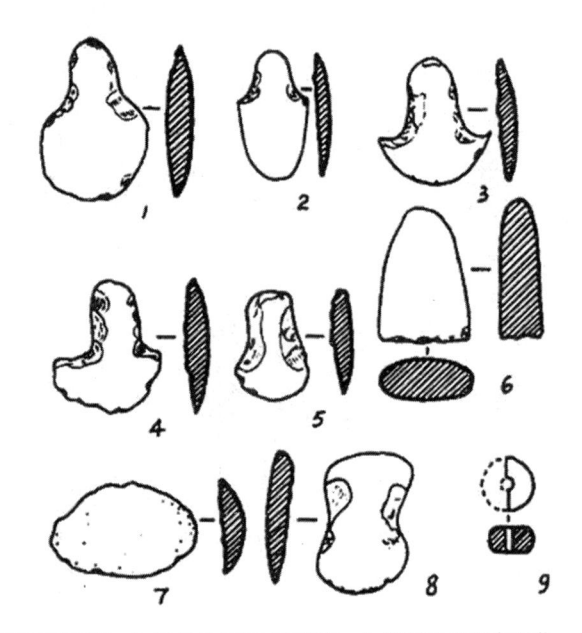

1.弧肩圆刃双肩石斧 2.弧肩半圆刃双肩石斧 3.新月形刃双肩石斧 4.不对称刃(靴形)石斧 5.梯形石斧 6.单平面砾石手锤 7.椭圆刮削器 8.网坠 9.算盘珠形纺轮(1、8.云县忙怀出土,2、3、4、5、7、9.龙陵船口坝出土,6.龙陵围笼洼出土)

图3-11 陶器
云南出土

14.滇西(怒江下游和伊洛瓦底江支流龙川江—瑞丽江和大盈江流域)

分布在云南西部的昌宁、施甸、保山、腾冲、龙陵、潞西、瑞丽、陇川、盈江、梁河等县、市的新石器时代文化遗存,以1992年至1993年发掘的龙陵大花石早期遗存为代表[①],处于怒江下游和伊洛瓦底江支流龙川江—瑞丽江和大盈江流域,其分布地域的东南面与忙怀类型遗存犬牙交错。该类遗存器物的主

---

① 参见王大道《滇西史前考古的重要收获,大花石遗址墓地发掘硕果累累》,《中国文物报》1992年4月19日。

要特征是：石器以斧、锛、石刀为主要器型，以梯形斧最多；一种形体很小、磨制甚精的条形石斧普遍存在；石刀以长方形单孔者居多，而以背部起脊的单孔石刀和梯形双刃石刀最具特色；陶器质地主要是夹砂陶，有很少的泥质陶，典型器有敛口折沿罐、敛口钵、敞口折沿盆、陶祖；纹饰以划纹为主，流行横、竖、斜的平行斜线，一种以指窝纹和月牙纹颇具特色，另有剔刺纹、附加堆纹（图3-12）。

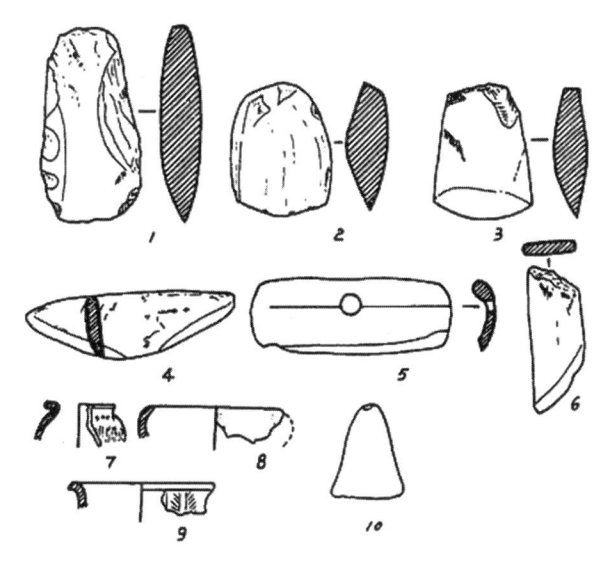

1、2. 梯形石斧　3. 梯形石锛　4. 梯形双刃石刀　5. 长方形单孔石刀　6. 刻刀形器
7. 敛口折沿罐　8. 敛口钵　9. 敞口折沿盆　10. 陶祖(1、3、6.龙陵县烧炭田坡出土，
2、4、7.龙陵县豆地坪出土　5.昌宁县达丙营盘山出土　8、9、10.施甸县团山窝出土)

图3-12　大花石陶器
云南出土

15. 滇西南（澜沧江中游、下游及怒江上游和中游）

分布在云南西南部沧源、耿马两县境，地处澜沧江支流小黑江上游的新石器时代文化遗存，以耿马县石佛洞遗址为代表，器物特征是：以形体小巧的磨制梯形石斧为主，多见长方形石斧，扁薄石铲和狼牙棒头颇具特色；陶器均为夹砂陶，火候较高，陶色有褐、灰、橙黄、红等；纹饰有划纹、印纹、剔刺纹、附加堆纹，具有特色的是以印纹作地纹，在其上刻划、剔刺、压印出上层纹饰，或用剔刺的点线组成贝、蛇、鱼等多种动物纹样（图3-13）。

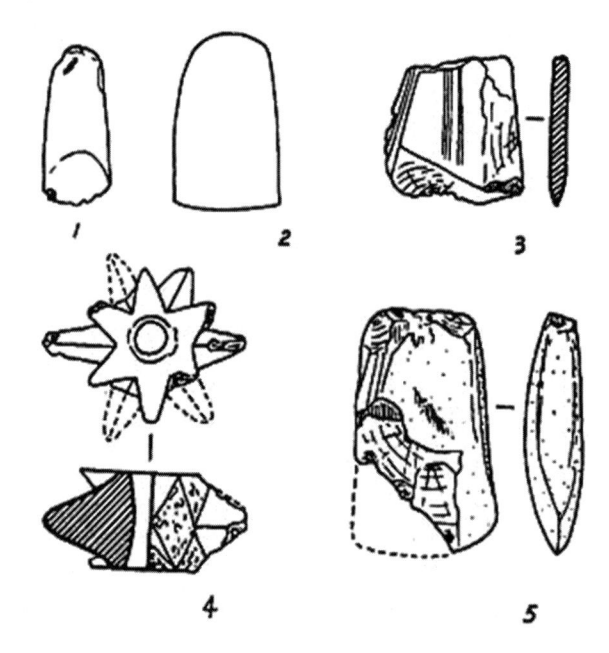

1.高梯形石斧 2.长方形石斧 3.石铲 4.石狼牙棒 5.梯形石斧
(1、2、4.耿马县石佛洞出土,3、5.沧源县丁来出土)

图 3-13 陶器

云南出土

二、共同地域传统

不难知道,在上述西南夷地区新石器时代文化的若干区域,已初步形成了各自区域内连续或不连续的空间分布形态,它们的空间分布形态具有很大程度的相似性:多位于大河支流流域两岸的台地、湖滨、浅丘或缓坡地带,并以这种有限的自然地理环境作为各自文化生长点的依托和界域,因而各种类型的分布一般以自然地理为界限,表现出明显的小生态内部的地域文化特点,意味着各种类型文化都是适应当地的小生态而发展起来的。由于金沙江、澜沧江、怒江均为两岸高山夹峙,滩险弯急,支流之间被高山峡谷所分割,不像黄河中下游和长江中下游那样有宽敞的平原,易于形成一种或数种文化的广阔的连续性分布空间,而是以小生态为文化分布界域,从上游到下游相间分布,并以这种形态基本涵盖了各个流域。例如,金沙江以南区域与洱海以北的剑湖区域以及滇池区域和杞麓湖区域的新石器文化遗存虽然具有某些联系,"但各自所显示出的独有的且主流性的文化特征更为鲜明,应分别代表了不同的考古学文化类别"①。所以,从整体形态上看,西南夷地区的新石器时代晚期文化具有复杂性、多元性和流域性(区域性)等显著特征,而这些因素直接导致了多数族群具有持续发展的不稳定性特点,由于资源获取能力不足,资源需求不足,促进政治组织演进的动力不足,以及组织机制的力量不足等几种先天性缺陷,致使他们难以在自身新石器时代晚期文化的基础上进一步向着青铜时代演进。

不过另一方面,西南夷地区新石器文化各区域之间又存在着某些共同的文化因素,并以此为基础,初步造就出西南夷地区的共同地域传统。在陶器方面,西南夷各区域类型多数以小平底为主,器形以罐类为主,如夜郎区域、滇池区域、安宁河流域、金沙江上游、金沙江中游、滇南以及滇东南区域。在石器方面,各区域类型多见长条形石斧、半月形穿孔石刀和梯形石斧,如夜郎区域、安宁河流域、金沙江上游、洱海区域、滇南及滇西南等区域,而有肩有段石器则在金沙江中游和雅砻江流域广泛分布。在文化类型方面,从金沙江以南的龙川江谷地向西直至澜沧江中游的广大地域内,分布着元谋大墩子、宾川白羊村、永平新光等三个类型,但其间在文化遗存方面却又显示出较多共性,而位于金沙江中游南岸的大墩子类型则与北岸的礼州类型有许多相似之处。

从西南夷地区新石器时代文化的面貌来做进一步分析,可以看出,它的各种特点事实上反映了各个区域中各族群的来源、迁徙、适应能力、交往范围等多方面关系,使西南夷地区的新石器时代晚期文化显现出它的走廊性和土著性二重特征,由此构成了西南夷地区民族文化生长壮大的基础。

我们知道,西南夷各族群的活动空间,主要依托六条大江,它们是岷江、大渡河、雅砻江、金沙江、澜沧江、怒江,六条大江均为南北向,形成南北交往的天然通道,它们是古代族群南来北往的天然走廊,对西南夷以及该地区内外的族群往来和文化交流与互动产生着非常重要的影响和积极的作用。例如,六江中的金沙江由北而来,又折而向东,将被横断山所横断了的东西交通连接起来,于是成为东出长江的天然走廊。在新石器时代晚期民族集团的形成之时,氐羌系统民族集团的北来,濮越系统民族集团的东来,使得这几条大河成为东西南北各种文化进退出入的天然走廊,有的出入于此,有的碰撞于此,有的定

---

① 云南省文物考古研究所:《探寻历史足迹,保护文化遗产——纪念云南省文物考古研究所成立五十年》,第43—44页。

居于此，留下许多不知名的族群的文化遗物和遗迹，其中氐羌系统和濮越系统中的一些族体，从此在西南夷地区世居下来，演为土著。这种情况，完全可以从考古类型学的角度观察到。最明显的一个例证是，金沙江中游广泛存在的有肩有段石器，无疑与中国东南长江下游文化有关，而东南地区以至南中国的古代民族，是以濮越为大系的。另一明显例证是，广泛分布在西南夷地区的带耳陶罐，与中国西北地区的氐羌系统有关，它们在西南夷地区出现，应是氐羌系统民族集团南迁的产物。由此可以大致知道，西南夷地区新石器晚期文化主要来源于氐羌系和濮越系两大民族集团。由于两大集团各有支系，支系以下又各有分支，加上所居小生态有异，经济环境有别，政治演化程度不同，因而文化面貌会出现颇多差别，当是可以理解的。

第二节　早期青铜时代的文化与族群

早期青铜时代即所谓酋邦初现阶段，它并不是一个独立的历史时代。这个概念是指在政治与文化的演进过程中，一些区域内出现了最早的青铜文化，另一些区域则仍然在新石器时代晚期徘徊。即令在出现最早青铜文化的区域，铜器也只是零星而少量的出现，并且多属小件器物，而这些小件铜器的出现也并不意味着政治组织领域内发生了质的变化。虽然如此，早期青铜文化的兴起，毕竟开始了向着青铜时代演进的历史过程，从而开启了走向酋邦时代的大门，具有重要的历史意义。

关于西南夷地区早期青铜时代的文化遗存，目前的发现还相当有限。从已有的考古资料看，早期青铜时代的文化遗存仅在黔西滇东北区域、滇池区域、滇西剑湖区域、洱海区域、滇西南澜沧江和怒江下游等有所发现，而大多数早期青铜文化遗存既与当地的新石器时代晚期文化之间没有直接的继承发展关系，又与全盛时代的西南夷青铜文化遗存之间没有直接的发展演变关系。

一、文化区域的分布

1. 黔西滇东北区域

黔西滇东北区域的早期青铜时代文化遗存分别发现于位于中水盆地的贵州威宁中水鸡公山和位于昭鲁盆地的云南昭通鲁甸野石山。

2004年,贵州省文物考古研究所等单位在威宁中水鸡公山遗址进行发掘,出土了有段铜锛和铜凿等小件青铜器,形制与出土的同类石器非常相似,并且与中水吴家大坪遗址出土的同类石器形制相同①。由于发现陶器、石器与铜器共存的现象,因而确定遗址时代在商周时期,其文化性质属于新石器时代晚期到青铜时代初期,绝对年代为距今3300—2700年②。

滇东北昭通地区的鲁甸早在20世纪50年代,就已发现过早期青铜文化的遗存③,由于缺乏可以参照对比的资料,故将该遗存定为新石器时代晚期的遗存。1984年在昭通营盘村收集到青铜戈,1986年对营盘村古墓进行发掘,确定为青铜时代遗存,其中的乙区墓地与鲁甸马厂遗址有一定关系,而马厂遗址在当时被认为是新石器时代遗址④,这与营盘村乙区墓地在时代上有较大缺环,因而推断营盘村乙区墓地的时代大致在春秋时期⑤。2002年,云南省文物考古研究所等对鲁甸野石山遗址进行发掘,在遗址第三层发现铜锛、铜锥等小件铜器与陶器、石器共存的现象,从而校订了此前对该遗址时代的判断,确定野石山遗址为昭鲁盆地青铜时代早期遗存,碳十四测定年代数据分别为2985±80年、3105±105年,推定其年代数据介于公元前1300—前900年之间⑥。

由于鸡公山遗址的文化遗存在中水盆地和昭鲁盆地多处发现,因而提出"鸡公山文化"的概念。罗二虎和张合荣认为,鸡公山文化分为早、晚两期,早期遗存有中水鸡公山遗址部分遗迹、吴家大坪、营盘山遗址下层和昭通过山洞、野猪洞、黑泥土等遗址,晚期遗存有鸡公山部分遗迹、营盘山上层、鲁甸马厂和野石等遗址,并认为鸡公山文化大致反映了云贵高原山地青铜时代早期

---

① 参见贵州省文物考古研究所、四川大学历史文化学院考古系、威宁县文物保护管理所《贵州威宁县吴家大坪商周遗址》,《考古》2006年第8期,第28—38页。
② 参见贵州省文物考古研究所、四川大学历史文化学院考古系、威宁县文物保护管理所《贵州威宁鸡公山2004年发掘简报》,《考古》2006年第8期,第38页。
③ 参见葛季芳《云南昭通闸心场新石器时代遗址的发掘》,《考古》1960年第5期,第12页。
④ 参见云南省文物工作队《云南昭通马厂和闸心场遗址调查简报》,《考古》1962年第10期,第529—534页。
⑤ 参见王涵《云南昭通营盘古墓群发掘简报》,云南省文物考古研究所:《云南考古文集》,云南民族出版社1998年版,第386—394页。
⑥ 参见云南省文物考古研究所、昭通市文物管理所、鲁甸县文物管理所《云南鲁甸县野石山遗址发掘简报》,《考古》2009年第8期,第42—53页。

这一阶段的发展水平①。

鸡公山文化的铜器都是小件器物，数量很少，并且多属于工具一类器物，而鸡公山文化的最初阶段尚处于新石器时代末期，因此其青铜时代的开端应是直接从当地新石器时代晚期文化的门槛跨入的，处于青铜时代的最初阶段，绝对年代为公元前1300—前900年。

但是，黔西滇东北区域中水盆地鸡公山、吴家大坪的最晚年代距今约3000年，与营盘山下层年代（距今约2990年）相衔接②，而营盘山遗址与昭通鲁甸野石山遗址的年代大体相同，两者与鸡公山文化属于同一文化的不同发展时期。这种关系说明，鸡公山文化的早期青铜时代包括了同一文化在不同地域的发生和演进，鸡公山和吴家大坪是发生地，营盘山和野石山等则是发展地。如像这一类早期青铜文化发展演进过程中的时空变化，正可谓属于E. R. 塞维斯（Elman. R. Service）在《文化的演进》（*Cultural Evolution*：*Theory in Practice*）中所总结的"种系发生进化的非连续性原则"和"进化的地域非连续性原则"③那样的情形，这对于黔西滇东北区域青铜文化起源与演变的研究来说，具有很重要的意义。

2. 滇池盆地

滇池盆地发现的青铜时代早期文化遗存以昆明西山天子庙为代表。2005年，云南省文物考古研究所对天子庙遗址进行发掘，目前发掘报告尚未刊布。据发掘者蒋志龙教授的报道，在发掘的2005XLTT1中，第7至第10层为早期堆积。第7层陶器的显著特点是以红色为主，以钵、碗等器类为主，器体较小，基本为素面。从第8层开始，无论在器类还是陶系都有了变化，陶片以灰黑色和褐色为主，同时还有一些红陶类器物，器类以侈口罐和敛口钵为主，平底和圈足器极少见，可能多为小平底和圜底器，陶器虽仍以素面为主，但在陶器肩部和底部新出现刻划斜线纹、波折纹及叶脉纹等，同时该层还清理出铜条、泥质纺轮以及有肩石锛和玉镯残件等。第9层陶片多为灰黑、灰褐的夹砂陶，以敞口高领罐和敛口钵为主，有极少量的平底盘和圈足器，亦出土铜片，陶器器类与第8层相似。第10层无论在陶质、陶色还是器类组合方面均同于第

---

① 参见罗二虎、张合荣《试论鸡公山文化》，《考古》2008年第2期，第57—65页。
② 同上。
③ 〔美〕E. R. 塞维斯：《文化进化论》，黄宝玮等译，华夏出版社1991年版，第33—34页。

9层，器类以罐类为主。天子庙遗址中层遗存的年代相当于春秋战国时期①。另据报道，天子庙中层出土的铜器还有鱼钩、箭镞等，更晚的上层则在沿袭中层器物群的同时，新出现了豆、尊及大喇叭口旋纹罐等该区域春秋战国时期典型陶器组合②。

从公布的资料看，从新石器时代晚期到青铜时代早期，西山天子庙中层的最大变化有三点：一是陶器出现变化，以小平底器为主；二是出现有肩石器；三是出现铜器，而前两点的变化是与铜器的出现同时发生的，似乎意味着该地一种新的文化的生长，而这种新的文化应当是与新族群的进入相伴随的。换句话说，由于新族群的进入引致该地文化的变化，从而推动了该地文化的演进，使该地进入早期青铜时代。

西山天子庙中层某些遗存如陶器种类、纹饰和陶色既与新石器晚期的石寨山类型有所不同，又与春秋战国时期的石寨山文化（即"滇池区域文化"）遗存有所差异，这一现象反映了什么样的问题，其原因何在？是否可能意味着西山天子庙青铜文化的起源与其他同时期的石寨山文化有所不同，或是另有缘由？由于资料不足，目前还不能进一步加以分析。

3. 剑湖区域

对位于剑湖区域的云南剑川海门口遗址的发掘始于1957年，发现了大量木桩、陶器、石器、骨器，以及大量动物骨骼，共出土铜器13件，《发掘简报》认为这是一处新石器时代晚期遗址，作铭先生则认为已进入铜器时代③。1978年进行了第二次发掘，对于遗址的性质，肖明华教授明确提出属于青铜时代早期遗址④。2008年又进行了第三次发掘，出土文物3000余件，有陶器、石器、骨角牙器、木器、铜器、铁器、动物骨骼和农作物等8类，出土铜器18件，清理木桩和横木4000多根。文化堆积分为10层，初步分为三期：一期为新石器时代晚期，年代介于公元前3300—前1900年之间；二期的年代为青铜时代早

---

① 参见蒋志龙《云南昆明天子庙贝丘遗址发掘获重要收获》，《中国文物报》2005年9月28日。
② 参见刘旭《追寻先民的脚步·概说》，云南省文物考古研究所：《探寻历史足迹，保护文化遗产——纪念云南省文物考古研究所成立五十年》，第46页。
③ 参见云南省博物馆筹备处《剑川海门口古代文化遗址清理简报》，《考古通讯》1958第6期，第5—12页。
④ 参见肖明华《云南剑川海门口青铜时代早期遗址》，《考古》1995年第9期，第775—787页。

期，出土铜器均为小件器物，有凿、铃、锥、刀，年代大致介于公元前1800—前1200年之间；三期为青铜时代中期，出土铜器较二期增多，有镯、锥、箭镞等，年代大致介于公元前1100—前500年之间。发掘者认为，海门口遗址第三次发掘出土的铜器和铸铜石范（图3-14），以确切的地层关系证明了该遗址是云贵高原最早的青铜时代遗址①。

铜镞

铜锥

图3-14 铜器
云南剑川海门口遗址出土

出现在剑川海门口遗址第二期稍晚地层的青铜时代早期文化遗存，与第一期遗存的关系值得注意。总的看来，第二期发生了质的变化，虽然第二期石器仍沿袭了第一期的风格，但陶器的变化很大，第一期的器物已经很少见到，却出现了大量带耳陶器，并且新出现了铜器，这一现象可能意味着族群和文化的变化。这就是说，剑川海门口遗址青铜时代早期遗存的出现，很有可能是与族群的变化同时发生的。第三期与第二期的关系较紧密，铜器虽然有所增多，但仍然是小件器物，出土的石范也表明铜器铸造还处在粗放的阶段。不过铜镯这种装饰品的出现，却也意味着铜器器类的增多和铸铜业的初步发展。

4. 洱海区域

洱海区域青铜时代早期文化以大理市海东镇银梭岛三期、四期、五期遗存

---

① 参见云南省文物考古研究所、大理州文物管理所、剑川县文物管理所《云南省剑川县海门口第三次发掘》，《考古》2009年第8期，第3—21页。闵锐：《剑川海门口遗址发掘》，云南省文物考古研究所：《探寻历史足迹，保护文化遗产——纪念云南省文物考古研究所成立五十周年》，第52—55页。

为代表。银梭岛一期、二期遗存为新石器时代晚期文化，绝对年代为公元前3000—前2400年。第三期的年代为公元前1500—前1100年，属于青铜时代早期，出土少量小件铜器，有锥、鱼钩、镯、铜条等，亦出土不少铜渣。第四期的绝对年代为公元前1100—前900年，铜器数量仍然不多，亦均小件器物或残件，器型有锥、镞、镯、铜条以及铜渣。第五期的绝对年代为公元前800—前400年，出土的铜器亦少，多为小件器物，其中鱼钩的数量稍多(图3-15)[①]。

图3-15 铜鱼钩
云南大理市银梭岛出土

5.怒江下游

在怒江下游的龙陵大花石遗址晚期曾发现小件铜器和铸铜石范残件的残片，年代为距今3335±160年[②]。但它是否可以代表该区域出现的青铜时代早期文化遗存，由于资料太少，目前还难以断定。

二、连续性与间断性

从上述五个区域的青铜时代早期文化遗存出现的情况分析，除怒江下游

[①] 参见云南省文物考古研究所、大理市博物馆、大理市文物管理所、大理州文物管理所《云南大理市海东银梭岛遗址发掘简报》，《考古》2009年第8期，第23—41页。闵锐：《大理银梭岛遗址发掘》，云南省文物考古研究所：《探寻历史足迹，保护文化遗产——纪念云南省文物考古研究所成立五十周年》，第48—51页。

[②] 参见王大道《滇西史前考古的重要收获，大花石遗址墓地发掘硕果累累》，《中国文物报》1992年4月19日。王大道：《考古工作主要收获》，《云南年鉴·文化·文物》，1990年。

的情况因目前尚不清楚无法深入讨论外，可以得出四点初步认识：

第一，剑湖区域和洱海区域早期青铜文化的兴起，看来都与外来族群和文化的进入有关，都不是在当地自身新石器文化的基础上直接地连续发展而来的。

第二，黔西滇东北的鸡公山文化应当是在自身新石器文化的基础上发展演化出早期青铜文化，但早期青铜文化在这个区域内的发源点究竟在何处，当前还不能做出确切判断，不过从目前既有的资料分析，很有可能是在鸡公山。但是，在鸡公山文化连续发展的下一个阶段即野石山和营盘山时期，黔西滇东北青铜文化出现了新的变化，而后持续演变直至红营盘时期。

第三，滇池盆地的西山天子庙中层遗存的出土现象，不论与新石器晚期的石寨山类型还是青铜时代的石寨山文化（滇文化），在陶质、陶色和器物类型等方面均有所区别，这种变化现象可能意味着当地青铜文化另有来源。但由于目前资料的限制，这一初步认识尚需今后获得翔实的资料来加以验证或修正。

第四，大理银梭岛青铜文化遗存始于第三期，而第三期与第二期新石器时代晚期文化之间存在较大缺环[1]，这一现象可能意味着另一族群及其文化的进入。

以上四类青铜文化起源的情况，从演化的角度分析，不论其中哪一种事实上都是新石器时代晚期文化的结构性变异的结果，但由于青铜文化起源的情况不同，而导致它们在各自青铜文化的发展方式上分道扬镳，产生了极不相同的结果。

从后来的发展过程看，不论是剑川海门口还是大理银梭岛的早期青铜文化，它们在时间上和地域上均与战国至西汉时期发达的洱海区域青铜文化存在非连续性发展链条，呈现很大差异，表明战国至西汉时期的洱海区域青铜文化不是从剑川海门口或大理银梭岛发展而来的，而剑川海门口和大理银梭岛的青铜文化差不多在洱海区域青铜文化兴起之前就已消亡不存在了。

可是黔西滇东北青铜文化却大不相同。由鸡公山文化演进到野石山、营盘山遗存，后者又继续演进到红营盘等遗存，一方面，从文化性质而言，"其文

---

[1] 参见刘旭《追寻先民的脚步·概说》，云南省文物考古研究所：《探寻历史足迹，保护文化遗产——纪念云南省文物考古研究所成立五十周年》，第46页。

化很可能保持着鸡公山→野石山遗存→红营盘文化的不间断的发展过程,没有发生传统的中断和转移"[①];另一方面,从整个昭鲁盆地来说,却又呈现出早期青铜文化发生与演化的时间非连续性和地域非连续性特点。正是这种文化传统的延续性和在时序上及空间上的非连续性演化,使得这个社会系统在时空演变的过程中发生了结构性变异,其结果是不但增强了青铜文化在区域内的文化适应性,而且增大了文化广延性,从而使区域内的青铜文化在演化过程中增强了持续发展的能力。

上述两种不同的演化路径似乎意味着,正是因为不同的演化方式,导致出现了两种不同的演化结果:洱海区域最终发展出了以游牧为特征的昆明文化,而黔西滇东北区域则发展了以农耕为特征的夜郎文化。

滇池盆地的西山天子庙早期青铜文化遗存的情况,由于资料太少,目前还不能做出评判。不过从仅有的材料看,大概与黔西滇东北的演化情况多少有些类似。

[①] 刘旭、孙华:《野石山遗存的初步分析》,《考古》2009年第8期,第77页。

第 四 章

青铜时代的巴蜀西南外蛮夷

考察青铜时代的文化与族群的意义在于,通过青铜时代西南夷族群的区域性分布,将其与新石器时代晚期西南夷族群的区域性分布相对照,可以分析西南夷地区的族群在向青铜时代发展演进的历史过程中在族群及其分布等方面所发生的若干变化,以便进一步探讨西南夷历史演进的动力以及其他方面的一些重要情况。

第一节　青铜文化的年代

从考古学的角度看,西南夷地区的青铜时代和早期铁器时代与《史记》、《汉书》记载的西南夷的年代大致上是吻合的,在此之前西南夷从新石器时代晚期到早期青铜时代,应是西南夷从史前向文明演进的时代,这一方面可以从陶器的演变得到说明,另一方面也可以从青铜器的演变得到解释。当然,这是一个十分漫长的历史过程,其中也有大量外来文化因素的楔入、融合与影响,以至引起某些方面的文化变迁和族群迁移,情况十分复杂。

一、考古学年代数据

西南夷地区的考古发现为我们提供了青铜时代西南夷的比较确切的年代数据。西南夷地区各青铜时代的年代,已经得到了不少碳14测定的年代数据,这些数据对于研究西南夷地区青铜文化的整体年代具有重要的意义。

1.夜郎地区的碳14测定年代数据

表4-1　贵州普安铜鼓山遗址标本碳14测定年代数据表

地层	样品	碳14年代(BP)
T39第三层	螺壳	1990±130年
T30第四层	报告未写明	3910±140年
T30第四层	报告未写明	3855±190年

资料来源：中国科学院地球化学研究所测定，刘恩元、熊水富《普安铜鼓山遗址发掘报告》，《贵州田野考古四十年》，贵州民族出版社1993年版。

表4-2　贵州赫章可乐祖家老包墓葬标本碳14测定年代数据表

样品编号	原编号	样品	碳14年代(BP)
ZK-704	赫M144	朽木	2535±110年（公元前585年） 2460±110年（公元前510年）
ZK-705	赫M513	朽木	2515±100年（公元前565年） 2445±100年（公元前495年）
ZK-706	赫M91	朽木	2810±100年（公元前860年） 2730±100年（公元前780年）

资料来源：中国社科院考古研究所实验室：《放射性碳素测定年代报告》(八)，《考古》1981年第4期。

表4-3　贵州赫章可乐第二次发掘乙类墓标本碳14测定年代数据表

样品编号	样品	碳14年代(BP)	树轮校正年代
M272	棺木	2425±46年（公元前475±46）	760BC (17.6%)700BC 540BC (50.6%)400BC
M273	棺木	2460±36年（公元前510±36）	760BC (25.9%)680BC 670BC (9.2%)630BC 590BC (3.3%)570BC 550BC (18.0%)480BC 470BC (4.5%)450BC 440BC (7.3%)410BC
M274	棺木	2407±35年（公元前457±35）	760BC (1.4%)740BC 540BC (66.8%)400BC
M296	棺木	2252±47年（公元前302±47）	390BC (23.1%)350BC 300BC (39.5%)230BC 220BC (5.6%)200BC

注：测年计算采用的碳14半衰期为5568年。上表为中国社科院考古研究所实验室提供的数据。

资料来源：贵州省文物考古研究所：《赫章可乐2000年发掘报告》，文物出版社2008年版。

表 4-4

样品编号	样品	碳 14 年代(BP)	误差
M264	棺木	2390 年	40
M277	棺木	2270 年	40
M298	棺木	2430 年	40
M308	棺木	2390 年	40
M341	木柲	2350 年	40
M342	人骨	2340 年	20
M350	棺木	2260 年	40
M356	棺木	2280 年	40

注:测年计算采用的碳 14 半衰期为 5568 年,年代未经树轮校正。上表为北京大学加速器质谱实验室、第四纪年代测定实验室提供的数据。

资料来源:贵州省文物考古研究所:《赫章可乐 2000 年发掘报告》,文物出版社 2008 年版。

2.劳浸、靡莫地区的碳 14 测定年代数据

表 4-5 云南曲靖市麒麟区潇湘平坡墓葬标本碳 14 测定年代数据表

样品编号	样品	碳 14 年代(BP)
M130	木手镯	2620±130 年

注:测年计算采用的碳 14 半衰期为 5568 年。上表为北京大学考古文博学院科技考古与文物保护实验室提供的数据。

资料来源:云南省文物考古研究所、曲靖市麒麟区文物管理所:《曲靖市潇湘平坡墓地发掘报告》,《云南考古报告集(之二)》,云南科技出版社 2006 年版。

表 4-6

样品编号	样品	碳 14 年代(BP)	树轮校正年代
M71	棺木	2657±46 年	2582±45 年

注:测年计算采用的碳 14 半衰期为 5568 年。上表为中国社科院考古研究所考古科技实验研究中心碳 14 实验室测定。

资料来源:云南省文物考古研究所、曲靖市麒麟区文物管理所:《曲靖市潇湘平坡墓地发掘报告》,《云南考古报告集(之二)》,云南科技出版社 2006 年。

表 4-7 云南曲靖八塔台墓葬碳 14 测定年代数据

样品编号	原编号	标本	碳 14 年代(BP)
ZK-897	M69	木炭	2100±80 年(公元前 150 年) 2040±80 年(公元前 90 年)

资料来源:中国社科院考古研究所实验室:《放射性碳素测定年代报告》(九),《考古》1982 年第 6 期。

3.滇池区域的碳14测定年代数据

表4-8 云南江川李家山墓葬标本碳14测定年代数据

样品编号	样品	碳14年代(BP)
ZK-294	M21:81铜斧木柄 M21:2铜斧木柄 M21:99铜箭箙木盖底	2575±105年(公元前625年) 2500±105年(公元前550年)

资料来源:中国科学院考古研究所实验室:《放射性碳素测定年代报告》(四),《考古》1977年第3期。

表4-9 云南昆明羊甫头墓葬标本碳14测定年代数据

原编号:98GYBM22 实验室编号:ZK-3110 标本物质:木炭 测定结果:距今2412±60年 (公元前462±60年) 备注:碳14半衰期5730 树轮校正年代:公元前408年—前377年	原编号:98GYBM19 实验室编号:ZK-3111 标本物质:木头 测定结果:距今2493±58年 (公元前543±58年) 备注:碳14半衰期5730 树轮校正年代:公元前756年—前400年

注:上表为中国社科院考古研究所实验室提供。
资料来源:云南省文物考古研究所、昆明市博物馆、官渡区博物馆:《昆明羊甫头墓地》,科学出版社2005年版。

表4-10

实验室编号	原编号	标本物质	碳14年代(BP)
BK200207	99GYBM582	棺木	1455±70年
BK200208	99GYBM96	棺木	1825±70年
BK200209	99GYBM297	棺木	2110±70年
BK200210	99GYBM147	棺木	2120±70年
BK200211	99GYBM98	棺木	1495±70年
BK200212	99GYBM710	棺木	2015±70年

注:BP为距1950年的碳14年代,碳14年龄计算所用半衰期为5568年。

注:上表为北京大学考古文博学院科技考古与文物保护实验室提供。
资料来源:云南省文物考古研究所、昆明市博物馆、官渡区博物馆:《昆明羊甫头墓地》,科学出版社2005年版。

表 4-11 滇池地区青铜时代碳 14 年代数据集

实验室编号	遗址名称	单位	年代	校正年代
S23051 BK76035	楚雄万家坝	M1 木桩	2350±850BP 400BC	405—211BC
BK76034	楚雄万家坝	M23 木棺	2640±90BP 690BC	825—454BC
WB77-08	楚雄万家坝	M23 木棺	2635±80BP 685BC	806—454BC
ZK-0373	楚雄万家坝	M1 木桩	2375±80BP 425BC	410—234BC
ZK-0374	楚雄万家坝	M23	2405±80BP 425BC	410—234BC
ZK-0294	江川李家山	M21 棺木	2575±105BP 625BC	800—410BC
PV-0372	呈贡天子庙	M41 人骨	2150±80BP 200BC	364BC
ZK-2321	宜良纱帽山	M1 人骨	1525±265BP 425AD	258—800AD
ZK-2322	宜良纱帽山	M2(3)人骨	2205±115BP 310BC	357—73BC
ZK-2323	宜良纱帽山	人骨	2260±110BP 115BC	400—110BC
ZK-2324	宜良纱帽山	M8(2)	2065±115BP 115BC	170BC—80AD
ZK-2325	宜良纱帽山	M38(3)	2035±95BP 85BC	95BC—127AD

资料来源：蒋志龙：《滇国之谜——石寨山文化的新发现》，云南教育出版社 2002 年版。

4.邛都地区的碳 14 测定年代数据

表 4-12 四川凉山州普格小兴场大石墓标本碳 14 测定年代数据

样品编号	原编号	样品	碳 14 年代(BP)
ZK-1028	AM1	A 区出土人骨	2470±75 年(公元前 520 年) 2400±75 年(公元前 450 年)
ZK-1029	BM2	B 区出土人骨	2470±85 年(公元前 520 年) 2400±85 年(公元前 450 年)

资料来源：中国社会科学院考古研究所实验室：《放射性碳素测定年代报告》（一二），《考古》1985 年第 7 期。

5. 笮都地区的碳 14 测定年代数据

表 4-13　云南宁蒗大兴镇墓葬标本碳 14 测定年代数据

样品编号	原编号	样品	碳 14 年代(BP)
ZK-759	M9	棺木	2460±80 年(公元前 510 年) 2390±80 年(公元前 440 年)

资料来源:中国社会科学院考古研究所实验室:《放射性碳素测定年代报告》(九),《考古》1982 年第 6 期。

6. 昆明地区的碳 14 测定年代数据

表 4-14　云南剑川海门口遗址标本碳 14 测定年代数据

样品编号	样品	碳 14 年代(BP)
ZK-10	圆木桩	3115±90 年(公元前 1150±90 年)

资料来源:中国科学院考古研究所实验室:《放射性碳素测定年代报告》(二),《考古》1972 年第 5 期。

表 4-15　云南楚雄万家坝墓葬标本碳 14 测定年代数据

样品编号	样品	碳 14 年代(BP)	树轮校正年代
ZK-375	M1 棺木	2375±80 年(公元前 425 年) 2310±80 年(公元前 360 年) 2350±85 年(公元前 400±85 年)(北大)	
ZK-374	M23 棺木	2405±80 年(公元前 455 年) 2340±80 年(公元前 390 年) 2640±85 年(公元前 690±85 年)(北大) 2635±80 年(考古所)	2710±130 年 BP (考古所)

资料来源:中国社科院考古研究所实验室:《放射性碳素测定年代报告》(五),《考古》1978 年第 4 期。

表 4-16　云南剑川鳌凤山墓葬标本碳 14 测定年代数据

样品编号	原编号	样品	碳 14 年代(BP)
ZK-1207	M19	人骨	2295±75 年(公元前 345 年) 2230±75 年(公元前 280 年)
ZK-1205	M50	人骨	2420±80 年(公元前 470 年) 2350±80 年(公元前 400 年)

资料来源:中国社科院考古研究所实验室:《放射性碳素测定年代报告》(一二),《考古》1985 年第 7 期;中国社科院考古研究所实验室:《放射性碳素测定年代报告》(一一),《考古》1984 年第 7 期。

表 4-17　云南祥云大波那木椁铜棺墓标本碳 14 测定年代数据

样品编号	样品	碳 14 年代(BP)
ZK-231	木椁残片	2415±75 年(公元前 465 年) 2350±75 年(公元前 400 年)

资料来源:中国科学院考古研究所实验室:《放射性碳素测定年代报告》(四),《考古》1977 年第 3 期。

7.白狼、桨木、唐蕞地区的碳 14 测定年代数据

表 4-18　云南德钦纳古墓葬标本碳 14 测定年代数据

样品编号	原编号	样品	碳 14 年代(BP)
ZK-657-0	M4	人骨	2900±100 年(公元前 950 年) 2815±100 年(公元前 865 年)

资料来源:中国社科院考古研究所实验室:《放射性碳素测定年代报告》(八),《考古》1981 年第 4 期。

表 4-19　云南中甸石棺葬标本碳 14 测定年代数据

样品编号	样品	碳 14 年代
中布 M2	人骨	公元前 1008—前 833 年
中布 M6	人骨	公元前 986—前 813 年

资料来源:中国社会科学院考古研究所:《中国考古学中碳十四年代数据集(1965—1991 年)》,文物出版社 1991 年版。

二、整体年代与区域年代

根据以上数据来看,西南夷各族进入青铜文化的年代先后差别很大,其间发展很不平衡。据当前的碳 14 数据的显示,西南夷地区最早进入青铜时代的地区是位于云南剑川海门口的昆明地区[①],年代大致在公元前 1800—前 1700 年之间,相当于中原王朝的夏、商之交,这应当是目前所认识到的西南夷的早期青铜时代。不过,剑川海门口青铜器与该地区后来的青铜文化遗存之间存在时间上的缺环,同一地区先后的青铜文化遗存也显示出不同的面貌,这种状况究竟是由于族群和文化的差异还是时代的差异或是其他原因所造成,其间的关系还需要新的资料才可能予以说明。

[①] 昆明,是指西南夷中的昆明族,"昆"为族称,"明"为"人"的意思。昆明地区,即以云南洱海为中心的昆明文化分布区,与今昆明市有别,不可混为一谈。

位于黔西北、滇东北地区的鸡公山文化——野石山——银子坛遗存,基本上是连续发展演变的文化遗存①,是夜郎区域青铜文化起源、发展和演变的基本序列之一,可以说明西南夷夜郎区域的演化链条。这一青铜文化的发展序列链条表明,西南夷夜郎地区的历史开端至少始自商代,而这一年代恰与三星堆文化青铜人物雕像中西南夷人物造像的年代相吻合,当然不是偶然的。如果进一步分析,出现在三星堆文化青铜人物雕像中的西南夷"君长"造像②,绝不可能是西南夷"君长"的始现年代,他们与三星堆古蜀王国的交往必然已有一个较长时期的过程,而且必然是在经过了复杂的政治与文化联系的交往历程,西南夷"君长"才可能出现在三星堆古蜀王国盛大的祭祀场合以及庞大的祭祀人物序列当中。因此,毫无疑问,西南夷"君长"的始现年代必然早于三星堆祭祀坑的年代,也早于那些青铜人物雕像的制作年代。这就是说,西南夷"君长"出现在历史舞台上的年代至少不晚于商代中期。同样,既然这些西南夷族群的"君长"的年代不晚于商代中期,那么很明显,这些"君长"所代表的西南夷族群的始现年代自然也就早于商代中期。

需要指出的是,以上碳14数据显示的情况是,西南夷地区各青铜文化墓葬的整体年代大致在距今2600—2000年之间,也就是春秋至西汉末、东汉初,说明西南夷地区的文化演进步伐不同步,发展不平衡,各族群进入青铜时代的年代早晚不一。时间较早的滇西剑川海门口、黔西南的普安铜鼓山等属于西南地区青铜文化的初期,它们与该地区青铜时代文化的繁荣时期之间还存在一些缺环,还没有能够发展成为后来成熟的西南夷诸族群文化,而黔西北滇东北的鸡公山—野石山—银子坛则是连续发展演化,直到西汉中期,而与赫章可乐墓地乙类墓相联系。

至于早于这些西南夷"君长"的年代而又可以作为西南夷初现年代的考古资料,目前还不能加以确指。虽然近年来西南地区考古发现了大量新石器时代晚期的文化遗存,但这些文化遗存是否与后来的青铜文化遗存具有发展演变的连续关系,某个地区的青铜文化是否就是该区域新石器文化的后续文化,这个问题还需要做进一步深入细致的分析研究。

---

① 参见罗二虎、张合荣《试论鸡公山文化》,《考古》2006年第8期,第65页。孙华:《滇东黔西青铜文化初论——以云南昭通及贵州毕节地区的考古资料为中心》,《四川文物》2007年第5期,第12页。

② 段渝:《商代蜀国青铜雕像文化来源和功能之再探讨》,《四川大学学报》1991年第2期,第104页。

第二节　青铜文化区域的形成

根据历史文献关于西南夷各主要族群分布地域的记载，综合考虑学术界有关西南夷地区考古学谱系的研究成果，可以将西南夷青铜文化划分为13个区域，这些区域具有自身的独立性，然而区域之间也互有一定或者相当的联系。

一、青铜文化区域

1.黔西滇东北夜郎青铜文化区

这个区域主要是夜郎及其周围小国的分布区域。属于这个文化区域的考古学文化遗存有：贵州威宁中水鸡公山遗址[1]、贵州威宁中水吴家大坪遗址[2]、贵州毕节瓦窑遗址[3]、贵州普安铜鼓山遗址[4]、贵州威宁红营盘墓地[5]、贵州赫章可乐墓地[6]、贵州威宁中水墓地和云南昭通营盘的甲区墓地[7]，等等，年代约从商代到西汉。青铜器以兵器为主（图4-1），有柳叶形剑、蛇首空心茎无格剑、三角形援直内无胡戈、短体鸭嘴形銎口矛、圆銎双耳矛、短骨交弓形耳矛、圆刃折腰空心钺，以及铜鍪、印章、带钩等。其年代约为东周至西汉。

2.滇东曲靖盆地劳浸、靡莫青铜文化区

按照《史记·西南夷列传》的记载，"其（夜郎）西靡莫之属以什数，滇最大"，又载"滇王者，其众数万人，其傍东北有劳浸、靡莫之属，皆同姓相扶"，这

---

[1] 参见贵州省文物考古研究所、四川大学历史文化学院考古系、威宁县文物保护管理所《贵州威宁县鸡公山遗址2004年发掘简报》，《考古》2006年第8期，第11—26页。

[2] 参见贵州省文物考古研究所、四川大学历史文化学院考古系、威宁县文物保护管理所《贵州威宁县吴家大坪商周遗址》，《考古》2006年第8期，第28—39页。

[3] 参见席克定、宋先世《贵州毕节瓦窑遗址发掘简报》，《考古》1987年第4期，第303—310页。

[4] 参见程学忠《普安铜鼓山遗址首次试掘》，《贵州田野考古四十年》，贵州民族出版社1993年版，第61—64页。刘恩元、熊水富：《普安铜鼓山遗址发掘报告》，《贵州田野考古四十年》，贵州民族出版社1993年版，第65—85页。

[5] 参见贵州省文物考古研究所、四川大学历史文化学院考古系、威宁县文物管理所《贵州威宁县红营盘东周墓地》，《考古》2007年第2期，第7—18页。

[6] 参见贵州省博物馆考古组、贵州省赫章县文化馆：《赫章可乐发掘报告》，《考古学报》1986年第2期，第201—251页。另见贵州省文物考古研究所《赫章可乐2000年发掘报告》，文物出版社2008年版。

[7] 参见贵州省博物馆考古组、威宁县文化局《威宁中水汉墓》，《考古学报》1981年第2期，第217—243页。贵州省博物馆考古组：《贵州威宁中水第二次发掘》，《文物资料丛刊》1987年第10期，第152—173页。

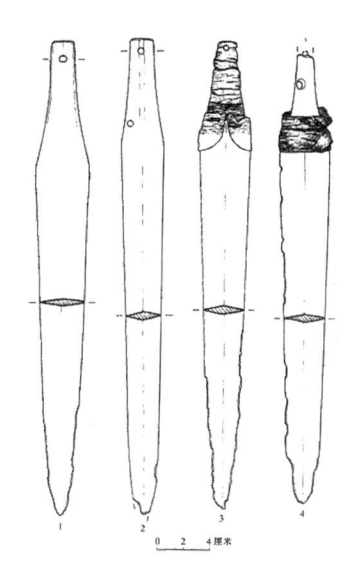

第四章 青铜时代的巴蜀西南外蛮夷 113

1. M309∶2 2. M356∶1 3. M298∶7 4. M301∶1
图 4-1 青铜剑
贵州赫章可乐出土

就指明了劳浸、靡莫的分布方位。据此,夜郎的西面和滇的东北面是劳浸、靡莫之属的分布区。已知夜郎的中心区域在黔西和滇东一带,滇的中心区域在滇中的滇池一带,将夜郎与滇的地理位置作为参照系,再结合考古材料综合分析,劳浸、靡莫中心区域应当在滇东的曲靖盆地。

在以滇东曲靖盆地为中心的劳浸、靡莫地区,已发现的重要青铜时代文化遗存有:曲靖市的珠街八塔台墓地[1]、曲靖横大路墓地[2]和曲靖市麒麟区潇湘平坡墓地[3],出土青铜器种类繁多,功能各异,兵器有剑、剑鞘、钺、戈、矛、啄、镞、镦、剑箙饰、弩机、甲片等,生产工具有斧、凿、削、针形器、铸范等,生活用具有鼓、釜、鉴、簋、杯、碗、壶、扣、铜镜等,装饰品有圆形扣饰、方牌形扣饰、房屋模型以及各种动物图案扣饰和泡饰、带钩、镯、耳环、镇、杖头、铃、带扣等。土墩墓是历代人们不断地在其上埋葬而形成的墓,已发现的五处墓地中,有四处

---

[1] 参见云南省文物考古研究所《曲靖八塔台与横大路》,科学出版社 2003 年版,第 1—240 页。
[2] 同上。
[3] 参见云南省文物考古研究所、曲靖市麒麟区文物管理所《曲靖市潇湘平坡墓地发掘报告》,《云南考古报告集(之二)》,云南科技出版社 2006 年版,第 68 页。

墓地是一个土墩,仅八塔台有八个土墩,而其中四号墩特别高大,据已发掘的一号墩出土铜鼓、二号墩出土"王辅汉印"铜印章、四号墩顶塌陷情况揣测,一号墩、二号墩和四号墩很可能是王族墓地。

3. 滇池区域青铜文化区

分布在金沙江中游以南,东至罗平,西迄禄丰、楚雄,南达通海,北至东川的地域内,迄今在24个县(市)发现滇文化遗存数十处,出土青铜器1万件以上。主要文化遗存有:晋宁石寨山墓地①、江川李家山墓地②、江川团山墓地③、呈贡天子庙墓地④、呈贡龙街石碑村墓地⑤、昆明羊甫头墓地⑥、昆明大团山墓地⑦、昆明上马村五台山墓地⑧、安宁太极山墓地⑨、东川普车河墓地⑩、楚雄万家坝墓地⑪、嵩明凤凰窝墓地⑫、晋宁小平山遗址⑬、澄江学山遗址⑭、玉溪

---

① 参见云南省博物馆考古发掘工作组《云南晋宁石寨山古遗址及墓葬》,《考古学报》1956年第1期,第43—62页。云南省博物馆:《云南晋宁石寨山第三次发掘简报》,《考古》1959年第9期,第459—499页。云南省博物馆:《云南晋宁石寨山古墓第四次发掘简报》,《考古》1963年第9期,第480—485页。云南省文物考古研究所、昆明市文管会、晋宁县文管所:《云南晋宁石寨山第五次抢救性清理发掘简报》,《文物》1998年第6期,第173—195页。云南省文物考古研究所、昆明市博物馆、晋宁县文物管理所:《晋宁石寨山第五次发掘报告》,文物出版社2009年版,第1—350页。

② 参见云南省博物馆《江川李家山古墓葬发掘报告》,《考古学报》1975年第2期,第213—230页。云南省文物考古研究所、玉溪市文物管理局、江川县文化局:《江川县李家山第二次发掘报告》,文物出版2007年版。

③ 参见云南省博物馆文物工作队《云南江川团山古墓葬发掘简报》,《文物资料丛刊》第8期。

④ 参见昆明市文管会《呈贡天子庙滇墓》,《考古学报》1985年第4期,第97—109页。云南省博物馆文物工作队:《云南呈贡天子庙古墓葬的清理》,《考古学集刊》第3辑,1983年,第132—141页。昆明市文管会:《呈贡天子庙古墓群第三次发掘简报》,《云南文物》第39期,1994年12月,第34页。

⑤ 参见云南省博物馆文物工作队《云南呈贡龙街石碑村古墓群发掘简报》,《文物资料丛刊》第3期。昆明市文物管理委员会:《昆明呈贡石碑村古墓群第二次发掘》,《考古》1984年第3期,第231—242页。

⑥ 参见云南省文物考古研究所、昆明市博物馆、官渡区博物馆《昆明羊甫头墓地》,科学出版社2005年版。

⑦ 参见云南省博物馆文物工作队《昆明大团山滇文化墓葬》,《考古》1983年第9期,第187—199页。

⑧ 参见云南省文物工作队《昆明上马村五台山古墓清理简报》,《考古》1984年第3期,第215—230页。

⑨ 参见云南省文物工作队《云南安宁太极山古墓葬清理报告》,《考古》1965年第9期,第178—195页。

⑩ 参见熊正益《云南东川普车河古墓群》,《云南文物》第26期,1989年12月。

⑪ 参见云南省文物工作队《楚雄万家坝古墓群发掘报告》,《考古学报》1983年第3期,第247—260页。

⑫ 参见云南省文物考古研究所、昆明市博物馆《嵩明凤凰窝古墓葬发掘报告》,《云南文物》2003年第1期。

⑬ 参见云南省文物考古研究所、晋宁县文物管理所《云南晋宁县小平山遗址试掘简报》,《考古》2009年第8期,第54—66页。

⑭ 参见吉林大学边疆考古研究中心、云南省文物考古研究所、玉溪市文物管理所、澄江县文物管理所《云南澄江县学山遗址试掘简报》,《考古》2010年第10期,第18—24页。

刺桐关遗址、西山王家墩遗址①和西苑遗址等。青铜器有蛇头形茎首无格短剑、一字格短剑、柳叶形矛、半圆和椭圆銎斧、三角形援戈、铜鼓、狼牙棒等（图4-2），尤以饰人物活动场面表现祭祀、战争、狩猎、纺织、动物纠结的贮贝器著称，年代为春秋晚期至西汉。

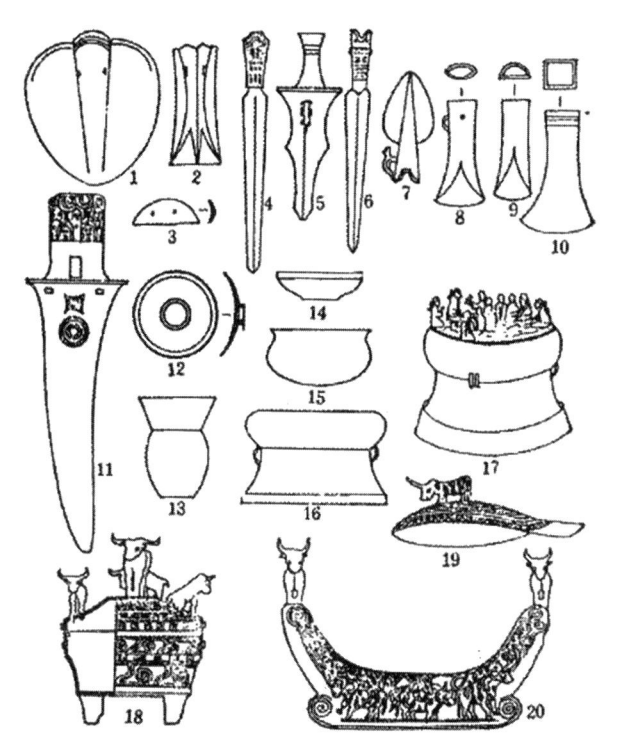

1. 尖叶形铜钁　2. 长条形铜锄　3. 铜爪镰　4. 蛇头形茎首无格青铜短剑　5. 一字格青铜短剑　6. 细长刃铜矛　7. 阔叶形刃铜矛　8、9. 半圆銎铜斧　10. 方銎铜斧　11. 廾手人纹铜戈　12. 圆形铜扣饰　13. 高领陶罐　14. 陶罐　15. 陶斧　16. 铜鼓　17. 铜贮贝器　18. 铜针线盒　19. 铜伞盖　20. 铜枕（1、2、5、7、11、12、18、19、20. 江川李家山出土，3、4、6、8、10. 呈贡龙街石碑村出土，13、14、15. 昆明上马村出土，16. 曲靖八塔台出土，17. 晋宁石寨山出土）

图4-2　青铜器

云南滇池地区出土

---

① 参见云南省文物考古研究所等《玉溪刺桐关青铜时代遗址发掘报告》，《云南考古报告集》，云南科技出版社2006年版。李永衡、王涵编：《昆明市西山区王家墩发现青铜器》，《考古》1983年第5期，第479页。

4.安宁河流域邛都青铜文化区

安宁河流域青铜文化区主要是邛都的活动区域。

安宁河类型分布在金沙江北岸二级支流安宁河流域及其东部地区,这一区域的青铜时代文化遗存主要是分布在安宁河流域的大石墓。大石墓是一种颇具特点的考古学文化遗存,集中分布在安宁河两岸及安宁河一些较大的支流如孙水河、茨达河、西溪河、阿七沟等两岸,目前发现有大石墓分布的有位于安宁河谷的四川喜德、冕宁、西昌、德昌和米易五县市。此外,在金沙江北岸的小支流西罗河的上游普格县小兴场也有一处大石墓分布点。据多年较为全面的调查,安宁河流域现在尚不同程度地保存有大石墓230余座[1],可以确定为大石墓遗址的有四处:德昌锦川乡王家田遗址[2]、西昌琅环乡栖木沟遗址上层文化[3]、西昌樟木箐乡咪咪啷遗址[4]、冕宁城关三分屯遗址[5]。此外,与大石墓有关的有:西昌大洋堆3号土坑墓[6]、西昌市樟木箐乡麻柳村发现一座器物坑[7]。

安宁河流域青铜文化区出土铜器较少,以发笄、铃、镯等小型装饰品为主,亦有剑、刀、镞、甲片等小件兵器,大石墓内多出短刀,极少长兵器,其年代约为西周至东汉。

5.青衣江流域徙青铜文化区

以青衣江流域今四川宝兴县为中心,并波及大渡河流域今四川石棉县和汉源县等地,是徙人的主要分布地域。

在青衣江流域发现的青铜时代徙人的重要文化遗存有:四川宝兴县城关

---

[1] 参见四川省文物考古研究院、凉山州博物馆、西昌市文管所《安宁河流域大石墓》,文物出版社2006年版。

[2] 参见四川省文物考古研究院、凉山彝族自治州博物馆《凉山州德昌县王家田遗址发掘简报》,《四川文物》2006年第1期,第3—10页。

[3] 参见四川省文物考古研究院、凉山州博物馆、西昌市文物管理所《凉山州西昌市栖木沟遗址试掘简报》,《四川文物》2006年第1期,第13—20页。

[4] 参见凉山彝族自治州博物馆、成都市文物考古研究所《四川西昌市咪咪啷遗址调查试掘简报》,《成都考古发现2004年》,科学出版社2006年版,第39—52页。

[5] 参见凉山彝族自治州博物馆、冕宁县文物管理所《四川凉山冕宁三分屯遗址试掘简报》,《四川文物》2006年第5期,第31—35页。

[6] 参见西昌市文物管理所、四川省文物考古研究所、凉山州博物馆《四川西昌市经久大洋堆遗址的发掘》,《考古》2004年第10期,第23—35页。

[7] 参见四川省文物考古研究院、凉山州博物馆、西昌市文管所《凉山州西昌市麻柳村灰坑清理简报》,《四川文物》2006年第1期,第11—12页。

及城郊墓葬群①、四川宝兴县瓦西沟口墓葬群②、四川宝兴县陇东石棺葬群③、宝兴汉塔山土坑积石墓群④；在大渡河流域发现的徙人青铜文化遗存有：四川汉源县大窑石棺葬⑤、四川石棉县永和乡土坑墓⑥。出土遗物以陶双耳罐、锥形矛、直内戈、扁茎柳叶形剑、三叉格柄剑等为特色。

徙人青铜文化的主要特点是，墓葬为石棺葬和土坑墓，其中土坑墓的数量多于石棺葬，但土坑墓中出土的器物与石棺葬中出土的器物完全一致。这种现象不但在徙故地存在，在西南地区许多石棺葬分布区也同样存在，如云南巧家县城、剑川鳌凤山、昌宁坟岭岗等处墓葬。徙故地出土的器物以铜器中的三叉格剑、曲柄剑、泡钉、短柄镜、轮形饰和马具、陶器中的双耳罐最有地方特点，特别是宝兴陇东出土的带有三短足和牛羊头附加堆纹的双耳罐，不见于其他地区，地方特色最为突出。徙故地的这种以三叉格剑、曲柄剑、泡钉、短柄镜为主要元素的青铜器组合在川西山地、川西南、滇西北和滇西也普遍存在，反映出在这广袤的区域内的各种青铜文化有着十分密切的联系。

6.雅砻江下游盐源盆地笮都青铜文化区

根据对古代文献、考古资料的分析，按照时空对照来考虑，盐源盆地青铜文化区主要是笮都的活动区域。

笮都青铜文化区主要分布在金沙江中游北岸一级支流雅砻江畔的盐源盆地及泸沽湖周围，即云南省的宁蒗县、永胜县和四川省的盐源县、盐边县，地处滇西北和川西南连接地区。已发掘的遗存有宁蒗大兴镇古墓群，盐源老龙头古墓群。在大兴镇清理长方形竖穴土坑墓11座，其中有6座墓有头箱，头箱内放置随葬品，出土遗物有三叉格剑、双环耳柄首剑、双环耳和单环耳陶罐，确定年代为战国时期，距今2460±80年(公元前510±80)⑦。永胜县程海龙潭

---

① 参见宝兴县文化馆《四川宝兴出土的西汉铜器》，《考古》1978年第2期，第139—140页。
② 参见宝兴县文化馆《四川宝兴县汉代石棺墓》，《考古》1982年第4期，第377—380页。
③ 参见四川省文管会、宝兴县文化馆《四川宝兴陇东东汉墓群》，《文物》1987年第10期，第34—53页。
④ 参见四川省文管会、雅安地区文管所、宝兴县文管所《四川宝兴汉塔山战国土坑积石墓发掘报告》，《考古学报》1999年第3期，第337—366页。
⑤ 参见汉源县文化馆《四川汉源大窑石棺葬清理简报》，《考古与文物》1983年第4期，第11—132页。
⑥ 参见四川省文管会、石棉县文管所《四川石棉县永和乡战国土坑墓》，《考古》1996年第11期，第53—61页。
⑦ 参见云南省博物馆文物工作队《云南宁蒗大兴镇古墓》，《考古》1983年第3期，第226—232页。

村古墓群已遭破坏,但仍收集遗物 296 件,其中以三叉格剑、曲柄剑、双圆饼首剑和曲刃戈具有特点,其年代为春秋至西汉①。盐源老龙头墓地清理竖穴土坑墓 11 座,其中大型墓 3 座,中型墓 2 座,小型墓 3 座,不明墓 3 座,出土遗物有铜鼓、铜钟、铜釜、铜剑、铜戈、铜矛、铜杖和陶罐等,年代确定为西汉。在老龙头周围调查发现的文化遗存还有 15 处,这些文化遗存的年代确定为战国至西汉时期。在盐源发现的青铜器群,主要有三角形援戈、三叉格剑、弧背刃削、双柄刀、双环首短剑、杖首、枝形器等(图 4-3)。其年代约为战国晚期到西汉②。

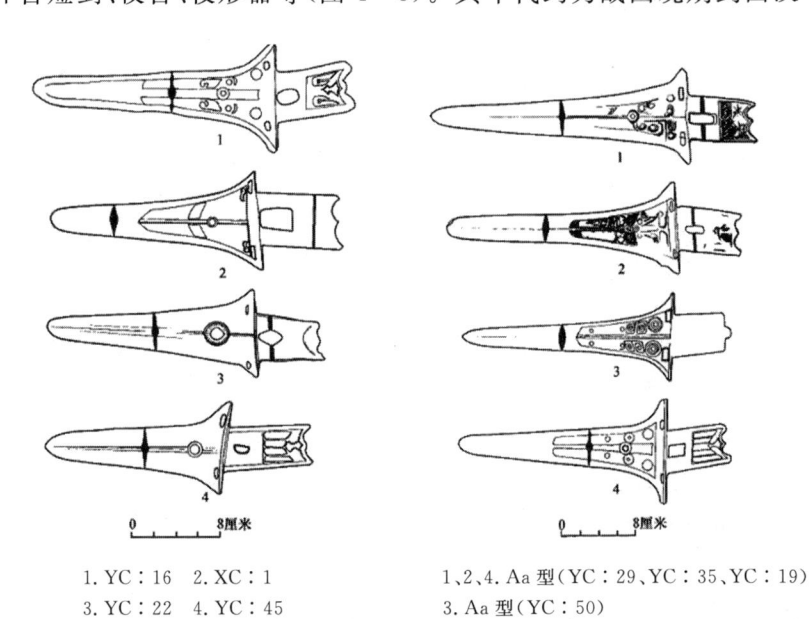

1. YC:16 2. XC:1
3. YC:22 4. YC:45

1、2、4. Aa 型(YC:29、YC:35、YC:19)
3. Aa 型(YC:50)

图 4-3 青铜戈
四川盐源县出土

7. 保山盆地嶲青铜文化区

这一区域主要是嶲人及其族群的活动区域。

在云南保山地区发现的青铜时代文化遗存主要有:昌宁县坟岭岗墓地③、

---

① 参见云南省博物馆保管部《云南永胜金官龙潭出土青铜器》,《云南文物》第 19 期,1986 年。
② 参见刘弘、唐亮《盐源发现古代民族墓葬和祭祀坑》,《中国文物报》2002 年 9 月 28 日。凉山彝族自治州博物馆、成都文物考古研究所:《老龙头墓地与盐源青铜器》,文物出版社 2009 年版,第 1—220 页。
③ 参见云南省文物考古研究所《云南昌宁坟岭岗青铜时代墓地》,《文物》2005 年第 8 期,第 4—20 页。

昌宁县城近郊的达丙乡和右文乡[①]。青铜器主要有山字格剑、柳叶形矛、圆锥形矛、铜弯刀、铜盒、不对称靴形钺、长柄舌形刃钺镦、臂甲、短柄镜、铃、手镯、片状挂饰等。怒江、保山、临沧、普洱、版纳州地区内先后在近三十余个地点发现青铜器百余件[②]，重要的发现有万家坝型铜鼓、编钟、锚形铜钺、弯刀、铜盒等。发掘的墓葬有昌宁白沙坡墓地、大甸山墓地。在白沙坡清理长方形竖穴土坑墓50座，出土器物279件，其中以三叉格剑、铜镯、有柄铜镜和花形饰件有其特点，年代推测为战国至西汉初期[③]。在保山盆地及相邻的龙陵、施甸、腾冲等县调查采集青铜器地点有二十余处[④]，发现的青铜器以锚形铜钺、靴形钺、弯刀、编钟、铜盒、铜案、圆刃戚等有其特点。

8. 洱海区域昆明青铜文化区

以洱海为中心的昆明青铜文化主要分布在金沙江以南，洱海以东，禄丰、楚雄以西，哀牢山以北的地域范围内，在云南祥云、弥渡、宾川、剑川、姚安、鹤庆数县，另外在大理、云龙、永平等县还发现若干青铜器出土点。主要文化遗存有：大理金梭岛遗址、马龙遗址、大墓坪墓地。大墓坪墓地位于洱海东岸的一个半岛上，曾在此出土剑、矛、钺、镞等青铜器。鹤庆黄坪位于洱海北边的一个小盆地东南[⑤]，曾清理残墓三座，三座墓均是竖穴土坑墓，出土随葬品均是手制陶罐、陶杯。调查还收集到长銎矛、曲刃戈、斧、钺、凿等青铜器，其年代确定为春秋晚期至西汉初期。以剑湖为中心的剑川海门口遗址[⑥]、祥云大波那木椁铜墓和木椁墓[⑦]、祥

[①] 参见云南省博物馆、昌宁县文化馆《近年来云南昌宁出土的青铜器》，《考古》1990年第3期，第214—217页。保山地区文管所：《昌宁县大田坝青铜兵器出土情况调查》，《云南文物》1983年6月。

[②] 参见云南省博物馆、昌宁县文化馆《近年来云南昌宁出土的青铜器》，《考古》1990年第3期，第214—217页；耿德铭、张绍全：《云南昌宁青铜器综说》，《文物》1992年第5期，第96页；张琪亮：《昌宁白沙坡再次出土青铜兵器》，《云南文物》总第36期，1993年；张绍全：《昌宁县第三次出土古代编钟》，《云南文物》总第36期，1993年。

[③] 参见云南省文物考古研究所《云南昌宁坟岭岗青铜时代墓地》，《文物》2005年第8期，第4—20页。

[④] 参见腾冲县文管所《滇西南首次发现青铜器》，《云南文物》总第31期，1992年。

[⑤] 参见大理州文物管理所《黄坪土坑墓调查清理简报》，《云南文物》总第36期，1993年。

[⑥] 参见云南省文物考古研究所、大理州文物管理所、剑川县文物管理所《云南剑川县海门口遗址》，《考古》2009年第7期，第18—23页。

[⑦] 参见云南省文物工作队《云南祥云大波那木椁铜棺墓清理报告》，《考古》1964年第12期，第607—614页。大理州文管所、祥云县文化馆：《云南祥云大波那木椁墓》，《文物》1986年第7期，第21—24页。

云检讨村石墓群①、弥渡苴力石墓群②、弥渡合家山青铜器范采集点③、剑川鳌凤山墓地④、宾川青铜文化遗存、宾川古底石棺墓群⑤、宾川夕照寺墓葬群⑥、鹤庆黄平墓葬群⑦、楚雄万家坝墓群⑧等。在鳌凤山发掘战国至西汉时期竖穴土坑墓 217 座、东汉时期瓮棺葬 34 座和火葬墓 91 座,出土器物以剑鞘、三叉格剑、双圆饼首剑、铜钺、发箍和双耳陶罐、单耳罐为特点。

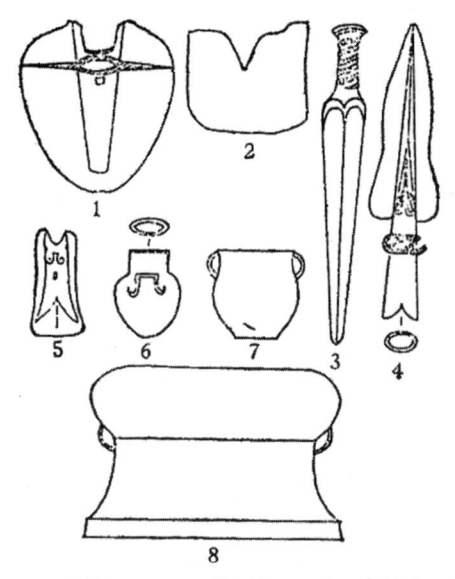

1.心形铜钁 2.凹形铜钁 3.三叉格铜剑 4.曲刃式铜矛 5.凹銎长条形铜锄 6.圆刃式铜钺 7.双耳陶罐 8.铜鼓(1、4、5、6.祥云大波那出土,2.大姚白鹤水库出土,7、8.楚雄万家坝出土)

图 4-4 青铜器
云南洱海地区出土

---

① 参见大理州文物管理所、祥云县文化馆《云南祥云检村石椁墓》,《文物》1983 年第 5 期,第 33—41 页。云南省大理白族自治州文物管理所:《云南祥云县检村石棺墓》,《考古》1982 年第 12 期,第 893—898 页。
② 参见云南省博物馆文物工作队《云南弥渡苴力战国石墓》,《文物》1986 年第 7 期,第 25—30 页。
③ 参见弥渡县文物管理所《云南弥渡合家山出土古代石、陶范和青铜器》,《文物》2000 年第 11 期,第 39—49 页。
④ 参见云南省考古研究所《剑川鳌凤山古墓发掘报告》,《考古学报》1990 年第 2 期,第 239—265 页。
⑤ 参见大理州文管所《宾川古底石棺墓发掘简报》,《云南文物》第 41 期,1995 年 8 月。
⑥ 参见宾川县文管所《宾川县石棺墓、土坑墓调查报告》,《云南文物》第 31 期,1992 年。
⑦ 参见大理州文管所《黄坪土坑墓调查清理简报》,《云南文物》第 36 期,1993 年。
⑧ 参见云南省文物工作队《楚雄万家坝古墓葬发掘报告》,《考古学报》1983 年第 3 期,第 347—382 页。

据统计,此区在17个县(市)发现遗存81处,出土青铜器达4160余件,一般认为属于滇西类型。主要青铜器有三叉格剑、曲刃矛、V型銎锄、圆刃钺、铜鼓、禽鸟式杖首等,其年代约为战国中叶到西汉(图4-4)[①]。

9.岷江上游冉、駹青铜文化区

岷江上游青铜文化区主要是冉、駹等族的活动区域。根据文献记载,该地区秦汉时期的主要民族为冉、駹,故此区域可称为冉、駹文化区。

此区青铜时代文化的重要的考古发现有茂县、理县、汶川的石棺葬群,茂汶县城关、营盘山、别列、勒石村的石棺葬群[②],牟托一号石棺墓[③],理县佳山寨石棺葬群[④],出土的铜器物以三叉格剑、曲柄剑、手镯、泡钉为组合。1938年和1961年,冯汉骥先生和童恩正先生分别在汶川县雁门乡萝卜寨、理县、汶川发掘过石棺葬[⑤]。1978年,在茂汶县城关发现石棺葬群,时代跨越了东周、西汉至东汉初。发现了铜器有剑、钺、鍪、釜、盘、镯、泡饰、带钩等在内的铜器;釜、鍪、罐、剑、刀、鞲、镯等在内的铁器;秦半两、八铢半两、四铢半两、榆荚半两和五铢在内的中原政权货币;单耳罐、圜底罐、钵、豆、盏、四耳壶、纺轮、网坠等在内的陶器,另有260枚海贝[⑥]。1979年,同在茂汶县的营盘山发现了10座石棺葬,2000—2006年,又陆续发掘了四百余座,时代从西周至战国晚期[⑦]。茂汶县的别列、勒石村,发现了包括短柄镜、角三援戈、环首刀、半两钱等在内的战

[①] 参见王大道《云南青铜文化与新时期晚期文化的关系》,云南省文物考古研究所编《云南考古文集》,云南民族出版社1998年版,第130—131页。

[②] 参见冯汉骥、童恩正《岷江上游的石棺葬》,《考古学报》,1973年第2期,第41—60页。茂汶羌族自治县文化馆:《四川茂汶营盘山的石棺葬》,《考古》1981年第5期,第411—421页。茂汶羌族自治县博物馆蒋宣忠:《四川茂汶别立、勒石村的石棺葬》,《文物资料丛刊》1983年第9辑。叶茂林,罗进勇:《四川汶川县昭店村发现的石棺葬》,《考古》1999年第7期,第84—85页。成都市文物考古研究所等:《四川茂县营盘山遗址试掘报告》,《成都考古发现(2000)》,科学出版社2002年版。四川省文物考古研究所、阿坝州文物管理所、汶川县文物管理所:《四川汶川县姜维城新石器时代遗址发掘报告》,《四川文物》2004年增刊,第3—14页。

[③] 参见茂县博物馆、阿坝州文管所《四川茂县牟托一号石棺墓及陪葬坑清理简报》,《文物》1994年第2期,第4—40页。

[④] 参见四川省文管会、阿坝州文管所《四川理县佳山石棺葬发掘清理报告》,《南方民族考古》第1辑,四川大学出版社1987年版,第211—237页。

[⑤] 参见冯汉骥、童恩正《岷江上游的石棺葬》,《考古学报》1973年第2期,第41—60页。

[⑥] 参见茂汶县文化馆《四川茂汶营盘山的石棺葬》,《考古》1981年第5期,第411—421页;成都市文物考古研究所等:《茂县营盘山石棺葬墓地2000—2006年发掘报告》,文物出版社2009年版。

[⑦] 参见四川省文管会、茂汶县文化馆《四川茂汶羌族自治县石棺葬发掘报告》,《文物资料丛刊》7期。

国秦汉文物①。在汶川昭店村发现过石棺葬②。茂县的牟托村石棺墓出土了罍、鼎、镦、甬钟、纽钟等青铜礼器,另有戈、矛、剑、戟、盾、护臂等武器③。阿坝理县桃坪乡发现过秦至西汉中晚期的15座石棺葬及1座祭祀坑,出土了罐、瓮、鼎、甗、喷、碗、豆等陶器,斧、锛、锸、镰、刀、剑、矛、匕等铁器,另有钱币若干④。

10. 川北陇东南氐文化区

在川北与陇东南地区的古代文化,与文献中的白马族群关系最为密切,主要分布于四川北部的九寨沟、平武和甘肃东南部的文县、武都等地,为白马文化区。

2005—2008年,在九寨沟发现的阿梢脑汉代遗址,发现了5件铁器、1件铜器以及包括1片在内的一些陶片、石器。这里出土的凹口锸,也见于甘肃文县、四川平武、茂县、理县等地⑤。由于在甘肃武都新石器遗址中存在着彩陶⑥,因此九寨沟地区发现的彩陶可能与陇东南的早期彩陶之间存在着联系。如果是这样,那就意味着川北与陇东南之间很早就存在着文化的紧密关联。2005年发掘的四川平武水牛家寨汉代遗址,发现了锸、犁、铧等铁器,石斧、石杵等石器,罐、壶、盆、钵、瓶、纺轮等陶器⑦。这些发现表明,分布于川北与陇东南地区的古代白马族群,处于定居农耕的生活状态。他们从汉地引入铁器,进行农耕活动,并继续使用一些石器。

按照《史记·西南夷列传》所述,白马属于氐文化区。

11. 金沙江上游白狼、槃木、唐蕞青铜文化区

根据对古代文献、考古资料的分析,按照时空对照来考虑,金沙江上游文

---

① 参见茂汶羌族自治县文化馆《四川茂汶别列、勒石村的石棺葬》,《文物资料丛刊》第9集,文物出版社1985年版。

② 参见汶川县文化馆《四川汶川县昭店村发现的石棺葬》,《考古》1999年第7期,第84—85页。

③ 参见茂县羌族博物馆、阿坝州文管所《四川茂县牟托一号石棺墓及陪葬坑清理简报》,《文物》1994年第3期,第4—40页。

④ 参见阿坝州文管所、理县文化馆《四川理县佳山石棺葬发掘清理报告》,《南方民族考古》第1辑,四川大学出版社1987年版,第211—237页。

⑤ 参见吕红亮、李永宪、陈学志、范永刚、杨青霞、王燕《九寨沟阿梢脑遗址考古调查试掘的初步分析》,《藏学学刊》第6辑,四川大学出版社2010年版,第125—136页。

⑥ 参见陈苇《武都大李家坪遗址分期及相关问题再探》,《四川文物》2008年第4期,第30—36页。

⑦ 参见四川省文物考古所、绵阳市文物局、平武县文物管理所《四川平武县白马藏区水牛家寨遗址》,《考古》2006年第10期,第88—92页。

化区的大致空间范围包括今四川西北高原甘孜州一带和云南西北高原迪庆州一带,主要应是《华阳国志》所记载的白狼、槃木、唐菆等族群的活动区域。

《后汉书·筰都夷传》记载:"自汶山以西,前世所不至。正朔所未加,白狼、槃木、唐菆等百余国,户百三十余万,口六百万以上,举种贡奉,称为臣仆。辅(益州太守朱辅)上疏曰:'……今白狼王唐菆等慕化归义……路由邛崃大山,零高坂,峭危峻险,百倍歧道……'"根据白狼、槃木、唐菆等部落居于汶山郡以西,而且他们前往成都平原需要经过邛崃大山等情况分析,这些部落应该分布在今甘孜州东南部[1]。经过考古资料的对比,今川西南的木里县和滇西北的德钦、中甸两县也应属于白狼、槃木、唐菆文化分布区。

在这一广阔区域内发现的青铜文化遗存有多处,其中的重要发现有:四川巴塘县扎金顶墓群,时代为战国至秦汉之际[2],雅江县呷拉墓群,时代不晚于战国中晚期[3],甘孜县吉里龙墓群,时代在战国至秦代,最晚不过汉初[4],炉霍县卡莎湖墓群,时代上至春秋,下至战国中期前,最晚也不会晚于战国中期[5]。这些遗存的年代为战国到东汉,墓葬以石棺墓为主兼有土坑墓,出土遗物以陶双耳罐、锥形矛、直内戈、扁茎柳叶形剑、三叉格柄剑等为特点。在云南德钦县永芝清理竖穴土坑墓1座,石墓2座,年代确定为战国至西汉初[6]。在德钦县纳古墓发掘石墓23座,出土器物41件,年代当在战国至西汉时期[7],在德钦县石底发掘竖穴土坑墓2座,年代确定为战国至西汉初[8]。在中甸克乡的西恩主、威尼阁、麦洒等3个地点清理石墓43座,出土器物20件,收集到2件,测定年代为距今2850±80年,相当于西周时期[9]。石墓用石块垒砌而成,盛行侧身屈肢葬和仰身直肢葬,随葬品以生活实用品为主,有兵器、用具和饰件,

---

[1] 参见段渝《四川通史》第1册,四川大学出版社1993年版,第192页。
[2] 参见甘孜考古队《四川巴塘、雅江的石棺墓》,《考古》1981年第3期,第213—218页。
[3] 参见甘孜州文化局、雅江县文化馆《四川雅江呷拉石棺葬清理简报》,《考古与文物》1983年第4期,第79—88页。
[4] 参见四川省文管会、甘孜州文化馆《四川甘孜吉里龙古墓葬》,《考古》1986年第1期,第28—36页。
[5] 参见四川省文物考古所、甘孜州文化局《四川炉霍卡莎湖石棺墓》,《考古学报》1991年第2期,第207—238页。
[6] 参见云南省博物馆文物工作队《云南德钦永芝发现的古墓葬》,《考古》1975年第4期,第244—248页。
[7] 参见云南省博物馆文物工作队《云南德钦县纳古石棺葬》,《考古》1983年第3期,第220—225页。
[8] 参见云南省博物馆文物工作队《云南德钦石底古墓》,《考古》1983年第3期,第275—276页。
[9] 参见云南省考古研究所《云南中甸的石棺墓》,《云南文物》第36期,1993年。

以曲柄铜剑、无格铜剑、饰长方孔首铜削、鹰和鹿杖头、短柄铜镜、银饰和双耳漩涡纹罐、三耳罐等具有特点。

12. 红河流域句町青铜文化区

根据对古文献的分析，云南的东南部及广西的西南部属于句町的分布范围。

句町区域的青铜文化遗存有：位于红河州中部的云南元江县洼垤打篙陡墓地，在该墓地清理长方形竖穴土坑墓73座，出土器物155件，该墓的时代"应为春秋晚期至战国晚期"[1]，元江罗垤白堵克墓地清理墓葬14座[2]。个旧石榴坝墓地，发掘者认为其时代"其上限可定于战国初期或更早"[3]，红河县的小河底流域[4]，以及广西西林普驮铜鼓墓葬[5]。该地区的主要青铜器有细长銎椭圆刃钺、不对称圆弧刃钺、条形宽刃和窄刃斧、蛇头形首剑、长胡戈、矛、刀、匕首、V形銎口锄、刻刀、扣饰、铃、杖首、镦、凿、臂甲等。陶器有直口或敞口扁腹环底罐和釜、敞口瓶等。个旧麻玉田墓地清理墓葬16座，出土器物有铜矛、铜钺、铜锄和陶釜，测定年代为战国早期。红河县的元江边的阿底坡和个旧市元江边的阿帮也发现古墓地[6]（图4-5）。

13. 滇南漏卧青铜文化区

该地区青铜文化遗存目前发现两处，一处为云南泸西县的石洞村墓地，清理竖穴土坑墓93座，出土的铜器主要有无胡戈、一字格剑、削、牌、扣饰、镯、弩机等，陶器主要有罐。发掘者认为墓葬的时代大致在西汉中晚期至东汉初[7]；另一处为泸西县大逸圃墓地，清理长方形竖穴土坑墓190座，出土的铜器主要有三角援戈、一字格剑、三叉格剑、镞、臂甲、削、锥、凿、镯、扣饰等，铜铁合制器

---

[1] 参见王大道、杨帆、马勇昌《云南元江县洼垤打篙陡青铜时代墓地》，《文物》1992年第7期，第38—54页。

[2] 参见李跃宾《元江罗垤白堵克青铜墓地发掘简报》，《玉溪文博》1990年第3期。

[3] 参见个旧市群众艺术馆《云南个旧石榴坝青铜时代墓葬》，《考古》1992年第2期，第182—183页。

[4] 参见云南省文物考古研究所《云南边境地区（文山州和红河州）考古调查报告》，云南科技出版社2008年版，第76—89页。

[5] 参见广西壮族自治区文物工作队《广西西林县普驮铜鼓墓葬》，《文物》1978年第9期，第43—51页。

[6] 参见红河县文化局、红河州文物管理所《云南红河阿底坡古战场遗址调查报告》，张兴永、何金龙等：《云南个旧阿帮考古调查简报》，《云南文物》第20期，1986年。国家文物局主编：《中国文物地图集·云南分册》红河哈尼族彝族自治州个旧市、红河县条。

[7] 参见云南省文物考古研究所、红河州文物管理所：《泸西石洞村大逸圃墓地》，云南科技出版社2009年版。

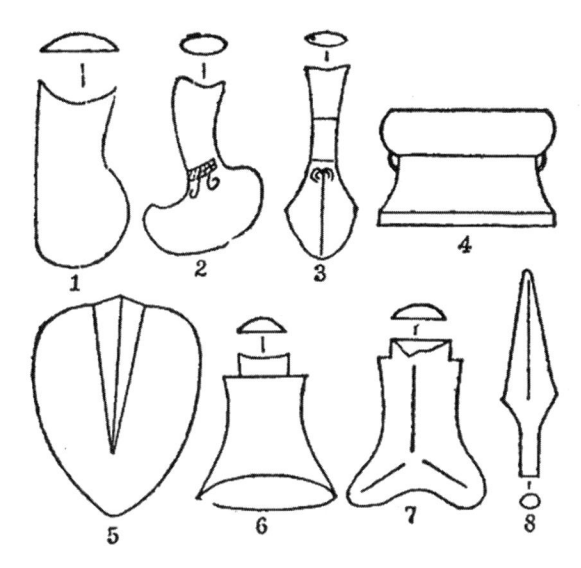

1、2.靴形铜钺 3.细长銎椭圆刃钺 4.铜鼓 5.尖叶形铜镢 6、7.有肩铜锄 8.刃平面近不对称菱形铜矛(1、2、4.金平出土,3.红河阿底坡出土,5.文山上卡作出土,6.屏边底咪出土,7.建水出土,8.元江出土)

图4-5 青铜器
云南出土

有铜柄铁剑、铜铁矛、铜柄铁削,陶器以平底罐、敛口圜底釜为主。根据出土器物判断,大逸圃墓地的时代与石洞村墓地基本同时或稍早[①]。

二、青铜文化区域的时空变化

由上不难知道,青铜时代的西南夷文化已经构成了比较成熟的形态,各个地域类型的空间分布不仅比新石器时代和早期青铜时代有了相当大的扩展,各自文化的边缘部分业已突破了小生态的狭小自然地理的界域限制,而且地域内部的联系更为紧密,多数地域类型已产生了有中心、分层次的层级政治结构,构筑起自身酋邦的青铜文化体系。同时,各个地域类型之间的交流日趋频繁,交流面日益扩大,成果更为深刻。

通过对西南夷新石器时代与青铜时代文化遗存的主要特征进行比对,不难看出以下的几种情况:

---

① 参见云南省文物考古研究所、红河州文物管理所《泸西石洞村大逸圃墓地》,云南科技出版社2009年版。

第一，目前已发现早期青铜文化遗存的区域，只有鸡公山文化、西山天子庙为代表的滇文化、剑湖区域的剑川海门口、洱海区域的大理银梭岛、怒江下游的龙陵大花石等五处，其中除鸡公山文化青铜时代早期遗存有可能是从当地新石器晚期文化直接演进而来外，其他四处的青铜时代早期文化遗存都有可能来源于新的族群和文化的进入。关于这一点，已在上一章进行了讨论，这里不再赘述。

第二，有些区域的新石器时代晚期文化遗存与其后的青铜时代文化具有前后相承、发展演变的关系，可以认为是该区域新石器时代晚期文化到青铜文化的连续发展。这些区域有：黔西滇东北区域、滇池区域。

第三，有些区域的新石器时代晚期文化遗存与其后的青铜时代文化有着较大差异，不具有或者目前还看不出其间具有前后承袭、发展演变的关系。这些区域有：安宁河流域，青衣江流域，金沙江上游白狼、槃木、唐菆区域，岷江上游冉駹区域，澜沧江支流银江河流域。

第四，在一些属于青铜时代文化区的范围内，虽然分布有更早的新石器时代晚期的文化遗存，但二者之间仅能看出青铜时代文化对新石器时代文化某些文化因素的吸收性影响，而没有直接的承袭与演变关系。这些区域有：洱海区域，金沙江中游及其龙川江和晴蛉河流域，滇中杞麓湖区域，红河流域。

第五，另一些属于青铜时代文化的区域，则限于当前所获知的资料，还看不出该区域新石器时代晚期的文化面貌，这些区域有：滇东曲靖地区劳浸、靡莫区域，雅砻江下游盐源盆地。

从整体形态上看，青铜时代的西南夷文化仍然表现出它一贯的多元性、复杂性特征，各个区域的主体文化仍然呈现出小生态文化的空间分布形态。各地域类型之间尽管已出现诸多因素的相互吸纳以至部分因素的相互整合，但各地域类型在其主体文化方面却不是相互整合的，有着明显的差异。另一方面，各地域类型在发展、繁荣、衰落的时序上也不是完全一致的，甚至同一地域类型内部也存在文化因素组群或时空位置等差异。因此，西南夷青铜文化的形态，不论从共时性还是历时性方面看，都具有不整合的空间特征。

但是，青铜时代西南夷文化形态的不整合性却并不意味着它原先某些共性的消融，也不意味着它自新石器时代晚期以来所逐步形成的共同地域传统的丧失，恰恰相反，它原先的共性不但维系下来，而且日益增长，而共同地域传统也恰恰在各地域类型的相互扩展和交融中不断得到深化和加强,并且向着稳定化方向发展。从青铜器来看,金沙江上游、中游的滇西北、滇、盐源等类型中,大量流行三叉格青铜剑;金沙江以南的滇西类型和金沙江以北的安宁河类型、盐源类型,流行圆弧刃钺;三角形援直内戈在金沙江中游、上游南北的滇西、滇、盐源类型以及下游的昭通地区,都是主要的横击长兵器种类;青铜杖首在滇西、滇池区域和雅砻江流域流行,尤其以鸡、鸟等为主题的禽鸟杖首盛行于洱海区域和雅砻江流域;诞生于金沙江文化的铜鼓,则在洱海区域、滇池区域和雅砻江流域中流行。从陶器上看,青铜时代西南夷地区的陶器仍以罐类为主,以平底带耳为主。这些贯穿各个地方类型的共同文化因素,从西南夷文化的整体形态上看,便成为构筑西南夷文化的基本结构,意味着西南夷地区的青铜文化形态日益走向成熟,以致我们可以从整体形态上提出"西南夷青铜文化"的概念。

从《史记·西南夷列传》的记述中不难看出,在滇、邛都等周围,分别分布有若干"君长",每个君长分别代表一个族体,"西南夷君长以百数"[1],应有上百个这样的族体。这些族体首领既称"君长",就表明它们是一个个互不统属的族体。既然互为族体,则在文化上必有一定差别,反映在考古学文化上,这正是前面所指出的地域类型内部所存在的文化因素组群的差异。另一方面,尽管上百个族体互不统属,但在滇池区域的君长中,以"滇最大",在邛都区域的君长中,以"邛都最大"。所谓"最大",实际上应指不仅其族群最大、地域最广、权威最高,而且文化也最发达,是各自地域内的主体文化。反映在考古学文化上,就是各地域类型中都有自己的主体文化或文化中心,如滇池区域以滇文化为中心,安宁河区域以邛都为中心,正与《史记·西南夷列传》所记载的情况若合符节,这正反映了西南夷青铜文化整合与非整合的二重性形态。从区域内部来看,它在文化上基本上是整合的,如滇、邛都分别整合了滇池区域类型青铜文化和安宁河类型青铜文化。但从整个西南夷地区来看,滇池区域青铜文化与安宁河流域青铜文化又是不整合的,尽管其间有某些文化因素的整合。

除了整合与非整合双重性以外,西南夷青铜文化还具有一个十分重要的

---

[1] 《史记》卷116《西南夷列传》。

双重性特征,这就是它的吸纳性和辐射性。

大体说来,西南夷青铜文化的吸纳性主要表现在它对巴蜀文化因素和西北高原文化因素的吸收上。例如,在西南夷地区广泛分布的三角形援直内青铜戈和扁茎无格、身与首一体铸成的青铜剑等,就是吸收了巴蜀青铜文化的相关因素制作的。又如,西南夷某些区域中流行的石棺葬和广泛流行的罐类陶器,以及平底带耳等特征,就是吸收了岷江上游和西北高原的相关文化因素制作的。在滇池区域文化中发现的大量海贝和琉璃珠,也是分别从古印度和西亚吸纳而来的。这些既反映了西南夷青铜时代文化的多元性色彩,更表现了西南夷青铜文化的开放性特点。从辐射性方面来看,主要表现在它的许多文化因素对东南亚地区的深刻影响,如铜鼓、三角形援青铜戈以及青铜农具等。同时,它还对巴蜀文化、西北高原文化有着一定影响,如巴蜀地区的琉璃珠、海贝、象牙,西北高原的海贝等,都是经由西南夷地区进入当地的。而西南夷地区最富战略性意义的资源铜与锡,不仅是巴蜀,而且还是中原王朝主要的青铜原料来源。正是由于西南夷青铜文化具有吸纳性和辐射性的双重特征,才使得它与周邻地区之间形成一种文化互动关系,并以此作为动力,推动了西南夷青铜文化的蓬勃发展。

洱海青铜文化的产生,看来有其独特性。昆明族是氐羌系,这是没有疑问的,但洱海地区存在着不止一种青铜文化遗存,银梭岛文化遗存看来就与昆明族没有关系,也同西南夷其他青铜文化遗存没有关系,其来源尚待研究。

三、文化演进的外在动力

总的看来,西南夷地区的史前文化与青铜文化之间有着长达数百年的缺环,而这期间正是氐羌系族群从北面、濮越系族群从东面迁徙进入西南夷地区的时段,所以在多数区域出现的青铜文化与当地史前文化没有前后承袭和发展演变的关系,这是可以理解的。

(一)濮越系统、氐羌系统文化的进入

在西南夷广大地区发现的文化遗存中,大量存在从新石器时代晚期到青铜时代的有肩、有段石器或青铜器。例如:在石寨山类型的王家墩发现有段铜锛和铜斧;在芒怀类型出土的石斧均为有肩石斧,分为钺形和靴形两种,并且与剑川海门口、祥云大波那出土的铜钺以及晋宁石寨山和江川李家山出土的铜钺相似①；在小河洞类型出土的有肩石斧，与四川雅安沙溪遗址出土的石斧相同②。其他如昭通闸心场、通海海东村、景洪曼蚌囡、龙陵大花石等遗存以及昆明天子庙，均出土有肩、有段器物。而在石寨山类型中的有肩、有段石器占出土石器的33%，芒怀类型出土的双肩斧占出土石斧的40%③。有肩、有段器物在西南夷地区的广泛分布，表明了长江中下游濮越文化和族群的大量进入。

西南夷地区石棺葬的分布十分广泛，与石棺葬同时出现的是双耳陶罐，也在西南夷地区的岷江上游地区、青衣江上游地区、金沙江中下游地区广泛分布，并形成十余种文化类型，其中年代最早的可到商代前后，最晚的相当于西汉后期至东汉前期④。这种情形，无疑是氐羌系统的族群及其文化进入西南夷地区的物质文化表征。

以上各种外来文化因素的出现，正当西南夷各族群由新石器时代晚期文化向青铜时代文化的演化进程中，它们在西南夷地区大量而广泛地出现，甚至成为西南夷文化的主流，这一现象非常值得重视。看起来，氐羌系族群和濮越系族群在进入西南夷各地后，经与当地原生文化充分融合，形成了新的文化类型，并在西南夷地区向青铜时代转变的过程中起到了关键的推动作用。所以，就族属而论，青铜时代的西南夷族群不是氐羌系就是濮越系。虽然如此，我们必须认识到，不论氐羌系还是濮越系族群，当他们一旦进入西南夷地区，同当地原住民相融合，并取得了政治上、经济上的主导地位，"其当处立名，则名从方号"⑤，他们就不再是原先的族类，而成为一支新的族群，并在时间发展的序列中演变为当地土著，于是有了夜郎、滇、邛都、嶲、昆明、笮都、冉、駹、白马等族群称号。

这些进入西南夷地区的氐羌系和濮越系族群，尽管来源的地区并不相同，

---

① 参见阚勇：《试论云南新石器文化》，《云南考古文集》，云南民族出版社1998年版，第21—22页。
② 同上书，第27页。
③ 参见王大道《再论云南新石器文化的类型》，《云南考古文集》，云南民族出版社1998年版，第41—61页。蒋志龙：《云南昆明天子庙贝丘遗址发掘获重要收获》，《中国文物报》2005年9月28日。
④ 参见罗二虎《文化与生态、社会、族群：川滇青藏民族走廊石棺葬研究》，科学出版社2012年版，第233—246页。
⑤ 《左传·文公十六年》孔颖达疏。

"母体"并不一致,但是由于族属相同,文化相近,或许还有一些亲缘关系,所以在交流、沟通和互动等方面比较容易进行。西南夷地区广泛分布的相同文化因素,也正是文化广泛交流的遗迹。而西南夷地区青铜文化在大致相同的一个时间段中发生,也是由于这样的原因,或者说是其中的主要原因之一。

(二)氐羌系和濮越系先民的来源

从西北高原逶迤南下的青藏高原东麓,经纵横川西高原的横断山脉,直到雄伟的云贵高原,自古就是南北民族迁徙的往来走廊,而由西北而南东的金沙江,自古也是东西民族迁徙的交通动脉。氐羌系民族和濮越系民族的先民,就是分别通过这样的走廊,源源不断地进入西南地区生息和繁衍,日益与当地原住居民相互融合,共同缔造了辉煌灿烂的西南地区古代文化。

1.西南夷地区氐羌系先民的来源

在先秦汉魏的史籍中,氐与羌往往并称。《诗·商颂·殷武》:"昔有成汤,自彼氐羌,莫敢不来享,莫敢不来王,曰商是常。"《竹书纪年》:"成汤十九年,氐羌来宾。"又载:"武丁三十四年,王师克鬼方,氐羌来宾。"又载:"是时(殷)舆地东不过江黄,西不过氐羌,南不过荆蛮,北不过朔方,而颂声作。"《逸周书·王会》:"氐羌以鸾鸟。"《史记·匈奴列传》:"西接氐羌。"都表明氐、羌为古老民族,说明先秦秦汉时代,氐与羌的关系十分密切。

史籍中氐羌混用的例子同样很多。《后汉书·西羌传》记载:

> 羌无弋爰剑者,秦厉公时为秦所拘执,以为奴隶。不知爰剑何戎之别也。后得亡归,而秦人追之急,藏于岩穴中,得免……遂俱亡入三河间……至爰剑曾孙忍时,秦献公初立,欲复爰剑之迹,兵临渭首,灭氐㺄戎。忍季父卬畏秦之威,将其种人附落,而南出赐支河曲西数千里,与众羌绝远,不复交通。其后子孙分别,各自为种,任随所之,或为牦牛种,越巂羌是也;或为白马种,广汉羌是也;或为参狼种,武都羌是也……羌之兴盛从此起矣。

可见,这是以白马氐为广汉羌,而以武都氐为武都羌,并明言他们都是从西北南下的。

氐羌混用的情况，还常见于同一书中，此处称氐，彼处呼羌，而其所指则一。如《后汉书·西羌传》说："或为白马种，广汉羌是也；或为参狼种，武都羌是也。"但在《南蛮西南夷列传》则说："白马氐者，武帝元鼎六年开，分广汉西部合以为武都土地险阻，有麻田，出名马、牛、羊、漆、蜜。氐人勇戆抵冒，贪货死利……元封三年氐人反叛，遣兵破之，分徙酒泉郡。"可见汉代的白马氐，原属广汉北部都尉所治，地与武都相错，后亦归并入武都郡，故武都有白马氐的出现。这与《汉书·武帝纪》所说"武帝元封三年秋七月，武都氐人反，分徙酒泉郡"，是同一件事。可见汉代的白马羌即白马氐，亦即武都氐。汉代的地方建置，虽然分别氐羌名道，但二者仍然是混用的，如广汉郡北部都尉治下明明是白马羌，但其后于此建置的道却名为甸氐和刚氐。《汉书·地理志》颜师古注云："氐，夷种名也，氐之所居，故曰氐道。"这显然就是以羌为氐了。

以氐羌混称武都白马的，还见于《华阳国志·汉中志》，文曰："武都郡本广汉西部都尉治也，元鼎六年别为郡……有麻田，氐傁，多羌戎之民，其人半秦，多勇戆……汉世数征讨之，分徙其羌原至酒泉、敦煌。"但在《蜀志》则说："宣帝地节三年，武都白马羌反，使者骆武平之。"《华阳国志》成书于东晋，较《后汉书》为早，当时去汉未远，其追溯往事，绝不会有大的出入。

上述说明，氐羌二者在汉魏以前史籍中的并称混用，是同源的关系，最初他们原为一族，分布在中国的西北高原，后来逐步向西南迁徙，其中有的经过白龙江、岷江上游和四川盆地而达西南夷地区。因此，在汉魏乃至西晋以前的史籍中，往往将这一同源的族并称为氐羌，或以氐、羌混用，而并不仅仅是由于他们错居一起的原因。

考古资料可以反映出氐羌由西北向西南迁徙的情况。近几十年来，在岷江上游及其支流杂谷脑河岸发现了大量新石器时代文化遗址，大多分布在距河谷100米以上的台地上。这些遗址按其文化面貌可以大致分为两个大的系统，一是含彩陶的系统，主要以属于仰韶晚期的茂县营盘山遗址[①]和汶川县姜

[①] 参见成都文物考古研究所、阿坝藏族羌族自治州文管所、茂县羌族博物馆《四川茂县营盘山遗址试掘报告》，《成都考古发现（2000）》，科学出版社2002年版，第1—76页；蒋成、陈剑：《岷江上游考古新发现述析》，《中华文化论坛》2001年第3期，第27—31页；蒋成、陈剑：《2002年岷江上游考古的发现与探索》，《中华文化论坛》2003年第4期，第8—12页；成都文物考古研究所、阿坝藏族羌族自治州文管所、茂县羌族博物馆：《四川茂县营盘山遗址发掘报告》，待出版。

维城遗址①为代表,一是不含彩陶而以夹砂陶和泥质陶为主的属于龙山时代的考古学文化遗存,如茂县白水寨遗址、茂县下关子遗址②、汶川县高坎遗址③、茂县沙乌都遗址④。后一个系统的即不含彩陶的文化,与四川盆地的新石器文化有着比较密切的关系,而与含彩陶的系统在文化面貌上有较大的差别。含彩陶的系统与黄河上游的马家窑文化等有较密切的关系。马家窑文化的彩陶从西北高原向西南传播到岷江上游干流及支流地区和大渡河上游和中游地区,这在考古学上是比较清楚的。而从甘青高原逶迤而南的石棺葬文化,也是沿着这条线路,一直分布到云南。可见,从史前到战国秦汉时期,在中国西部高原存在着一条民族走廊,它从西北经松潘草地到岷江上游和大渡河上游,又沿岷江和大渡河(其后转安宁河)河谷南下,而达云南的鲁甸、昭通、昆明、大理及贵州的毕节等地,通向西南的广大地区。

在这条线路即民族走廊分布的民族,历史上是属于氐羌系的族类,如今是藏缅语系的各族。如:今甘、青、川交界处,古代是西羌以及其后的党项羌,现在是藏族;岷江和大渡河上游,古代是冉、駹及其后的西山羌(包括嘉良),现在是羌族和藏族中的嘉戎支;沿大渡河及安宁河至滇东、黔西及昆明一带,古代是筰都、邛都、雟、靡莫、夜郎、滇等部落,或者是越嶲羌叟,现在主要是彝族;沿安宁河至大理一带,古代是摩沙和昆明,现在是纳西族、普米族和白族。据历史文献及本民族传说,这些族体的历史均可上溯到氐羌。就语言的系属而言,他们都是汉藏语系中藏缅语族之下的各族,有着亲缘的关系⑤。虽然在后来的长期历史发展中,这些氐羌系的部落相继发展为不同的族,但由于有着同源关系,因此具有很多共同点,最主要的一是语言接近,一是在历史传说、风俗习

---

① 参见王鲁茂、黄家祥《汶川姜维城发现五千年前文化遗存》,《中国文物报》2000年11月26日;黄家祥:《汶川县姜维城新石器时代遗址及汉明城墙》,《中国考古学年鉴(2001年)》,文物出版社2002年版;黄家祥:《汶川姜维城遗址发掘的初步收获》,《四川文物》2004年第3期,第6—9页;四川省文物考古研究所、阿坝州文物管理所、汶川县文物管理所:《四川汶川县姜维城新石器时代遗址发掘简报》,《考古》2006年第11期,第3—14页。
② 参见成都文物考古研究所、阿坝州文管所、茂县羌族博物馆《四川茂县白水寨及下关子遗址调查简报》,《成都考古发现(2005)》,科学出版社2007年版。
③ 资料存成都市文物考古研究所。
④ 参见成都文物考古研究所、阿坝州文管所、茂县羌族博物馆《四川茂县沙乌都遗址调查简报》,《成都考古发现(2004)》,科学出版社2006年版。
⑤ 参见罗常培等《国内少数民族语言文字的概况》,中华书局1954年版。

惯和宗教信仰诸方面,均具若干共同的特点。因此,古代的氐羌有着同源关系,从广义上说即是现今的藏缅语系各族,他们早在新石器时代就由西北高原向西南地区徙居了。

氐人从羌人中分化出来并发展成为一个单独的族,是由于羌族的一支由高原徙居河谷,从游牧转向农耕,同时又在与汉族的密切交往中大量吸收了先进的生产技术和文化知识,并在风俗习惯上引起一些变化。显然,这支羌人已经不同于游牧的羌人了。因此,后来的中原人称之为氐,以区别于其他的羌。氐原本是羌,故《集韵》说:"氐,力都切,音低,羌也。"又按氐字与氏字的形体,在汉隶是相同的,故大月氏亦作大月氐。《说文》:"秦谓陵坂曰阺。"又云:"巴蜀名山岸胁之旁箸欲堕者曰氐。氐崩,声闻数百里。"可见这支羌人被称为氐,正是由于他们徙居于与汉族接近的盆地的原因。尽管氐人在与汉族错居和频繁交往中,许多习俗发生了变化,但在基本方面,如语言、婚姻等等,仍与羌人相同。所以《魏略·西戎传》说:"(氐人)其俗,语不与中国同,及羌、杂胡同。各自有姓,姓如中国之姓矣……其妇人嫁时著衽露,其缘饰之制有似羌,衽露则似中国袍。多编发,多中国语。由与中国错居故也。其自还种落则自氐语。其嫁娶有似羌。"由此可见,氐、羌同源异流,信而有征①。

2.西南夷地区濮越系先民的来源

濮越为上古时代中国南方的主要民族系统之一,是今壮侗语族各民族的先民。濮越的历史十分悠久,因其分布甚广,群落众多,故称百濮,或称百越。《逸周书·王会》载商代初年成汤令伊尹为四方献令说:"正南,瓯、邓、桂国、损子、产里、百濮、九菌,请令以珠玑、瑇瑁、象齿、文犀、翠羽、菌、短狗为献。"这个殷畿正南的百濮专贡矮犬,当即云南之濮②。濮或作卜,见于殷卜辞:"丁丑贞,卜又象,□旧卜。"郭沫若释为:"卜即卜子之卜,乃国族名。"③卜子,《逸周书·王会》记载周初成周之会"卜人以丹砂",王先谦补注:"盖濮人也。"卜、濮一声之转。先秦时代生产丹砂最为有名的是四川彭水,故此以丹砂为方物进贡的濮,当指四川盆地东部土著濮人。《尚书·牧誓》记载西土八国中也有濮,

---

① 参见李绍明《关于羌族古代史的几个问题》,《历史研究》1963年第5期,第165—182页。
② 参见章太炎《西南属夷小记》,《制言》半月刊第25期,1936年,见李绍明、程贤敏编:《西南民族研究论文选(1904—1949年)》,第1—6页。
③ 郭沫若:《殷契粹编考释》,科学出版社1965年版,第669页。

是殷畿西方之濮。可见,商周之际的濮,业已形成"百濮离居"之局,而不待春秋时期。这些记载说明,濮人支系众多,分布广泛,是一个既聚族而居,又与他族错居的民族系统。

西周初年,西方的濮人已东进与巴、邓为邻[1],居楚西南[2],分布于江汉之间。西周中叶,江汉濮人力量强大,周厉王时濮子曾为南夷、东夷二十六国之首[3],势盛焰炽。西周末,楚在江汉之间迅速崛起,发展壮大,给濮人以重大打击,使濮势急剧衰落。"楚蚡冒于是乎始启濮"[4]。春秋初叶,楚武王"开濮地而有之"[5],大片濮地为楚所占,从而造成江汉濮人的大批远徙。

春秋时期江汉之间的濮人群落,已不复具有号令南夷、东夷的声威,部众离散,"无君长总统"[6],各以邑落自聚,遂成"百濮离居,将各走其邑,谁暇谋人"之局[7]。在楚的屡次打击下,江汉之濮纷纷向南迁徙。文献中战国时代楚地已无濮人的记载,除留居其地的濮人改名换姓,或融合于他族外,大批濮人的远徙是其重要原因。

江汉濮人的远徙,多往西南今川、黔、滇三省。究其原因,当为西南地区原来就是濮人早期聚居区之一的缘故。过去多有学者认为西南之有濮人,是由于春秋时期江汉百濮的迁入。其实不然,《逸周书·王会》就已提到商代初叶云南有濮人。杜预《春秋释例》说"建宁郡南有濮夷",建宁郡本为汉之益州郡,蜀汉改益州为建宁,可知云南古已有濮夷活动居息。安宁河流域的大石墓,即文献所记"濮人冢",为邛都夷所遗,其年代之早者,可上及商代。

---

[1] 参见《左传·昭公九年》。
[2] 参见《史记》卷40《楚世家》正义引刘伯庄。
[3] 参见《宗周钟》铭文。
[4] 《国语·郑语》。
[5] 《史记》卷40《楚世家》。
[6] 杜预:《春秋释例》。
[7] 《左传·文公十六年》。

第 五 章

魋结耕田有邑聚：夜郎、滇、邛都酋邦社会

《史记·西南夷列传》把夜郎、滇、邛都归为一类予以叙述，记述这三个社会均为"魋结，耕田，有邑聚"的同类社会。根据对历史文献记载和对考古资料的分析，这三个社会都属于古代的酋邦社会。《史记·西南夷列传》记载滇为"靡莫之属"，还记载说滇与劳浸、靡莫"皆同姓相扶"，属于族属相同的社会。据此，本章把对劳浸、靡莫社会的分析置于对滇的分析后面。

第一节　夜郎青铜文化与酋邦社会

一、夜郎的地理位置和族属

夜郎所在，历来歧说纷纭而莫衷一是。诸家或以为在今贵州桐梓，或以为在安顺，或以为在郎岱，或以为在罗甸，或以为在今云南曲靖，或以为在沾益，不一而足。清人多以《汉书·地理志》"犍为郡"下注引应劭之说，以为犍为"故夜郎国"。方国瑜先生从犍为郡治所的变迁考释夜郎地，同意《史记·西南夷列传》索隐引荀悦所说的"夜郎，犍为属国也"的看法，并认为夜郎当在贵州安顺府北部，抱有今安顺、普定、镇宁、关岭、清镇、平坝等县，其治所在沿北盘江之处[①]。刘琳《华阳国志校注》认为，"夜郎国"的疆界大致是：东起湄潭、遵义、贵阳、罗甸一线北到仁怀、叙永、高县一线，西至昭通、巧家、会泽、东川、曲靖一线，南抵兴义地区，大致以南盘江、红水河为界，此即广义的"夜郎国"疆域，而

---

① 参见方国瑜《中国西南历史地理考释》，中华书局1987年版，第117—119页。

其中心区域则仅相当于汉夜郎一县之地,汉夜郎县的辖境则相当于今安顺地区及兴义地区的晴隆、普安和六盘水地区的盘县①。

从史书看,其实夜郎的地理范围应是比较清楚的。《史记·西南夷列传》、《汉书·西南夷传》记载:"夜郎者,临牂牁江,江广百余步,足以行船。"《汉书·地理志》:"夜郎:豚水东至广郁。"《后汉书·西南夷传》注引《华阳国志》:"豚水通郁林。"《华阳国志·南中志》"夜郎县"载:"郡治,有遁水通郁林。有竹王三郎祠,甚有灵响也。"这几条材料可以说明下面两层意思:

第一,夜郎国临牂牁江,豚水(豚水即遁水)通广郁、郁林。广郁为郁林郡下辖县,在今广西贵县东。据《水经注·温水》,豚水即牂牁江,水出夜郎,东北至谈稿县,又东经且兰县,又东经毋敛县西,又经郁林广郁县,为郁水,此水的大致流向与北盘江及下游的红水河相合,亦合于《汉书·地理志》的记载,可见豚水即是北盘江,而北盘江即是牂牁江②。

第二,夜郎县应为故夜郎国的首邑。《左传·庄公二十八年》说:"凡邑,有先君宗庙之主曰都,无曰邑。"东汉刘熙《释名·释州国》:"国城曰都。都者国君所居,人所都会也。"汉代的夜郎县既有夜郎先祖的神祠,显然汉之夜郎县即是战国秦汉时期夜郎国的首邑之所在。

学术界向有"大夜郎国"之说,其实所谓"大夜郎国"是以夜郎国为首脑或中心形成的部落或酋邦集团,亦即以夜郎国为主体的夜郎酋邦社会,这就是《史记·西南夷列传》所记载的"西南夷君长以什数,夜郎最大"。所谓以什数的君长中的最大者,自然就是众多君长中的大君长,可以联合并动员其他君长形成一个或松散或紧密的区域性政治集团。《汉书·西南夷传》记载汉昭帝元年"牂牁、谈指、同并等二十四邑凡三万余人皆反",其中谈指为夜郎邑③;同书又载汉成帝河平年间夜郎王兴带领数千人并有邑君数十人见牂牁太守,其妻父迫胁二十二邑反等,这些事例都说明了夜郎王拥有很大的势力范围,而其势力范围内的数十邑君并不属于也不等于夜郎国,而是夜郎国的附庸。《史记·

---

① 参见刘琳《华阳国志校注》卷4《南中志》,巴蜀书社1984年版,第391—392页。
② 同上书,第391—393页。方国瑜先生亦认为:"豚水即牂牁江,亦即今之北盘江",见方国瑜:《中国西南历史地理考释》,第118、169—172页。
③ 参见刘琳《华阳国志校注》卷4《南中志》,第391—395页。

西南夷列传》首叙夜郎,说夜郎在西南夷中最大,而不像其他君长仅在某一区域中最大,实际上已经表明了这个史实。

夜郎属于古代的濮越系族群。《后汉书·西南夷传》所说的牂柯,实际包括了夜郎,是夜郎的异称。夜郎在今贵州西部与云南东北部。牂柯为百越民族语言,意为"系船栰"。王先谦《汉书补注》引《异物志》说:"有一山,在海内,似系船栰,俗人谓之越王牂柯。"可见,夜郎的主要居民是百越系统的民族。有的史籍称夜郎的主要居民为僚、濮,《华阳国志·南中志》说汉武帝通西南夷后,斩夜郎竹王,置牂柯郡,"后夷濮阻城,咸怨诉竹王非血气所生,求为立嗣",这是说夜郎境内的夷人为濮族。但《后汉书·西南夷传》记载了同样事件,却将"夷濮"改称"夷僚"。这说明,僚、濮实为一族。《三国志·蜀书·张嶷传》注引《益部耆旧传》说:"牂柯、兴古,僚种复反",《晋书·武帝纪》记其事为:"太康四年六月,牂柯僚二千余部落内属。"可知越、濮、僚是可以混称互用的,所指皆一,即今壮侗语族的先民百越民族。僚是古代南方一大民族,见于汉代史籍。南中一带,僚常与濮混称,而在岭南,僚又与俚混称并用。东晋时,僚人从今广西、贵州北上,"自汉中达于邛笮"。迄至宋代,广西部分僚已改称壮,僚人的一部分为今日的仡佬族,可见僚人亦属濮越系的民族。

二、夜郎地区青铜文化

根据《史记·西南夷列传》、《汉书·西南夷传》和《后汉书·夜郎传》以及《华阳国志·南中志》等历史文献的记述,今贵州省的西部地区以及云南省的东北部地区属于古代西南夷的夜郎国和"夜郎旁之小国"所分布的地区。至于贵州东部和南部古代文化的情况,考古资料所反映的情况是:贵州东北部乌江流域下游地区主要与巴蜀文化有关,东部清水江中下游流域地区主要与湘西有关,南部和西南部红水河、北盘江中下游流域地区主要与广西和东南沿海有关;而云南的滇中地区以及其他地区,则分别属于滇池区域文化、滇西和滇西北文化以及其他古代文化区域。根据历史上西南夷的分布情况,这里所分析研究的主要是贵州西北部、西南部和云南东北部的古代文化,没有把其他地区的情况包含在内。

(一)学术史

综合资料来看,20世纪在贵州西部地区通过地表采集和零星发现的新石器有①：

1. 1954年至1955年在盘县调查征集到磨制石器7件，有梯形斧、有肩斧、刮削器等②。

2. 1955年在毕节地区的大方、织金、水城征集到磨制石器12件，有斧、锛、刮削器等③。

3. 1972年在威宁中河吴家大坪征集到石斧、石锛各1件④；1981年采集到锛、有段锛、刮削器共5件⑤。

4. 1980年代在威宁东山调查征集到有肩锛、有段锛、梯形锛、刮削器等十余件⑥。

5. 1963年在清镇、平坝两县调查获得石器15件，分布地点有11处，且平坝县屡有石器发现⑦。

6. 习水土城先后发现和征集石器25件⑧。

7. 池水发现穿孔网坠2件⑨。

在贵州西部地区有地层依据并且成批出土的新石器有如下几处：

1. 毕节青场瓦窑村遗址。1978年调查征集到磨制石器63件⑩；1984—1985年正式发掘出土斧、锛、刀、范以及锤、杵、砧、砺石、网坠、支座、研磨器等88件⑪。

2. 赫章可乐柳家湾遗址。1976—1978年发掘出土石刀、凿、斧、锛等三十余件⑫。

---

① 参见宋先世、王燕子《贵州发现的磨制石器及其形制》，熊水富、宋先世主编：《贵州田野考古四十年1953—1993》，贵州民族出版社1993年版，第16—25页。
② 参见贵州省博物馆筹备处《贵州地区发现的几件石器》，《文物参考资料》1955年第9期。
③ 参见中央民族学院研究部《贵州毕节专区发现新石器》，《考古通讯》1956年第3期，第48—50页。
④ 参见张以容《贵州威宁中河发现新石器时代遗物》，《文物》1973年第1期，第61—62页。
⑤ 参见晏祖伦《威宁吴家大坪新石器时代遗址的调查》，《贵州文物》1983年第1期。
⑥ 参见晏祖伦《威宁东山新石器》，《贵州文物》1984年第1期。
⑦ 参见李衍垣《贵州清镇、平坝发现的石器》，《考古》1965年第4期，第206—207页。
⑧ 参见禹明先《土城发现新石器线索》，《贵州文物》1983年第3、4期合刊。
⑨ 参见谢尊修《石网坠》，《贵州文物》1984年第1期。
⑩ 参见何凤桐《毕节青场新石器》，《贵州文物》1982年第1期。
⑪ 参见贵州省博物馆《贵州毕节瓦窑遗址发掘简报》，《考古》1987年第4期，第303—314页。
⑫ 参见贵州省博物馆《赫章可乐发掘报告》，《考古学报》1986年第2期，第199—251页。

3. 普安铜鼓山遗址。1980 年发掘出土石质工具近 30 件,其中有石刀 15 件、石凿 2 件[①]。

截至 20 世纪末期,贵州西部的新石器时代考古学面貌基本上还没有形成区域和区域间的谱系和体系,根据历年的采集资料和个别遗址的发掘资料,还不能看出更不能区分和概括出考古类型或类别,自然也就不能进一步深入研究史前族群的各种情况。

在 21 世纪的第一个十年中,贵州新石器时代考古开始进入突飞猛进的时期,考古学家在黔西北地区的发掘工作取得了重要成绩。从 1978 年到 2005 年,考古工作者先后在威宁县中水镇进行了 4 次大规模考古,发掘出土了鸡公山、银子坛等古遗址和大批文物,不论对黔西北考古学文化谱系的建立还是对西南夷史前文化的研究都具有十分重要的意义。

中水镇位于乌蒙山中段,西南距威宁县城 100 公里,西北离云南昭通市 20 公里,属云贵高原的核心部位,是一个山间小盆地。考古学家在中水镇的考古发掘主要包括吴家大坪、红营盘、鸡公山和银子坛 4 处,发掘出古墓葬、碳化稻谷坑、陶器石器坑和山顶祭祀坑等,出土大批遗物,主要有陶器、石器、玉器、青铜器、骨饰等。其中,鸡公山遗址发掘的学术价值尤为重要,具有鲜明的地域特征,是这一时期发掘最为丰富,最具代表性的遗址。因此,考古工作者把滇东北和黔西北地区同一时期的考古文化命名为"鸡公山文化"[②]。

关于古代夜郎国的准确地理位置的讨论,长期以来学术界争论甚烈,迄今没有公认的结论。但是,在黔西以及滇东北地区发现的大量战国至汉代的青铜文化遗存,已在相当大的程度上揭示出,这个地区在那一时代存在着比较发达的政治实体及其频繁的政治军事活动的情况,而这样的政治实体和政治军事活动显然与历史文献记载的"精兵可得十万"[③]的夜郎国有着相当密切的关系。不过,在夜郎地区发现的青铜文化墓地和遗址所显示出来的文化内涵,却并不是完全一致的,其间虽然有着比较明显的联系,但它们的区别同样比较明

---

① 参见熊水富《普安铜鼓山遗址》,《贵州文物》1982 年第 1 期。程学忠:《普安铜鼓山遗址首次试掘》,《贵州文物》1985 年第 2 期。刘恩元、熊水富:《普安铜鼓山遗址发掘报告》,熊水富、宋先世主编:《贵州田野考古四十年 1953—1993》,第 65—87 页。

② 张合荣、罗二虎:《论鸡公山文化》,《考古》2006 年第 8 期,第 57—66 页。

③ 刘琳:《华阳国志校注》卷 4《南中志》,第 341 页。

显。更为重要的是,迄今在夜郎地区发现的青铜时代的文化遗存,不论是墓葬还是遗址,没有任何一处显示出曾经作为区域政治中心地位的文化内涵。这就是说,考古资料中还没有迹象显示出这个区域曾经存在过一个统一的王国即所谓"大夜郎国"。相反,位于这个区域内的一些墓地和遗址,倒是显示出各个族群在相互之间族属相同的前提下的"同等政体"(peer polities)关系。由于它们之间的这种同等政体关系,保持着密切的互动关系,产生着程度不同的相互作用,因而形成区域性的交互作用圈(interaction sphere),于是在考古记录中留下了这种既有共同内涵又有不同特质的可分而不可分的遗存现象。

(二)青铜文化

黔西滇东北地区的青铜文化遗存主要有:位于黔西北的赫章可乐墓地、威宁鸡公山遗址、吴家大坪遗址、中水墓地、红营盘墓地和黔西南的普安铜鼓山遗址,以及位于滇东北的昭通营盘村墓地。

1. 贵州威宁鸡公山遗址

鸡公山遗址是位于中水盆地中部中河以东的一处山顶遗址,面积近5000平方米。2002年10月,贵州省文物考古研究所在调查中发现该遗址,2004年10月至2005年1月,贵州省考古所对该遗址发掘了1800平方米。鸡公山遗址发现的遗迹现象较多,有祭祀坑、墓葬、建筑和沟等。祭祀坑共发现120个,坑口可分为椭圆形、长方形、圆角长方形、圆形和不规则形多种,部分坑用青膏泥涂壁,四壁有火烧痕迹,坑中出土遗物有陶器和磨制石器,还有少量铜器和人骨,绝大多数坑中的陶器为完整器或可修复复原,瓶、罐、杯、器盖为固定组合。80%的坑内出土有炭化的稻谷,稻谷的放置方法有两种,一种是成团放在坑内并被烧焦,另一种是呈散粒撒在坑内。鸡公山遗址出土有陶器、石器、骨器和少量的铜器,陶器数量和种类都较多,有细颈瓶、折沿罐、直口罐、高领罐、敞口罐、敛口罐、折肩钵、圈足钵、带流杯、喇叭口杯、带流盆、器盖等,石器有石刀。发掘者认为:"在遗址的发掘中,发现陶器、石器与铜器共存的现象,确定了遗址时代在商周时期,其文化性质属于新石器时代晚期到青铜时代初期,这一认识与遗址中碳14测年标本的测年数据相吻合。"[1]

---

[1] 贵州省文物考古研究所、四川大学历史文化学院考古系、威宁县文物保护管理所:《贵州威宁县鸡公山遗址2004年发掘简报》,《考古》2006年第8期,第11—27页。

表 5-1　鸡公山遗址碳 14 测定年代数据表

实验室编号	样品	样品原编号	碳 14 年代(BP)	数据来源
BA052300	木炭	04ZJK84	3100±40	北京大学第四纪年代测定实验室
BA052301	木炭	04ZJK66	2985±40	北京大学第四纪年代测定实验室
BA052302	水稻	04ZJK31	3115±40	北京大学第四纪年代测定实验室
BA052303	人骨	04ZJM2	3005±40	北京大学第四纪年代测定实验室
BA052304	人骨	04ZJM5	2955±40	北京大学第四纪年代测定实验室

资料来源：《贵州威宁县鸡公山遗址 2004 年发掘简报》，《考古》2006 年第 8 期。

2. 贵州威宁吴家大坪遗址

吴家大坪遗址位于威宁县中水盆地中心地区，发现于 1960 年，其后贵州省考古工作者又对该遗址做了复查和试掘。2004 年 10 月至 2005 年 1 月，贵州省文物考古所等单位对该遗址进行了正式发掘，发掘面积 575 平方米。吴家大坪发现的遗迹现象有灰坑、沟和房址，出土了陶器、石器和骨器。吴家大坪遗址与鸡公山遗址相距不远，出土的器物几乎完全一致，灰坑内也出土了大量稻谷，据分析应该是与鸡公山遗址属于同一文化的遗存，两者的时代也基本相同[①]。

3. 贵州毕节瓦窑遗址

瓦窑遗址位于黔西北的乌江上游六冲河的支流吴家屯河西岸的三级台地上，遗址面积约 10 万平方米。该遗址发现于 1978 年，1984 年 7—9 月，贵州省博物馆考古队对该遗址进行了发掘，发掘面积 255 平方米。发现的遗迹有 4 座房址、1 处窑址，出土的石器有锛、斧、刀、锤、杵、研磨器、砺石、网坠、支座；陶器有壶、罐、碗、钵、豆、直腹罐和小口罐；铜器少而小，除铜镯 1 件外，还有铜片 1 件、铜条 1 件和 3 件铜粒，均碎小不成形，值得注意的是该遗址还出土了 1 件石镞范。铜器的碎小说明该遗址属于青铜文化早期，而镞范的存在则说明其时已经掌握了铸造简单铜器的技术[②]。

4. 贵州普安铜鼓山遗址

铜鼓山遗址位于黔西南普安县南的一处山间盆地中一座石山上，遗址面

[①] 参见贵州省文物考古研究所、四川大学历史文化学院考古系、威宁县文物保护管理所《贵州威宁县吴家大坪商周遗址》，《考古》2006 年第 8 期，第 28—39 页。

[②] 参见席克定、宋先世《贵州毕节瓦窑遗址发掘简报》，《考古》1987 年第 4 期，第 303—314 页。

积约3000平方米。该遗址发现于1977—1978年初,其后进行过一次试掘,出土了一批器物①。1980年10月,贵州省博物馆对该遗址进行了发掘,共开探方114个,发掘面积1519平方米,出土器物1060余件。出土的器物中,玉石器的数量居多,石器主要有斧、凿、刀、臼、杵、砺石、钏、璜、坠、环、玦、璧、弹丸、镞、纺轮、范等,玉器有璧、管等。出土的陶器质地以夹砂陶为主,约占98%,泥质陶只占2%左右,陶器器型主要有侈口和敞口的束颈鼓腹釜、敞口和侈口高领罐、豆、圜底杯、圈足碗等。出土和采集的铜器13种共45件,有刀、剑、钺、削、凿、钻、镞、叉、鱼钩、铜条、铜笄、铜环、铜渣等(图5-1)。出土的铜器具有特点,如喇叭形空首一字格曲刃剑、三股叉、直銎弧刃钺、直背刀,还有凿、钻、镞、鱼钩等小型铜器。出土的各类石模、石范45件,其中石模有剑茎模、乳钉纹模、心形纹模等三种,石范剑茎范、剑身范、戈范、刀范、铃范、鱼钩范、凿范、宽刃器范、浇口范、"土"字形范、残石范以及泥心等。在普安铜鼓山遗址发现了柱洞、房基、灶和陶窑等生活遗迹,《发掘报告》认为铜鼓山遗址是"一个生产、生活场所和加工制作场所,遗址性质具有作坊的性质",并认为"可能有过属于商业性质的活动"。铜鼓山遗址的年代,上限可到春秋时期,下限相当于西汉中期,至迟延续到元帝或成帝时期②。

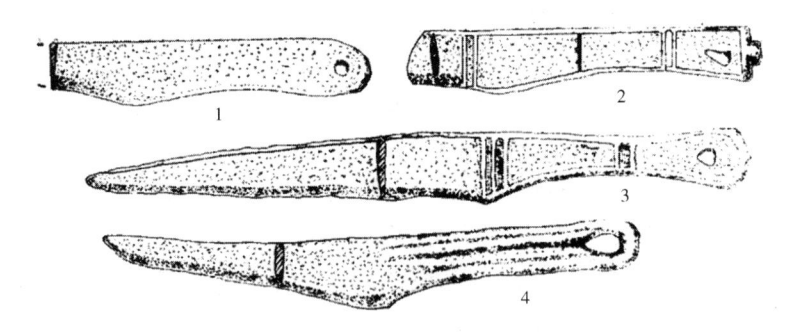

1~4. Ⅰ—Ⅳ式刀(T42:2:3、T19:4:2、T5:3:28、T5:2:4)

图5-1 青铜刀

贵州普安铜鼓山出土

---

① 参见程学忠《普安铜鼓山遗址首次试掘》,《贵州田野考古四十年》,第61—64页。
② 刘恩元、熊水富:《普安铜鼓山遗址发掘报告》,《贵州田野考古四十年》,第65—87页。

5.贵州威宁红营盘墓地

红营盘墓地位于贵州威宁县中水盆地南端前河与中河之间的一条小土梁上,1978、1979年贵州省博物馆考古组曾对位于其附近的梨园墓地进行过两次发掘,并在独立树(红营盘墓地旁)清理了墓葬6座。2004年10月至2005年1月,贵州省文物考古研究所对红营盘墓地进行了较大规模发掘。共清理墓葬26座,墓葬皆为长条形竖穴土坑墓,墓圹狭长,墓葬分布稀疏,基本上没有叠压打破关系,墓向不一。其中北向墓11座,南向墓8座,东向墓7座。葬式主要为仰身直肢葬,除少量墓葬(4座)有葬具痕迹外,其余墓葬均未发现使用葬具的现象。墓葬长120—270厘米,宽32—80厘米,深6—40厘米,均为小型墓,每座墓的面积在2平方米以内。随葬品的数量少,多为1—2件,部分墓

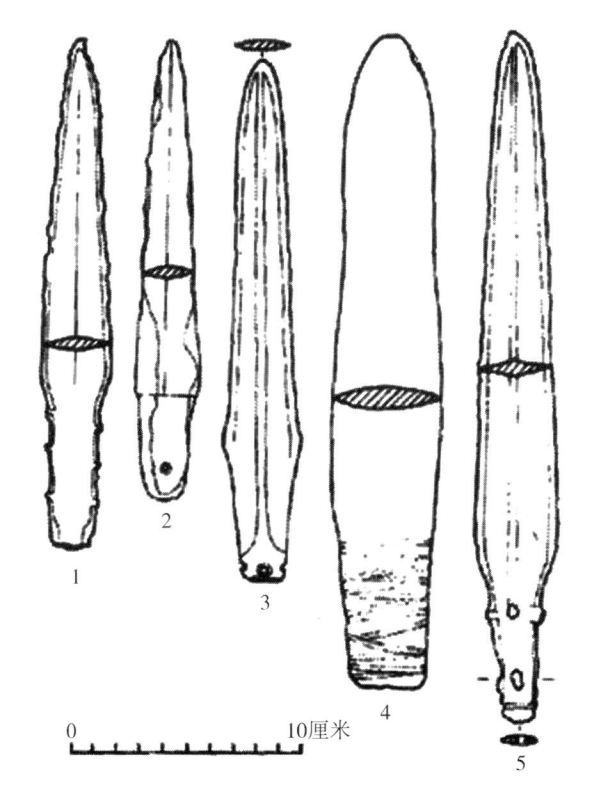

1、5.Ⅲ式(M17∶2,M19∶1)　2、3.Ⅱ式(M11∶2,M26∶2)　4.Ⅰ式(M13∶3)

图5-2　青铜剑

贵州威宁县红营盘出土

葬无随葬品。出土器物有陶器、铜器、骨器和玉石器。陶器风格突出,有圈足罐、喇叭口平底罐、单耳折沿罐、圈足碗、直腹杯和小杯;铜器有柳叶形剑、弧背刀、镞、镯、指环、管饰(图 5-2),在该处还征集到直内铜钺和铜锛等物,玉石器有玉璜、玉玦和摸石等。发掘者认为红营盘墓地的年代在春秋晚期至战国早中期[①]。

6. 贵州赫章可乐乙类墓葬

赫章可乐是黔西北乌蒙山东麓的一个山间坝子,坝子周围分布有一系列相对高度为 60—100 米的黄土小山,现已发现在这些小山上分布有墓葬十余群。1976—1978 年,贵州省博物馆曾对其中若干个地点的墓葬进行了发掘,发掘墓葬 207 座,根据墓葬的文化内涵发掘报告将其分为甲、乙两类,其中甲类墓 39 座,为汉式墓葬;乙类墓 168 座,为地方民族墓葬。2000 年秋,贵州省文物考古研究所又对可乐的锅落包和罗德成地两处的墓葬进行了发掘,此次共发掘墓葬 111 座,除锅落包有 3 座为汉式墓葬外,其他 108 座均为地方民族墓葬。前后两次共计在赫章可乐墓地发掘了地方民族墓葬 276 座,这批墓葬属于本书讨论的西南夷地区青铜文化范畴,共出土器物 700 余件。

赫章可乐乙类墓葬全部为竖穴土坑墓,墓葬分布密集,多有叠压、打破现象,墓坑较小,一般长 2—3 米,宽 0.5—1.5 米,平面基本为长方形(图 5-3)。墓葬存在多种特殊的埋葬方式,"套头葬"是可乐墓葬最突出的文化特点。所谓"套头葬",即是将铜釜或铜鼓套在死者头部的下葬方式。但套头葬也包含不同的形式,一种是只将铜釜或铁釜或铜鼓套在死者头部下葬的方式,这种方式在套头葬中占大多数;第二种是用 1 件铜釜套头,另用 1 件铜釜套脚的方式;第三种是用 1 件铜釜套头,另用 1 件铜洗垫脚的方式。最为典型的套头葬墓为第 274 号套头葬墓,该墓口长 2.84—3.2 米,宽 1.41—1.43 米,墓底长 1.3—1.34 米。墓坑深 0.63—0.73 米。两件辫索纹耳大铜釜相向侧立,分别套在死者头顶及足部,另用铜洗盖脸、用铜洗盖臂或立于臂旁,墓底有棺木痕,仰身直肢曲上肢葬。铜铃、铜发钗、铜柄铁剑、铁刀、铁削及各类装饰品放置于近死者头部一侧(图 5-4)。

[①] 参见贵州省文物考古研究所、四川大学历史文化学院考古系、威宁县文物管理所《贵州威宁县红营盘东周墓地》,《考古》2007 年第 2 期,第 7—18 页。

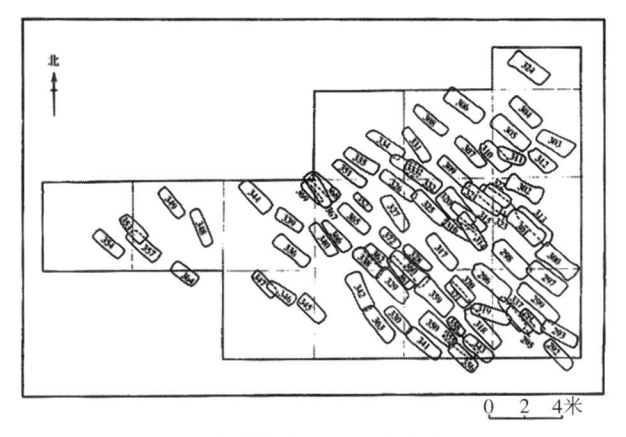

图 5-3 贵州赫章可乐乙类墓葬平面图

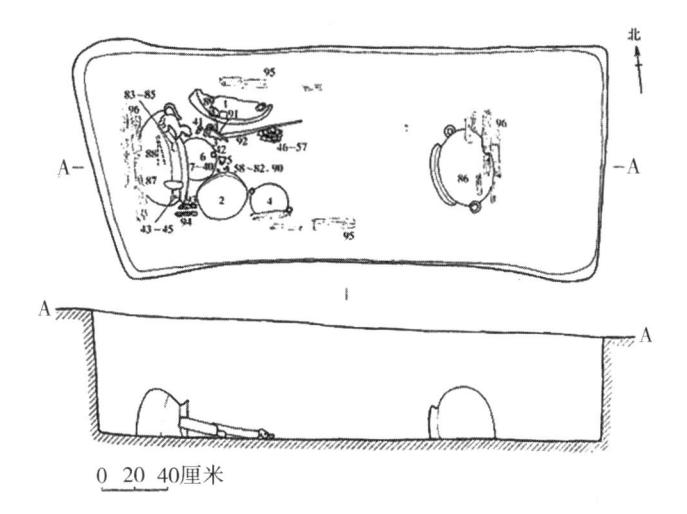

1、2、4、6.铜洗 3.铁削刀 5、46—57.铜铃 7—40.项部串饰(玛瑙珠、玛瑙管、骨珠、骨管、铜铃) 41.铁削刀 42.铜印 43—45、83—85.骨玦 58—82.项部串饰(铜铃、玛瑙管、玉髓珠、骨珠、贝饰、铜鼓形挂饰、铜虎形挂饰) 86、87.铜釜 88.铜发钗 89.铜秘冒 90.铜双齿挂饰 91.铁戈 92.镂空牌形茎首铜柄铁剑 93、94.铁刮刀 95、96.棺木残片

图 5-4 贵州赫章可乐第 274 号墓

凡实行套头葬的墓葬都有使用棺木的痕迹,葬式均为仰身直肢葬。两次发掘一共发现了套头葬25座,占可乐已发掘墓葬的9%。

除套头葬外,还发现三类比较特殊的葬式,一类是用铜洗盖于死者面部,第二类是用铜洗垫于死者头下,第三类是用铜戈插在死者头两侧的葬式,这三类墓葬数量不多。少量的墓葬使用了木棺,其他绝大多数的墓葬没有发现棺木的痕迹。

出土陶器很少,主要有折腹罐、单耳折腹罐、高领鼓腹罐、侈口圆腹罐、敞口深腹瓶和敛口圈足杯等。

铜器中最有地方特点的铜器有:用于套头的铜鼓、鼓形铜釜、辫索纹耳折沿鼓腹铜釜及三蹄足鎏金铜鍪镂空卷云纹首剑、三角援直内无胡戈、立虎戈柲、合瓦状铃、"U"形长发钗、簧形首长发钗、虎形挂饰等,其他铜器还有鍪、洗、带钩、锄、镯、挂饰等。铜铁合制器中以与铜镂空卷云纹首剑风格相同的铜柄铁剑最具特色。铜器中出现了数量不少的(11件)巴蜀式剑,铁器有戈、剑、刀、锸等。

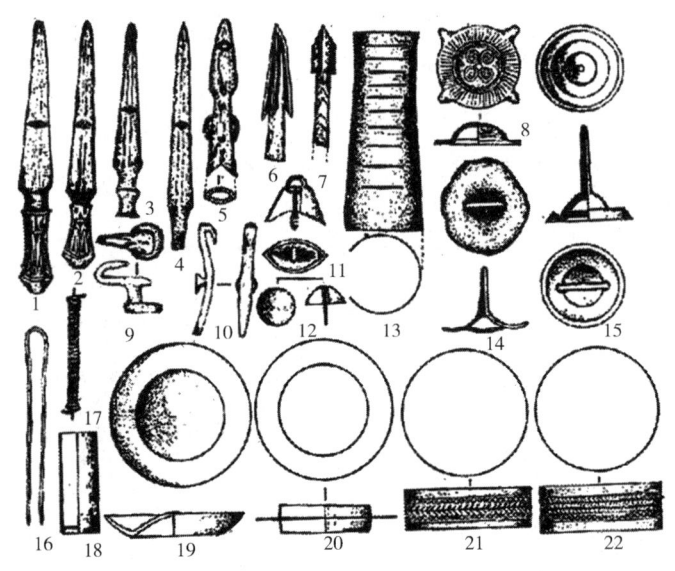

1、2.Ⅰ式剑(M34∶1,M35∶1) 3.Ⅱ式剑(T19∶6) 4.Ⅲ式剑(M33∶7) 5.Ⅰ式矛(M49∶2) 6.Ⅰ式镞(M44∶6.1) 7.Ⅱ式镞(M44∶6.2) 8.Ⅲ式扣饰(M42∶13) 9.Ⅰ式带钩(M29∶7) 10.Ⅳ式带钩(M42∶6) 11.Ⅱ式铃(M42∶14) 12.泡钉(M44∶4) 13.臂甲(M43∶1) 14.Ⅵ式扣饰(M28∶2) 15.Ⅵ式扣饰(M42∶18) 16.Ⅰ式发钗(M41∶2) 17.Ⅱ式发钗(M40∶7) 18.管状器(M44∶8) 19.帽饰(M40∶6) 20,22.Ⅲ式手镯(采集) 21,22.Ⅳ式手镯(T42∶7、M33∶1)(1—4为1/6,5,10,13,10,19为1/4,余均为1/2)

图5-5 青铜器

贵州威宁县中水墓地采集

发掘报告将赫章可乐的乙类墓葬分为三期,第一期墓葬的年代在战国早期至战国中期;第二期墓葬的年代在战国晚期;第三期墓葬的年代在汉武帝前期[①]。

7. 贵州威宁中水墓地

威宁中水位于黔西北高原的乌蒙山脉中段,是一片比较平坦的高原,中水墓地位于前河与中河两条小河交汇的一条山梁上。20世纪60年代,在该地就有一些青铜器出土。1977年底,贵州省博物馆在当地征集到一批青铜器。1978年10月,贵州省博物馆在中水发掘了探方17个,清理墓葬36座,出土器物270余件。1979年冬,贵州省博物馆又对中水墓地进行了第二次发掘,共发掘了探方8个,墓葬22座,出土器物135件(图5-5)[②]。

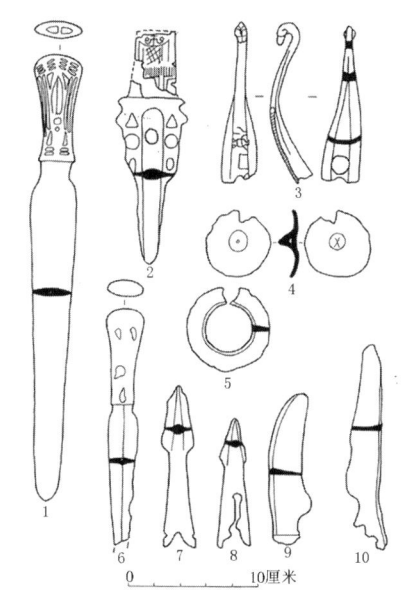

1. Ab型剑(M37:8) 2. A型戈(M37:5) 3. 带钩(M7:10) 4. 泡钉(M3:5) 5. 镯(M128:3) 6. Aa型剑(M41:15) 7、8. Aa型矛(M9:1、M11:7) 9、10. 削(M22:3、M9:7)

图5-6 青铜器
云南昭通县营盘村甲区墓葬出土

---

① 参见贵州省博物馆考古组、贵州省赫章县文化馆《赫章可乐发掘报告》,《考古学报》1986年第2期,第199—251页。参见贵州省文物考古研究所《赫章可乐2000年发掘报告》,文物出版社2008年版。

② 参见贵州省博物馆考古组、威宁县文化局《威宁中水汉墓》,《考古学报》1981年第2期,第217—244页。另见贵州省博物馆考古组《贵州威宁中水第二次发掘》,《文物资料丛刊》1987年第10期。

8.云南昭通营盘村甲区和乙区墓葬

昭通营盘村与威宁中水相距约 40 公里,昭通营盘村位于横江上游(洒鱼河)西岸的一处丘陵上,发现于 1984 年。1986 年 6—7 月,云南省博物馆文物工作队等单位对该墓地进行了发掘。发掘分为甲区和乙区两处进行,共发掘墓葬 205 座,其中在甲区发掘了墓葬 162 座。两处墓地的墓葬大部分为竖穴土坑墓,还有少量不规则的土坑墓,墓葬分布密集,存在叠压、打破现象。墓葬一般长 2 米左右,宽 1 米以内,未见大型墓葬。葬式大多为单人仰身直肢葬,有少量排葬与乱葬,部分墓葬中尚保留有棺木痕迹。出土的器物有陶器、铜器、铁器和多种装饰品,还有汉代钱币(图 5-6、图 5-7)。陶器以敞口深腹平底单耳罐、敞口假圈足碗、敞口长颈深腹瓶、浅腹镂孔高圈足豆、敞口单耳深腹杯和觚形器最具地方特点,并构成陶器的基本组合[①]。

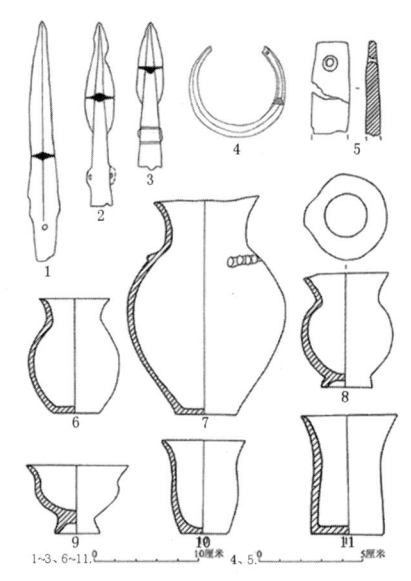

1.铜钺(M191:1) 2、3.B 型铜矛(M166:1、M174:1) 4.玉玦(M173:1) 5.石坠(M191:2) 6、7.Ba 型陶罐(M201:2、M189:1) 8.Bb 型陶罐(M196:2) 9.陶碗(M184:2) 10、11.Cb 型陶杯(M199:3、M190:2)

图 5-7 营盘墓地乙区墓葬出土器物
云南昭通县

[①] 参见王涵《云南昭通营盘古墓群发掘简报》,《云南文物》第 41 期,1995 年。

(三)青铜文化的时空演变

根据在黔西滇东北地区所发现的青铜时代文化遗存的年代,我们可以排列出一个大致的年代序列:威宁中水鸡公山遗址、吴家大坪遗址(商周时期)→毕节瓦窑遗址(商末周初)→普安铜鼓山遗址(春秋战国时期)→威宁红营盘墓地(春秋战国早中期)→昭通营盘村甲区墓地(战国中晚期)→赫章可乐墓地(战国中期—汉武帝前期)→威宁中水墓地(战国晚期—东汉初期)。

表 5-2

遗址或墓地	殷商时期	西周时期	春秋时期	战国时期	西汉时期	东汉时期
威宁中水鸡公山遗址	√	√				
吴家大坪遗址	√	√				
毕节瓦窑遗址	末期	初期				
普安铜鼓山遗址			√	√	中期	
威宁红营盘墓地			晚期	早中期		
昭通营盘村乙区墓地				√		
昭通营盘村甲区墓地				中晚期	早期	
赫章可乐乙类墓葬				中期	武帝前期	
威宁中水墓地				晚期	√	初期

从这一年代序列显然可见,它们之间的关系存在这样几种情况:

第一,在共时性方面,鸡公山和吴家大坪基本上同时,均为商周时期遗存。普安铜鼓山遗址与威宁红营盘墓地、昭通营盘村甲区墓地、昭通营盘村乙区墓地、赫章可乐乙类墓地、威宁中水墓地等具有一段时间的共时性,但共存的时间不一,其中后几处遗存也有长短不同的共存期。所有遗存中,除鸡公山和吴家大坪外,没有两处遗存是始终完全共时的。仅从形式上看,它们之间就应当是互不统属的区域文化的关系,具有青铜文化演进的地域非连续性特点。

第二,在历时性方面,除鸡公山和吴家大坪外,其他各遗存相互之间在演进的时序上是互不连续的,具有演进的非连续性特点。

可见,夜郎地区青铜文化的演进具有十分明显的时间非连续性和地域非连续性特征。在数处青铜文化遗存之间,既有共时性的遗存,也有历时性变化过程中的共时性遗存,不但在时代上呈交错或平行发展状态,而且在地域上也多是非连续性的。由此不难知道,夜郎地区的青铜文化绝不会是单线性一脉相传下来的。既然各地的青铜文化遗存并不属于一脉相传的产物,那么当然也就不能认为它们之间具有一脉相承的文化和政治关系。

黔西滇东北地区的青铜文化事实上是由若干区域文化构成的。根据各个区域青铜文化遗存的特点进行分析,该地区的青铜文化有如下几个区域。

1. 鸡公山文化区域

鸡公山文化是目前在夜郎故地地区发现的早期青铜文化,20 世纪 50 年代就曾在滇东北的昭通闸心村、过山洞、黑泥地以及鲁甸马厂和野石发现了文化内涵基本相同的一批古遗址[1],命名为"闸心村类型",70 年代在鲁甸马厂又征集到若干陶器和石器,后来在昭通过山洞、黑泥地和鲁甸野石[2]等地又发现文化内涵基本相同的遗址。当时学术界认为这些遗址均属新石器时代晚期时期,认为是云南新石器时代文化的一种地方类型[3]。随着近年对鸡公山和吴家大坪等遗址的发掘和对同类遗址的深入调查,学术界对该文化的内涵和时代提出了新的看法。

鸡公山文化包括现已发现的遗址 20 余处,主要分布在黔西北的威宁、毕节和滇东北的昭通、鲁甸、绥江、大关、威信等县。地理范围主要在金沙江下游东部支流牛栏江流域、横江流域上游,中心地区主要是黔西北的中水盆地至滇东北的昭鲁坝子。该文化的主要特征是有大量的祭祀坑,长方形竖穴土坑墓。石器以磨制石器为主,有斧、锛、穿孔刀、镰等,以双肩石锛、梯形石锛、弧壁穿孔石刀最具特色;陶器种类较多,有细颈瓶、折沿罐、单耳折沿罐、双耳带流盆、高领罐、单耳带流杯、敞口钵、敛口小罐、碗、大双耳罐、蒜头口小罐、折腹钵,其中细颈瓶、高领罐、折沿罐、单耳折沿罐、单耳带流杯、双耳带流盆、蒜头口小罐、敞口钵为典型器物。因为鸡公山文化属于青铜时代的初期,出土的青铜器只有锛、凿、环等小件器物,器物本身的文化特征不明显,只能作为该文化已经进入青铜时代的标志。张合荣和罗二虎在《试论鸡公山文化》一文中,将鸡公山文化与周边的贵州毕节青场瓦窑遗址、云南元谋大墩子遗址及川西宝墩文

---

[1] 参见葛季芳《云南昭通闸心场新石器时代遗址的发掘》,《考古》1960 年第 5 期,第 12 页。云南省文物工作队:《云南昭通马厂和闸心场遗址调查简报》,《考古》1962 年第 10 期,第 529—530 页。

[2] 游有山:《鲁甸野石新石器时代遗址调查报告》,《云南文物》第 18 期,1985 年。

[3] 参见李昆生、肖秋《试论云南新石器时代文化》,《文物集刊》第 2 集,文物出版社 1980 年版,第 133—142 页。阚勇:《试论云南新石器文化》,《云南考古文集》,第 17—40 页。王大道:《再论云南新石器文化的类型》,《云南考古文集》,第 41—61 页。

化和早期蜀文化进行了比较,认为鸡公山文化是距今3300—2700年在贵州西北部至云南东北部的高原山地中的一支独立发展的地方考古学文化,但与元谋大墩子文化有紧密联系,而与川西同期文化有着十分明显的差异[①]。

2. 毕节瓦窑区域

毕节青场瓦窑遗址的时代为商末周初,与鸡公山文化发展稍晚而具有一段时期的共时性关系,也同样属于青铜时代早期文化遗存。但是,正如张合荣、罗二虎所说,"瓦窑遗址是鸡公山文化的一个地方类型还是两个不同的文化系统,目前由于资料所限,尚不清楚"[②],二者虽然有可能具有亲属关系,但在政治上却很难认为属于同一个政治实体。

鸡公山文化和毕节青场瓦窑遗址均属商周时期的青铜文化遗存,它们与其他属于春秋战国至汉代的遗址或墓地在年代上有着相当的距离,其间尚有数百年的缺环。根据目前的考古资料看来,还不能从文化内涵上把这两类不同时代的青铜文化遗存直接联系起来。而《史记·西南夷列传》记载的夜郎国及其周围之小国的活动年代为西汉前后,看来也难以将其历史上溯到商周时期并直接同鸡公山文化和毕节瓦窑遗址相互连接。

3. 普安铜鼓山区域

位于黔西南地区的普安铜鼓山遗址发掘的面积较小,文化面貌尚不是很清楚。出土的铜器中最有特点的是一字格平首剑、三股叉、直銎弧刃钺、直背刀,还有凿、钻、镞、鱼钩等小型铜器。铜鼓山遗址与时代晚于它的可乐墓葬之间存在着一定的文化联系,如铜鼓山出土的青铜戈陶范上的三人牵手图案,在可乐出土的铜戈的内部亦有出现。但从总体上观察,铜鼓山与可乐的文化差异还是比较大。如铜鼓山不见折肩器、无器耳,极少圈足器。铜器中的两类重要器物——刻有"心"形符号的铜钺、一字格曲刃铜剑、铜三股叉均不见于可乐,而可乐的典型器物镂空卷云纹首铜剑也不见于铜鼓山。另外,铜鼓山的铜锄作尖叶形,而可乐的铜锄却作长条形。值得注意的是铜鼓山出土了铜戈陶范,虽然时代在其之前的毕节瓦窑遗址也曾出土过铜镞石范,但铜戈在形体上大于铜镞,且有纹饰,说明夜郎故地的青铜文化水平又进了一步。

---

① 参见张合荣、罗二虎《试论鸡公山文化》,《考古》2006年第8期,第57—66页。
② 同上。

4.昭通营盘乙区墓葬和红营盘墓葬区域

昭通营盘的乙区墓葬出土的器物基本上为巴蜀文化风格,而红营盘墓葬也出土属于古蜀文化的青铜柳叶形剑,与可乐和中水的差异极大。昭通和威宁都地近蜀,受古蜀文化的影响是必然之事,但两者之间还是有所差异的,营盘乙区墓葬基本上是蜀文化风格,可能就是古蜀文化在其南疆的一个文化遗存点,而红营盘虽然在铜器上反映出与古蜀文化的密切关系,但在陶器上表现出来的差异却十分大,红营盘墓葬表明只是一种受到古蜀文化较大影响的文化,而非巴蜀文化本身。

5.赫章可乐乙类墓地区域

目前贵州的大部分学者倾向于认为赫章可乐乙类墓葬就是夜郎族群的主体文化。根据可乐乙类墓葬所反映的文化面貌,并将其与可乐的甲类墓葬、威宁中水墓葬、红营盘墓葬、昭通营盘甲区墓葬及普安铜鼓山遗址相比较,可以认定这是夜郎故地的一种带有鲜明地域文化特征的土著文化,"套头葬"为其最典型的文化特征。由于目前这种文化遗存只发现了可乐一个点,其分布范围尚无法确定,这是否就是曾经拥有"胜兵十万"的夜郎族群的遗存,就目前的材料还不能轻易地将两者确切地对应起来,故这里只能作一定程度的推测。

可乐墓葬的时代与中水墓葬基本相当,且两地直线距离只有约60公里,但两者之间存在着较大的差异。除了两处皆为竖穴土坑墓外,葬式却不同。可乐全为单人葬,特别是有特殊的套头葬。中水除单人葬外,还有二人、三人或多人葬及乱葬,但从未发现套头葬。中水的陶器以镂空高柄豆、盘口瓶、盘口长腹罐、单耳罐为代表性器物群,可乐则以折腹乳钉罐、单耳折腹罐为代表性器物。中水在陶器上常见的刻划符号风格不见于可乐。两者之间在铜器上的差异尤大,可乐出土的用于套头葬的铜鼓、鼓形铜釜、辫索纹耳折沿鼓腹铜釜及三蹄足鎏金铜鍪,镂空卷云纹首剑、立虎戈柲、合瓦状铃、U形发钗、簧形首发钗、虎形挂饰等皆不见于中水;而中水出土的镂孔臂甲、束腰形贮贝器、双管状耳铃、牛头形带钩、鲵鱼形带钩等亦不见于可乐。

6.威宁中水墓地区域

威宁中水墓葬在青铜文化的发展阶段明显高于鸡公山和铜鼓山,出土的青铜器无论在数量上和种类上都多于前两者。青铜器中的直援无胡戈、蛇头形柄剑、镞、带钩、镯、扣饰、铃、贮贝器等,种类和数量都明显地多于铜鼓山,铜器中的剑、戈、扣饰、镯和贮贝器在器型上却与滇文化的同类器物比较相似,反映出两者之间的联系。但中水的水牛头形带钩、鲩鱼形带钩、双管状耳铃是该文化的典型铜器,结合中水的独具风格的陶器群观察,中水应该是一种具有自身风格和内涵的独立的地方文化。

中水墓地和昭通营盘村甲区墓葬均发现在陶器上刻划单体的原始符号,这是中水陶器最突出的特征。出土的铜器不多,但种类较复杂,典型器物有三角形援无胡戈、蛇头形首无格剑、镂孔剑鞘、双耳矛、短刃矛、镂孔臂甲、束腰形贮贝器、双管状耳铃、牛头形带钩、鲩鱼形带钩、双螺旋纹圆形扣饰等。出土有部分汉式器物,如铜鍪、铜洗、铜带钩、铁剑、铁环首刀、铁矛、五铢和大泉五十钱币等,还出土一方龟纽的"张光私印",装饰品中的有领石手镯,与蜀式有领璧相似。根据对出土器物的比较与分析,这类墓葬的时代大约在西汉时期,部分墓葬可能早到战国晚期,最晚的则到了东汉初[①]。

经过比较,中水墓葬与可乐墓葬属于两种不同类型的文化。

表 5-3

时代	青铜文化遗存的系统及其分布地域				
商周时期	威宁中水鸡公山遗址、吴家大坪遗址	毕节瓦窑遗址			
西周时期	营盘山遗址 野石山遗址				
春秋时期	红营盘墓地 昭通营盘村乙区墓地		普安铜鼓山遗址		
战国时期	红营盘墓地		普安铜鼓山遗址	昭通营盘村甲区墓地	赫章可乐乙类墓葬	威宁中水墓地
西汉			普安铜鼓山遗址	昭通营盘村甲区墓地	赫章可乐乙类墓葬	威宁中水墓地
东汉						威宁中水墓地

从上表可以很清楚地看出,从商周时期开始直到汉代,在黔西滇东北地区先后或同时存在六个青铜文化区域,它们分别是:

---

① 参见贵州省博物馆考古组、威宁县文化局《威宁中水汉墓》,《考古学报》1981 年第 2 期,第 217—244 页。另见贵州省博物馆考古组《贵州威宁中水第二次发掘》,《文物资料丛刊》1987 年第 10 期。

第一，瓦窑遗址仅存于商末周初，与其他区域的青铜文化没有关系。

第二，鸡公山文化经过非连续性演化，持续发展到战国早期。

第三，普安铜鼓山遗址连续发展较长时期，而且自成一系，与其他区域的青铜文化没有关系。

第四，昭通营盘村甲区墓地从战国发展到西汉。

第五，赫章可乐乙类墓地从战国发展到西汉。

第六，威宁中水墓葬从战国发展到东汉初。

这六个区域的青铜文化，从它们各自的发展和存在时段看，在时代上大体可以划分出商周时期、春秋时期、战国至汉代等三个时期。商周时期有鸡公山文化和毕节瓦窑遗址并存，春秋时期有鸡公山文化在异地发展起来的威宁红营盘墓地、昭通营盘村乙区墓地与普安铜鼓山并存，战国至两汉有普安铜鼓山、昭通营盘村甲区墓地、赫章可乐乙类墓地、威宁中水墓地等并存。这一时代和地域有异有同的青铜文化分布状况说明，黔西滇东北地区还没有一种分布区域既广又连续性发展并且统率全局的青铜文化。在商周时期、春秋时期、战国至汉代等三个时期内，这个区域内分别或先后存在着不同的多种青铜文化，反映出有多个族群分别或先后在该区域活动生息的历史实际状况。

夜郎地区的青铜时代文化遗存的多样性，与历史文献的记载有相符之处。文献记载，夜郎故地除了夜郎这支大的族群外，还有许多小的族群，即所谓"夜郎旁小邑"。《史记·西南夷列传》云："夜郎旁小邑皆贪汉缯帛，以为汉道险，终不能有也，乃且听（唐）蒙约。"汉成帝河平年间，在夜郎发生了一件事，也反映了当时的夜郎有众多的"邑君"。《汉书·西南夷传》载，牂柯太守陈立奉命平息夜郎和句町、漏卧的争端，到且同亭召见夜郎王兴，"兴将数千人往至亭，从邑君数十人见立"。由此可见，多"邑君"是当时夜郎地区多族群并存的社会结构形态，而且延续到了西汉时期。这种情况与在夜郎故地出现的基本同时期的多种青铜文化遗存应该存在着一定的对应关系。

夜郎地区青铜文化呈现出的复杂面貌，与贵州的地理生态环境关系比较密切。贵州多山，除了中水盆地和安顺盆地外，很少有较大的盆地和宽敞的河谷，这种环境对早期文明的形成和区域文明的一体化发展具有相当大的障碍，但却为一些小生态中的区域性文化提供了生长的温床。

夜郎地区的青铜文化虽然存在着不同的差异，却也存在着一个最大的共同点,这个共同点突出地反映在墓地的结构上。无论是可乐的乙类墓地,还是中水墓地和营盘的甲区墓地,墓地的结构都十分相似。墓葬分布密集,较多的叠压打破关系表明墓地的长期使用,反映出这是一种以血缘为联系纽带的氏族墓地的特征。墓葬群中很少有大型墓葬,只有赫章可乐实行"套头葬"的墓葬在形制上略微大一些,表明除了可乐墓地所代表的族群在社会分层方面发展比较充分一些以外,其他族群的社会分化程度都很低。从总的方面看来,无论生存或活动在夜郎地区的何种族群,他们的社会发展都尚处在"酋邦"或更原始的氏族部落阶段。

战国至西汉时期曾活动在夜郎地区的数支族群,他们之间并没有相互统率的关系,从考古学文化观察,他们之间的文化存在较大的差别,这种现象反映出他们不属于同一个族群。在这片地域的族群集团中,夜郎虽然"最大",但也只是其中的某一支,因为与汉王朝接触密切而进入了中原王朝的视野,因此被载入了文献。另外,根据《汉书·西南夷列传》所载夜郎王兴能够率领邑君数十人见牂柯太守陈立这一历史事件分析,夜郎王兴的族群应该是夜郎故地上众多邑君中最强的一支,也可能是文化发展水平最高的一支。如果这种推测成立,我们或许能在对分布在夜郎地区的几种青铜文化的发展水平进行比较分析的过程中,寻找出其中哪一个是夜郎族群的遗存。相比之下,赫章可乐墓葬的出土物较为明显地反映出它所代表的族群在文化发展水平上高于其他族群(有大型墓葬,有用于套头的铜鼓、鼓形铜釜、辫索纹耳折沿鼓腹铜釜及三蹄足鎏金铜鍪、镂空卷云纹首剑、三角援直内无胡戈、立虎戈柲等大型青铜器和较多的兵器),所以可乐墓葬是夜郎族群的文化遗存的可能性最大。由于可乐墓葬目前只发现了一处,所以这一推测还需得到今后更多新的考古学材料的证实。

夜郎地区青铜文化的多元性与文献中夜郎多"邑君"的记载是基本吻合的。通过考古材料观察,夜郎地区的各类墓葬没有发现与滇文化中规模宏大、随葬品丰富的大型墓葬相似的墓葬,反映出夜郎故地青铜时代的古族群与西南夷地区滇等古族群相比较,经济发展水平相对落后一些,这可能与夜郎族群分布在贵州高原的自然环境较为贫瘠有关。贵州多山多雨,自古民贫地瘠,相对西南夷地区其他族群活动的滇池平原、洱海平原、安宁河谷、盐源盆地、曲靖盆地等等区域来讲,确是自然条件最差的生存空间了。

柯林·伦福儒（Colin Renfren）和保罗·巴恩（Paul Bahn）在《考古学理论、方法与实践》中写道：相邻地区之间同等政体的竞争性对抗，重要表现形式是，一个政体试图在豪华消费中胜过对手，这样形成的互动结果是不同政体在某一特定时间、特定地点内，拥有共同的表现形式，而其缘起的准确形式不十分清楚，这通常是同等政体互动的结果。在多数情况下，不必要设定一个单独的发明中心，而把其他地区都视为边缘[1]。我们在前一章已经说过，由鸡公山文化演进到野石山、红营盘遗存，后者又继续演进到赫章可乐等遗存，一方面呈现出青铜文化产生与演化的时间非连续性特点，另一方面也呈现出青铜文化演化的地域非连续性特点，正是这种时间上和地域上的非连续性演化，使得这个社会系统在时空演变的过程中发生了结构性变异，其结果是不但增强了青铜文化在区域内的文化适应性，而且增大了文化广延性，从而使区域内的青铜文化在演化过程中增强了持续发展的能力。进一步说，所谓时间上的非连续性演化，是从区域的角度而不是从某一个政治实体的角度而言的；所谓地域上的非连续性演化，则是从同一或相似文化背景下的不同政治实体在地域上的不同分布而言的。这就是说，由于时间上的非连续性演化，使得区域内的某一支青铜文化呈现出发展的间断现象，而由于地域上的非连续性演化，同一种系的文化在区域内的不同地域上分别展开各自的演化过程，于是形成同等政体并立的局面。当然，同等政体并立，并不是说在同等政体中没有大、小或主、次之别，夜郎就是这个区域中同等政体的"最大"政治实体。所谓同等政体，是说在这个区域中的各个政治实体之间没有君臣或上下级那样的层级关系，而是族群与族群或国与国的关系。

三、夜郎酋邦社会

（一）墓葬分析

对古代民族集团或地域性政治集团的政治结构和权力结构的研究，应该而且必须建立在对于地域内或相关族群的规模进行分析的基础之上，在这个基础上确定其间的层次和等级。在古代社会，在民族集团或地域政治集团中拥有较大面积领地、较多人口的较大规模族体，一般说来会占有较多的经济与

---

[1] 参见〔英〕柯林·伦福儒、保罗·巴恩《考古学：理论方法与实践》，中国社会科学院考古所译，文物出版社2004年版，第385页。

政治资源,从而拥有较高的政治权威,其首领也会相应地拥有较大的话语权。

夜郎地区各族群的规模和等级的情况,由于文献不足征,必须依靠已有的考古资料进行分析。虽然目前发表的考古资料并不能全面而明晰地反映古代夜郎地区族群的完整面貌,但至少可以给我们的分析提供文献所不能提供的重要材料,从而可以从某些方面比较深入地探索夜郎社会的一些情况。

从墓地规模与等级进行分析,大墓与小墓随葬品种类、数量以及物品精美程度等方面的差别,是墓主不平等地获取这些资源的表现,同时也是墓主不平等地占有获取资源的手段的表现。这类情形,意味着在族群内部存在着建立在不平等地获取众多资源的基础上的分层社会。既然可以不平等地获取青铜原料等富于战略意义的资源,占有利用青铜原料冶炼青铜、制作青铜器的技术手段以及制作者等人力和物资资源,并且拥有占有包括生产者及其成果的手段,那么大墓墓主在政治上经济上的尊崇和权威地位就可想而知了。

黔西滇东北地区的红营盘、赫章可乐乙类墓,以及中水墓葬,其间有规模大小的区别,但规模大小并不一定代表着它们之间存在着支配与被支配的政治关系,还需要考虑其间是否具有共时性或历时性以及其他一些关系。从红营盘、赫章可乐乙类墓和中水墓葬分析,这三处墓地在年代上有着很大区别,一是起始年代不一样,二是终结年代不一样,虽然它们的起始的原因尚不清楚,终结的原因也不清楚,但可以肯定的是,其中任何一处的终结,都决不可能是由某一个政治中心所支配的。这就是说,在这三处墓地所代表的社会群体或族群抑或古国(酋邦)中,没有任何一处居于能够支配其他两处的政治权力中心的地位。如果确曾有一个酋邦居于政治权力中心的统治地位因而能够支配其他酋邦,那么其他酋邦就不会或先或后于这个最高权力中心而灭亡。这种情况说明,夜郎地区的数个酋邦是在政治上经济上取得独立地位的社会,而不是曾经建有一个能够支配其他所有酋邦的最高权力中心。

从黔西滇东北地区墓葬的年代关系看,赫章可乐墓葬由于与昭通营盘村甲区墓葬基本不同时,因而可以排除其间具有共生的政治关系,而可乐墓葬与中水墓葬比肩并世很长一段时期,如要从政治中心的角度分析这个时期夜郎地区政体之间的关联性,那就只有这两处墓葬可供分析。

从赫章可乐墓地和威宁中水墓地出土的器物看,不但在器物种类方面,而且在器物群及其组合等方面都存在着较大的差异。中水的陶器以镂空高柄豆、盘口瓶、盘口长腹罐、单耳罐为代表性器物群,可乐则以折腹乳钉罐、单耳折腹罐为代表性器物。中水在陶器上常见的刻划符号风格不见于可乐。两者之间在铜器上的差异尤大,可乐出土的用于套头葬的铜鼓、鼓形铜釜、辫索纹耳折沿鼓腹铜釜及三蹄足鎏金铜鍪、镂空卷云纹首剑、立虎戈柲、合瓦状铃、U形发钗、簧形首发钗、虎形挂饰等皆不见于中水;而中水出土的镂孔臂甲、束腰形贮贝器、双管状耳铃、牛头形带钩、鲵鱼形带钩等亦不见于可乐。可乐墓地均为单人葬,盛行套头葬,中水除单人葬外,还有二人、三人或多人葬及乱葬,但从未发现套头葬。从类型的角度看,可乐墓葬与中水墓葬显然不属于同一类型的文化。不过,仅凭文化类型的不同当然不能够说明两者政治关系的亲疏和高低。如果两者在政治关系的构架中是高级中心与次级中心的关系,或是独立王国与附庸国的关系,那么在考古资料中应当有所反映。但是我们从两者墓地的出土器物中可以看到,陶器和青铜器均有较大差别,没有发现一个墓地里的器物在另一个墓地里以较高级或较低级的形式出现,也没有发现某种具有权力象征性或标志性的器物同时而有高低差别地出现在两处墓葬中,这种情形似乎意味着两者的权力标志物或象征物是不一样的。换句话说,两者之间不存在共同的权力标志物或象征物,说明两者之间没有一个可以取得相互认同的权力系统,两者分别属于各自独立的政治系统,有着独立的权力体系。这说明,在战国至汉初,黔西滇东北地区不存在由某一个权力中心所支配的政治网络体系。

(二)共同记忆与意识形态的整合

对考古资料的分析结论与历史文献的记载似乎有矛盾。历史文献记载夜郎地区"君长以什数,夜郎最大",又记载有夜郎"旁小邑",这些记载很容易使人感觉到夜郎国在一个较大区域内居于权力中心的最高权威地位。其实不然。细审历史文献的记载可以知道,并不是说夜郎国具有凌驾于周围小邑之上的支配权力。所谓"夜郎最大",应当理解为夜郎国在文化演进中处于较高的位置,在国力上拥有更大的实力,在面积上占用更大的疆域,掌握着更多的资源,但并没有达到支配其旁小邑及其资源的程度。所谓"最大",也并不是说处于其旁小邑的权力中心位置,并不是其旁小邑的君长,而是"以什数"的君长中最大的一个,他至多是其旁小邑的领头者,即是酋邦联盟的首领,而不是其旁小邑的君主。这种情况有些类似于商代三星堆古蜀王国与西南夷的关系,也颇类似于商王朝与众多方国的关系,是方国联盟的首长而非君长。如此看来,考古资料所揭示的情况,与历史文献的记载基本上可以达成一致,确切证明了在夜郎地区各酋邦之间的关系网络中,不存在权力中心与权力边缘这样一种地缘政治结构。

《后汉书·南蛮西南夷列传》记载:"夜郎者,初,有女子浣于遁水,有三节大竹流入足间,闻其中有号声。剖竹视之,得一男儿,归而养之。及长有才武,自立为夜郎侯……夷獠咸以竹王非血气所生,甚重之。"这一文献暗示,夜郎社会的酋邦首领具有非凡的宗教身份,因而获取了合法的政治权力。在《汉书·西南夷两粤朝鲜传》中还记载,成帝时期,夜郎王与句町、卧漏之间互相攻伐,牂牁太守命人调节无效的情况下,夜郎王兴还"刻木象汉吏,立道旁射之"。这些记载表明,夜郎的武装化程度相当高,并时常与周边的族群交战。在某些情况下,他们还会使用交感巫术(sympathetic magic)[①]对敌人进行诅咒。

在汉晋时期有关西南夷的历史文献中,只有夜郎先祖的传说流传了下来,而其他"以什数"甚至数以百计的众多酋邦并没有任何神话或传说流传于世。从理论上说,每一个酋邦在当它的族群兴起的时候,都必然会有本族群与神话或宗教息息相关的先祖出生传说流传于世,形成族群的共同记忆,代代相传,它不但不会随时间的流失而磨灭,相反却会被后人不断地附会增益和层累叠加。但是,在夜郎地区的"以什数"君长中,只有"最大"的君长夜郎先祖的传说流传下来,其他君长原有的传说已被完全湮没。据《后汉书·南蛮西南夷传》记载,夜郎王是从一枚"三节大竹"中出生的,"夷獠咸以竹王非血气所生,甚重之"。这里的"夷獠"是指夜郎地区的族群。这一现象说明,有关夜郎先祖"非血气所生"的传说在当地广为传诵,以至成为了夜郎国及其旁小邑的共同记忆,成为了夜郎国及其旁小邑所共同拥有的意识形态,其辐射力已经超越了夜郎国本土,拥有相当广泛并且相当深刻的影响力,同时还具备了对众旁小邑的意识形态的整合力量。这一事实所表明的是,夜郎国在夜郎地区拥有极大的号召力,而有关夜郎先祖的传说是伴随着这种强大的政治号召力深入到其他旁小邑"以什数"君长的社会里去的。

---

① 参见〔英〕J.G.弗雷泽:《金枝》上册,徐育新、汪培基、张泽石译,新世界出版社2006年版,第15—47页。

《史记·西南夷列传》记载,夜郎王说"汉与我孰大"。此语表明了夜郎王的一种心态或意识形态观念,它实际上表现了夜郎王所持有的极强的酋邦社会领地观念。这句话是在夜郎已经成为汉王朝的郡县后对汉使讲的,夜郎王当然在讲这句话之前已知汉王朝比自己强大,否则不会在汉王朝未发一兵一卒的情况下就成为汉王朝的郡县。他之所以在那个时候说这句话,其实就是为了表明一种以酋邦社会领地为基础的姿态,说明他有着强烈的领地意识。而这种意识是与夜郎王的出生传说相互联系的。如果说,夜郎王的出生传说已经是夜郎及其旁小邑的共有意识形态,那么,"汉与我孰大"这种心态,自然就是以整个夜郎国及其旁小邑这一酋邦社会作为其领地意识形态基础的,表现出他作为夜郎及其旁小邑酋邦社会之长的风度。这就从一个重要侧面说明,在夜郎地区"以什数"的"君长"社会里,"夜郎最大",确属历史事实。

(三)以武士精英为主导的酋邦社会

夜郎的武装化程度一直非常高,夜郎墓葬中普遍以长短兵器配合随葬,显示出这一地区武装化的剧烈。实际上,在相当于中原东周时代的夜郎地区墓葬中,武装化程度已经很高。例如,在贵州威宁红营盘墓地,随葬武器的墓占有较高比例。M11、M26 随葬铜剑,M13、M17、M19 随葬铜剑和箭镞[1],说明东周时期的夜郎地区族群具有相当的武装化程度,使用近身短剑和远射弓弩作战。

另外,夜郎墓葬中带有宗教色彩的墓葬,也都伴随着浓厚的战争与武装色彩。在赫章可乐 M273 为套头葬,随葬 3 件具有礼仪色彩的铜洗,说明此人可能为巫觋身份。他的墓中随葬有铜柄铁剑;M274 以立虎釜套头葬,随葬 4 件铜洗、多件铜铃,脖子上系着"敬事"二字汉文的铜印,伴随铜柄铁剑和铁戈;M277 为铜釜套头葬,随葬铜戈、铁剑;M296 铜洗套头葬,随葬铜戈、铜剑;M298 为铜洗套头葬,随葬铜剑;M342 为铜洗套头葬,随葬铁刀、铜戈[2]。"套头葬"大约占总墓数量的 10%,套头葬的墓主很可能兼有巫觋的身份[3]。这些

---

[1] 参见贵州省文物考古研究所、四川大学历史文化学院考古系、威宁县文物管理所《贵州威宁县红营盘东周墓地》,《考古》2007 年第 2 期,第 7—18 页。

[2] 参见贵州省文物考古研究所《赫章可乐 2000 年发掘报告》,文物出版社 2008 年版,第 282—283、285—290、296、305、307、351—352 页。

[3] 参见杨勇《试论可乐文化》,《考古》2010 年第 9 期,第 73—86 页。

墓葬的规格相差并不太大,而且武装化程度非常高,一般配备长短兵器。而且,这些墓主一般除了自己使用的武器之外,并不像滇人大墓那样出土可以武装一个氏族组织的大批武器装备,说明他们并未垄断武装力量。与其说他们是职业巫觋或是武装首领,还不如说他们更类似于一种职业武士的身份。至于套头葬,由于在总墓数量中所占比例达到了10%,根本无法像滇人那样凸显意识形态精英的重要性。因此,宗教意识形态在夜郎社会中更像是一种职业武装精英的点缀,而不是具有非常核心的意义。

如果考虑到史前丹麦也曾经有一个由农夫社会演进为武士社会,并在早期青铜阶段进入酋邦社会的过程①,那么夜郎地区的这些考古现象,其实只能更加说明武士在社会活动中的重要性。文献中记载夜郎"精兵可得十万"②,当然并非对夜郎武装力量的精确描述,但却可以表明夜郎给中原朝廷的印象是武装人员丰富,是一个高度武装化的社会。考古材料很好地表明了这是一个由武士精英主导的酋邦社会,其社会复杂化与武装活动的关系最为密切。

第二节 滇池区域青铜文化与酋邦社会

滇为族名,同时也是国名,其中心在今云南滇池周围,对于这一点,学术界基本没有异议。《史记·西南夷列传》记载说,楚庄王苗裔庄蹻于战国时入滇为王,滇始与中原发生联系③。从近年来在云南晋宁石寨山、江川李家山等地出土大量滇国遗物来看,滇文化的面貌已日益清晰。

目前发现的滇青铜文化遗存多为墓葬,对于滇青铜文化其他类型的遗存,如遗址等,云南的学者们已经倾注了很大的注意力,也有了一些发现与收获。但总的来看,有关遗址的相关资料还较为薄弱,其文化发展序列及与大量滇文化墓葬的关系还未能建立起来,所以现在墓葬资料在研究滇青铜文化中还是起到主要作用。

---

① Timothy Earle, *How Chiefs Come to Power: The Political Economy in Prehistory*, p.160.
② 刘琳:《华阳国志校注》卷4《南中志》,第341页。
③ 庄蹻王滇故事本身是一个历史疑案,古今均有不少史家对此提出质疑并加以订正。蒙文通先生认为,王滇的庄王(庄豪)是古牂牁国的开国君长,并非楚国的庄蹻,后者为楚之大盗,本无人滇之事,与庄豪原不相干。参见蒙文通《庄蹻王滇辨》,另见所著《巴蜀古文论述》,四川人民出版社1981年版,第114—145页。

一、滇的地理位置和族属

根据《史记·西南夷列传》记载,滇位于夜郎之西,劳浸、靡莫的西南,这只是记载了其大致的方位。由于早在1957—1958年间发掘云南晋宁石寨山古墓葬时,在第6号墓中出土了一枚滇王金印,滇青铜文化的族属和面貌由此得以确定。这是西南地区唯一一个因出土文物可以与文献相印证,因而能准确地确定其族属的青铜文化。由于有了这个重大发现,石寨山墓葬及其出土器物群就成了寻找其他滇文化遗存的标准,由此而寻找到的滇文化墓葬的分布就可基本划定滇的分布区域,弥补了文献的不足。根据滇文化墓葬的分布情况,可知滇的分布是以滇池湖滨平原为中心,北到富民,南至通海,东抵路南,西迄安宁,整个分布区并不是很大,这和《史记·西南夷列传》中记载的"滇王者,其众数万"、"滇小邑,最宠焉"亦是基本吻合的。

在滇的地理位置已然确定的基础上,冯汉骥先生对滇文化的族属作了有益的探讨[1]。我们以为,滇国的王室与主体民族应为濮人,亦即史籍所称的"滇濮"。滇与越为一大族系,二者同源异流,濮系民族为今日壮侗语族的先民[2]。

二、滇池区域青铜文化

1. 晋宁石寨山墓地

晋宁石寨山是滇文化最重要的墓地。石寨山位于滇池东岸,是一座长约500米,宽约200米,相对高度33米的南北向石灰岩山丘,西临滇池仅半公里,因形似鲸鱼故又名"鲸鱼山"。早在抗日战争时期,石寨山就出土过数量很多的青铜器。20世纪50年代初,云南省博物馆根据流散在社会上的青铜器线索,寻找到了石寨山这处滇文化最重要的墓地。从1955年开始,云南省文物部门对石寨山墓葬群先后五次共进行了发掘(1956年11月—1957年1月第二次发掘,1958年冬第三次发掘,1960年4月第四次发掘,1996年5—6月第五次发掘),五次共计发掘了墓葬86座,墓葬分布密集,多叠压打破关系,墓向基本一致,墓葬均为长方形竖穴土坑墓,葬式可辨者有占主要地位的仰身直肢葬,还有少量仰身屈肢葬、俯身直肢葬、断肢葬、叠肢葬和二次葬。石寨山的

---

[1] 参见冯汉骥《云南晋宁石寨山出土文物的族属问题试探》,《考古》1961年第9期,第469—487页。
[2] 参见李绍明《唐代西爨及昆明的族属问题》,《思想战线》1983年第2期,第73—80页;《爨文化二题》,《爨文化论》,云南大学出版社1991年版,第97页。

墓葬基本可分为大小两型,大型墓葬中皆有木棺,少数大墓还有木椁,而小墓均无木棺。大型墓葬一般长3—4米(个别墓葬长达5米以上),宽2—3米,深一般在2米以上。墓中的随葬器物十分丰富,除了众多的兵器、乐器、生产工具、生活用具、装饰品外,还出土铜鼓、编钟、贮贝器等青铜重器(图5-8),6号大墓还出土了一枚滇王金印(图5-9),因此而确定了这类墓葬准确的族属,是滇文化的标志性发现。而小型墓一般长2米,宽1米,随葬品仅有几件陶器或少量青铜器,还有不少小型墓甚至一无所有。

通过五次发掘,石寨山墓葬的整体年代基本上可以定在春秋至西汉时期①。

2. 江川李家山墓地

江川李家山是多依山的支脉,位于星云湖西北隅,高出湖面100余米,山势作东西走向,山顶地势较平,前面山坡较陡,后与多依山之间为山间流水冲出的溪谷,北距著名的石寨山墓地约40公里。李家山墓葬也是重要的滇文化墓葬群,发现于1966年,1972年第一次发掘墓葬27座,1991年1月至1992年5月第二次发掘墓葬58座,其后又零星发掘了2座,共计发掘了墓葬87座。李家山墓葬均为长方形竖穴土坑墓,可分为大小两型,大型墓一般长3—4米,宽2米左右,深约3米;小型墓一般长2米,宽约1米,深约1米。墓葬分布密集,墓向基本一致。大型墓有木棺木椁,小型墓未发现葬具。葬式主要为仰身直肢葬,并发现少数合葬墓。墓葬分布密集,有叠压打破关系。

第一次发掘共出土铜器1000余件,铁器和铜铁合制器47件,少量的漆器、陶器和铅、竹、木器,还有数以万计的玉石玛瑙等质料的小型装饰品和大量海贝。第二次发掘共出土铜器2395件,铁器和铜铁合制器344件,金银器约6000余件,玉器约4000件,石器21件,少量竹木漆器和陶器。铜器中的兵器有戈、矛、钺、戚、啄、斧、镈、棒、剑、镞、弩机、盔甲等;生产工具有犁、锄、削、凿、杖首、鱼钩和纺织工具;生活用具有长颈壶、深腹长颈杯、喇叭口尊、釜、洗、罐、

---

① 参见云南省博物馆考古发掘组《云南晋宁石寨山古遗址及墓葬》,《考古学报》1956年第1期,第43—63页。云南省博物馆:《云南晋宁石寨山第三次发掘简报》,《考古》1959年第9期,第459—461页。云南省博物馆:《云南晋宁石寨山古墓第四次发掘简报》,《考古》1963年第9期,第480—485页。云南省文物考古研究所、昆明市文管会、晋宁县文管所:《云南晋宁石寨山第五次抢救性清理发掘简报》,《文物》1998年第6期,第4—17页。云南省文物考古研究所、昆明市博物馆、晋宁县文物管理所:《晋宁石寨山第五次发掘报告》,文物出版社2009年版。

镰斗、勺、伞盖、枕、贮贝器、案、盒等；乐器有铜鼓、笙；青铜的装饰品有各种圆形、长方形扣饰和浮雕扣饰（图5-10），还出土有马具。铜铁合制器主要是铜柄铁剑，还有环首刀、矛、戟、镰、斧、凿、锥、锤等。另外还出土了数以万计的玛瑙、绿松石、琉璃器、海贝和少量的水晶珠、蚀花石髓珠、琥珀珠等。

图5-8　祭柱场面贮贝器

云南晋宁石寨山墓葬出土

图5-9　滇王之印

云南晋宁石寨山墓葬出土

第五章 耰结耕田有邑聚：夜郎、滇、邛都酋邦社会 165

图 5-10 青铜扣饰
云南李家山墓地出土

第一次发掘报告将李家山墓葬的墓葬分为了三类，认为一类墓的年代应在汉武帝以前，其上限或可早到战国晚期，二、三类墓的上限不会早于西汉中期，下限可能晚至东汉初。第二次发掘报告将墓葬分为四期，认为第一期的年代应在西汉中期汉武帝置益州郡以前;第二期的年代约在汉武帝置郡后的西汉中至晚期;第三期约为西汉晚期至东汉初期;第四期约在东汉前期[①]。

3. 江川团山墓地

团山西距著名的李家山3公里,东临江川坝子,墓葬群分布在团山山坡上。云南省文物工作队1975年曾对该地进行过调查,并于1976年3月对该墓群进行了小规模的发掘,共发掘了11座墓葬。墓葬分布较为密集,但未发现打破关系。墓葬均为长方形竖穴土坑墓,长1.6—2.2米,宽0.6—0.9米,深0.6—1.9米。墓向基本一致。每墓随葬的器物一两件至十余件多少不等。11座墓共出土青铜器38件,陶器2件。青铜器有斧、凿、卷刃器、剑、戈、矛、镞和扣饰等。发掘报告认为其时代在战国中期至西汉初期[②]。

4. 呈贡天子庙墓地

呈贡天子庙位于滇池湖滨,西临滇池仅2公里。1975年昆明市文管会根据一废品站提供的线索,发现了该墓地。1975年3月,1976年2月,1979年10月和1992年6—7月,云南文物单位对天子庙墓群进行了四次发掘,共发掘墓葬85座,其中84座为滇文化墓葬。天子庙墓地的墓葬分布密集,墓葬多有大破叠压关系,墓向基本一致。墓葬皆为长方形竖穴土坑墓,其中41号为大型墓,长6.3米,宽4米,深4米。四周设有生土二层台,有木椁木棺,出土各类器物310多件,海贝1500枚,绿松石数以万计。其他墓葬皆为长3米左右、宽1米左右的中小型墓,出土的器物也不多。

天子庙墓葬共出土器物约700件,还有大量海贝和绿松石。陶器数量较多,在滇文化墓葬中比较特殊。陶器主要有扁足鼎、高领罐、直口壶、大喇叭口尊、圜底釜、纺轮。铜器的种类较多,兵器有戈、矛、剑、啄、斧、钺、镞、锤、镈、长銎凿、盔和甲;生产工具有犁、锄、镰、凿、削、卷刃器和纺织工具;生活用具有勺、枕、釜、鼎、箸;乐器有鼓和铃;装饰品则有镯与圆形、长方形和浮雕式扣饰。另外还有大量的玉、玛瑙、绿松石质的扣、珠、环、管等小型饰物。发掘

---

① 参见云南省博物馆《江川李家山古墓葬发掘报告》,《考古学报》1975年第2期,第97—156页。云南省文物考古研究所、玉溪市文物管理局、江川县文化局:《江川县李家山第二次发掘报告》,文物出版社2007年版。

② 参见云南省博物馆文物工作队《云南江川团山古墓葬发掘简报》,《文物资料丛刊》第8期,第95—99页。

报告将天子庙墓葬分为三期,年代从战国中期至西汉前期①。

5.呈贡龙街石碑村墓地

呈贡龙街石碑村位于呈贡县城南两公里,墓群分布在石碑村东北的一片台地上。1974年在该地进行农田基本建设时发现青铜器,同年3—4月,云南省博物馆文物工作队在此发掘了墓葬117座。1979年9月,昆明市文物管理委员会又对该墓地进行了第二次发掘,发掘滇文化墓葬63座。墓葬均为长方形竖穴土坑墓,一般长2米,宽0.6米,深0.3米,分布密集,基本成排成行,墓向大体一致,葬式为仰身直肢葬。有随葬品的墓葬91座,其器物组合可分为两类,一类以兵器和生产工具为主,一类以装饰品和纺轮为主。铜器有爪镰、削、凿、钻、戈、矛、斧、剑、臂甲、扣饰等;铁器有铜柄铁剑、铜骹铁矛、铜銎铁斧、铁矛、环首铁刀等。另外还出土了陶纺轮、玉耳坠、玛瑙耳环和玉质及绿松石质的小型装饰品。发掘报告将这批墓葬分为三期,时代从春秋晚期至西汉中晚期②。

6.昆明羊甫头墓地

羊甫头墓地位于昆明市官渡区小板桥镇的大羊甫村,昆明坝子边上的一级缓丘台地上,西距滇池4公里。1997年,因在当地施工发生了大规模的盗掘行为,大量的墓葬遭到了破坏。云南省考古研究所和昆明市博物馆等文物单位于1998—1999年、2000年、2001年三次对羊甫头墓地进行了抢救性发掘,共清理滇文化和汉式墓葬839座,明清墓葬7座,其中属于滇文化的墓葬810座。发掘者将这810座滇文化墓葬分为三型,墓口面积在18平方米以上的为大型墓葬,共6座;墓口面积在6—18平方米的为中型墓葬,共27座;墓口面积在6平方米以下的为小型墓葬,共777座,小型墓葬中的一部分有二层台和腰坑。墓葬形状可分为直角长方形、梯形和圆角外凸长方形,以直角长方形墓葬最多(757座)。墓葬分布十分密集,多有打破叠压关系,墓向基本一致。大、中型墓有棺有椁,小型墓多为单棺,棺椁皆为木质。根据对残存骨殖

---

① 参见昆明市文管会《呈贡天子庙滇墓》,《考古学报》1985年第4期,第507—545页。云南省博物馆文物工作队《云南呈贡天子庙古墓葬的清理》,《考古学集刊》第3辑,1983年,第132—141页。昆明市文管会《呈贡天子庙古墓群第三次发掘简报》,《云南文物》第39期,1994年12月。

② 参见云南省博物馆文物工作队《云南呈贡龙街石碑村古墓群发掘简报》,《文物资料丛刊》第3期,第86—92页。昆明市文物管理委员会《昆明呈贡石碑村古墓群第二次发掘》,《考古》1984年第3期,第231—242页。

的少量墓葬的观察,可辨葬式有合葬、解肢葬、仰身直肢葬和侧身屈肢葬,大型墓中发现人殉。出土大量随葬器物,铜器中的兵器有剑、戈、钺、矛、斧、啄、戚、镞、盔甲等(图5-11);仪仗器有杖首、狼牙棒、叉形器、矛形器、双钺形器;生产工具有锛、凿、斤、锤、削、锥、卷刃器、锄、锸和纺织工具;生活用具有釜、罐、鼎、勺、杯、案、枕、贮贝器;乐器有铜鼓、箫、葫芦笙;装饰品有大量头饰、腰扣、扣饰、镯、钏;马具有辔头、节约、铃、衔、当卢等。滇文化墓葬中出土的陶器一般很少,羊甫头是出土陶器最多的墓群,主要有釜、罐、尊、瓮、钵、豆、盒、鼎、器盖、纺轮等,其中以釜类和罐类为最多。铁器有爪镰、剑、矛、削、环首刀、斤。铜铁合制器有铜柄铁剑、铜骸铁矛。漆木器有柲、斗、豆、枕、勺、凳、头饰、箭箙、壶、葫芦笙、箫、杖首和各种动物及人头形的木俎。和其他滇文化墓葬一样,羊甫头墓葬也出土了大量玉、玛瑙、绿松石质的小型装饰品。发掘报告将羊甫头滇墓分为了四期,时代从战国中期至西汉末[①]。

图 5-11 漆柄铜戈

云南昆明羊甫头墓地出土

7. 昆明大团山墓地

大团山位于昆明西郊4公里的黑林铺东面,系一高约30米的小山,四周地势平坦。1975年5月,云南省博物馆文物工作队在该处发掘了6座墓葬。墓葬排列较为规整,均为长方形竖穴土坑墓,墓向基本一致。墓葬一般长0.7—2.5米,宽0.5—0.7米。深1.5—2.1米。出土器物12件,铜器有戈、矛、剑、斧、臂甲、扣饰,陶器有盘和壶。发掘报告认为这批墓葬的时代在春秋晚期至战国初期[②]。

---

① 参见云南省文物考古研究所、昆明市博物馆、官渡区博物馆《昆明羊甫头墓地》,科学出版社2005年版。

② 参见云南省博物馆文物工作队《昆明大团山滇文化墓葬》,《考古》1983年第9期,第844—845页。

8. 昆明上马村五台山墓地

上马村五台山位于昆明市北郊约 3 公里,是昆明盆地边缘的一个小山丘。1977 年 12 月,云南省文物工作队配合基本建设在该处发掘墓葬 13 座。墓葬分布较为密集,有打破叠压关系。皆为长方形竖穴土坑墓,长 2—4.6 米,宽 0.63—2.1 米,深 0.15—4.41 米,其中最大的 1 号墓有生土二层台,葬式为仰身直肢。13 座墓都有随葬品,但多寡不等。多者 26 件,少者 2 件,共计出土随葬品 103 件。铜器有剑、矛、戈、啄、斧、钺、臂甲、镞、爪镰、凿、削、铃、扣饰、镯;陶器有高领釜、高领罐、有耳罐、壶、盘、碗、纺轮;此外还有一些玉、玛瑙、绿松石质的小型装饰品。发掘报告认为该批墓葬的年代大约在春秋晚期至战国中期①。

9. 安宁太极山墓地

安宁太极山位于安宁县城东南,从 1958 年以来,多次在该处发现古墓葬及随葬器物。1964 年 7 月,云南省文物工作队在太极山发掘了小型墓葬 17 座。1993 年,云南省考古所和昆明市文管会等单位又在该处发掘墓葬 41 座,两次共发掘墓葬 58 座。墓葬分布极为密集,墓的间距一般为 1—2 米,最密的地方,两墓间的间隔仅 0.7 米,有打破关系。墓葬均为长方形竖穴土坑墓,墓向基本一致。出土的陶器共 90 件,有高领罐、直领罐、大口器、壶、单耳罐、纺轮;铜器有犁、斧、削、戈、矛、剑、镞、臂甲、泡饰等,其中有一座墓出土了铜鼓。发掘报告将这批墓葬分为早晚两期,认为早期墓葬的年代约在西汉初期,晚期墓葬的年代约在西汉中期②。

10. 东川普车河墓地

普车河村位于东川市东北 12 公里,小江支流晓光河西岸的二级台地上。1980 年,当地村民在该处发现青铜器,1985 年 1 月,云南省文物工作对会同东川市文管所在此地发掘墓葬 39 座。墓葬分布密集,均为长方形竖穴土坑墓,一般长 2 米,宽 1 米,深 0.6 米,皆为中小型墓葬,墓向基本一致。根据部分残存的骨殖分析,其葬式应为仰身直肢葬。有 37 座墓葬出土了 188 件随葬品,每座墓的随葬品多少不等。铜器有戈、剑、矛、斧、爪镰、削、镞、盾饰、甲片、铃、镯、泡饰和各形扣饰;铁器有环首刀、矛和爪镰;陶器有大口罐、高领罐、杯、盘、

---

① 参见云南省文物工作队《昆明上马村五台山古墓清理报告》,《考古》1984 年第 3 期,第 213—221 页。
② 参见云南省文物工作队《云南安宁太极山古墓葬清理报告》,《考古》1965 年第 9 期,第 451—458 页。

钵和纺轮；另外还出土了一些玉、石、玛瑙器。发掘报告推测该批墓葬的时代约在战国晚期至西汉中期①。

11. 楚雄万家坝墓地

万家坝位于楚雄城东南 3.5 公里，金沙江支流龙川江的一级支流清龙河的西岸台地上。发现于 1974 年 3 月，1974 年 5 月云南省文物工作队在该处发掘了大墓一座，同年 10 月至 1976 年 1 月正式发掘，共发掘墓葬 79 座。墓葬分布较为密集，中小型墓多有叠压打破关系，墓向基本一致。墓室基本为长方形，然多为圆角。大型墓一般长 5 米，宽 2—3 米，深 5 米；小型墓一般长 2—3 米，宽 1 米，深 2 米。有的墓穴边上竖有边桩，边桩的作用可能是为了防止墓壁坍塌。墓底铺有垫木，有的墓有二层台与腰坑。大多数墓葬有木棺，可分为有盖复合棺、有盖独木棺和无盖棺。79 座墓中有 54 座有随葬器，共计 1245 件。其中青铜器为大宗，达 1002 件。青铜器主要有戈、矛、镦、剑、钺、镞、臂甲、盾饰、锄、斧、凿、锥、釜、5 件铜鼓、一组 6 件编钟（图 5-12）、铃和各式装饰品；陶器数量不多，有双耳罐和釜。另有玉镯、玛瑙珠、绿松石珠、琥珀珠等小型装饰品。

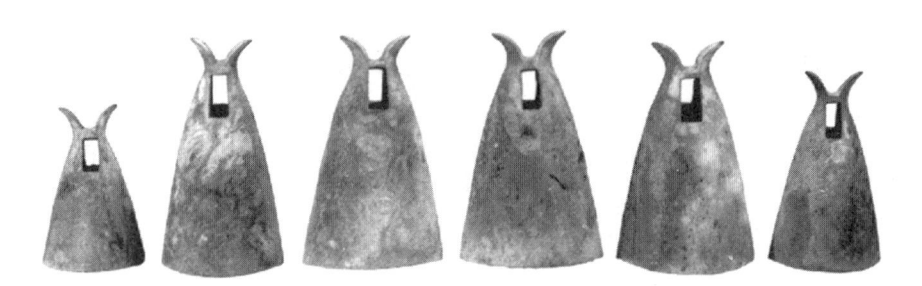

图 5-12　羊角纽编钟
云南楚雄万家坝墓地出土

万家坝墓葬在分布区域和出土器物上都有区别，发掘报告将其分为 I 类墓和 II 类墓。I 类墓分布于台地的顶部，靠山近离河远，而 II 类墓靠河近离山远。I 类墓除个别墓葬外，多数是随葬器物少的小墓，而 II 类墓在墓葬形制和随葬品的多寡上则出现了很大的区别。根据出土器物的形制和组合，I 类墓

---

① 参见熊正益《云南东川普车河古墓群》，《云南文物》第 26 期，1989 年 12 月。

被认为与滇西文化接近,Ⅱ类墓则属于滇文化范畴。发掘报告认为Ⅰ类墓的时代可定在西周至春秋早期,Ⅱ类墓的时代则在春秋晚期至战国时期[①]。

12.嵩明凤凰窝墓地

凤凰窝墓地位于嵩明县城所在地嵩明镇北约一公里的黄龙山南麓。发现于20世纪70年代,云南省文物考古研究所、昆明市博物馆和嵩明县文管所1988年10月至1989年1月对该墓地进行了发掘,共发掘青铜时代的墓葬161座。墓葬均为长方形竖穴土坑墓,分布密集,打破叠压关系较多。出土器物357件,其中青铜器有戈、剑、矛、臂甲、斧、锛、凿、削、爪镰、雕刻器、扣饰、镯、簪、铃等,还出土有铜铁合制器和铁器,陶器有壶、罐、盒、瓮、杯等。发掘报告认为凤凰窝墓葬的时代在战国晚期至西汉中期[②]。

以往对滇文化的遗址做的工作较少,近年来云南的考古工作者们开始关注滇文化的遗址,晋宁小平山、呈江学山和江川金莲山都是近年发现的重要的滇文化遗址。

13.晋宁小平山遗址

小平山遗址位于云南晋宁上蒜乡牛恋村,北距著名的石寨山墓地约300米,西距滇池约1000米。小平山遗址发现于1955—1956年,1982年晋宁县文管所对该遗址进行了进一步核实。2005年10—11月,云南省文物考古研究所等单位对该遗址进行了试掘,试掘面积200多平方米。发现的遗迹现象有灰坑、用火遗迹、沟和柱洞,出土大量陶片和少量石器、铜器和铁器。陶器主要有釜、罐、尊、豆、杯、盘等,铜器有爪镰和镞,小平山出土的陶釜和同心圆纹盘都是石寨山文化的典型器物,铜器也为滇池地区青铜时代墓葬中的常见之物,所以这是一处滇文化的遗址,发掘者推测其时代在战国中期以前至战国中、晚期[③]。

14.澄江学山遗址

学山遗址位于澄江县右所镇旧城村,东南与金莲山遗址相望。2008年10

[①] 参见云南省文物工作队《楚雄万家坝古墓群发掘报告》,《考古学报》1983年第3期,第347—382页。
[②] 参见云南省文物考古研究所、昆明市博物馆《嵩明凤凰窝古墓葬发掘报告》,《云南文物》2003年第1期。
[③] 参见云南省文物考古研究所、晋宁县文物管理所《云南晋宁县小平山遗址试掘简报》,《考古》2009年第8期,第54—66页。

月至2009年4月,云南省文物考古所、玉溪市文物管理所、澄江县文物管理所和吉林大学边疆考古研究中心对该遗址进行了试掘,发现了房屋建筑遗迹。出土的陶器以盘、罐、釜为主,铜器出土了铜镞,与石寨山墓葬出土的相似,其年代可能与石寨山同时①。

三、滇池区域酋邦社会

在西南夷地区发现的大量代表着诸多族群的青铜文化中,滇文化是内容最为丰富,文化内涵也最为统一的青铜文化。

迄今已发现的滇青铜文化的遗存主要是大量的墓葬,关于滇文化的遗址,云南的文物工作者们已经高度重视,并在这方面做了一些工作,但所获材料还十分零散与单薄,所以目前对滇青铜文化的研究主要依靠墓葬的材料。

(一)墓葬分析

滇文化的墓葬大致上可以分为大型、中型和小型三类,大型者如石寨山的1号、2号、3号、6号、7号、10号、12号、13号和71号墓;李家山的11号、17号、18号、21号、22号、23号、24号、47号、50号、51号、57号、68号、69号、85号墓;天子庙的41号墓;羊甫头的13号墓,其余墓葬则为中、小型墓。滇文化的墓葬均为长方形竖穴土坑,葬式以仰身直肢葬为主,大型墓葬均有木棺和木椁,随葬器物十分丰富,并伴出铜鼓、编钟、贮贝器等青铜重器,还随葬铜锄、铜凿、铜斧等青铜工具。中、小型墓随葬器物明显少于大型墓,有数量不少的小型墓只随葬一两件陶器,甚至空无一物。大、中、小型墓葬同处一墓地,墓葬分布密集,常出现叠压打破关系。

滇文化墓葬的最大特点是出土了大量的随葬品,有陶、铜、铁、铜铁合制、金、银、漆、木、铅器,还出土数以数十万计的玛瑙、绿松石、玉、琉璃质的各类装饰品。

滇青铜文化的陶器种类不多,较为单纯。主要有浅圆底釜、壶、高领罐、侈口罐、尊、同心圆纹盘、豆、瓶、直桶杯、碗、盘、纺轮,此外在属于晚期的墓葬中还出土小口卷沿鼓肩罐、兽足鼎、长方炉、熏炉、盒等器物。

根据现有的发现,滇文化的面貌基本上还靠其青铜器勾勒出来。典型的滇文化青铜器大致可以分为五大类:生产工具有铲、锄、镰、爪镰、锯、斧、刀、削、

---

① 参见吉林大学边疆考古研究中心、云南省文物考古研究所、玉溪市文物管理所、澄江县文物管理所《云南澄江县学山遗址试掘简报》,《考古》2010年第10期,第18—24页。

锥、锛、啄、凿、针、鱼钩、戚、锤、斤、叉形器、犁（也有人认为是尖叶形锄）、镦和经轴、布轴等纺织工具。生活用具有案、枕、杯、瓠、蛇头形镂孔器、釜、尊、鼎、针线筒、盒、杖与杖首、各式贮贝器。兵器有蛇头形无格剑、一字格剑、无胡戈、长胡戈（皆有有銎戈与无銎戈）、柳叶形矛、啄、狼牙棒、叉形器、钺、戚、斧、镞、盔、甲、铜柄铁剑和铜銎铁矛等。礼乐器有铜鼓、编钟、铃、锣、直管和曲管葫芦笙。

装饰品有镯、簪、各形扣饰与带饰、各种小动物或人物浮雕或圆雕的饰件。此外还有干栏式房屋模型、执伞的男、女俑、舞俑等。

滇文化墓葬中出土了相当丰富的黄金制品，可分为纯黄金制品、鎏金制品和包金制品三类。纯黄金制品有剑鞘、臂甲、夹子、发簪、发针、钏、腰带、珠、马饰、纽扣、项链和各式饰片。鎏金制品有铜鼓、各式扣饰和贮贝器上的部分构件。包金制品有马具。

玉器有镯、有领镯、玦、璧、带钩、戒指、管、珠、片和各式小饰件，并出土一件"滇王玉衣"。

还出土了大量有玛瑙、琥珀、绿松石、孔雀石、大理石、葡萄石、琉璃、烧料、珊瑚质的珠、管等饰件，这些饰品几乎全部发现于大中型墓中，小型墓中极少出土，大型墓葬中还出土"珠襦"，一种用绿松石珠、管串起来盖在死者身上的用品。

滇青铜器具有浓郁的地方文化特色，除了青铜器的种类和造型别具一格外，装饰性极强也是滇青铜器的一大特点。滇文化的青铜艺术以写实见长。在这里感觉不到神的威严，却能感觉到大自然跳动的脉搏，这是一种对大自然的仰慕，对大自然的热爱，对大自然的崇拜。古滇人用青铜记录了生存在大自然中的人类、走兽、飞禽、昆虫。无论是人物中的巫师、武士、农夫、舞女；还是走兽中的虎、熊、豹、马、牛、羊；飞禽中的孔雀、犀鸟、鸳鸯、雄鹰、飞燕；小至昆虫中的蝮蛇、蜈蚣、牛虻、蜜蜂，无不栩栩如生，充满了生命活力，表现了古滇人的自然崇拜观念及形成。

由于滇青铜文化发现得比较早，又是西南夷地区最大的青铜文化，所以研究者较多，研究的程度也较为深入。其中有代表性的研究成果有张增祺教授所著的《滇国与滇文化》和《晋宁石寨山》，蒋志龙教授所著的《滇国探秘》等，另外还有不少专题性研究。

滇青铜文化在众多的西南夷青铜文化中最为发达，也是目前唯一能与文献记载相对应的文化。关于滇的社会结构和社会性质,学者们已经发表了不少意见,有的学者认为已进入奴隶社会,也有学者认为处于酋邦制阶段。

目前发现的滇文化遗存主要是墓葬,所以对滇国的社会结构与社会性质的研究应该从其墓葬文化入手,特别是对大型墓葬进行分析。

滇的墓葬分为大、中、小三类,但规模宏大且有大型墓葬分布的目前只发现五处,即晋宁石寨山、江川李家山、昆明羊甫头、楚雄万家坝和呈贡天子庙。这五处拥有大型墓葬的墓地对于确定滇国的社会性质至关重要,以下先将这五处墓地中的大型墓葬列表进行比较:

表 5-4 滇文化大型墓葬比较表

墓葬名称	墓葬规格(米)	葬具与葬式	出土器物 青铜器	出土器物 陶铁漆器	出土器物 其他
晋宁石寨山1号墓	长3.34,宽2.72,深1.6	漆木棺	铜俑杖首6,鼓2,四耳器3,女俑1,牛头5,壶1,杯2,镜3,犁1,铲1,斧2,铃15,钉17,条片形器4	铜柄铁剑1 陶器:纺轮5,盂1	金器:圈30,珠1包,扁葫芦形坠子14,钏2,夹1,纽扣68,梅花形饰6,压花簪形残片5,石环9,石耳环1包,玛瑙琉璃绿松石饰品若干
晋宁石寨山6号墓	长4.2,宽1.9,深2.85	漆木棺	贮贝器5,俑2,伞2,洗1,扣饰14,镜1,牛头5,凿1,削3,矛8,剑21,房屋模型2,马饰2,盂1,铃2,编钟6,标首1,镞1,熏炉1,炉1,壶1,戚1,釜1,釜及盘1,钺3,器座1,啄2,镦2,戈8,鱼1,弩机1,棒2,斧3,锄3,叉1,铜鹿及小铜俑1,金鞘铜剑1	金鞘铁剑1,铜銎铁戟1	滇王金印1,玉环3,玛瑙扣1,玉璧及穿孔玉片若干
晋宁石寨山12号墓	长3.8,宽2.2,深1.95	漆木棺	贮贝器3,女俑1,矛4,镞5,斧31,戈8,锤2,叉1,啄2,半圆盒1,弩机1,牛头6,臂甲1,盒1,牌饰4,圈1,剑18,圆形饰1,锛4,钺7,犁6,圆牌状饰1,钉1,锄2,铜牌1,鱼1,铃2,镦3,车马饰3,蝉形饰1,杖首2,凿3,弹丸1	铜柄铁矛2,铁矛1,金鞘铁剑1	金臂甲1,金钏1,金剑鞘12,金发针及珠子4,金错金片1,玉耳环3,玉瑹(革旁)1,玛瑙扣1,砺石1,石坠7,磨光方形石器1,象牙1

(续表)

江川李家山17号墓	长3.78,宽1.7,深5.1		杖首1,鹿1,卷经杆1,弓形器1,工字形器1,梭口刀1,钺形器1,刷形器1,长方形铜片1,纺轮1,针线筒1,勺1,壶2,尊1,杯1,枕1,伞盖1,贮贝器1,鼓2,喇叭形器1,牛1,牛角4,管形器1,筒形器1,镯7		玉镯10,玉耳环14,玉标首1,玉管多件,石杯1,玛瑙管扣珠多件,绿松石珠和海贝多件
江川李家山18号墓	长3.2,宽1.6,深2.56		杖首1,削1,鱼钩2,工字形器1,纺轮2,针线盒1,针线筒1,绕线板1,勺1,壶1,伞盖1,贮贝器1,匕首2,镯多件,牛1,牛头2		玉镯6,玉耳环4,玉标首1,玉管多件,木纺轮2,竹针3,绿松石珠多件,海贝多件,玛瑙扣珠管多件
江川李家山22号墓	长4.1,宽2.47,深3.22		杖1,牛1,筒形器1,削2,卷经杆4,弓形器1,工字形器1,刷形器1,纺轮1,针线筒1,绕线板2,针6,勺2,壶1,尊2,杯1,伞盖1,枕1,贮器1,匕首2,镯3		玉镯7,玉耳环9,玉标首1,玉管多件,石杯1,石纺轮1,残铅器1,玛瑙扣珠管多件,木绕线板1,海贝绿松石珠多件
江山李家山23号墓	长4.35,宽1.99,深3.7		杖1,杖首1,剑1,削3,卷经杆4,弓形器1,工字形器1,刷形器1,纺轮1,针线盒1,针线筒1,绕线板2,针8,杯1,伞盖2,枕1,匕首2,鼓2,镯9,喇叭形器1,牛3,牛角4,盖弓帽,管形器		玉镯19,玉耳环9,玉标首1,石杯1,玉管多件,玛瑙扣珠管多件,海贝绿松石珠多件
江川李家山24号墓	长4.26,宽2.63,深2.7		杖首2,戈7,钺2,矛34,戚4,啄4,镈7,斧4,狼牙棒2,剑47,镞84,镞形器10,箭箙1,颈甲1,臂甲1,背甲2,腿甲2,甲片多件,削22,凿3,刷形器1,针线盒1,锥2,勺1,壶1,杯1,枕1,案1,盒1,伞盖1,鼓4,笙2,圆形扣饰10,长方形扣饰4,浮雕扣饰4,喇叭形器2,卷刃器1,镐形器1,鱼形器1,镂空锤1,牛1,牛角2,铜片		玉镯7,玉耳环12,石杯1,玉管多件,石坠4,玛瑙扣珠管多件,海贝多件

(续表)

江川李家山49号墓	长2.9,宽1.74,深1.6		杖首1,锄1,镦1,孔雀形镇1,镜2,钏13,熏炉1,锥形器1,勺形器1,	铁刀1.	漆奁银扣1,金珠10,玉玦2,管3,玛瑙珠14,琥珀珠1,水晶珠4,绿松石管、珠7,琉璃珠14,铜饰
江川李家山51号墓	长4.3,宽3.2,深3.7		杖首2,锄5,铲1,斧8,锛2,凿1,卷刃器2,削2,戈12,矛10,殳2,钺6,叉2,啄1,戚1,棒3,剑21,鞘饰4,弩机1,箙1,镞6,鞭1,盾饰9,甲片11,镖1,镡16,扣饰37,凹字形牌饰5,牛头4,鹿头2,执伞俑2,伞盖1,鼓1,贮贝器1,网状器1,编钟6,鱼2,三通4,节约4,策6,辔饰29,铃4,泡92,盖弓帽14,釜3,盘1,镜1,罐1,勺形器1,锥形器1,带钩1,神兽片饰2,贝形饰36,橑钉14,圆筒形器1,钺形器1,球形器1	铁器:斧7,凿4,卷刃器4,刀8,矛8,戟1,剑21,镞8,鞭2,衔陶壶11,漆器1,	金鞘饰9,镖1,簪4,钏2,指环4,腰带饰1,夹5,葫芦形饰1,框形饰23,圆片挂饰48,卷边长方形饰150,泡106,珠739,联珠条形饰148,神兽片饰4,花形饰66,管状饰1,玉镯18,玦70,牙形饰53,坠3,标5,鞭1,璜1,玭玛瑙琉璃绿松石饰品若干,金银饰7,蚌泡2,海贝
江川李家山69号墓	长4.66,宽5.1,深3.58		杖首12,锄7,铲2,斧6,卷刃器4,戈2,矛4,钺2,剑1,镡14,牛头5,鼓3,鼓形器座1,贮贝器3,执伞俑2,钏36,釜1,炉1,镜1,盒1,壶1,泡头形饰2,匜2,卮2,圆片形器3,橑钉14,橑泡钉饰59	铁器:刀7,锸2,矛3 陶器:壶2,杯1 漆器:漆盒1 漆器1	金器:鞘饰13,钏52,心形片饰7,鼓形饰1,葫芦形饰1,卷边长方形饰90,泡4,珠559,神兽片饰6,花形饰59,玉镯24,玦104,牙形饰77,坠2,纺轮3,蚀花石髓珠1,琉璃玛瑙绿松石饰品若干,石甲虫1,海贝,铜饰
江川李家山82号墓	长2.8,宽1.1,深0.3		杖首1,斧1,矛2,剑1,镡1,扣饰4,钏8	铁器:刀1,矛1,剑1	玉玦2,玛瑙扣10,珠71,管62,琥珀珠1,蚀花石髓珠1,绿松石扣7,珠19,小珠1

第五章　雌结耕田有邑聚:夜郎、滇、邛都酋邦社会　177

(续表)

呈贡天子庙41号墓	长6.3,宽4,深4		女俑杖首1,戈29,矛62,剑18,匕首1,啄4,斧19,钺2,戚2,镞9,叉2,锤2,镦2,凿4,盔甲片1000余,犁2,锄2,镰2,凿7,削10,卷刃器1,工字形器1,卷经轴1,梭口刀1,长方形器1,勺5,枕3,釜1,鼎1,筲3,鼓1,铃1,各式扣饰24,镯及其他饰件数十件	陶器:鼎1,尊2,直口罐2,纺轮1	玉镯4,耳环31,管200余,扣18,钉形器17,塞形器20,坠形器2,尊形器5,算珠形管55,圆柱形管85,珠650余,石坠2,绿松石珠数以万计,海贝1500多枚
昆明羊甫头113号墓	长5.04,宽4.24,深3.5		人形杖首杖1,鱼形杖首2,剑7,剑鞘6,戈45,啄16,戚9,钺9,斧13,箙1,镞150余,盔1,臂甲1,甲片若干,狼牙棒2,仪仗器5,削13,凿17,锛21,卷刃器4,斤5,锄6,镰5,长镰1,鱼尾形器1,锤1,爪镰1,耙1,锥5,杯1,勺2,夹1,罐1,釜7,鼎4,葫芦笙1,箫1,杂件若干	漆木器:木杖首7,箙,木祖,壶,豆,杯,勺,纺织工俑,孔雀牛等陶器:釜5,罐4,尊8,盒3,豆2,器盖3	玉镯,玉玦,玉牙形饰,石坠,玉石玛瑙绿松石饰品若干
昆明羊甫头30号墓	长4.7,宽3,残深1.54		人形杖首1,矛1,剑3,斧2,削2,釜2,鼓1,贮贝器1,枕1,爪镰1,镯3,锸1,锄1	陶器:豆2,盒1,纺轮2	玉镯,玉管,玉牙形饰,玛瑙珠及绿松石珠若干
楚雄万家坝23号墓	长5.6,宽2,深6.5—6.7	木棺	锄14,斧4,凿3,矛351,戈8,镞71,钺3,剑1,臂甲3,盾饰5,镦13,鼓4,铃1,镯49,	陶罐2	玛瑙珠4,绿松石珠3,锡片若干

注:石寨山的大型墓葬共有1、2、3、6、7、10、12、13、71等9座。

根据所发掘的墓葬材料观察,滇国的社会分化已经非常严重,大型墓葬与中小型墓葬的差别十分巨大,特别是大型墓葬和小型墓葬之间的差别呈现出天壤之别。从铜鼓、贮贝器等青铜器人物造型上也反映出滇国的社会已经分化出若干阶层,有统治者,有巫师,有武士,有农夫,有奴仆。从上表可以看出,不同地点的大型墓葬无论在墓葬的形制大小、出土器物种类的多寡,都没有表现出太大的差异,每座墓葬除了随葬了大量随葬品外,几乎都拥有代表社会上层身份的铜鼓、贮贝器和杖首等青铜重器,这反映出墓主人们拥有基本相同的社会身份。即便是出土了"滇王金印"的石寨山6号墓,从出土器物上也没有表现出其墓主人的十分明显高于其他大型墓主人的现象。从这点上分析,当时的"滇国"至少存在着五个社会身份相等的集团,他们之间并没有上下级的统率关系。也就是说,当时的滇至少是由五个势力相当的部落组成的族群。同夜郎王与汉王朝的关系一样,其中石寨山的一支被汉王朝授予了滇王金印,这只能反映这支族群与汉王朝的关系,而不能认为这支族群因此拥有能统率其他族群的权力。所以,所谓"滇国",不过是一个由若干个滇人族群形成的酋邦。但滇文化的墓葬文化反映出滇人的社会分层已经十分明显,滇人的社会已经快要跨进国家的大门了。

从考古材料观察,滇文化是春秋至西汉时期云贵高原最发达的青铜文化,滇也是西南夷诸族群中最强大的族群,它曾经在整个西南夷诸族群的青铜文化中发挥过重要作用。

需要指出的是,滇池区域青铜器上有着大量动物纹样,但这并不意味着滇人社会所从事的是游牧经济,也不意味着滇池区域是所谓的草原世界。北方草原青铜文化的典型纹样即所谓斯基泰纹样的特点是猛兽,或格里芬,而滇文化的动物纹样绝大多数是家禽和家畜,体现了一个农业社会的文化因素而不是草原游牧经济的文化因素,这与北方草原地区的斯基泰文化纹样相去甚远,不能混为一谈。

(二)历史记忆

《史记·西南夷列传》记载,"滇王"所属的部众有"数万人"。而其同姓劳浸、靡莫由于数次袭扰汉军和使者,因此在元封二年(公元前109年)被汉王朝消灭。自此,滇王举国投降,滇人地区被汉王朝纳入到益州郡,而滇王则被赐予金印,继续"复长其民"。在《史记》的作者司马迁看来,滇人的社会与汉人一样,只有一个权力中心"王",而且"滇王"的祖先,并非本土的"蛮夷",而是一位来自楚地的人物。《史记·西南夷列传》记载说:"始楚威王时,使将军庄蹻将兵循江上,略巴、黔中以西。庄蹻者,故楚庄王苗裔也。蹻至滇池,方三百里,旁平地,肥饶数千里,以兵威定属楚。欲归报,会秦击夺楚巴、黔中郡,道塞不通,因还,以其众王滇,变服,从其俗,以长之。"

根据王明珂先生的研究,"人们对现实的关怀如何表现在他们对'过去'

（族源历史与传说）的记忆、重组与诠释之中"。实际上，人类社会习惯于通过对祖先、起源与集体记忆的调整或重建，来服务于现实的利益诉求与政治目的。司马迁记载庄蹻进入滇人社会是楚威王时期，而楚威王在位时间为公元前 339—前 329 年，但秦昭襄王伐楚巫郡与黔中郡之时间为公元前 277 年，其间至少相隔 52 年。到了司马迁之后数百年的《后汉书》中，则将"楚威王"修改为"楚顷襄王"（公元前 298—前 263 年在位）。通过知识考古学的方法，表明这一传说本身就不符合逻辑，而是在历史传播的过程中被修改得日渐合理。因此，这一传说的出现，"合理化滇国王室的中国根源，有助于滇国由上而下的华夏化"①。因此，最为合理的解释是：在汉武帝开通西南夷之前，滇人社会与劳浸、靡莫为同族属，皆为本土起源的人群。但在汉王朝势力进入后，消灭了劳浸、靡莫，滇人酋邦诸豪酋中的一支便宣称自己是楚国宗室的后裔，向汉政府投降，因此得到了汉政府的信任，被封为"滇王"，从而在滇人众多豪酋的竞争中脱颖而出。这一传说的出现，显然既有利于汉王朝对该地区的统治，也有利于"滇王"家族抬高自己的地位，因此很快成为了双方一种共同的"历史记忆"。

（三）通往早期国家之路

西南夷地区各族群社会面貌差异巨大，当一些族群和社会长期停留在平等水平的社会时，滇池区域的滇人社会却已高度复杂化，不但发展出复杂酋邦社会，而且已经临界到早期国家水平的门槛。

滇人的社会性质属于复杂酋邦，"处于由酋邦制向国家的演化过程中"②。在这个复杂酋邦中，存在着放置有神器铜鼓的中心礼仪建筑空间，在这些礼仪空间上举行各种宗教活动，是精英垄断意识形态并以此攫取权力的重要手段。

滇人的宗教精英并非具有神灵血统的神圣身份，他们更可能被视为来自遥远外部世界或异域文化英雄的后裔。但他们对这一社会意识形态的垄断程度，却明显超过西南夷其他地区。此外，滇人精英除了意识形态控制者的身份之外，也同时是政治与军事力量的垄断者。在呈贡天子庙 M41 出土神器青铜鼎上，表现有头戴羽冠的巫觋形象，身着铠甲，一手持宗教法器，一手持武器③。这样头戴羽冠的形象，也见于石寨山贮贝器上，被表现为骑马作战的首

---

① 王明珂：《华夏边缘：历史记忆与族群认同》，社会科学文献出版社 2006 年版，第 194、196 页。
② 段渝：《酋邦与国家起源：长江流域文明起源比较研究》，中华书局 2007 年版，第 282 页。
③ 参见昆明市文物管理委员会《呈贡天子庙滇墓》，《考古学报》1985 年第 4 期，第 507—545 页。

领。这就很好地显示,此种头戴羽冠的滇人精英,既是被表现于交通神祇青铜鼎上的意识形态首领,同时也是战争活动的领袖。滇人的精英一手持宗教法器,一手持兵器,形象地勾勒出滇人社会的权力整合于意识形态与战争活动有效互动的同体结构基础之上。

了解这一点,也是深入理解滇人大墓中武器、神器一同出土的重要线索。滇人的战争活动非常频繁,意识形态与资源攫取的动力复杂交织在一起,不断推动社会复杂化的进程。滇人的武装化程度非常高,表明战争活动在社会生活中的重要性。青铜神器上,也经常表现首领与集团的武装活动,带有歌颂的意义[1]。

楚雄万家坝 M1、M23 大墓位于墓群中央,出土了铜鼓、编钟和大量武器,表明这是社会精英的墓葬。而周围与之相伴的,是大量无棺,随葬品极少的小墓,同处一个墓地。这一现象,既说明了等级的分化,也表明氏族内的血缘纽带依然存在[2]。而石寨山的所谓"滇王墓地",也同时存在大量小墓[3]。这些迹象均能显示出原有血缘氏族组织的存在。因此,在战争活动中,滇人精英既是意识形态领袖,也是军事首领,同时也是氏族组织的首领,滇人的普通武装者,应当是以"族"为单位投入到战争活动中。这也是包括了中原早期国家在内的一个普遍现象,意味着整个社会均参与到一项整体性的社会工程之中[4]。

在公元前 11 世纪的剑川西湖遗址中便出现了马骨,说明当地族群在西周时便存在与马有关的活动。滇池地区盛产良马,以"滇池驹"而闻名。滇人青铜器上经常表现用马匹作战,而由于滇人的马镫出现早于中原 4 个世纪,马镫的使用提高了战争效率,使得上身解脱,兵器得到了更好发挥[5]。因此,有理由相信滇人战争活动的高效,这一高效加速了资源的再分配和权力的巩固。

---

[1] 如石寨山 M6∶1 贮贝器、M13∶356 上皆表现战争,并歌颂突出人物的意义;天子庙 M33∶1 表现出征活动;石寨山 M1 表现持矛、斧、弩、剑出征的武装者等。参见肖明华《论滇文化的青铜贮贝器》,《考古》2004 年第 1 期,第 78—88 页。

[2] 参见云南省博物馆文物工作队、四川大学历史系考古专业 74 级学员《云南省楚雄县万家坝古墓群发掘简报》,《文物》1978 第 10 期,第 1—18 页。

[3] 参见杨勇《石寨山考古的新成果和再认识:读〈晋宁石寨山——第五次发掘报告〉》,《文物》2011 年第 8 期,第 90—95 页。

[4] 参见李竞恒《干戈之影:商代的战争观念、武装者与武器装备研究》,四川师范大学电子出版社 2011 年版,第 158—173 页。

[5] 参见张增祺《滇国的战马、马具及马镫》,《考古》1997 年第 5 期,第 71—78 页。

第五章 魋结耕田有邑聚:夜郎、滇、邛都酋邦社会

在战争活动中,普通氏族战士一般充任步卒,而氏族内不同层次的精英,则担任了武装骑手。

战争活动对外扩大了神权政治所需要的各种资源。而滇人内部的神权政治,则仍处于某种竞争关系之中,尚未出现一个统一的神权核心。实际上,按照传统的解释观点,由于传统史书中存在着"滇王"的记载,那么就一定意味着滇人存在一个权力中心。这也是一些学者的习惯性思路[1]。按照这一思路,在良渚发现了巨大的坟墓,便被解释为"王陵"之存在,似乎良渚是一个单一中心的政治共同体。可是,仔细分析考古材料,会发现包括反山、瑶山、汇观山、福泉山、寺墩等在内的墓葬,并不是呈历时性分布,而是存在共时性。整个良渚是由许多竞争性的不同家族组成的文化群,这些家族之间均有各自的坟墓埋葬中心、祭祀礼仪中心,也在各自不同的宗教玉器上表现不同家族的"神徽"纹饰。整个良渚地区,存在着各家族之间剧烈的竞争性关系[2]。陈淳也认为,在不排除历时性演变中的兴废和重建情况下,良渚一般是一处祭坛属于一个酋邦[3]。

实际上,滇人社会也存在着某种类似的竞争性机制。正如上文中所述,酋邦的意识形态在社会整合中需要精英身份的神圣象征,滇人的铜鼓、贮贝器是非常典型的代表。在这一社会中,占有了铜鼓、贮贝器,便是沟通鬼神的重要精英身份表征。因此,大墓中随葬这些神器的数量,能够反映在社会中的地位。在属于战国初期的李家山M21,出土了贮贝器;在属于战国中期的天子庙M41出土了3件贮贝器、1件铜鼓;而石寨山M1、M13,都是属于西汉早期的墓葬,前者随葬贮贝器、铜鼓一共5件,后者随葬一共7件;石寨山M6、M11,李家山M69都是属于西汉中期的大墓,前二者均随葬5件神器,而李家山M69则随葬7件神器[4]。首先,在同属西汉早期的石寨山M1、M13中,随葬神器数量并无明显差别,一个是5件,一个是7件,这似乎显示石寨山并不是一个"王族"的历时性"王陵",而更倾向于共时性并伴有竞争性的不同家族墓葬群。其次,西汉中期的石寨山M6、M11,随葬神器数量相同,都是5件。

---

[1] 参见陈淳《考古学理论》,复旦大学出版社2004年版,第89页。
[2] 参见段渝《酋邦与国家起源:长江流域文明起源比较研究》,第122—125页。
[3] 参见陈淳《文明与早期国家探源:中外理论、方法与研究之比较》,上海书店出版社2007年版,第50页。
[4] 参见肖明华《论滇文化的青铜贮贝器》,《考古》2004年第1期,第78—88页。

更值得注意的是,同时期的李家山 M69 出土的神器数量更多,说明除了石寨山之外,李家山也存在着等级相当甚至更强的竞争性家族。尤其值得注意的是,滇王金印出土于石寨山 M6,可是同时代的李家山 M69 在神器数量上,反而比这位所谓"滇王"墓葬更多。

这些现象只能说明,滇人存在着包括了李家山、天子庙、石寨山等多个政治宗教中心,这些中心内部又分属于几个不同的核心家族,并伴随着某种意识形态上的竞争性关系。所谓的"滇王",实际上只是这些核心家族中某一个家族的首领,很可能是由于这个家族最早和汉王朝接触,并宣称自己是华夏英雄的后裔,因此获得了汉王朝颁赐的金印,汉王朝也按照自身文化的思维习惯,认为这一家族就是全部滇人中唯一的"王"。

因此,滇人社会是一个内部存在着竞争性关系的共同体。这些核心家族在意识形态上通过神话、礼仪、祭祀对其控制下的各氏族进行整合,并带领这些氏族武装人员频繁投入战争活动。由于青铜器上并未见滇人被用于宗教献祭,说明这些不同家族势力下的共同体之间并不存在着军事上的竞争,这些竞争更多表现为意识形态上的关系,即通过袭击外族人获取祭品、粮食、牲畜等资源,投入到宗教竞争活动之中。正如考古学家柯林·伦福儒、保罗·巴恩所说,相邻地区仪式性的竞争关系广泛见于考古中的人群,这一点可以解释为何古代玛雅不同共同体的祭祀中心却具有共同的风格,这正是意识形态竞争的结果[①]。显然,滇人文化中不同核心家族大墓随葬的青铜神器与贮贝器上表现的礼仪中心风格,均高度风格化和模式化,正显示出这些竞争体之间分享了共同的意识形态。

第三节 劳浸、靡莫

一、劳浸、靡莫的地理位置和族属

《史记·西南夷列传》:"滇王者,其众数万人,其旁东北有劳浸、靡莫,皆同姓相扶,未肯听。"劳浸,《汉书》作劳深。《汉书·西南夷传》:"滇王者,其众数

---

① 参见〔英〕柯林·伦福儒、保罗·巴恩《考古学:理论、方法与实践》,中国社会科学院考古所译,第 385 页。

万人,其旁东北劳深、靡莫,皆同姓相仗,未肯听。"劳浸与劳深,"浸"、"深"二字当属形近而讹,应以作"劳浸"为是。方国瑜先生推测劳浸为地名,靡莫为族名,并认为司马贞以为劳浸、靡莫为二国,其说未必可从[①]。但从《史记》和《汉书》的记载看,劳浸与靡莫和滇既然是"同姓相扶",那么劳浸必然是这个"同姓"族群中的一支,并非地名。《史记·西南夷列传》还记载:"劳浸、靡莫数侵犯使者吏卒,元封二年,天子发巴、蜀击灭劳浸、靡莫,以兵临滇。"十分清楚地说明劳浸与靡莫一样是西南夷诸族群中的一支,劳浸和靡莫均为族群名称,而不是地名。况且,在西南夷地区后来的郡县地名中,并没有劳浸名称,也可说明劳浸绝不会是地名。

既然夜郎的中心区域在今之黔西北和滇东北一带,滇的中心区域在滇中的滇池一带,那么,将夜郎与滇的地理位置作为参照系,再结合考古材料综合分析,可以认为劳浸、靡莫的位置应当在滇东地区,即在今云南东部的曲靖盆地。

《史记·西南夷列传》记载劳浸和靡莫与滇"同姓相扶",《汉书·西南夷传》记载与滇"同姓相仗",清楚地说明劳浸和靡莫与滇同为濮越系族群。

二、劳浸、靡莫青铜文化

在劳浸、靡莫的中心地带(曲靖盆地),目前已发现的重要青铜时代文化遗存有三处,即云南曲靖市的珠街八塔台墓地、曲靖横大路墓地和曲靖市麒麟区潇湘平坡墓地。

1. 云南曲靖珠街八塔台墓地

八塔台墓葬群位于曲靖坝子的东缘东山山坡的缓坡地带,由八个大小不等的圆形、椭圆形土堆构成,故被当地人称之为"八塔台"。1977年秋,当地农民在取土时发现了数十件青铜器,云南省文物工作队从1978年至1982年六年间,对八塔台墓葬群进行了七次发掘,发掘集中在八塔台的一号堆和二号堆,一号堆破坏严重,二号堆保存较完好。经发掘发现二号堆是一座完全用熟土堆成的大土墩,从生土面到土墩顶部最高达11.8米。在一号堆清理了墓葬5座,二号堆清理了墓葬348座,先后共发掘属于青铜时代的墓葬353座。墓葬分布密集,叠压打破关系复杂,绝大部分为长方形竖穴土坑墓,墓室大小差别不大,另发现16座有封土堆的墓葬。墓向基本一致,根据残留的骨殖分析,

---

① 参见方国瑜《中国西南历史地理考释》,第13页。

葬式为仰身直肢葬，较大的墓葬有棺有椁，有封土的墓葬在墓坑结构与随葬器物上与无封土墓葬没有其他差别。

353座墓葬中，有随葬品的218座，无随葬品的135座。出土了陶、铜、铜铁合制、铁、铅、玉、石、玛瑙、石髓、琥珀、绿松石、烧料器。陶器主要有釜形鼎、罐形鼎、深腹侈口罐、深腹大喇叭口罐、圆腹罐、折肩罐、小罐、壶、瓶、杯、豆、钵、器盖、碗、盆等，其中釜形鼎、罐形鼎、深腹侈口罐、深腹大喇叭口罐的数量最多也最有特点。出土的青铜器种类繁多，功能各异。兵器有圆茎剑、扁茎剑、剑鞘、铍、无胡圆穿戈、无胡戈、长胡戈、窄叶矛、钺形矛、啄、镞、镦、箭箙、弩机、甲片等（图5-13）；生产工具有单耳斧、条形斧、条形凿、平背和弧背削、针

图5-13　铜剑及鞘

云南曲靖八塔台墓地出土

形器、铸范等；生活用具有万家坝形鼓、鼓形釜、立耳釜、双耳鍪、簋、杯、碗、壶、镜、铃等；装饰品有人面纹圆形扣饰、方形扣饰、鱼形和虫形等各类象生形扣饰、各式泡钉、各式带钩、手镯等；出土的钱币有汉武帝前期五铢，汉武帝后期至昭、宣时期五铢和宣平五铢，新莽大泉五十和大布黄千钱。铁器与铜铁合制器有铁剑、铁矛、铁环首刀、铁镞、铁凿、铁斧和铜骸铁矛。玉器有璇玑形璧、有领璧和玦；石器主要有砺石和纺轮；玛瑙、石髓、琥珀、绿松石、烧料器则多为装饰品。

发掘报告将八塔台的墓葬分为四期，第一期的年代约在春秋早期、第二期的年代约当春秋中晚期、第三期的年代大约包括战国和西汉的最早期，第四期的年代大致在西汉后期。第四期墓葬与第一、二、三期相比，器物形态、器物组

合都发生了较大变化,出现了大量汉文化器物①。

2. 云南曲靖横大路墓地

横大路墓葬群位于曲靖坝子的南部,与八塔台墓葬群相距仅20公里。该墓葬群发现于1982年,为一人工堆成的大型椭圆形土堆,当地人称"大堆子"。1997年12月,因修建曲靖至陆良高速公路,云南文物考古研究所对该墓葬群进行了发掘,历时三个月,共清理青铜时代墓葬188座。其中长方形竖穴土坑墓185座,封土堆墓3座,均为小型墓葬。墓葬分布密集,叠压、打破关系复杂,墓向基本一致。墓口一般宽2.2—2.8米,宽0.5—1.2米,深0.1—1.9米。根据少量墓葬底部残留的长方形木板痕迹,推定曾用木棺作葬具,又根据随葬品的摆放位置,推定其葬式为仰身直肢葬。封土堆墓的封土呈椭圆形,封土堆的周长10—20米不等,除有封土外,其墓穴与随葬品与同墓地同时期的竖穴土坑墓基本类似。

188座墓葬中除3座未见随葬品外,均有1—11件随葬品,有陶、铜、金、木、玉、石、骨器。陶器中最有特点的是敞口罐型鼎和釜形鼎,此外还有大喇叭口深腹罐、圆腹罐、直口壶、圈足尊、高柄豆、红陶盘等;铜器有长援无胡戈、蛇头形首无格剑、圆柄无格剑、狭叶形矛、弧背削、人面圆形扣饰、镯等;金器很少,只1件金针;木、玉、骨器为装饰品,石器为砺石;铁器和铜铁合制器全为采集品,有环首铁刀、铜骹铁矛和铜心铁削。

发掘报告主要根据墓葬中出土陶器的器物形态和组合关系的变化,并参照出土的青铜器中的戈、剑、矛、扣饰和红陶盘与滇文化墓葬出土的相同器物的比较,及被定为第二期墓葬中出土标本的碳14测定数据,将横大路墓葬分为四期。认为第一期墓葬的年代约在春秋早期,第二期墓葬的年代在春秋中晚期,第三期墓葬的年代大致属战国,第四期墓葬的年代应在西汉,直至西汉晚期。并认为第一、二两期之间与第三、四两期之间变化明显,而第二期与第三期之间则是一种连续的演变关系②。

3. 云南曲靖潇湘平坡墓地

潇湘平坡地处于流经曲靖坝子西南部的潇湘河上游,因是一条南北走向

---

① 参见云南省文物考古研究所《曲靖八塔台与横大路》,科学出版社2003年版。
② 同上。

坡度平缓的山脊,故有平坡之名。该墓地为一完全用人工堆积而成的大土堆,墓葬群距八塔台的直线距离约10公里。1978年,平坡村民在挖土时发现了一些青铜器,2001年11—12月,云南省考古所和曲靖市麒麟区文管所对潇湘平坡墓葬群进行了抢救性发掘,共清理了青铜时代墓葬204座。平坡的墓葬均为长方形竖穴土坑墓,分布密集,墓向大致一致,大部分墓葬相互间均有叠压和打破关系,未见封土墓。198座墓中,有2座墓底有腰坑,另有异穴合葬墓4座,未成年人墓葬3座。墓葬均为小型墓葬,墓口一般长1.9—2.85米,宽0.5—1.24米,深0.1—0.9米,少数墓葬的底部残存少量板灰痕迹,据此推断应有木棺座葬具,墓葬中的尸骨皆已腐朽,多数墓葬的葬式不明,根据随葬品的位置推断,葬式应为仰身直肢葬。

平坡墓葬中有随葬品的墓葬125座,无随葬品的墓葬73座,出土有陶、铜、铜铁合制、铁、玉、玛瑙、木、漆、石、料器和钱币。陶器有深腹大喇叭口罐、敞口圆腹罐、直口壶、敞口瓶、圈足尊和红陶盘等;铜器种类较多,主要有无胡戈、狭叶形矛、臂甲、镞、弩机、平刃削、弧刃削、弓背刀、方銎斧、半圆銎斧、立耳釜、双耳鍪、双管状耳铃、圆形泡饰、各式带钩和少量马具等;铜铁合制器有铜骸铁矛和短一字格剑;铁器有戈、矛、环首刀、斧、凿、支架等;钱币有武帝前期和后期五铢、昭宣五铢和宣平五铢;玉、玛瑙、木、料器则为各式装饰品;石器有条形砺石和石锤;漆器多为耳杯。

发掘报告根据墓葬的叠压打破关系、出土器物形制与组合的变化及墓葬出土标本的碳14测定数据,将平坡墓葬分为四期,认为第一期墓葬的年代约在春秋中晚期,随葬品以陶、木、玉器为主,不见金属器;第二期墓葬的年代约在战国早期,随葬器以陶器为主,出现少量青铜器;第三期墓葬的年代大约在战国晚期至西汉早期,随葬器物的变化较为明显,青铜器数量较多;第四期墓葬的年代约在西汉晚期,随葬器物变化突出,青铜器和铁器占了主导地位,出现了铜鍪、铜带钩、铁环首刀、漆耳杯等大量汉式器物和汉式钱币[①]。

三、劳浸、靡莫部落社会

地处曲靖盆地的八塔台等三处墓地在地理位置上距离很近,在文化面貌

---

① 参见云南省文物考古研究所、曲靖市麒麟区文物管理所《曲靖市潇湘平坡墓地发掘报告》,《云南考古报告集(之二)》,云南科技出版社2006年版。

上表现出很大的一致性，应该属于同一文化的遗存。首先，三处墓葬群全位于人工堆成的大土堆上，且均为竖穴土坑墓，墓葬形制不大，除了八塔台69号墓形制稍大一些外，没有发现很大型的墓葬。葬式均为仰身直肢，少数墓葬有腰坑和二层台，有棺有椁。墓葬的分布都十分密集，多有叠压打破关系，每个墓地墓葬的墓向基本一致。大量的叠压打破关系表明这三处墓地都使用了较长的时间，应该是部落的公共墓地。

其次，劳浸、靡莫故地青铜文化的器物在形态上和组合上都表现出较明显的区域性特征。陶器以各式罐形鼎和釜形鼎为典型器，与深腹大喇叭口罐、圆腹罐、深腹侈口罐、折肩罐、盘、壶、豆、尊、瓶一起为主要组合，其中尤以各式罐形鼎和釜形鼎最为典型和最具地方特色，曲靖盆地是整个西南夷地区唯一出土三足器的地方。青铜器可分为两大类型，一类是本土文化的器物，主要有铜鼓、圆茎无格剑、扁茎无格剑、一字形格剑、蛇头型首无格剑、镂空剑鞘、钺、三角形援无胡戈、长胡三穿或五穿戈、柳叶形矛（有部分带双耳）、有銎啄、直銎斧、弧背削、人面牌饰、动物造型牌饰、圆形泡饰、鼓形铜釜、长颈扁腹壶等。另一类是汉式的器物，主要有铜弩机、立耳铜釜、铜鉴、铜簋、铜镜、铜带钩、五铢钱和大泉五十、大布黄千钱等。铁器均为汉式器物，有剑、环首刀、矛、镞、削、斧、凿等兵器与生产工具。汉式铜器和铁期基本上在晚期墓葬中才大量出现。

由于劳浸、靡莫故地的青铜文化与滇青铜文化十分接近，属于一个大的文化系统（这也证明了文献所载劳浸、靡莫与滇的确是"同姓"的关系），以前研究者们并没有将其从滇青铜文化中分离出来进行研究。随着劳浸、靡莫青铜文化相关资料的逐渐增多，将劳浸、靡莫青铜文化与滇文化进行比较研究的可能性已经具备，云南的考古界学者已经提出了滇文化—八塔台横大路类型的观点。

从考古器型学角度观察，劳浸、靡莫青铜文化的器物与滇文化的器物的确最为接近。铜器中的铜鼓、鼓形釜、蛇头形首无格剑、镂空剑鞘、三角形援无胡戈、长胡戈、柳叶形矛（有部分带双耳）、有銎啄、直銎斧、人面形牌饰、动物造型牌饰都是滇文化的常见器物。如鼓形釜见于昆明羊甫头和呈贡天子庙；A型无胡圆穿戈见于羊甫头、天子庙、石碑村、李家山；B型五胡圆穿戈和Aa型圆茎剑见于李家山；Aa型矛见于石碑村；啄见于上马村；人面牌饰见于天子庙，动物造型牌饰见于石寨山、李家山、天子庙。陶器中的大喇叭口深腹罐、圆腹罐也是滇文化的典型器物，见于石寨山、李家山、天子庙、羊甫头。这些相同的文化因素表明了劳浸、靡莫青铜文化与滇文化的内在联系，它们是一个大文化的两个组成部分。

尽管劳浸、靡莫青铜文化与滇青铜文化具有很多相似之处，但它们还是与滇青铜文化之间存在着一定的区别。如在墓葬中没有出现与晋宁石寨山和江川李家山大型墓葬相同的墓葬，在埋葬形式上，无论是八塔台，还是横大路和潇湘平坡，墓葬都是层层叠压形成的大土墩，墓穴上再加封土堆，也与滇墓有别；出土的陶器以鼎、罐为主要组合，而鼎、豆不见于滇文化；青铜钺和蛇纹泡饰则为本区独有；出土青铜礼器很少，只有铜鼓1件，这种现象与滇墓大量出土铜鼓、编钟等大型青铜礼器也有明显差别。以上现象反映了此青铜文化与滇青铜文化既相似又区别的特点。

根据文献，滇是靡莫之属中最大的一支族群，与劳浸、靡莫的关系是"同姓相扶"。既是"同姓"，他们之间就应存在着血缘关系，所以劳浸、靡莫青铜文化与滇青铜文化非常接近是可以理解的。但从这三处墓葬群的面貌观察，它们的发展水平不如滇中的青铜文化，应该是劳浸、靡莫之属中势力略小、发展水平较为落后的族群或部落，而滇则是劳浸、靡莫之属中势力最大，发展水平最高的一支，所以《史记·西南夷列传》记载"靡莫之属以什数，滇最大"是可以得到考古学资料印证的。根据考古材料分析，所谓的"滇最大"不但指分布地区、人口数量，还应该包括文化发展和社会结构进步的水平。

劳浸、靡莫在地理上与夜郎相邻，文化之间必然产生交流。八塔台出土的鍪、杯、圆顶泡饰、戈、钺、扣饰等都可在贵州威宁中水找到相似的器物；横大路出土的圆形口饰、圆茎剑、戈、扁茎剑、手镯等也与威宁中水和赫章可乐出土的接近。

劳浸、靡莫故地的三处墓地还有几个十分突出的特点，第一是墓葬的分布十分密集，存在重重叠叠的叠压打破关系，这种现象反映该族群的血缘关系十分紧密，一个部落长期使用一处墓地；第二是反映了该族群是从事农耕生活的定居民族，且人口众多；第三是三处墓地的时代基本同时，都是从春秋至西汉时期，因此这三处墓地可能是同一时期同一族群的不同部落的墓地，也就是说，当时在劳浸、靡莫故地至少存在三个同族部落。但是劳浸、靡莫故地的三处墓地中都没有发现大型墓葬，而墓葬又十分密集，反映出这些部落的社会发展水平也还处在社会成员之间尚未出现重大差别的氏族部落阶段。

第四节　邛都青铜文化与酋邦社会

一、邛都的地理位置和族属

邛都,汉代又称之为邛都夷。《后汉书·邛都夷传》记载:

> 邛都夷者,武帝所开,以为邛都县。无几而地陷为污泽,因名为邛池(今西昌邛海),南人以为邛河。后复反叛。元鼎六年,汉兵自越嶲水伐之,以为越嶲郡。

邛都夷是古代分布在安宁河流域的主要民族。《史记·西南夷列传》记载:

> 自滇以北君长以什数,邛都最大,此皆魋结,耕田,有邑聚。

又载:

> 蜀人司马相如亦言,西夷邛、笮可置郡。使相如以郎中将往喻,皆如南夷,为置一都尉、十余县,属蜀。……南越破后……乃以邛都为越嶲郡,笮都为沈黎郡,冉駹为汶山郡,广汉白马为武都郡。

荀悦《汉纪》载:

> 靡漠(莫)之属以什数,自靡莫以北君长以什数,邛都最大。①

说明安宁河流域一带的古代民族是邛都夷。

邛人的中心在今安宁河一带,以今四川西昌为中心,其分布的最北面达到邛崃山以北的临邛县。《续汉书·郡国志》刘昭注引《华阳国志》:"邛崃山本名邛笮山,故邛人、笮人界也。"此处的"邛崃山",即现代的大相岭,在四川汉源县

---

① 荀悦:《汉纪》卷111《西南夷》,文渊阁四库全书本。

之北,雅安之南。此处为邛与筰都人群之边界,则表明邛都夷分布的北界达到了汉源以北,即大渡河以东和以北的地区①。《华阳国志·蜀志》说:"临邛县,(蜀)郡西南二百里,本有邛民,秦始皇徙上郡实之,有布濮水,从布濮来合。"汉代的临邛为今四川邛崃市。又说:"阐县,故邛人邑,邛都接灵关,今省。"阐县在今四川越西县,晋代以前也有邛人居住。邛人分布的最南面是在晋代的会无县,即今四川会理县。《华阳国志·蜀志》说:"会无县,路通宁州,渡泸得堂狼县,故濮人邑也。"邛与濮为同族。可知邛人最北分布在邛崃山麓的临邛,最南分布在金沙江两岸的会无,亦有濮的称谓。最近几十年来在安宁河流域发现的大量大石墓,就是邛人的墓葬。

汉代越嶲郡,大体上就是先秦时代邛都夷的集中分布地区,主要包括今四川凉山州的西昌、德昌、米易、会理、会东、宁南、普格、冕宁、喜德、越西、甘洛、峨边等县、市,以今西昌市为中心。

邛人属百濮民族系统。《史记·西南夷列传》将邛都与滇、夜郎划为同一族系,《华阳国志·南中志》称夜郎为"濮夷",称滇为"滇濮",可知与之同类的邛都也是濮系。《华阳国志·蜀志》"越嶲郡"下载:"会无县(今会理县)……故濮人邑也。今有濮人冢,冢不闭户,其穴多有碧珠,人不可取,取之不祥。"直接说明为濮人居地。所谓"濮人冢",实即今天考古学上的大石墓。这种墓用大石砌墓室,顶部覆以大石,酷似石头房屋,当地彝族称为"濮苏""乌乌"的住房。濮苏意为濮人,乌乌意为另一种民族。濮苏乌乌即濮人墓冢,此即文献所称的"濮人冢"②。大石墓的分布,集中在安宁河流域③,即汉代越嶲郡地。其年代上起商代,下迄西汉,其空间、时间都与邛都的活动相吻合,表明邛都确属百濮民族系统。

邛人"魋结左衽"④,民风"俗多游荡,而喜讴歌,略与牂柯相类"⑤。所说与牂柯相类,即指《后汉书·夜郎传》所说"俗好巫鬼禁忌,寡畜生,又无蚕桑"。

---

① 参见段渝《玉垒浮云变古今:古代的蜀国》,四川人民出版社 2001 年版,第 325 页。
② 童恩正:《四川西南地区大石墓族属试探》,《考古》1978 年第 2 期,第 104—110 页。
③ 参见四川省文物考古研究院、凉山彝族自治州博物馆、西昌市文管所《安宁河流域大石墓》,文物出版社 2006 年版,第 1—178 页。
④ 《后汉书》卷 86《南蛮西南夷列传·西南夷》。
⑤ 同上。

俗好巫鬼，也正是濮系民族的普遍习尚，四川盆地东部、鄂西南、云南皆如是。邛人亦尚武，民风彪悍。春秋战国时代的大石墓内多出青铜短刀，极少长兵器，表明邛人勇于近战。《后汉书·邛都夷传》又说邛人"豪帅放纵，难得制御"，显现出桀骜不驯的气质和风貌。

二、邛都青铜文化

目前在邛都故地发现的最早青铜器出土于西昌大洋堆遗址的土坑墓。大洋堆遗址位于西昌市经久乡安宁河东岸的一级台地上，1994年10月，西昌市文管所、四川省考古研究所和凉山州博物馆对该遗址进行了抢救性发掘，该遗址可分为早、中、晚三期，早期文化遗存是一批土坑墓，发掘了9座，在3号墓中出土了1件铜短剑，剑整体呈舌形，无首无格，身与茎界限不明显。这是目前在邛都故地发现的最早的青铜器，也是西南夷地区发现的最早青铜器之一[1]。

邛都故地的青铜时代文化遗存主要是分布在安宁河流域的大石墓，大石墓是一种颇具特点的考古学文化遗存，早在20世纪30年代，郑德坤先生通过对川滇地区进行调查，在其《古代的四川》一书中对这种墓葬作了记录。从20世纪70年代初迄今，四川的文物工作者对大石墓进行了多次调查与复查，发现大石墓集中分布在安宁河两岸及安宁河一些较大的支流（孙水河、茨达河、西溪河、阿七沟）两岸，目前发现有大石墓分布的有位于安宁河谷的喜德、冕宁、西昌、德昌和米易五县市。此外，在金沙江北岸的小支流西罗河的上游普格县小兴场也有一处大石墓分布点。据多年较为全面的调查，安宁河流域现在尚不同程度地保存有大石墓230余座[2]。

对大石墓的发掘工作开始于20世纪70年代，参加的单位有四川省考古研究院、凉山州博物馆、四川大学历史系、西昌市文管所等，重要的发掘有20世纪70年代两次对西昌坝河堡子共6座大石墓的发掘[3]；1976年1月和7、8月发掘的西昌河西大石墓5座[4]；1976年11—12月发掘的喜德拉克大石

---

[1] 参见西昌市文物管理所、四川省文物考古研究所、凉山州博物馆《四川西昌市经久大洋堆遗址的发掘》，《考古》2004年第10期，第23—35页。

[2] 参见四川省考古研究院、凉山州博物馆、西昌市文物管理所《安宁河流域大石墓》，第1—178页。

[3] 参见安宁河流域联合考古队《西昌坝河堡子大石墓发掘简报》，《考古》1976年第5期，第326—330页。西昌地区博物馆等《西昌坝河堡子大石墓第二次发掘简报》，《考古》1978年第2期，第86—90页。

[4] 参见西昌地区博物馆《西昌河西大石墓》，《考古》1978年第2期，第91—96页。

墓5座①；1977年10月发掘的西昌西郊一号大石墓②；1978年11—12月发掘的米易弯丘大石墓2座③；1980年在西昌市郊袁家山、松香厂发掘大石墓5座④；1981年2—3月发掘的普格小兴场大石墓4座⑤；1981年4月发掘喜德牯辘桥大石墓1座⑥；1985—1986年发掘西昌北山、小花山、黄水塘发掘大石墓各1座⑦；1994年10—12月发掘西昌经久大洋堆大石墓2座⑧；2004年发掘西昌洼垴大石墓2座和德昌阿荣大石墓4座⑨；其次在德昌果园和冕宁北山坝也曾发掘了部分大石墓⑩，迄今经过发掘的大石墓已达40余座。

安宁河谷内分布有如此数量的大石墓，相应的必然有与大石墓有关的遗址。从20世纪70年代至今，经过正式发掘的大石墓已经有40余座。从2003年开始，凉山州博物馆、四川省文物考古研究所、成都市文物考古研究所对大石墓的遗址加强了调查与试掘工作。目前经过发掘可以确定为大石墓遗址的已有德昌县王家田，西昌市的栖木沟和咪咪啷，冕宁县的三分屯四处。

1. 德昌锦川乡王家田遗址

王家田遗址位于安宁河下游的小高—锦川峡谷中，海拔高度约1210米。2003年7月，四川省文物考古研究所和凉山州博物馆在配合西昌——攀枝花高速公路建设进行的文物调查时发现，并于2004年5月对王家田遗址进行了发掘，发掘面积1225平方米，遗迹现象有灰坑。遗址出土陶器的纹饰都见于大石墓中出土的陶器上，陶器中的大双耳罐在形制上与米易弯丘大石墓的双耳罐完全相同，但王家田的双耳罐器型很大，且制作工艺较精，应该是实用器。根据比较王家田遗址是一处单纯的大石墓文化遗址。王家田遗址的意义在

---

① 参见凉山彝族地区考古队《四川凉山喜德拉克公社大石墓》，《考古》1978年第2期，第97—103页。
② 参见凉山州博物馆《四川西昌一号墓发掘简报》，《考古学集刊》1983年第3期，第53—70页。
③ 参见凉山彝族自治州博物馆《米易弯丘的两座大石墓》，《考古学集刊》第1期。
④ 参见凉山彝族自治州博物馆《西昌市郊大石墓》，《考古》1983年第6期，第565—566页。
⑤ 参见凉山州博物馆《四川普格小兴场大石墓》，《考古与文物》1982年第5期，第76—81页。
⑥ 参见凉山州博物馆等《四川喜德清理的一座大石墓》，《考古》1987年第3期，第197—202页。
⑦ 参见凉山州博物馆《四川西昌北山、小花山、黄水塘大石墓》，《文物》1990年第5期，第64—67页。
⑧ 参见西昌市文物管理所、四川省文物考古研究所、凉山州博物馆《四川西昌市经久大洋堆遗址的发掘》，《考古》2004年第10期，第23—35页。
⑨ 参见四川省文物考古研究院、凉山州博物馆、西昌市文物管理所《2004年西昌洼垴、德昌阿荣大石墓发掘简报》，《文物》2006年第2期，第10—20页。
⑩ 参见西昌地区博物馆等《冕宁县三块石古墓葬清理发掘简报》，《凉山彝族奴隶制研究》1978年第2期。

于，首次在安宁河谷的峡谷段发现了大石墓文化的遗存，扩大了对大石墓文化分布区域的认识①。

2. 西昌琅环乡栖木沟遗址上层文化

栖木沟遗址位于安宁河中游西岸，发现于20世纪70年代。2005年元月，四川省文物考古研究所、凉山州博物馆和西昌市文管所联合对该遗址试掘了100平方米，文化层分为上下两层，上层为大石墓文化层。遗迹上发现了柱洞，出土的石器有梯形石锛、长方形石斧、石杵、长方形石刀，单面或双面打刃的圆盘状砍砸器。该遗址的陶器在纹饰和器型上都与大石墓中出土的同类器物相同，如双耳罐与米易弯丘大石墓的相同，圆盘状砍砸器则与西昌巴河堡子6号大石墓出土的相同。故栖木沟遗址上层文化应属于大石墓文化遗存。位于栖木沟北面的巴河堡子，南面的李家沟都有大石墓群分布②。

3. 西昌樟木箐乡咪咪啷遗址

咪咪啷遗址也位于安宁河中游西岸的一处台地边缘，南距栖木沟遗址约2公里，遗址面积约48000平方米，遗址上目前尚保留了两座大石墓。2004年6月，凉山州博物馆在复查大石墓时发现了该遗址。同年11月，凉山州博物馆、成都市文物考古研究所和西昌市文管所对咪咪啷遗址进行了试掘，试掘面积79平方米，发现建筑遗迹3处，建筑形式为挖基槽与柱洞相结合的木构建筑，因发掘面积太小，建筑遗迹的总体结构不明。遗址上还发现一座灰坑。石器有半月形或新月形穿孔石刀，长条形石斧和砺石。该遗址出土的陶器与大石墓的陶器有较多的相同之处，陶器纹饰中的网格纹、指甲纹、水波纹和装饰在器底的叶脉纹，都是大石墓陶器常见的纹饰，陶器中的双耳罐也与米易弯丘大石墓出土的同类型双耳罐十分相似，所以该遗址应与大石墓有密切的关系③。

4. 冕宁城关三分屯遗址

三分屯位于安宁河上游的两条支流，南河与东河交汇的一级阶地上，面积

---

① 参见四川省文物考古研究院、凉山彝族自治州博物馆《凉山州德昌县王家田遗址发掘简报》，《四川文物》2006年第1期，第3—10页。
② 参见四川省文物考古研究所、凉山州博物馆、西昌市文物管理所《凉山州西昌市栖木沟遗址试掘简报》，《四川文物》2006年第1期，第13—20页。
③ 参见凉山彝族自治州博物馆、成都市文物考古研究所、西昌市文物管理所《四川西昌市咪咪啷遗址调查试掘简报》，《成都考古发现2004年》，科学出版社2006年版，第39—52页。

约4000平方米。该遗址发现于20世纪70年代,后因当地学校在遗址上修操场,遗址大部分被破坏。2003年6月,凉山州博物馆和冕宁县文管所对冕宁三分屯遗址进行了试掘,实际发掘面积32平方米,出土的石器有石斧、石刀、圆盘状砍砸器、磨棒等,三分屯出土的圆盘状砍砸器与西昌巴河堡子6号大石墓出土的砍砸器基本相同,出土的饰物有凸起的竖线纹的小板耳,在米易弯丘大石墓大量出土,故该遗址应属于大石墓文化的遗存。三分屯的北面曾有大石墓分布[①]。

上述四处大石墓文化遗址的地理分布证明大石墓文化的墓葬和遗址在地理分布是基本重合的。

5. 与大石墓相关的遗迹——器物坑

1994年10月,西昌市文物管理所和凉山州博物馆在发掘西昌经久大洋堆遗址时,发现了与大石墓同一层位的两座器物坑,坑略呈圆形,斜壁,平底,两座坑内都放置有排列有序的陶器一组,两座坑都与大洋堆1号大石墓相邻,两坑出土的陶器有各式尊、豆、杯等。无独有偶,2003年11月,西昌市文物管理所和凉山州博物馆又在安宁河西岸的西昌市樟木箐乡麻柳村发现一座器物坑[②],该器物坑附近也有三座大石墓。器物坑略作圆形,斜壁平底,坑内出土陶器一组,有桶形杯、瓠形杯、高足杯、平底壶、喇叭形圈足带流壶、豆、罐等。其中的带流壶、高足杯与西昌坝河堡子和德昌阿荣大石墓出土的属于同一类型,据此可以认定这个器物坑属于大石墓文化的遗存。

关于这三座器物坑的性质,可初步作如下推测。

第一,器物坑的附近都有大石墓,且与大石墓同一层位,出土器物也为大石墓中常见之物,因此可初步认定器物坑与大石墓有密切的联系。

第二,器物坑内出土的陶器基本完好,且放置有序,非随意扔在坑中的,应是有一定目的的行为使然。

由于大石墓的葬式是二次葬,同一座墓葬可能多次开启,每一次开启墓葬,都有可能在墓葬附近举行某种祭祀活动,大洋堆和麻柳村的器物坑很可能就是举行祭祀活动留下的祭祀坑。

---

① 参见凉山彝族自治州博物馆、冕宁县文物管理所《四川凉山冕宁三分屯遗址试掘简报》,《四川文物》2006年第5期,第31—35页。

② 参见四川省文物考古研究院、凉山州博物馆、西昌市文管所《凉山州西昌市麻柳村灰坑清理简报》,《四川文物》2006年第1期,第11—12页。

三、邛都酋邦社会

(一)墓葬分析

大石墓的发现与发掘开始于 20 世纪 70 年代,随着新的资料的发现与公布,在 70 年代末至 80 年代初,在西南地区学术界曾掀起了一次研究大石墓的高潮,目前学术界基本上认为大石墓是邛都夷的文化遗存。

大石墓最重要的特征表现在墓葬结构上,其最突出的特点是墓室顶部用数块重达数吨的巨石覆盖,墓葬规模宏大,大石墓也因之而得名。

大石墓大多建造在安宁河及其支流两岸的一、二级阶地上,也有一部分建造在安宁河两岸阶地上的山坡顶部。一般成群分布,每群二三座至十余座不等。有些墓群的墓葬有统一的墓向(图 5-14)。

大石墓的墓室基本建于地面之上,墓室有两种不同的结构。第一种大石墓系采用小石块直接在地表垒砌墓室,石块直径一般在 10—30 厘米左右,墓室建好后,在墓室外面用泥土和石块堆砌封土,最后用巨石依次覆盖墓室顶部。盖顶石基本上都比墓壁石大,每块重 4—8 吨,最大的有重 10 吨以上者。大石墓的封土呈蝌蚪状,前大后小,前高后低,后面还有一条长长的斜坡"尾巴",应是为便于将覆盖墓室的巨石运上墓顶而有意为之。第二类大石墓系先选择若干舌形或近长方形且一面平整的自然大石作为墓壁石,直接竖立在地面或深约 20 厘米的基槽内,围成长方形或长条形的墓室,墓室建成后,再用 5—8 块巨石将墓室依次覆盖,每块盖顶石的重量都在 5 吨以上。墓室建造完成后用土在外堆砌封土。部分大石墓封土的尾部竖有立石,或在墓门两侧横向竖有两排列石,列石呈"八"字形排列,作"屏风"状。

大石墓的另一个重要特征是葬式,大石墓的葬式均为二次捡骨丛葬。所谓二次捡骨丛葬,即人死后先将尸体放置在墓外某处,待尸体腐烂殆尽后再将骨架放入墓室。每墓入葬人数多少不等。入葬的骨架,男女老少均有,一般入葬十余人至数十人,最多者达百余具,人骨显系多次放入,未发现葬具痕迹。随葬品大多为陶器与一些随身的小型铜器,放置亦无规律。每次使用时将墓门堆砌的石块搬开,放入骨架和随葬品后,再将墓门用碎石封闭,再有人入葬则又如法炮制,故一座墓可使用很长时间。

大石墓的出土器物,因为大石墓实行二次捡骨葬,随葬品基本上都是死者的随身之物,有石器、陶器、铜器、铁器、骨器、玉器、牙器、金器等。

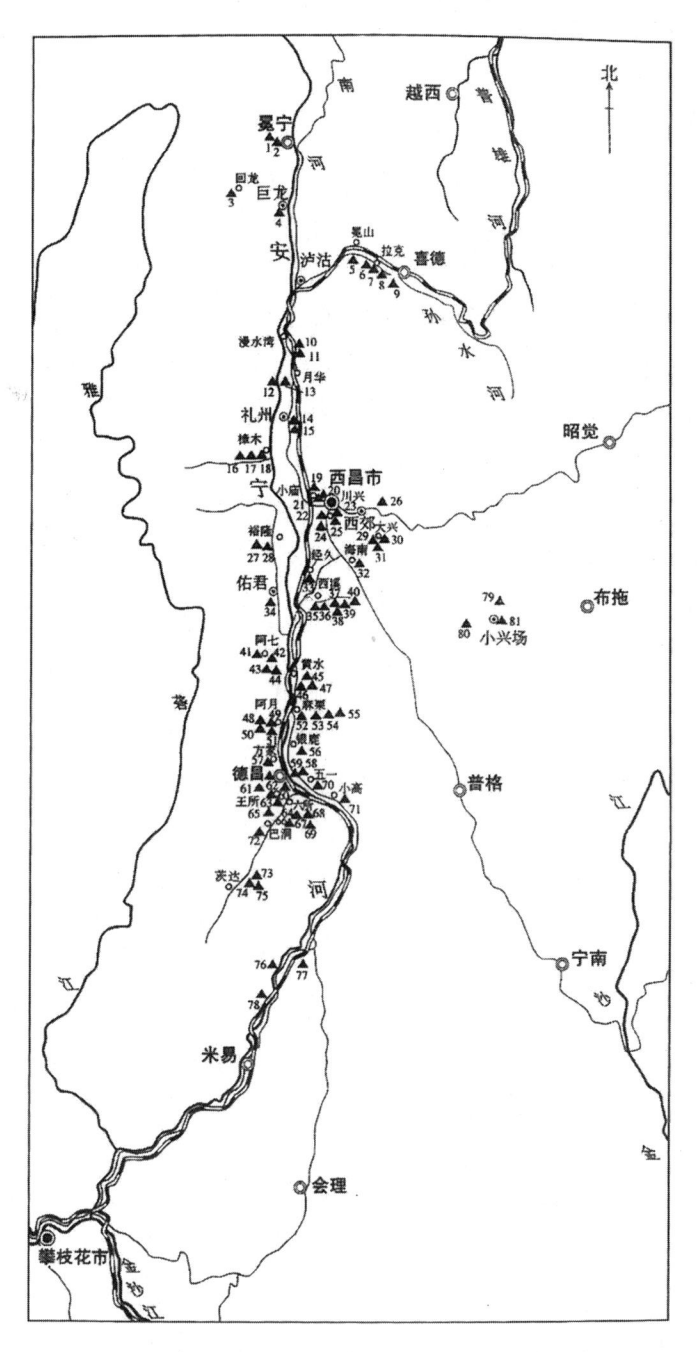

图 5-14-1 四川安宁河流域大石墓分布图

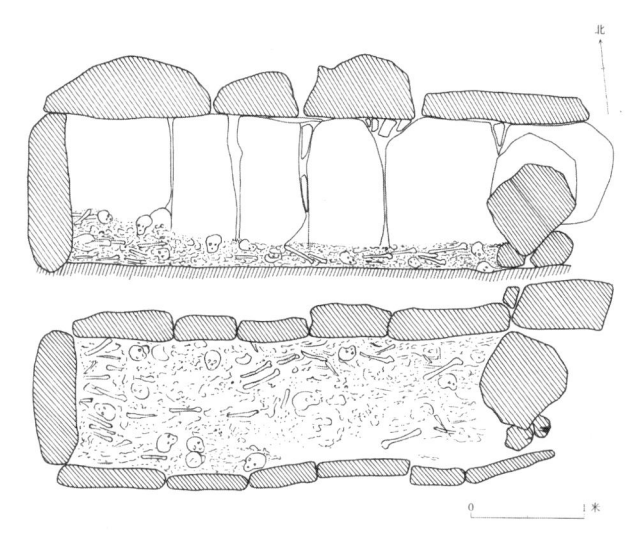

图 5-14-2　安宁河流域大石墓

石器有石斧、石凿、石刀、石镞、砺石等磨制石器,还出土圆盘状的砍砸器。石斧、石凿、石刀、石镞磨制精细,砺石作长条形,通体磨光,一端有一穿孔。砍砸器系选用扁圆形卵石,缘四周双面交互打刃而成。

陶器以双板耳罐、带流壶、瓠形器、深腹壶、三耳壶、斜肩罐、杯、釜为主要组合。其中以双板耳罐最多,也最具特色。带流壶与瓠形器也为大石墓的代表形器物。

铜器虽多,但皆为可随身携带的小形器物,有剑、刀、矛、镞、甲片、镰、扣饰、铃、发钗、束发器、圆头带柄器、带钩、镯、环、钱币等。发钗数量较多,也最具特点,发钗呈梳形,齿较长,发钗首端呈梯形、长方形或马鞍形,上铸精细的纹饰,一般长10余厘米,制作较为精美。晚期的大石墓出土文帝四铢半两,宣帝五铢和新莽大泉五十钱,还出土鎏金铜环和扣器口沿。铁器数量亦不少,有环首铁刀和环首铁削,皆为典型的汉式器物,均出土于晚期大石墓。在个别大石墓中曾发现过碳化的稻壳与稻草的痕迹。

在上述遗址上发现的建筑遗迹的形式为挖基槽与柱洞相结合的木构建筑,遗址上还发现了灰坑,且遗址附近都有大石墓分布。

早期的大石墓较小,晚期的大石墓长达20余米。随葬器物的种类和组合也相应地发生了变化。故研究者将大石墓分为四期,第一期约在春秋末期至战国早期;第二期约在战国中期至战国末期;第三期约在西汉初期至西汉早期;第四期约在西汉中期至东汉初期。

关于大石墓主人邛都夷的经济形态,《史记·西南夷列传》明确记载是"魋结,耕田,有邑聚",《华阳国志·蜀志》也说,邛都和阑两县都是"邛人邑"。结合大石墓中出土过稻谷、稻草痕迹,铜镰等农业生产工具,大石墓文化遗址发现房屋建筑的现象分析,大石墓主人邛都夷的确是一支定居的稻作农业民族。而且大石墓的主人们的农耕生产水平已经发展到一个较高的阶段,因为数量众多且形制宏大的大石墓是一种必须耗费大量非生产性劳动才能建造起来的墓葬,必须在社会已经能够给参加建造墓葬的人群提供大量生活资料的基础上才可能进行。这种非生产性的消耗是建立在整个社会的生活资料除了满足再生产外还有大量节余的基础上的。

大石墓进行二次丛葬,每墓入葬人数十余至数十不等,入葬人骨不分主次,不分贫贱,不分男女,不分老幼。随葬器物也皆为随身佩带之物,没有当时西南夷地区许多其他文化墓葬中出现的代表尊贵者身份的重器。这种现象反映出这种墓葬是一种以血缘关系为纽带的氏族的公共坟茔,在这些氏族中,氏族成员的政治经济关系是平等的。即一个氏族的成员共同修造一座大石墓,作为每一位氏族成员共同的安息之所。

在云南永仁永定镇发现了数十座邛都石板墓,分布相当密集。可是这么多的墓葬,却都只是随葬陶罐、陶壶、陶瓶、纺轮等,火候较低,其余则为石器[1]。这个例子是邛都一个氏族的族墓,可以看出,血缘组织的传统非常强大,而氏族内部的分化并不明显。在西昌发现的一号墓,是一个氏族组织的大墓,其中有123具骨架,出土有陶器、纺轮,其余铜器皆是小件饰物,只有1件矛[2]。在凉山会理县粪箕湾发现邛人氏族公共墓地,清理出150余座墓葬,除了M3有1件矛,M26等有少量钺之外,都是随葬陶器、小件饰物、纺轮[3]。在

---

[1] 参见楚雄彝族自治州文管所、云南省博物馆文物队《云南永仁永定镇石板墓清理简报》,《文物》1986年第7期,第31—33页。

[2] 参见凉山彝族自治州博物馆《四川西昌一号墓发掘简报》,《考古学集刊》第3辑,1983年,第143—149页。

[3] 参见会理县文物管理所、凉山彝族自治州博物馆、四川省文物考古研究所《四川会理县粪箕湾墓群发掘简报》,《考古》2004年第10期,第36—46页。

西昌小花山发现大石墓,出土了青铜镰刀、青铜钺、铜镞、甲片等,显示出墓主人除了参与武装活动之外,平时则从事农业生产①。在金沙江流域的凉山昭觉县分布有大量石棺墓,有陶器、铜器、玉石器等,并无太明显的社会分化②。

(二)简单酋邦

《汉书》和《后汉书》中对邛人的一段记载有助于我们了解邛都夷的社会组织。《后汉书·南蛮西南夷列传》中记载邛都人"俗多游荡,而喜讴歌",表明这一社会还没有形成强大的控制力,因此才可能出现人员的"游荡"。又记载:"俗好巫鬼禁忌,寡畜生,又无桑蚕","豪帅放纵,难得制御"。这些记载表明,邛都夷是一个典型的定居农耕社会,但缺乏家养牲畜,没有蚕、桑。其社会结构并不特别复杂,普通部众"多游荡",社会生活中喜爱歌舞,同时具有浓厚的巫鬼信仰气氛。首领与部众一样,没有更多特殊权利,只不过在中央朝廷看来,是更加"放纵"而难以"制御"而已。

《汉书》、《后汉书》中均记载有越巂郡夷帅任贵(《后汉书》作长贵)曾"率种人"抵抗东汉军队的事,其文云:

> 王莽时,(越巂)郡守枚根调邛人长贵,以为军候。更始二年,长贵率种人攻杀枚根,自立为邛谷王,领太守事。又降于公孙述,述败,光武封长贵为邛谷王。建武十四年,长贵遣使上三年计,天子即授越巂太守印绶。十九年,武威将军刘尚击益州夷,路由越巂。长贵闻之,疑尚既定南边,威法必行,已不得自放纵。即聚兵起营台,招呼诸君长,多酿毒酒,欲先以劳军,因袭击尚。尚知其谋,即分兵先据邛都,遂掩长贵诛之,徙其家属于成都。③

根据文献内容,任贵是邛都夷的一位部落首领,在抵抗汉王朝军队时,他的主要活动局限于"率种人"进行一系列的军事活动,对邛都夷其他部落的首

---

① 参见凉山彝族自治州博物馆《四川西昌北山、小花山、黄水塘大石墓》,《文物》1990年第5期,第64—67页。
② 参见凉山彝族自治州博物馆、四川大学考古学系、昭觉县文物管理所《四川昭觉县好谷村古墓群的调查和清理》,《考古》2009年第4期,第30—40页。
③ 《后汉书》卷86《南蛮西南夷列传·西南夷》。

领(即诸君长),他只有"招呼"的能力。从这一记载中可以推知,邛都豪酋长贵对于其他首领只有"招呼"的权限,表明邛都社会中还没有出现一个统一而有效的政治中心,地方性或血族首领们("豪帅"或"君长")的权力有限,只能通过互相"招呼"进行集聚,而其基层组织内部的民众则经常处于"游荡"状态。

由此可知,直至东汉初,邛都夷尚处在酋邦制阶段。东汉以降,大石墓已经消失,可能邛都夷受汉文化的影响已经放弃了这种最能反映其血缘氏族社会的习俗,但邛都夷的部落组织形式还一直保存到了三国时期。据《华阳国志·蜀志》记载:"邛之初有七部,后为七部营军。"这一记载表明,邛都夷具有发达的血缘氏族组织,其社会基础是七个大的血缘氏族组织,后来演化为七个军事编制的"营军"。这就意味着,邛都夷是一支高度武装起来的兵农结合的族群,平时务农,战时为兵,其军事组织以血缘氏族为单位,临战之时通过相互"招呼"进行协作。根据邛都夷的这些特征,可以将其归入酋邦社会的类型[①]。

可见,邛都夷的社会较为平等,虽有一定的等级但却没有形成严格的社会分层。血缘氏族的力量非常强大,而"豪帅"或"君长"的权威并不凸显。这一社会缺乏强有力的意识形态控制与大型礼仪中心及相应的大型祭祀活动,尽管存在战争行为,并有临时的军事领袖,但并没有通过战争活动强化政治权力的基础,以形成一个在权力中心支配下的分层社会。因此,邛都夷还处于简单酋邦社会的阶段。

[①] 参见段渝《酋邦与国家起源:长江流域文明起源比较研究》,第283页。

第 六 章

或土著或移徙：徙、筰都、冉、駹社会

《史记·西南夷列传》记载："自嶲以东北，君长以什数，徙、筰都最大；自筰以东北，君长以什数，冉、駹最大，其俗或土著，或移徙，在蜀之西。"徙、筰都和冉、駹，虽然同属于经营混合型生计的族类，但他们的社会演化程度却有着明显的差别。在这三支族类中，徙的社会演化程度最低，长期徘徊在低水平的部落社会；筰都的社会演化程度最高，发展出了较高水平的复杂酋邦组织；冉、駹的社会演化则有着较大的不平衡性，绝大多数部落的发展程度较低，仅在个别部落中发展出了比较复杂的酋邦组织。

第一节　徙青铜文化与社会组织

一、徙的地理位置和族属

徙，又作斯、斯榆、斯都。据《史记·西南夷列传》徙与筰都相邻。汉武帝元鼎六年置沈黎郡，所辖之县可考者有青衣、严道、徙、牦牛四县，徙为其中之一，东汉、蜀汉因之，晋改名徙阳，观其县名该地乃徙人所居之地。《集解》云："（徙）故城在今天全州东。"《集解》引徐广曰："徙在汉嘉。"此"汉嘉"指今四川雅安地区天全县。据任乃强先生考证，徙县故址在今四川天全县东三十里之始阳镇，故今四川天全一带，应是徙人的分布区。结合考古资料分析，与天全相邻的四川宝兴一带以及位于大渡河流域的石棉、汉源两县也应是徙的分布区。《华阳国志·蜀志》"越嶲郡邛都县"下记有"又有四部斯臾"，斯即徙人。可见汉代居住在今四川凉山州西昌一带的徙人，是从天全迁徙而去的。

徙人是羌族的一支。《续汉书·郡国志》"蜀郡属国"下载："汉嘉，故青衣。"《水经·青衣水注》载："（青衣）县，故青衣羌国也。"《华阳国志·蜀志》说汉初吕后时"开青衣"，即包括徙在内。同书又说武帝天汉四年于故沈黎郡置两部都尉，"一治牦牛，主外羌；一治青衣，主汉民"，徙属外羌之列，应为牦牛种青衣羌，所以青衣江又称为羌江。

二、徙青铜文化

徙人青铜文化的遗存主要发现于青衣江流域的四川宝兴县，重要的发现有宝兴汉塔山、宝兴陇东和宝兴县城关及城郊等三处墓地，另外在属于大渡河流域的石棉县和汉源县也各有一处墓葬群发现。

1. 四川宝兴县城关及城郊墓葬群

1973年至1976年，宝兴县文化馆在宝兴城关及城郊发掘了5座土坑墓。出土了一批青铜器，有剑、刀、镞、鍪及扣饰等装饰品，发掘者认为墓葬的时代应为西汉初期[1]。

2. 四川宝兴县瓦西沟口墓葬群

20世纪80年代，宝兴县文化馆在宝兴县城西八公里的瓦西沟口发掘了7座石棺墓，出土器物20余件。这批墓葬无底有盖，分布密集。其中5座为西汉时期的石棺墓，出土铜剑、铜小刀、海贝等；另2座为东汉时期的石棺墓，出土铁刀、铁镰、铁钩等[2]。

3. 四川宝兴县陇东石棺葬群

四川宝兴县陇东乡老杨村是西邻青衣江的一片台地，1985年，四川省文管会和宝兴县文化馆在该处发掘了103座古墓葬，其中有石室墓11座，砖室墓14座，砖石墓14座，土坑墓62座，土坑木棺墓1座，瓮棺葬1座，这批墓葬分布密集，排列错乱，葬式基本为仰身直肢，有少量屈肢葬。出土的器物有陶器、铜器、铁器、骨器几类，陶器有饰螺旋纹的双耳罐、乳突罐、鼓腹罐、釜等；铜器有釜、盘和一些小饰品；铁器有剑、矛、小刀等。发掘者认为这批墓葬的时代约在东汉时期[3]。

---

[1] 参见宝兴县文化馆《四川宝兴出土的西汉铜器》，《考古》1978年第2期，第139—140页。
[2] 参见宝兴县文化馆《四川宝兴县汉代石棺墓》，《考古》1982年第4期，第377—380页。
[3] 参见四川省文物管理委员会、宝兴县文化馆《四川宝兴陇东东汉墓群》，《文物》1987年第10期，第34—53页。

4. 四川宝兴县汉塔山土坑积石墓群

1991年,四川省文管会等单位在雅安市宝兴县城西北约20公里的陇东乡汉塔山发掘了65座土坑墓。这批墓葬均系小形土坑墓,布局密集,规格相近,无棺无椁,墓表积石是这批墓葬主要的特征。墓室不夯不筑,尸骨与遗物直接放入墓穴内,以土石回填至坑口,再以石块堆积于墓表。葬式主要为仰身直肢葬,有个别的二次捡骨葬和屈肢葬。共出土陶器164件,铜器253件和少量石器、装饰品等。陶器以深腹罐、圜底釜为主,有单耳罐、碗、盏、杯钵等;铜器有剑、矛、戈、刀、镞、盆、鍪、凿、带钩、镜、马节约、轮形饰、泡钉等。发掘者认为这批墓葬的时代"当属战国中期至晚期,其下限也可能延至秦。"①

5. 四川汉源县大窑石棺葬

1979年,汉源县文化馆在汉源大树堡大窑发掘了1座石棺葬。该墓葬用若干天然板岩片砌成墓室,墓室无底有盖,尸骨不存,故葬式不明。出土陶器有鼓腹平底罐与单口双联罐。发掘者认为该墓的时代"约当中原的秦汉之际或更早一些。"②

6. 四川石棉县永和乡土坑墓

石棉县永和乡墓群位于大渡河南岸的一处台地上。1993年,四川省文管所和石棉县文管所在该处发掘了3座土坑墓。墓葬皆为长方形竖穴土坑,都是单人葬,有仰身直肢和俯身直肢两种葬式。出土器物150件,主要有陶器、铜器、骨器等。陶器有碗、罐、釜等;铜器有剑、矛、钺、刀、镞、锥和泡钉等装饰品。其年代,发掘者认为这批墓葬的时代"属战国中晚期"③。

三、徙人的部落社会

由于徙故地的青铜文化遗存基本上都是石棺葬和与石棺葬有关的土坑墓,所以学术界对于徙故地青铜文化的研究,一直都将其视为川西石棺葬文化的一个组成部分,没有将其从四川西部山区石棺葬中分离出来。

徙故地青铜文化的主要特点是,墓葬为石棺葬和土坑墓,其中土坑墓的数

---

① 四川省文物管理委员会、雅安地区文物管理所、宝兴县文管所:《四川宝兴汉塔山战国土坑积石墓发掘报告》,《考古学报》1999年第3期,第337—366页。
② 汉源县文化馆:《四川汉源大窑石棺葬清理简报》,《考古与文物》1983年第4期,第79—93页。
③ 四川省文物管理委员会、石棉县文物管理所:《四川石棉县永和乡战国土坑墓》,《考古》1996年第11期,第53—61页。

量多于石棺葬,但土坑墓中出土的器物与石棺葬中出土的器物完全一致。这种现象不但在徙故地存在,在西南夷地区许多石棺葬分布区也同样存在,如云南巧家县城、剑川鳌凤山、昌宁坟岭岗等处墓葬。徙故地出土的器物以铜器中的三叉格剑、曲柄剑、泡钉、短柄镜、轮形饰和马具及陶器中的双耳罐最有地方特点,特别是宝兴陇东出土的带有三短足和牛羊头附加堆纹的双耳罐,不见于其他地区,地方特色最为突出。徙故地的这种以三叉格剑、曲柄剑、泡钉、短柄镜为主要元素的青铜器组合在川西山地、川西南、滇西北和滇西也普遍存在,反映出在这广袤的区域内的各种青铜文化有着十分密切的联系。

目前在徙故地发现的几处墓葬群除发掘的规模都不大,最重要的是宝兴陇东和汉塔山两处。这两处墓地的墓葬虽然分布较为密集,但少有叠压打破关系,说明墓地的使用时间不长。在西南夷地区大型墓地中的墓葬是否存在密集的叠压打破关系与该族群的生业方式有着直接的关系。凡从事农耕的定居族群其墓葬的叠压打破关系都十分复杂,如滇和劳浸、靡莫之属;而凡从事游牧或半农半牧的族群的墓葬则叠压打破关系很少,究其原因是这类族群的生业方式决定了其不断的迁徙和流动。这与《史记》所记载的其俗或土著,或移徙是可以相互印证的,宝兴陇东墓葬中出土的陶器上装饰牛头、羊头的风格也反映了他们所从事的生业实况。徙故地的墓葬在规模上基本相同,没有发现大型墓葬,说明这些族群的社会分化尚不明显,只是一些从事半农半牧生业的小部落,从墓葬中出土较多的巴蜀柳叶形剑考察,他们受蜀文化的影响较深。

考古资料表明,东周至汉代的徙人部落,过着一种混合型经济的生活,有的时候畜牧程度非常高,而社会分化极不明显,属于较为平等的社会。例如,在四川宝兴汉塔山战国积石墓群,65座墓葬中有39座出土青铜武器。这一族群实行族葬的公共墓地,多使用巴蜀式样的武器,显示出巴蜀文化的影响。墓葬广泛殉葬动物、纺轮、毛线、皮毛制品,显示出畜牧的生活形态[1]。这一社会广泛随葬的畜牧产品、武器,表明他们是武装化的游牧人,族葬表明血缘纽带的发达。墓中也出土陶器,说明是一种半定居、半移动的混合型经济。没有发现墓葬规格的明显差异,也没有意识形态物化的神圣象征,表明这是一个依靠血缘组织

---

[1] 参见四川省文物管理委员会、雅安地区文管所、宝兴县文管所《四川宝兴汉塔山战国土坑积石墓发掘报告》,《考古学报》1999年第3期,第337—366页。

为纽带的简单、平等的社会,而非依靠暴力或意识形态整合的复杂社会。

到了东汉,徙人族群仍然没有发展出复杂的分层社会,依旧停留在较为平等的社会发展阶段。例如,在宝兴县陇东之东汉墓群,发现了一百多座石棺墓。一般出土纺轮、骨器、羊骨、马骨,陶器则多为羊头纹的双耳罐。发掘者认为,这些特征表明该族群"贫富悬殊不明显"[1]。另外,在汉源麦坪遗址发现青铜时代的11座墓葬,都没有葬具,出土陶器、纺轮、箭镞[2]。石棉县永和乡墓群也只是随葬陶器、铜器、骨器等[3]。汉源大树堡大窑发掘了1座石棺葬,出土了鼓腹平底罐与单口双联罐等陶器[4]。这些材料均表明,该族群既大量牧养羊、马,以这些动物的皮毛纺织毛线,同时也定居且制作陶器。一些箭镞则可能被用于狩猎活动。没有制度化的暴力,也不存在明显的社会分层、管理、政治中心、宗教精英与包括了大型礼仪中心在内的意识形态物化表现物。

因此,尽管《史记·西南夷列传》记载:"自巂以东北,君长以什数,徙、筰都最大",将"徙"与"筰都"相提并论,认为二者是此一地区最大的社会组织。但考古发现证明,徙人的社会复杂化水平,根本无法与筰都相提并论。筰都已经进入了较为复杂的酋邦社会,而徙人则从先秦到东汉,长期处于较为平等的社会状态,没有复杂化的趋势。以徙为代表的平等社会,表明了历史文献中的西南夷族群,并未全部进入酋邦这种复杂社会。这种情况说明,西南夷地区各族群之间的社会演化程度,存在着相当大的差异。

第二节 筰都

一、筰都的地理位置和族属

筰都的分布范围较广,并且在历史上曾发生过从北向南的迁徙历程[5]。

---

[1] 四川省文物管理委员会、宝兴县文化馆:《四川宝兴陇东东汉墓群》,《文物》1987年第10期,第34—53页。
[2] 参见四川省文物考古研究院、雅安市文物管理所、汉源县文物管理所《四川汉源县麦坪遗址2008年发掘简报》,《考古》2011年第9期,第15—32页。
[3] 参见四川省文物管理委员会、石棉县文管所《四川石棉县永和乡战国土坑墓》,《考古》1996年第11期,第53—61页。
[4] 参见汉源县文化馆《四川汉源大窑石棺葬清理简报》,《考古与文物》1983年第4期,第78—93页。
[5] 参见段渝《四川通史》第1册,四川大学出版社1993年版,第269—270页。

根据历史文献的记载,先秦至汉代,笮人先后分布在岷江上游汉代的汶山郡、青衣江上游和大渡河上中游汉代的沈黎郡、金沙江下游汉代的越嶲郡等地区。根据考古发现,笮都夷的最后落足地应在金沙江和雅砻江两江交汇的三角形地带。

汶山郡位于岷江上游地区,《华阳国志·蜀志》记载:"汶山郡本蜀郡北部冉駹都尉。"《汉书·武帝纪》颜师古注引服虔曰:"今蜀郡北部都尉所治本笮都地也",这应该是先秦时期笮都夷最初的分布地。

沈黎郡开置于汉武帝元鼎六年(前111年),《汉书·西南夷传》:"南粤破后……及汉诛且兰、邛君,并杀笮侯。冉、駹皆震恐,请臣置吏。以邛都为粤(越)嶲郡,笮都为沈黎郡,冉駹为文山郡。"沈黎郡只设置了14年,于武帝天汉四年(前79年)并入蜀西部都尉。东汉顺帝阳嘉二年(133年),复在沈黎郡故地置汉嘉郡,《后汉书·笮都夷传》:"汉嘉郡,本笮都夷也。"《华阳国志·蜀志》亦云:"汉嘉、越嶲曰笮。"沈黎郡(包括汉嘉郡,但汉嘉郡的面积小于沈黎郡)包含了青衣江上游和大渡河上中游地区。沈黎郡的笮人应当是战国至汉初从汶山郡南迁而来的。《后汉书·笮都夷传》记载沈黎郡笮人曰:"其人皆被发左衽,言语多好譬类,居处略与汶山夷同",即与岷江上游的"阿巴白构"有关,应当是笮人南迁的反映。但汉武帝天汉四年,居住在沈黎郡的笮都夷也发生了南迁,它们南迁的方向应是越嶲郡。

越嶲郡置于汉武帝元鼎六年,所领十五县中有定笮、笮秦、大笮、姑复四县为笮人分布区,定笮在今四川盐源盆地,大笮在今雅砻江与金沙江交汇处的四川盐边,笮秦在今四川凉山州冕宁县西雅砻江边,姑复在今云南永胜一带。此四县均位于雅砻江中下游西岸,从南到北连成一片。其中定笮、笮秦、大笮三县观其县名便知为笮人分布区。

笮都是牦牛羌的一支,当是"白狗羌"。《后汉书·笮都夷传》说:"其人皆被发左衽,言语多好譬类,居处略与汶山夷同",即与岷江上游的"阿巴白构"有关,而阿巴白构正是"白狗羌"。《史记·大宛列传》正义说:"笮,白狗羌也。"确切说明笮都是岷江上游"白狗羌"南下的一支。

笮都从事畜牧与农耕相结合的复合型经济。《史记·西南夷列传》记载:"其俗或土著,或移徙",即这种农牧结合的混合经济类型。笮都出名马,是巴蜀商贾经营的主要商品种类。定笮之地还出盐,见载于《汉书·地理志》、《华阳国志·蜀志》等史册,所产大多为池盐。

二、笮都青铜文化

在笮都故地发现的重要的青铜文化遗存主要有三处,第一处是位于四川盐源县的老龙头墓地和盐源出土的大量青铜器。第二处是位于云南宁蒗县的大兴镇墓地,第三处是出土于云南永胜县金官龙潭的青铜器群。云南丽江也曾发现过与这三处地点出土青铜器中的一些器形相同或相似的器物,说明这种青铜文化主要分布在金沙江和雅砻江交汇的地带,其西北界域可能伸展到了云南丽江一带。

1. 四川盐源县老龙头墓地及盐源青铜器群

老龙头是盐源县的一处小地名,位于盐源县城东北约 7 公里的双河乡毛家坝村,是一条东西走向顶部平缓的山梁。

1987 年 12 月,毛家坝村的村民在老龙头挖粪池,发现了古墓葬,出土了铜鼓、铜剑、陶器等物。凉山州博物馆对该地进行了多次调查,发现这是一处面积超过二万平方米的古墓群。

由于老龙头墓葬不断遭到盗掘与破坏,1999 年 11 月和 2001 年 3 月,四川省凉山州博物馆对老龙头墓葬进行了两次抢救性发掘,发掘出一批墓葬和一座祭祀坑。通过发掘发现,老龙头墓地的墓葬分布十分密集,有的墓葬的间隔只有 20—30 厘米,但未发现打破与叠压关系,发掘前地表无任何标志,也未见封土。在老龙头墓地发现的墓葬分大型、中型、小型三类,其中大型墓葬颇具特色。

4 号、6 号、9 号为大型墓葬,基本特征为:墓圹皆为竖穴土坑,墓室内有木椁,墓室用巨石覆盖,出土器物较多,文物等级较高,并用马头骨和马肢骨殉葬。

4 号墓为殉人墓。该墓的墓圹为长方形竖穴土坑,墓室东西残长 4 米,南北残宽 1.10—3.15 米,残深约 0.3 米。有棺有椁,墓室中部平整,有一生土棺床。在棺床的东部发现一组人牙。墓室北部有一与墓室北壁等长的生土二层台,在二层台上发现一具保存完整的人骨架,人骨架长约 170 厘米,仰身直肢,头向西,但手指骨却发现于足的一端。该墓出土了铜鼓、铜编钟、弧背铜刀、铜笠形马头饰和马衔、铜铃、铜条、铜剑及双耳陶罐。墓中发现用马头骨、马肢骨殉葬的现象。

6 号墓为多人合葬墓。该墓墓圹为长方形竖穴土坑,东西长 6.1 米,南北宽 2.5—2.8 米,深 0.3 米。墓口被从西到东排列的四块巨石全部覆盖。墓室四周有木椁,木椁的东头有一脚箱,墓室中部留有一东西向的生土隔梁,将墓室分为南北二室。该墓墓室中共发现四具人骨架,葬式为仰身直肢葬。在墓葬中放置胭脂红土块是一种特殊的葬俗,墓中也发现殉马的现象。

9号墓为石棺置于墓圹内的异形石棺葬。

该墓的墓圹为长方形竖穴土坑,墓口东西长6.55米,南北宽3.8米。墓室接近墓口处的填土面上铺盖了一层不规则的板状大石块,墓室的四周有木椁,在墓室北部发现一具用十余块石板构筑的石棺,石棺东西向,长4.88米,宽0.95米,有底有盖。除了随葬铜、铁、陶、石器外,还发现用完整的猪骨架和马骨殉葬的现象。

老龙头墓葬及盐源出土的青铜器,总体上可分为武器、乐器、装饰品、生产工具和马具几类。

武器有三叉格剑、曲柄剑、双圆饼首短剑、三角援戈、双弧刃戈、弧背削、双柄刀、矛、钺、镞、甲、臂韝和盾等。乐器有铜鼓、编钟和各式铜铃。还出土了马衔、马节约、马头饰等各式马具。除了发掘出土的青铜器外,在盐源还征集到大量青铜器,其中一些颇具地方特色,这类器物有:蛇蛙铜案、九节鱼纹鸡首铜杖、羊首雷纹杖、三女背水铜杖首、人兽纹枝形器(图6-1)、弧背双柄刀;铜铁合制器有铜柄铁剑、铜骹铁矛、铜骹铁戟、铜柄铁削;陶器的数量多而种类少,基本上为双板耳罐。老龙头墓葬的时代为西汉时期,盐源出土的大量青铜器基本上也属于这一时期,但有部分可能早到了战国[①]。

2. 云南宁蒗县大兴镇墓群

宁蒗县大兴镇位于滇西北的高山峡谷的山麓上,墓地所处位置地势平缓。1961年曾在该处发现青铜器。1979年,云南省博物馆文物工作队在大兴镇发掘了墓葬11座,墓葬的墓向一致,分布密集,全为小型的竖穴土坑墓,墓内有木棺,出土了铜、陶、木器66件。铜器有三叉格剑、双圆饼首短剑、长銎斧、弧背削、双耳矛、短柄镜等,陶器为各式单、双板耳罐,发掘报告认为其年代约为战国中期[②]。

[①] 参见凉山州博物馆、成都市文物考古研究所《老龙头墓葬和盐源青铜器》,文物出版社2008年版。
[②] 参见云南省博物馆文物工作队《云南宁蒗大兴镇古墓葬》,《考古》1983年第3期,第226—232页。

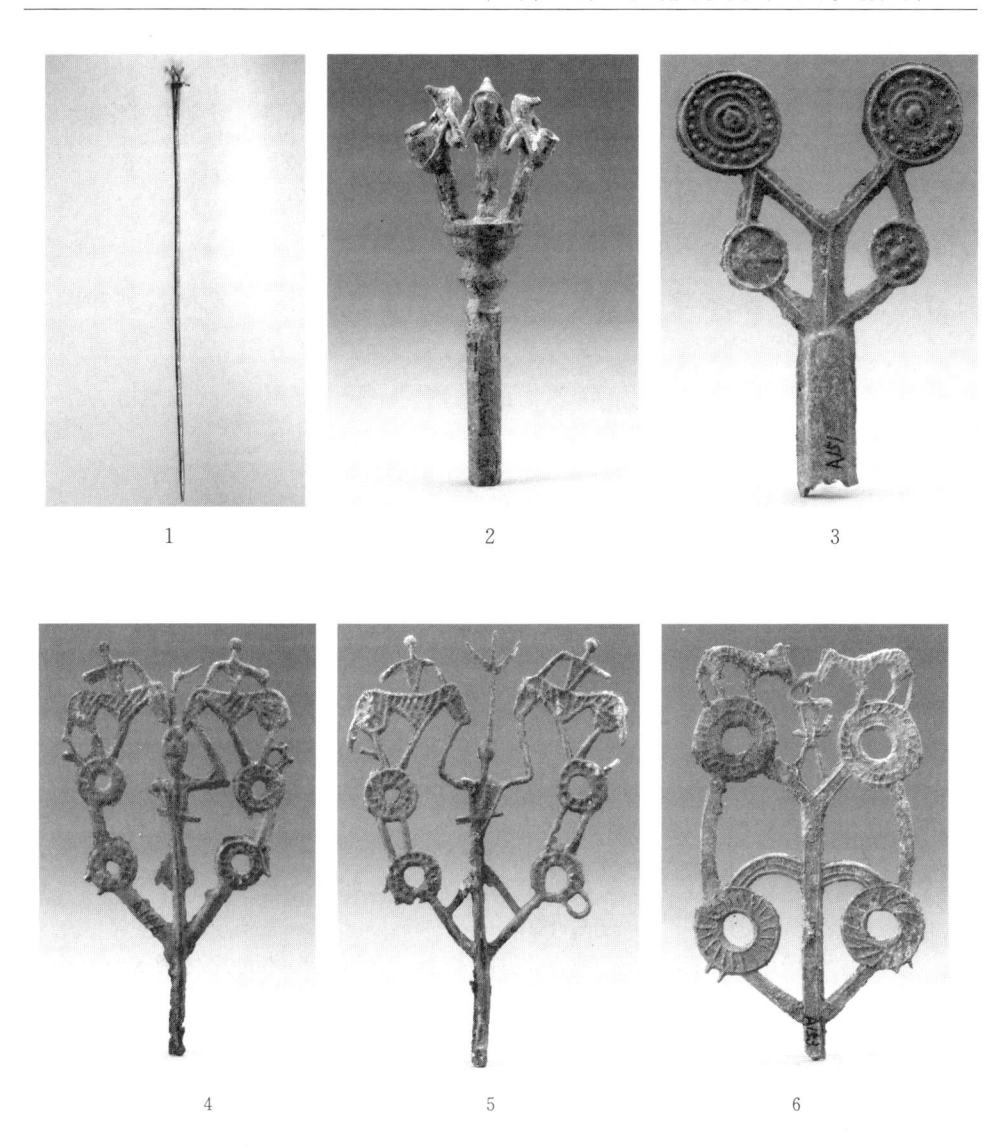

第六章 或土著或移徙：徙、笮都、冉、駹社会 209

1. 鸟饰鱼纹杖 2. 铜三人背水杖 3. 铜四联星杖首 4、5、6. 铜枝形饰片

图 6-1　青铜器

四川盐源出土

3. 云南永胜县金官龙潭青铜器群

云南永胜是位于滇西北重山中的一个小盆地，1956年，当地在修建水库时在水库旁的一处山脚缓坡地段发现了一批文物，共有296件之多，其中青铜器为大宗，达282件，有铜器、铜铁合制器和陶器。铜器有三叉格剑、双圆饼首短剑、一字格剑、蛇头形首剑、三角援戈、曲刃戈、双内弧刃戈、柳叶矛、阔叶矛、柱脊矛、"Ⅱ"形纹钺、长銎斧、短銎斧、凿、锄等；铜铁合制器有铜柄铁剑和铜骰铁矛。据云南省博物馆考古工作人员调查，该地可能是一处墓地。根据对这批青铜器与周边地区出土的相同器物的比较，为战国至西汉时期之物。由于这批器物没有明确的地层关系，整理者根据与云南出土的同类器物相比较，认为这批器物时代的下限在西汉中期或稍早[1]。

此外，在攀枝花市的盐边县[2]和位于雅砻江东岸的西昌市白铜坝也发现过同一类型的墓葬和青铜器[3]。

三、笮都酋邦社会

笮都夷在战国至西汉时期曾经由北向南迁徙，根据历史地名和出土文物分析，在战国末至西汉时期，笮人分布的中心区逐步移到了雅砻江和金沙江交汇的三角形地带。分布于笮都故地的盐源老龙头墓葬、盐源青铜器群、宁蒗大兴镇墓葬和永胜金官龙潭青铜器群在文化上表现出同一性，应该是同一个族群的文化，我们认为就是笮都夷的文化。

（一）墓葬和遗存分析

综合已发现的青铜文化遗存的材料，笮都夷青铜文化的总体面貌可归纳为：墓葬皆为竖穴土坑墓，墓中有木椁木棺，大型墓葬墓顶盖巨石，且葬式复杂（如盐源老龙头）。出土的铜器以三叉格剑、双圆饼首短剑、曲柄剑、弧刃戈、弧背削、短柄镜为代表性器物，陶器则以双耳罐为主。

由于笮都故地地处川滇，两省考古学的田野工作开展不同步，虽然曾有云南永胜金官龙潭青铜器和宁蒗大兴镇墓葬的发现（金官龙潭青铜器全为征集品，大兴镇墓葬发掘数量较少，出土器物不多，也不够典型），但一直没有引起

---

[1] 参见云南省博物馆保管部《云南永胜金官龙潭出土的青铜器》，《云南文物》第19期。
[2] 资料藏四川攀枝花市文管所。
[3] 资料藏四川西昌市文管所。

学术界的足够重视。直至 20 世纪 80—90 年代,四川盐源古墓葬的发掘和大量青铜器的出土,笮都故地的青铜文化才引起了学术界的重视。

笮是一个大的族系,被《史记·西南夷列传》称为"笮都夷"的只是其中的一支。经过迁徙,战国到西汉时期他们基本上活动在汉代的越巂郡西部,今天的雅砻江流域。关于笮都夷的文化面貌,文献记载十分简略,《史记·西南夷列传》和《汉书·西南夷两粤朝鲜列传》记载:"笮都……其俗,或土著,或移徙。"《后汉书·南蛮西南夷列传》只说:"笮都夷者……其人皆披发左衽,言语多好譬喻",《华阳国志·蜀志》也有一点记载:"笮,笮夷也。汶山曰夷,南中曰昆明,汉嘉、越巂曰笮,蜀曰邛,皆夷种也。"笮人能制盐,"有盐池,积薪,以齐水灌之,而后焚之,成盐。"然而考古材料能够为了解笮都夷的情况提供更多一点的信息。

根据已发掘资料,特别是盐源老龙头墓葬和盐源盆地青铜器群的资料,可以观察到笮都夷这一支族群具有十分密切的血缘关系。具体表现在墓地中墓葬分布密集,族群成员拥有共同的归葬之处。虽然族群成员的社会身份已经出现明显的贵贱分化,但死后还是埋葬在同一个墓地中,并保持着统一的墓向。说明这个族群内部成员之间的联系是十分密切的,而这种联系的纽带应该是该族群的血缘关系。

笮都族群内已经有了明显的社会分层,笮都夷的墓葬可分为大、中、小三型,不同类型的墓葬存在墓葬规模大小、随葬器物多寡的明显差异,根据老龙头墓葬的情况,笮都夷的社会至少可以分为五个层级:1.拥有大型墓葬,有棺有椁,随葬的器物数量多,出土了铜鼓编钟等西南古代民族所使用的青铜重器,墓中还出现了殉人的部落首领;2.控制了神权,在墓葬中随葬宗教器具的巫师;3.墓葬规模略小,却随葬大量兵器的武士;4.只有小型墓葬,随葬器物量少且简陋的氏族平民;5.老龙头墓葬出现了殉人现象,虽然被殉之人可能是墓主的姬妾、侍从、卫士等亲近人物,这类人虽然与墓主人的关系密切,但其社会身份却比平民又低了一等。从这五个层级看来,笮都夷的社会已经达到复杂酋邦的水平。

笮人是一个大的部落集团,并不仅仅是一个族群,这从笮人分布的地域空间之辽阔便可知道。《史记·西南夷列传》说笮都"其俗或土著,或移徙",即游牧与农耕相结合。但迄今考古发现的笮都文化遗存似乎表明笮都夷以游牧经济为主,这种现象看来还不能涵盖全部笮人。在笮人分布的辽阔地域空间,生态环境呈多元化分布,决定了笮人部落集团对生态环境的不同适应方式,处于不同生态环境下的笮人部落之间自然不会采取完全相同的生业模式,因而他们的经济方式必然具有多元性而非单一模式。盐源老龙头墓地青铜器以及历年在盐源出土的青铜器表明,笮人部落有发达的青铜文化,但目前材料显示的情形是,笮人青铜文化似乎仅仅集中出现在盐源盆地,而西汉以前笮人分布在四川汉源大渡河流域中上游地区的部落,却未曾留下青铜文化遗迹,至少迄今学术界不认为在大渡河流域笮人故地发现过他们的青铜文化。

如果说,笮人在相似的生态带(生态走廊)中以相似的经济行为去适应环境,采取游牧经济,自然可以肯定。然而,尽管属于同一个亲缘部落集团,但由于所处的生态环境不同,他们各自为适应环境生态所采取的生计方式自然就会不同,这是很容易明白的。从盐源老龙头墓地的情况看,既是土坑墓,又随葬马头、马骨,墓主还佩有金属泡珠(扣饰)、手镯一类饰物,颇与北方草原文化相似,但同时墓地又以巨石覆盖,显然一方面显示出强烈的游牧部落特点,一方面又受到农业族群邛人的大石墓埋葬习俗的影响。

(二)巫教发达的酋邦社会

考古材料显示,笮都夷是一支武装化的骑马民族,在墓葬中普遍随葬马骨,出土的文物中也常见马衔、马节约、马头饰等马具及马的形象,大量青铜兵器的出土说明笮都夷的剽悍武勇和军事力量与滇等西南地区族群不分伯仲。而这一社会高度发达的巫教意识形态,则具有相当独特的特征,表现为巫觋作业的痕迹,或是象征宗教意识形态的神圣物品。

笮都夷的文化散发出浓郁的巫术气息,墓葬中常能发现与原始巫术有关的遗迹,如用红色朱砂涂染棺床;尸骨旁放置若干胭脂红色的黏土;还在墓地上发现埋有羊卜骨的祭祀坑。青铜器中与宗教活动有关的杖、杖首和带有神树崇拜色彩的枝形铜器。

在盐源盆地发现了"干"字形之铜杖,羊首虎纹杖高55.4厘米,环首虎纹杖高35厘米,都是战国至西汉时期笮都人群的遗物。这些铜杖身上残留着朱砂痕迹,被视为"极可能是巫师的用具"[①]。其中的朱砂,具有非常强烈的宗教

---

① 周志清、王昊:《四川西昌市发现两件铜杖》,《考古》2011年第9期,第95—96页。

象征含义①，表明当地人群的巫风盛行。同在盐源盆地发现了大量的青铜树杖，表现为一种被学者视为与萨满巫教信仰密切联系的马纹图像，或为表现"以虎守护羊"为主题的杖，或青铜雄鸡之杖。这些树杖被视为登天神树的表征，树上之花被视为光芒的太阳，这些神树与太阳崇拜有关②。另外，在云南弥渡苴力战国石棺墓盛行以血族为单位的二次葬，墓中的头骨则以"五"为倍数放置，如 M6 内就有 40 个。另外还出土了剑、矛、斧等少量武器③。其中以"五"为倍数的这一现象，也透露出非常明确的宗教含义。根据米尔恰·伊利亚德的宗教思想史观点，通过对神圣的范式性不断地再现，世界因之而被神圣化。人们的宗教行为帮助维持了这个世界的神圣性④。因此，通过神圣数字的反复出现，人们的生活也在模仿中获得了宗教性的神圣同构。因此，这些现象均表明了笮都人群社会中复杂的宗教语境。

在云南弥渡苴力也曾发现过两件战国铜鼓⑤，表明这一人群也以铜鼓作为神圣的宗教或权力象征。在弥渡苴力合家山，发现有石、陶的范⑥，用于冶铸青铜农具和武器，表明此一族群也有发达的青铜铸造技术。另外，盐源地区的笮都夷也被称为叟人，考古发现中常见汉王朝给这一人群颁发的印章，表明这一社会存在着不同层次的政治精英。例如，有"邑长"、"仟长"、"陷阵司马"，甚至有"王"、"侯"⑦。邑长的存在，表明在笮都夷中出现了地方性的政治中心。当然，考虑到西南夷的"邑聚"并非国家意义上的城市⑧，该人群的"邑"并非城市意义上的政治中心。但"邑长"之存在，表明了一定水平的政治中心与政治精英的存在，则是毫无疑问的。"陷阵司马"，则是某种军事首领，其他"王"、"侯"，则是酋邦社会的高级政治精英，他们也可能通过宗教意识形态对

---

① 参见胡新生《中国古代巫术》，山东人民出版社 2006 年版，第 7 页。
② 参见林向《四川西南山地盐源盆地出土的战国秦汉青铜树》，《华夏考古》2001 年第 3 期，第 80—86 页。
③ 参见云南省博物馆文物工作队《云南弥渡苴力战国石墓》，《文物》1986 年第 7 期，第 25—30 页。
④ 参见〔罗马尼亚〕米尔恰·伊利亚德《神圣与世俗》，王建光译，华夏出版社 2002 年版，第 52 页。
⑤ 参见大理白族自治州文化馆《云南弥渡苴力公社出土两具早期铜鼓》，《考古》1981 年第 4 期，第 371—375 页。
⑥ 参见张昭《云南弥渡合家山出土古代石、陶范和青铜器》，《文物》2000 年第 11 期，第 39—49 页。
⑦ 参见叶其峰《我国古代叟族的印章》，《文物》1980 年第 9 期，第 77—81 页。
⑧ 刘弘：《西南夷地区城市的形成及其功能》，《四川文物》2003 年第 5 期，第 33—39 页。

政治权力实现垄断。因此,筰都社会是一个不论在宗教意识形态还是在军事政治层面都达到了较高水平的复杂酋邦。

第三节　冉、駹青铜文化与社会

一、冉、駹的地理位置和族属

冉、駹分布在岷江上游,是冉和駹两个部落或部落联盟的合称。《后汉书·冉駹夷传》记载:"冉駹夷者,武帝所开。元鼎六年,以为汶山郡。至地节三年,夷人以立郡赋重,宣帝乃省并蜀郡,为北部都尉。"冉、駹的中心位置,在今四川阿坝藏族羌族自治州的茂县一带。

冉、駹原为两族。《史记·司马相如列传》:"因朝冉从駹,定筰存邛",《史记·大宛列传》:"乃令张骞因蜀,犍为发间使,四道并出:出駹,出冉,出徙,出邛、僰",均分而言之。冉、駹得名,与冉山和駹水有关[①]。冉得名于冉山,唐于茂州都督府下设有冉州冉山县,可知冉山在茂。駹得名于駹水,《续汉书·郡国志》"蜀郡汶江道"刘昭注引《华阳国志》说:"濊水,駹水出焉,多冰寒,盛夏凝冻不释,孝安延光三年复立之以为郡。"汉汶江道在今四川茂县治北,可知駹水亦在茂。《华阳国志》又于绵虒道说:"有玉垒山,出璧玉,湔水所出。"这样看来,湔水是当地的主流,即今岷江上游,駹水则是湔水的支流,可能就是杂谷脑河。由此亦可看出,冉、駹是两个并存的部落,所以才被史籍予以并称。

《史记·西南夷列传》记载:"南越破后,及汉诛且兰、邛君,并杀筰侯,冉、駹皆振恐,请臣,置吏。乃以邛都为越嶲郡,冉、駹为汶山郡,广汉西白马为武都郡。"《后汉书·南蛮西南夷列传》亦云:"冉、駹夷者,武帝所开,元鼎六年以为汶山郡。"可见汶山郡是因汉破南越,灭邛、筰及且兰后,冉、駹振恐请臣而设置的。冉、駹这种归附,是"纳土归附",设治当在原有部落的中心,以利于统率经营,所以汶山郡的中心亦当是原冉、駹部落的中心。汶山郡的区域主要在今岷江上游的茂县一带,其郡治在今茂县凤仪,则凤仪一带就不仅是冉、駹的旧地,而且还是这些部落的中心。所以,《史记·六国年表》正义说:"禹生于茂州汶川县,本冉、駹国,皆西羌。"《旧唐书·地理志》于茂州说:"汶山,汉汶江县,

---

① 参见李绍明《关于羌族古代史的几个问题》,《历史研究》1963年第5期,第165—182页。

属蜀郡,故城在今县北二里,旧冉、䮾地……贞观八年改为茂州。"冉、䮾故地在岷江上游今茂县一带,应该说是十分清楚的。

冉、䮾都是氐族。《后汉书·冉䮾夷传》记载:"皆依山居止,累石为室,高者数十丈,为邛笼。"邛笼即《先蜀记》所载蚕丛氏所居的石室。《魏略·西戎传》记载氐族中有"蚺氏"。说明冉、䮾为氐族。汉初所设湔氏道,在今汶川一带,"氐之所居,故曰氐道"①。这些都是冉、䮾为氐族的确切证据。

《后汉书·冉䮾夷传》记载冉、䮾"其王侯颇知文书",《魏略·西戎传》说氐人"多知中国语,由与中国错居故也,其自还种落间,则自氐语"。《南史·武兴国传》也载氐人"知书疏",而《北史·宕昌羌传》和《党项传》则均言羌"无文字"。由此亦知冉、䮾并为氐族。

冉、䮾的社会经济属于半农半牧的复合型经济。农业占有较大比重,其所种植的黍稷类栽培作物,近年考古发掘中颇多出土。畜牧业以牦牛、马、羊为主,尤出名马,同时还富产石盐。

二、冉、䮾青铜文化

1938年,四川大学冯汉骥先生在汶川县雁门乡萝卜寨发掘了1座石棺葬。这次发掘是川西石棺葬文化的发掘和研究的开端。1961年,四川大学派遣童恩正先生赴茂县、理县、汶川地区进行调查,又发掘了一批石棺葬,计理县薛城区子达岩23座,龙袍岩1座,汶川县大布瓦岩2座,萝卜寨2座②。

1. 四川茂汶县城关石棺葬群

1978年,四川省文管会和茂汶县文化馆在茂汶县城东北先后两次发掘了46座石棺葬,茂汶县后来分为茂县与汶川两县,此处石棺葬位于今茂县城关。这批墓葬分布密集,未发现叠压打破关系,墓向基本一致,且排列有序,可明显地看出墓葬横列成数排。石棺皆为头端宽、脚端窄的长方形,可分为三个类型。第一种为石条或碎石板作盖,石板作壁的小型墓;第二种为方石板作盖和壁的大型墓;第三种为石条作盖、石块和卵石作壁的墓葬。有的墓葬有头箱,葬式均为单人葬,大部分为仰身直肢,有少量屈肢葬和二次葬。这批墓葬共出土文物1400多件,陶器中带耳器很多,双耳罐是最常见的器物,还有单耳罐、

---

① 《汉书》卷28《地理志》颜师古注。
② 参见冯汉骥、童恩正《岷江上游的石棺葬》,《考古学报》1973年第2期,第41—60页。

圜底罐、钵、豆、盅、四耳壶、纺轮、网坠等;铜器有剑、钺、鞴、鏊、釜、盘、镯、管、泡饰、带钩等;铁器有釜、鏊、罐、剑、刀、鞴、镯等;铜铁合制器有三叉格剑;此外还出土了漆器、绿松石耳坠、钱币(有秦半两、八铢半两、四铢半两、榆荚半两和五铢)和260枚海贝,很多墓葬中出土了粮食和兽骨。发掘报告将这批墓葬分为了三期,早期墓葬的时代大约在春秋战国之际到战国末期以前,中期墓葬的年代约在战国后期至武帝以前,晚期墓葬的时代则在汉武帝时期至西汉末年,至迟可能到东汉初[1]。

2. 四川茂汶县营盘山石棺葬群

营盘山位于岷江东岸,是一处西北两面临江,东临深谷,背面与九顶山麓相连的山嘴形台地。1979年,茂汶县文化馆在茂汶县南约五公里的营盘山发掘了10座石棺葬,出土文物250余件。2000—2006年,成都市文物考古研究所和阿坝州文博单位又在该处发掘了石棺墓400余座,根据两次发掘的情况,发掘者认为这批石棺墓时代应在西周至战国晚期[2]。

3. 四川茂汶别列、勒石村的石棺葬

1979年,茂汶县文化局在该县附近发掘了31座石棺葬,其中在距县城西南20公里的别列村发掘了17座,在距县城西南五公里的勒石村发掘了14座。墓葬皆为长方形石棺,用多块石板依次覆盖,葬式以仰身直肢葬为主,还有少数俯身葬与二次葬。出土的陶器有双耳罐、单耳杯、侈口罐、直腹罐、鼓腹罐、豆、尖底盏等,出土的铜器有三援戈、泡饰,采集的铜器有一字形首剑、短柄镜,铁器有剑、削和环首刀,还出土了半两钱。发掘者将这批墓葬分为三期,时代从战国早期至秦汉时期[3]。

4. 四川汶川县昭店村石棺葬

昭店村位于岷江西岸的福烟沟的南山坡上,石棺葬分布在山坡南麓,1980年,汶川县文化馆对该处的石棺葬作了调查,此处的石棺葬与岷江上游地区已发掘的石棺葬形制相同,都是用不规则石板围成的头端宽、脚端窄的长方

---

[1] 参见四川省文管会、茂汶县文化馆《四川茂汶羌族自治县石棺葬发掘报告》,《文物资料丛刊》1983年第7期。

[2] 参见茂汶县文化馆《四川茂汶营盘山的石棺葬》,《考古》1981年第5期,第411—421页。成都市文物考古研究所等《茂县营盘山石棺葬墓地2000—2006年发掘报告》,文物出版社2009年版。

[3] 参见茂汶羌族自治县文化馆《四川茂汶别列、勒石村的石棺葬》,《文物资料丛刊》1985年第9期。

形石棺,无底有盖,底部经夯实。采集陶器9件,有双耳罐、罐、壶、豆、尖底盏等①。

5. 四川理县佳山石棺葬群

佳山位于阿坝州理县东部的桃坪乡,岷江支流杂谷脑河的南岸。1984年6月,阿坝州文管所和理县文化馆在理县东部姚坪佳山发掘了15座石棺葬和一座祭祀坑。

佳山石棺葬分布密集,排列整齐,绝大部分墓葬头向山顶脚向山麓,凡位于同一墓地同一横排的墓葬年代基本一致。佳山石棺葬的墓穴皆为不甚规整的长方梯形竖穴土坑,成人墓葬一般在2.9—3.6米之间,宽0.4—1.3米。分别用薄石板、石块构成头宽足窄的长方梯形无底石棺和独木棺等。这批墓葬皆为单人葬,骨殖大多不存,可看出葬式的几座墓全为仰身直肢葬。出土器物有陶、铜、铁、漆、木、石、蚌、烧料器和钱币。

陶器的数量和种类都较多,有平底罐、圜底罐、双耳罐、双系罐、高底耳罐、单耳罐、彩绘罐、瓮、鼎、甑、喷、碗、豆;铜器有釜、鍪、带钩、带饰、锥、镯、环、剑鞘头、管、连珠纽;铁器有釜、鍪、三足架、斧、锛、锸、镰、铚、凿、钻、锥、削、刀、剑、矛、匕、镳、镯等;木器有鼎、瓶、勺、匕器盖;漆器有耳杯和盒;石器为2件石璧。

此外,随葬品还有粮食、动物骨骼、植物根茎和毛、麻、丝织品残片。发掘报告将这批墓葬分为三期,时代从秦至汉初(吕后行八铢半两钱以前)到西汉中晚期②。

6. 四川茂县牟托一号石棺墓

牟托村位于茂县西南南新乡岷江西岸的二级台地上,1992年,茂县羌族博物馆和阿坝文管所在牟托沟发掘了1座石棺葬和3个器物坑,一号墓为长方形竖穴墓,石棺用石板围砌而成,长3.9米,宽1.36米,深1.41—1.76米,棺内头端用石板隔成三层头箱。墓葬中出土器物170余件,3个器物坑共出土器物72件。出土的文物种类丰富,数量众多。铜器有罍、鼎、敦、甬

---

① 参见叶茂林、罗进勇《四川汶川县昭店村发现的石棺葬》,《考古》1999年第7期,第84—85页。
② 参见阿坝州文管所、理县文化馆《四川理县佳山石棺葬发掘清理报告》,《南方民族考古》1987年第1辑,第211—237页。

钟、纽钟等重器(图6-2),还有戈、矛、剑、戟、盾、护臂、杯、泡饰、牌饰等;陶器有罐等①。

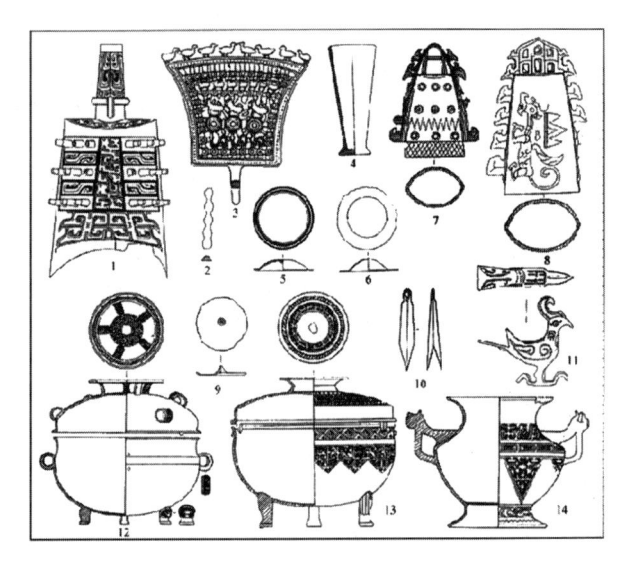

1.甬钟(MI∶B) 2.连珠纽(MI∶149) 3.动物牌饰(MI∶65) 4.杯(MI∶84) 5、9.泡(MI∶146、MI∶145) 6.盾饰(MI∶152) 7、8.纽钟(MI∶88、MI∶124) 10.铃(MI∶154) 11.鸟形饰(MI∶21) 12.敦形器(MI∶71) 13.鼎(MI∶67) 14.罍(MI∶A)

图6-2 青铜器

四川茂县牟托出土

三、部落与酋邦

(一)部落

冉、駹故地的青铜文化遗存基本上都是石棺葬。该区域的石棺葬在墓葬形制上比较典型,墓圹均作长方形,墓室用当地所产板岩围砌而成,一般头尾各用一石板,两侧各用5—8块石板,墓室也用数块石板依次覆盖,有的石棺的底部也用石板铺砌,也有部分石棺未用石板铺底。石棺葬基本上成群分布,且分布密集,一个墓地中的墓葬的墓向基本一致。石棺葬的葬式以仰身直肢的单人葬为主。随葬器物有陶、铜、铁,铜铁合制,石器等。陶器以大双耳罐为典

---

① 参见茂县羌族博物馆、阿坝州文管所《四川茂县牟托一号石棺墓及陪葬坑清理简报》,《文物》1994年第3期,第4—40页。

型器物,在双耳罐的腹部饰以螺旋纹图案是其最有特色的风格。此外还有单耳罐、深腹罐、豆、碗等;铜器主要有罍、三叉格剑、曲柄剑、轮形饰、圆形泡钉、牌饰、手镯等。由于冉、駹近蜀,所以出土的青铜器中有不少蜀式器物,如三角援戈、柳叶形剑,晚期的石棺葬出土不少汉式铁器和汉半两钱。

《史记·西南夷列传》和《汉书·西南夷两粤朝鲜列传》说:"冉、駹……其俗或土著,或移徙。"《后汉书·南蛮西南夷列传》记载:"冉、駹夷者……其山有六夷七羌九氐,各有部落,其王侯颇知文书。"《华阳国志·蜀志》则对冉、駹所居之地记载得比较详细:"汶山郡,本蜀郡北部冉駹都尉……有六夷、羌胡、羌虏、白兰峒、九种之戎。牛马、牦毡、班罽、青顿、毞氍、羊羖之属。特多杂药名香,土地刚卤,不宜五谷,惟种麦,而多冰寒,盛夏凝冻不释。故夷人冬则避寒入蜀,庸赁自食,夏则避暑反落,岁以为常。"《汉书·西南夷两粤朝鲜列传》说:"自巂以东北有笮都国,东北有冉駹国……自冉駹东北有白马国,氐种是也。此三国亦有君长。"将考古材料与历史文献结合研究,冉駹故地的族群可能不只此两支,而是有若干支,即文献所载的"六夷七羌九氐"、"九种之戎"。但从考古材料观察,他们的文化面貌接近一致,可能属于一个大的族系,冉、駹是其中较大的两支。从墓葬分布密集的现象分析,冉、駹故地族群也还处于氏族部落阶段,但社会分化已经比较突出,尤其如牟托墓葬,除了随葬品丰富外,还出土了青铜礼器,墓主应该是"君长"一类的人物。

(二)头箱制度与社会分层[①]

冉、駹故地的青铜文化遗存主要是石棺葬,对岷江上游石棺葬的研究始于20世纪30年代冯汉骥先生对茂县萝卜寨石棺葬的发掘。岷江上游石棺葬是学术界的一个重要研究课题。

位于岷江上游冉、駹地区的撮箕山类型晚期社会是一个社会分化与分层现象十分明显的社会,而在墓葬制度中最能体现这种等级制度存在的是"头箱制"。

在撮箕山类型各个时期的石棺葬中,始终都存在着有无石棺头箱的差异。在该类型的早期,已经出现头箱,例如汶川昭店M1就是一座有头箱的墓葬[②]。到了撮箕山类型晚期,材料更加众多,而我们见到的这种头箱制也表现

[①] 参见罗二虎《文化与生态、社会、族群:川滇青藏民族走廊石棺葬研究》,科学出版社2012年版,第421—428页。

[②] 参见叶茂林、罗进勇《四川汶川县昭店村发现的石棺葬》,《考古》1999年第7期,第84—85页。

出一种更为完善的形态、一种制度化的趋势。这时在墓葬中的头箱还出现了数量上的差别,可分为单层头箱、双层头箱、三层头箱。

这种头箱的有无和数量的多寡体现出了一种等级制度的存在,无头箱的墓葬为最低的等级,单层头箱的墓葬为高一等级,双层头箱的墓葬为更高一等级,三层头箱的墓葬为最高等级。其墓葬数量的多少也是依次递减,形成一种金字塔式结构。

这种等级差异在墓葬的石棺规模上也有相应的体现。

1.无头箱墓葬:茂县城关墓地11座无头箱墓的石棺长度为0.79—2.15米,宽度为0.22—0.52米,高度为0.34—0.72米。营盘山墓地4座无头箱墓的石棺长度为0.9—2.17米,头端宽度为0.37—0.6米,头端高度为0.27—0.48米。

2.单层头箱墓:茂县城关墓地5座单层头箱墓的石棺长度为2.13—2.65米,宽度为0.55—0.6米,高度为0.49—0.75米。营盘山墓地3座单层头箱墓的石棺长度为2.1—2.27米,头端宽度为0.52—0.6米,头端高度为0.54—0.7米。

3.双层头箱墓:营盘山墓地3座双层头箱墓的石棺长度为2.4—2.6米,头端宽度为0.49—0.58米,头端高度为0.72—0.78米。

4.三层头箱墓:仅茂县牟托1号墓1座,长度为2.74米,头端宽度为0.71米,头端高度为1.04米。

综合以上数据可以看出,在这四个等级中,高一个等级的石棺都比低一个等级的石棺规模要大一些。

这种等级差异还体现在墓葬随葬品的数量和质量上。

1.无头箱墓:随葬品一般很少,如茂县城关墓地的11座无头箱墓的墓葬中有两座无随葬品,其余9座墓的随葬品为1—6件,其中以1—2件随葬品的墓葬居多,种类绝大部分都是陶器,仅有少量的铜兵器和小件铜装饰品。茂县营盘山墓地的4座无头箱墓中随葬品数量为1—3件,有陶器、石器和作为装饰品的小件骨器。茂县别立垭口上墓地的10座墓中大部分为无头箱墓,随葬品为1—9件,基本都为陶器,此外还有少量的墓随葬白石。茂县勒石墓地的无头箱墓随葬品为2—10件,大部分都是陶器,可能还有铜戈和白石。

2.单层头箱墓:茂县城关墓地的5座单层头箱墓都有随葬品,数量为2—

10件,大部分为陶器,另有少量铜器。茂县营盘山墓地的3座单层头箱墓随葬品为4—6件,有陶器、石器和作为小装饰品的小件铜器和骨器。茂县别立垭口上墓地的单层头箱墓至少有1座(BM6),随葬品有陶器12件,还有白石一堆。茂县勒石墓地的单层头箱墓至少有1座(LM3),随葬品至少17件,种类有陶器和白石。汶川昭店1号墓至少有随葬品9件。

3.双层头箱墓:营盘山墓地的3座双层头箱墓中,除1号墓在清理前已经暴露在地表而残存的随葬品较少外,另两座墓的随葬品分别为59件(M2)、103件(M3),数量很多,其中绝大多数为陶器,仅有少量的铜兵器、生活用具和极少量的石质装饰品。

4.三层头箱墓:仅茂县牟托1号墓,随葬品170余件,其中陶器48件,铜器69件,铜铁合制器2件,玉器2件,石器35件,还有丝织品、麻织品、竹器、琉璃器和各种装饰品。在大量的铜器中,还可以分为生活用具、乐器、兵器和装饰品。

根据墓葬中的头箱制,可以将社会成员分为4个等级。

1.普通社会成员:无头箱墓除了在茂县牟托墓地没有发现之外,在其他各个墓地中都是数量最多的。在4个等级的墓葬中这种墓的石棺规模最小,随葬品不但种类简单,数量也是最少,甚至有的墓葬没有任何随葬品。这类墓的墓主人应该是众多的社会普通成员。在社会生活中占有的财富很少。他们除了从事社会生产活动之外,男性也要参加战争。

2.富裕阶层:单层头箱墓除了在茂县牟托墓地没有发现之外,在其他各个墓地都有,并占有一定的数量。例如,在茂县城关墓地的16座撮箕山类型墓葬中,单层头箱墓就有5座,占总数的三分之一。茂县营盘山墓地发掘的10座墓中,单层头箱的有3座,占总数的将近三分之一。这个等级墓葬的石棺规模总体上略大于无头箱墓的石棺。总体上讲,这个等级的成员在当时的社会中人数占有一定的比例,他们的社会地位比普通的成员要略高一些,占有的社会财富从总体上讲要多一些。但从个体上看,不是每个该等级的成员占优的财富都多于社会普通成员。他们从事的社会活动与普通成员应该基本相同,除了社会生产活动外,男性也参加战争。

3.首领阶层:双层头箱墓发现数量很少,除了茂县营盘山墓地发现3座之外,在其他墓地都没有发现。其墓葬棺盖结构与前两个等级的墓有明显差别,石棺规模也稍大于前两个等级。双层头箱墓的随葬品数量很多,在两座没有被扰乱的墓葬中,随葬品数量分别是59件和103件,要远多于前两个等级墓葬的随葬品数量。在随葬品类别上也与前两个等级有一定区别。

综合以上,可以认为这一等级墓葬与前两等级存在较大差异,其墓主人属于社会中人数很少的一个集团,大量的随葬品折射出墓主身前占有众多的财富。

4. 最高等级:在这四个等级的墓葬中,作为最高等级的三层头箱墓的墓主,其身份、地位最为特殊,其随葬品的内容和规格与其他三个等级之间表现出来的差异极大。

其他三个等级的墓葬随葬品虽然存在数量上的差异,但随葬品的种类差异不是很大,都是以日常饮食贮藏用的陶器为主,另外有少量的铜兵器和各种装饰品。最高等级的三层头箱墓,不但随葬品数量最多,而且种类异常丰富,其中丝织品、铜铁合制品、玉器等都为其他等级墓葬的随葬品中不见。在随葬品的性质方面也显示出其特殊性。首先,在数量方面,很多随葬品的数量都超出了实用的范畴。其次,许多随葬品都非一般生活用品,而带有礼仪用品的性质。

此外,还有一个重要的现象,就是在该墓中,除了有大量该文化自身的土著文化因素的随葬品之外,还有大量的外来其他文化因素的随葬品,包括巴蜀文化、云南青铜文化、中原文化、楚文化、北方草原文化等,其中有不少随葬品应该就是直接从这些文化中输入的物品。这些应该除了显示出墓主特殊的身份地位外,还显示出墓主或许在外交方面有特殊的地位。

三层头箱墓中的这些特殊现象显示出墓主在该社会中不但拥有众多的财富,而更重要的是还拥有极高的政治地位,在社会生产领域、军事领域、外交领域都拥有很大的权力和权威。这种墓葬所在的牟托墓地除了1号墓之外,还发现了6座[①]。虽然这些墓葬都没有发掘,不过我们推测这些墓应该与牟托1号墓规格等级基本相同。也就是说,目前发现的该社会最高等级的墓葬都集中在该墓地,这应是一个社会身份很高者集团的特殊墓地。

撮箕山类型晚期的年代约为春秋晚期到战国早中期。据此推测,岷江上游撮箕山类型后期时该社会已发展成为复杂酋邦。

---

① 参见徐学书《岷江上游石棺葬文化综述》,《四川大学考古专业创建三十五周年纪念文集》,四川大学出版社1998年版。

第 七 章

编发随畜迁徙:嶲、昆明及其他族群与社会

《史记·西南夷列传》记载:"其外(指滇与邛都),西自同师以东,北至楪榆,名为嶲、昆明,皆编发,随畜迁徙,毋常处,毋君长,地方可数千里。"据此,徙、昆明是"编发,随畜迁徙"的族类。关于嶲、昆明的文献记载并不多见,学术界对于嶲、昆明的研究成果主要得益于对考古资料的分析。但由于考古资料受发现和发掘等条件的限制,这方面的研究成果自然也带有较大的局限性。

本章除对嶲、昆明进行研究外,还把对于文献资料和考古资料均较缺乏的其他族类的研究附后。

第一节 嶲

一、嶲的地理位置和族属

《史记》和《汉书》的《西南夷传》均称嶲、昆明,《史记》司马贞《索隐》引崔浩曰:"嶲、昆明,二国名。"《史记》裴骃《集解》引徐广曰:"永昌有嶲唐县。"《续汉书·郡国志》"永昌郡嶲唐县"下刘昭注:"本西南夷,《史记》曰:古为嶲、昆明。"《盐铁论·备胡篇》云:"氐僰、冉駹、嶲唐、昆明之属。"可知嶲即是嶲唐,嶲当为嶲唐的省称,正如一些史籍把昆明省称为昆一样,如《华阳国志·南中志》所说"夷人大种曰昆,小种曰叟"。

嶲、昆明分布的地域极为辽阔,"可数千里"。嶲的地理位置,刘琳《华阳国志校注》认为,"今澜沧江、怒江两岸自保山县以北皆其故地,东接昆明、东北近

越巂。"巂唐县所在,刘琳教授认为在今云南云龙县南境、保山县北境①。方国瑜先生则认为,巂唐县当在今云南保山平坝②。

《史记·西南夷列传》记载巂、昆明为"编发,随畜移徙,毋常处,毋君长,地方可数千里",《华阳国志·南中志》说"夷人大种曰昆"。由此可知,巂、昆明同为氐羌系,属于藏缅语族的族群。

二、巂青铜文化

虽然目前在巂族群的故地所发现的青铜文化遗存较少,但却十分重要。目前可以确认的巂人青铜文化的遗存约有三处,一处是云南昌宁县坟岭岗墓地,一处是云南昌宁县城近郊的达丙乡和右文乡,另一处属于遗址,即云南潞西市西山乡崩强村约棒新寨勐约坝遗址。

1. 云南昌宁县坟岭岗墓群

坟岭岗墓地所在的云南昌宁县大田坝村位于狮子塘山系间的一个小盆地,大田坝河由南向北穿过盆地注入澜沧江,坟岭岗墓群地处盆地边沿的小丘上。1984年,保山地区文管所和昌宁县文管所在坟岭岗发现青铜时代遗物,1994年4月云南省文物考古研究所、保山地区文管所和昌宁县文管所对坟岭岗一带进行复查,在坟岭岗清理了4座墓葬。同年5月,对坟岭岗墓地进行了正式发掘,清理墓葬50座(包括4月清理的4座),发掘报告认为其年代约在战国至西汉初期③。

2. 云南昌宁县城郊发现的青铜器群

20世纪80年代中期,昌宁县文化馆在昌宁县城郊的达丙乡、右文乡征集到一批青铜器,器型造型奇特,有铜弯刀、铜盒、铜钺三类。这三类器物在造型上都颇有特色,与西南夷其他地区的青铜器有很大的差别④。

3. 潞西市西山乡崩强村约棒新寨勐约坝遗址

潞西市西山乡崩强村约棒新寨勐约坝遗址位于伊洛瓦底江的支流龙川江左岸的二级台地上,面积达33000平方米。2005年云南省考古所在文物调

---

① 刘琳:《华阳国志校注》卷4《南中志》,巴蜀书社1984年版,第439—440页。
② 参见方国瑜《中国西南历史地理考释》,中华书局1987年版,第206—214页。
③ 参见云南省文物考古研究所《云南昌宁坟岭岗青铜时代墓地》,《文物》2005年第8期,第4—20页。
④ 参见云南省博物馆、昌宁县文化馆《近年来云南昌宁出土的青铜》,《考古》1990年第3期,第214—217页。保山地区文管所《昌宁县大田坝青铜兵器出土情况调查》,《云南文物》1983年6月。

查时发现了该遗址,2007年12月至2008年4月,云南省考古所、德宏州文管所和潞西市文管所对该遗址进行了发掘,发掘面积4000平方米。遗址可分三层,发掘陶窑95座、圆形大坑19座、灰坑34座,出土大量陶器、石器和铜器。出土的铜器较少,主要是箭镞、弹丸、铜容器口沿残片、残渣,重要的是该遗址还出土了靴形钺的石范(图7-1),证明该遗址所代表的文化已经能够铸造铜器,发掘者推定该遗址的年代在距今3000—2000年前的商周时期,但根据铜钺石范的形制比较,该遗址的时代可能在春秋战国时期[①]。

图7-1 铸钺之石范
云南潞西市勐约坝遗址出土

三、嶲部落社会

从昌宁坟岭岗墓葬和昌宁城郊出土的青铜器群看,在历史文献所载的嶲人故地存在着两种青铜文化,它们分别代表了同时活动在这一地理空间中的两个族群。

---

① 参见云南省文物考古研究所《探寻历史足迹,保护文化遗产》,云南教育出版社2009年版。

坟岭岗墓地属于小型墓葬群,均为长方形竖穴土坑墓,墓葬分布密集,存在打破叠压现象,墓向基本一致,因墓内人骨架已朽,葬式不明,但从随葬品的位置推测,似有仰身直肢葬和侧身葬,墓中未见葬具。发现有二层台和有腰坑的墓葬各一座。发掘的50座墓葬中,36座有多寡不等的随葬器物,共出土随葬器物279件,有铜、铁、铜铁合制、陶器等。铜器中有较多三叉格剑,还出土了柳叶形矛、圆锥形矛、镦、臂甲、短柄镜、铃和手镯,出土的几种片状挂饰最有特点,有花蕾形、蝉形、鱼形、蝶形和双环形,上面皆饰有纹饰,出土时与铜铃串联在一起。陶器数量和种类皆少,基本为一类侈口深腹平底的罐。

在昌宁县城郊出土的青铜器有铜弯刀、铜盒、铜钺等三类。这三类器物在造型上都颇有特色。铜弯刀有柄,銎口作椭圆形,刀身呈月牙形,柄上饰弦纹、短线纹和人面纹。铜盒上大下小,平面作束腰形,中部略厚,中空,上沿作马鞍形,盒身饰弦纹、圆圈纹和菱形纹,用途不明,暂以盒命名之。这两种器物从未在西南夷地区发现过,具有突出的地方特色。铜钺大多数为刃部不对称的靴形钺,还有长柄舌形刃钺。观其风格,这批青铜器应为战国至西汉之物。

由于在嶲人故地发现的青铜文化遗存不多,学术界一般将其划为滇西青铜文化的组成部分,没有将其单独分离出来。

大田坝坟岭岗墓地东南距昌宁县城57公里,与昌宁县城相距不太远。由于昌宁城郊青铜器群是采集物,调查者认为可能是出自窖藏,故在墓葬形制方面无法比较。但两处所出的青铜器差异却很大,明显属于两支不同青铜文化。坟岭岗出土的三叉格剑、短柄铜镜、柳叶形矛、圆锥形矛多见于分布在川西山地、川西南、滇西北和滇西地区的石棺葬中,如三叉格铜剑的出土地点有茂汶城关、宝兴城关、汉塔山、瓦西沟、盐源盆地、泸沽湖沿岸、云南宁蒗大兴镇、永胜金官龙潭的墓葬中。短柄铜镜出土于茂汶营盘山和别立村、宝兴汉塔山、盐源盆地、雅江巴塘、宁蒗大兴镇的墓葬中。从考古学角度讲,上述出土三叉格铜剑和短柄铜剑的墓葬在考古学上都属于石棺葬文化系统,证明坟岭岗墓葬也是石棺葬文化的遗存。从民族学角度上讲,上述地区也是属于氐羌民族的分布区,嶲与昆明、笮、冉、駹同属氐羌系民族,根据出土器物和嶲之地望综合分析,坟岭岗墓葬应该是嶲人的文化遗存。另外,坟岭岗出土的青铜挂饰与四川广汉三星堆出土的挂饰有相似之处,是一个值得注意的问题。

第二节　昆明

一、昆明的地理位置和族属

昆明的分布地域很广,《史记·西南夷列传》如是说:"其外(指滇与邛都),西自同师以东,北至楪榆,名为嶲、昆明,皆编发,随畜迁徙,毋常处,毋君长,地方可数千里。"此处所指为西汉时期昆明的分布情况。楪榆的地望比较清楚,《汉书·地理志》云:"楪榆,楪榆泽在东。"《续汉书·郡国志·楪榆县》注引《地道志》亦云:"有泽在县东。"《水经·楪榆水注》又曰:"楪榆之东,有楪榆泽,楪榆水所钟,而为此川薮也。"楪榆泽即今洱海,在今大理县之东。同师(又作桐师)则应位于楪榆与嶲唐(即今大理与保山)之间。由于昆明是一个随畜迁徙的游牧民族,所以其活动范围很大,"地方可数千里",但其主要活动范围及其比较稳定的分布区应该是在以洱海为中心的地区。

二、昆明青铜文化

在昆明故地发现的青铜文化遗存除少数遗址外,大多为墓葬,主要分布在云南祥云、弥渡、宾川、剑川、姚安、鹤庆数县,另外在大理、云龙、永平等县还发现若干青铜器出土点。

1. 云南剑川海门口遗址

昆明故地的青铜文化遗址最重要的一处是剑川海门口遗址。海门口遗址位于滇西的一个高原湖泊剑湖的出水口处,发现于1957年。遗址发现后由云南省博物馆筹备处进行过初次发掘,1978年再次进行过发掘。2007年12月,云南省考古所会同大理州、剑川县的文物部门对海门口遗址进行了较大规模的发掘,发掘面积1395平方米,此次发掘有重大收获,除发现了大量木桩柱和出土了大量文物外,基本将海门口遗址的地层与年代排序梳理清楚。发掘者将海门口遗址分为三期,第一期属于云南地区的新石器时代晚期,距今约5300—3900年;第二期属于云南地区的铜器时代早期,距今约3800—3200年;第三期属于云南地区的铜器时代的早、中期,距今约3100—2500年[①]。

[①] 参见云南省文物考古研究所、大理州文物管理所、剑川县文物管理所《云南剑川县海门口遗址》,《考古》2009年第7期,第18—23页。

2. 大波那木椁铜棺墓与木椁墓

大波那发现了两座十分重要的墓葬，一座是木椁墓，位于祥云县村东的象山的缓坡台地上，另一座是木椁铜棺墓，两墓相隔仅 1.5 公里。大波那木椁铜棺墓的墓坑呈不规则竖穴长方形，墓口长 7.5 米，宽 2.35—2.55 米，深 4 米。墓内椁室用巨木叠架，上盖四根巨木作盖板，椁室外部遍涂白膏泥。椁内置一人字坡顶的长方形铜棺，棺长 2 米，宽 0.62 米，通高 1—2 米。整个铜棺由七块构件组合而成，棺身满铸鹰、燕、鹤、虎、豹、马、野猪等动物图案。出土的铜器有心形锄、长条形锄、长方形锛、曲刃矛、三叉格剑、鹦鹉形啄、圆刃钺、房屋、尊、杯、豆、釜、葫芦笙、编钟、牛俑、马俑、羊俑、猪俑、狗俑、鸡俑、杖、铃和一些装饰品。另外还出土了一件鼓面饰有简单的四角芒纹的万家坝型铜鼓。陶器有夹砂灰陶罐和橙黄夹砂陶豆。发掘报告认为该墓的时代最早不致超过西汉中期。

大波那木椁墓也为长方形竖穴土坑墓，墓室内有木椁，木椁用稍加砍削的方木叠筑而成，出土铜器 37 件，主要有长条形锄、心形锄、靴形钺、"兀"纹钺、曲刃矛、三叉格剑、鸟形杖首、豆、杯、梭口刀、卷经杆等，陶器数量很少，只有一件敞口深腹平底罐。此墓的时代与大波那木椁铜棺墓接近[①]。

3. 云南祥云检村石墓群

检村墓群位于祥云县禾甸坝子东南角的一处小山丘上。1976 年在该处发现了青铜器 50 余件，1977 年，大理州文管所和祥云县文化馆在该处清理了 3 座墓葬。墓葬分为单室石椁墓和多室双层石椁墓，葬式有仰身直肢、侧身屈肢葬。出土的铜器中有编钟、"兀"纹钺、鸭嘴形箭矛、尖叶形锄、长条形锄、条形凿、管状铃、鸟形杖首、短柄镜、豆和各式挂饰等；陶器有浅盘豆和侈口平底罐，发掘报告认为墓葬的时代在战国中期至西汉早期。1980 年，大理州文管所又在检村发掘了一座石棺墓，出土了心形铜锄、"兀"纹铜钺、锥形和鸟形铜杖首、铜铃等[②]。

4. 云南弥渡苴力石墓群

弥渡苴力石墓群位于元江支流毗雌江东岸的山麓上，发现于 1979 年，

[①] 参见云南省文物工作队《云南祥云大波那木椁铜棺墓清理报告》，《考古》1964 年第 12 期，第 607—614 页。大理州文管所、祥云县文化馆《云南祥云大波那木椁墓》，《文物》1986 年第 7 期，第 21—24 页。

[②] 参见大理州文物管理所、祥云县文化馆《云南祥云检村石椁墓》，《文物》1983 年第 5 期，第 33—41 页。云南省大理白族自治州文物管理所《云南祥云县检村石棺墓》，《考古》1982 年第 12 期，第 893—895 页。

1980年云南省博物馆文物工作队在该处清理了墓葬10座。墓葬均用大石块构筑,平面呈长方形。出土器物76件,铜器有三叉格剑、曲刃矛、椭圆刃斧、直背削、尖叶形锄、长条形锄、鸟形杖首、铃等;陶器有斜腹碗和侈口平底罐。发掘报告认为墓葬的时代约为战国早中期[1]。

5.云南弥渡合家山青铜器范采集点

弥渡合家山地处弥渡县红岩乡九顶山的余脉上,整座山峦呈馒头状,1995年,弥渡县文物管理所在该地采集到几十件器物。这批器物中最重要的是一批石、陶范,共23件。有甲范、弧刃戈范、曲刃矛范、短剑范、条形锄范、尖叶形锄范、心形锄范、凿范、斧范和铃范。还出土尖叶形锄、心形锄、钺等铜器[2]。

6.云南剑川县鳌凤山墓地

鳌凤山墓地位于剑川县东部沙溪坝子中央的一个长条形小丘上,1977年在该处发现了铜器和陶器,1978年,云南省文物工作队派员调查,确定了是一处墓地,并于1980年秋对该墓地进行了发掘。共发掘土坑墓217座,出土随葬器物429件。鳌凤山的土坑葬分布十分密集,叠压打破关系复杂,有少量墓葬使用了木质葬具,葬式比较复杂,以单人仰身直肢葬为主,单人葬中有部分二次葬和解肢葬;还有部分合葬墓,有仰身直肢与侧身屈肢合葬、仰身直肢与堆骨合葬、仰身直肢二人合葬、成人与儿童合葬、侧身断肢与堆骨合葬多种形式,在部分墓葬有中发现有用猪、羊下颚骨殉葬的现象。出土器物有铜、陶、石器等,铜器有三叉格剑、双圆饼首短剑、平首剑、直背削、圆弧形刃钺、柳叶形带耳矛、臂甲、剑鞘、镞、铃、镯发钗、发箍等;陶器以双耳罐为大宗,还有无耳罐。发掘报告认为鳌凤山土坑墓的时代大致在战国末至西汉初[3]。

7.云南宾川县青铜文化遗存

宾川石棺葬几乎遍布全境,最集中的是金沙江南岸一带的古底乡、平川乡、力角乡、红土坡村、太和乡、宾居乡等地。

8.云南宾川县古底石棺葬群

1994年大理州文管所曾对古底乡的石棺葬群进行过一次抢救性发掘,共

---

[1] 参见云南省博物馆文物工作队《云南弥渡苴力战国石墓》,《文物》1986年第7期,第25—30页。
[2] 参见弥渡县文物管理所《云南弥渡合家山出土古代石、陶范和青铜器》,《文物》2000年第11期,第39—49页。
[3] 参见云南省考古研究所《剑川鳌凤山古墓发掘报告》,《考古学报》1990年第2期,第239—265页。

发掘墓葬 13 座。这批石棺葬平面皆作长方形,有盖无底,多为单室墓,有少量双室墓,葬式为二次捡骨葬。宾川石棺葬出土的铜器有三叉格剑、曲刃矛、柳叶形矛、直援戈、曲刃戈、圆弧刃钺、心形锄、弧刃斧及镞、凿、削、铃、镯等,还发现少量铁器和铜铁合制器①。

9. 云南宾川县夕照寺墓葬群

宾川的土坑墓有夕照寺一处,墓葬为竖穴土坑,其中经发掘的 1 号墓出土器物较多,也较有特点。出土的青铜器有曲刃矛、心形锄、条形锄、条形斧、猪俑、羊俑、马俑、牛俑、犬俑,特别是出土了较多铜杖首,杖首皆作鸟形②。

10. 云南鹤庆县黄平墓葬群

云南鹤庆县的青铜文化遗存已发现一处,即鹤庆县黄平墓地。黄平墓地位于鹤庆县南部的东邑村,是一个狭长的走廊地带。1989 年在该地曾采集到一些青铜器,1991 年,大理州文管所在该处发掘了 3 座残墓,皆为长方形竖穴土坑墓,出土的铜器有长骸矛、短骸矛、弧刃戈、直援戈、束腰斧、半圆刃钺等,陶器有单耳罐、深腹圈足杯,墓葬的时代被发掘者定得很长,从春秋晚期到西汉初。根据与周边地区相同或相似的青铜文化遗存相比较,黄平土坑墓的时代应该在战国至西汉之间③。

11. 云南楚雄万家坝墓群

万家坝墓群位于金沙江南岸支流龙川江的小支流青龙河西岸的一处台地上,发现于 1974 年,1975—1976 年云南省文物工作队对该墓群的发掘,共发掘墓葬 79 座。其中大墓 17 座,小墓 62 座,墓葬分布密集,多打破关系,墓向基本一致。墓室为长方形竖穴土坑,大墓一般长 5 米,宽 2—3 米,深 5 米;小墓一般长 2—3 米,宽 1 米,深 2 米。

万家坝墓葬出土的器物数量众多,铜器中的兵器有窄援戈、曲刃戈、柳叶形矛、窄叶形矛、宽叶形矛、蛇头形首剑、三叉格剑、长身带耳钺、圆形盾饰、臂甲和大量的镞(图 7-2);生产工具有长条形锄、方形锄、舌形锄、条形斧、舌形斧、条形凿、釜等;乐器有称为万家坝型的铜鼓 5 件,羊角纽编钟一组 6 件和铜铃 20 件。其余铜镯、铜管及玛瑙、琥珀、绿松石质的装饰品若干④。

---

① 参见大理州文管所《宾川古底石棺墓发掘简报》,《云南文物》第 41 期,1995 年。
② 参见宾川县文管所《宾川县石棺墓、土坑墓调查报告》,《云南文物》第 31 期,1992 年。
③ 参见大理州文管所《黄坪土坑墓调查、清理简报》,《云南文物》第 36 期,1993 年。
④ 参见云南省文物工作队《楚雄万家坝古墓葬发掘报告》,第 347—382 页。

图 7-2 铜矛

云南万家坝墓地出土

三、昆明酋邦社会

反映昆明故地青铜文化的材料目前主要是墓葬，墓葬有土坑墓也有石棺葬，铜器以剑、钺、矛、戈等兵器为主，还有杖、杖首和一些小型装饰品，其青铜兵器都有明显的地方特征，如曲刃戈、曲锋矛等。昆明故地青铜器还有一个突出特征，就是出土大量的牛、羊、猪等家畜模型。根据青铜器的器型与石范的发现，表明这些青铜器都是在本地制造的。特别是大波那出土的一件满饰各种动物纹饰的铜棺，证明当地的青铜铸造技术已经达到较高的水平。昆明故地的陶器以双、单耳罐为主，陶器风格与川西南山地和川西山地出土的风格有一定联系。但从总体上看，昆明故地的青铜文化没有相邻的滇文化发达。

昆明是西南夷诸族群中的一支大族群，根据《史记·西南夷列传》的记载，这是一支"编发，随畜迁徙，毋常处，毋君长，地方可数千里"的民族。根据考古材料，到了春秋战国时期，昆明人在洱海地区已经进入了农业社会，不过畜牧业在他们的经济生活中仍占有重要地位，而且其社会也脱离了"毋君长"的阶段，大波那木椁铜棺墓就是一位君长的墓葬，其社会结构已经发生了很大的变化,大小型墓葬的出现已经能够反映出其社会内部的分层。另外,在西南夷诸族群中,昆明是和滇发生联系最密切的族群,滇青铜器上的很多人物群雕都反映了滇对昆明的战争与掠夺,突出了表现宣扬己方战功的内容,其实在两个族群的青铜文化中可以看到双方在多方面相互的影响。

根据《史记·西南夷列传》的记载,昆明族群是一支尚处在"毋君长"的部落社会的族群。但是从已经发现的属于昆明族群的青铜文化遗存分析,昆明族群已经处在有君长的酋邦制发展阶段。从昆明族群"可数千里"的辽阔活动空间来看,很有可能的情况是,文献所记载的昆明族群"随畜迁徙,无常处",其实应该是季节性的畜牧活动,而不是所谓游牧。

第三节 白狼、槃木、唐菆

一、白狼、槃木、唐菆的地理位置和族属

《后汉书·笮都夷传》记载:"自汶山以西,前世所不至。正朔所未加,白狼、槃木、唐菆等百余国,户百三十余万,口六百万以上,举种贡奉,称为臣仆。辅(益州太守朱辅)上疏曰:'……今白狼王唐菆等慕化归义……路由邛崃大山,零高坂,峭危峻险,百倍歧道……'"根据白狼、槃木、唐菆等部落居于汶山郡以西,而且他们前往成都平原需要经过邛崃大山等情况分析,这些部落应该分布在今四川甘孜州东南部[①]。经过考古资料的对比,今川西南的木里县和滇西北的德钦、中甸两县也应属于白狼、槃木、唐菆文化分布区。

上述百余国见诸文献虽为汉世,但上面引文所说"前世所不至,正朔所未加",却表明早在汉以前,他们就已成为当地的土著。在这些地区内,近年来发掘了不少石棺葬,如四川甘孜州的炉霍甲洛甲妥、雅江呷拉、巴塘扎金顶,云南钦县永芝等,均与古代笮人族群有关,应即白狼、槃木、唐菆等部的文化遗存。其年代,从商代晚期、商周之际到战国晚期者,均有发现,确切表明以此三部为首的百余羌部早在商代业已居此。到东汉明帝永平中,他们对汉王朝"慕化归义"时,已在今甘孜州境内世代相承,生活了1000余年。

---

① 参见冉光荣、李绍明、周锡银《羌族史》,四川民族出版社1984年版,第98页。

二、白狼、槃木、唐菆的青铜文化与部落社会

（一）青铜文化

白狼、槃木、唐菆地域广阔，在这一广阔区域内发现的青铜文化遗存有多处，可以分为川西山地和滇西北山地两个片区。其中川西山地片区的重要发现有四川巴塘县扎金顶墓群、雅江县呷拉墓群、甘孜县吉里龙墓群和炉霍县的卡莎湖墓群。滇西北山地片区的重要发现则有云南德钦县和中甸县的几处墓群。

1. 四川巴塘县扎金顶墓葬群

巴塘县扎金顶位于巴塘县城以北的巴曲河与小巴河汇合处。1978年，甘孜考古队在该处发掘了8座墓葬。雅江的石棺葬多为有底有盖的长方形石棺，而扎金顶的墓葬却为墓口用石板覆盖的土坑墓，但据调查，在扎金顶同一墓地之内，也有石棺葬分布，且出土的器物与石盖土坑墓的随葬品并无区别。墓葬分布密集，墓向为东西向，葬式有仰身直肢、仰身屈肢、侧身屈肢、侧身直肢、仰身双手交叉于胸前等五种。出土的陶器有橄榄形口大双耳罐、单耳罐、单耳杯、簋；铜器有柳叶形剑（但柄上无穿）、刀、镯、锥。4号墓中发现鸡骨两具。采集品中有耳部镶嵌铜泡的大双耳罐。发掘者认为这批墓葬的时代在战国至秦汉之际[1]。

2. 四川雅江县呷拉墓葬群

雅江县位于甘孜州南部，属青藏高原横断山脉地带，呷拉地处雅砻江南岸高坡上，背靠马鞍山、左侧是雅砻江和弯地沟小河的汇合处。1981年11月，甘孜州文化局与雅江县文化馆在进行石棺葬分布情况调查时，发现了呷拉墓地，并于同月发掘了8座石棺葬。墓葬均为长方形竖穴石棺墓，四壁用石板围砌而成，顶部用数块石板依次覆盖，墓室底部用石灰石夹泥填筑。唯一保存了骨架的6号墓为侧身屈肢葬。墓向均为头枕大山，脚向江河。出土器物不多，有陶大双耳罐、单耳罐、小铁环、绿松石饰片、铜饰片和1件穿孔海贝。发掘者认为这批墓葬的时代不会晚于战国中晚期[2]。

---

[1] 参见甘孜考古队《四川巴塘、雅江的石棺墓》，《考古》1981年第3期，第213—218页。
[2] 参见甘孜州文化局、雅江县文化馆《四川雅江呷拉石棺葬清理简报》，《考古与文物》1983年第4期，第79—88页。

3. 四川甘孜县吉里龙墓葬群

吉里龙是一南北走向的凹地，西南是横断山系的扎龙大雪山，北侧为雅砻江。1981年，甘孜县文化馆曾在此地清理了1座残墓。1983年，四川省文管会与甘孜州文化馆又在吉里龙发掘了8座墓葬，墓葬排列密集，方向基本一致，既有石棺葬也有土坑墓和用卵石镶边的墓葬，但三种墓葬中出土的器物无甚差别，只是组合略有不同。葬式为仰身直肢，墓葬中发现狗、牛等家畜殉葬的现象。出土物有陶、铜、铁、骨器和装饰品百余件。发掘者认为墓葬的时代在战国至秦代，最晚不过汉初[①]。

4. 四川炉霍县卡莎湖墓葬群

炉霍县地处四川西部边缘，卡莎湖属川西高原的内陆湖泊。卡莎湖墓地位于湖畔的一片湖相堆积的平坦地段，达曲河由东南向西北流过其侧，墓地发现于1984年初。1984年，四川省考古所和甘孜州文化局发掘了石棺葬275座。这处墓地埋葬数量甚多，因在发掘前已经有不少墓葬被破坏，故发掘的只是这处墓地的一部分。

墓葬分布非常密集，排列整齐较有规律，没有发现打破、叠压关系，石棺分为有底有盖、无底有盖、无底有盖两侧不用石板、土坑盖石板四类。葬式以仰身直肢为主，共167例，侧身葬14例，俯身葬2例，葬式不明者92例，除仰身直肢、仰身屈肢、侧身直肢、侧身屈肢、俯身屈肢葬外，还有交手、交脚、断肢、断指葬。

共有148座墓葬有随葬品，占墓葬总数的54%。随葬品的数量较少，种类也单调，未见陶器，只出土了铜、石、骨器和各种装饰品和毛制品。铜器有鱼尾形内戈、曲内戈、柳叶形锋的无耳和双耳矛、弓背削、觽及管、镯、扣、泡饰、环、铃等装饰品，装饰品中的叉形双联泡饰最有特点。石器有刀和镞，另外有40座墓葬出土了484件细石器，大部分用燧石制成，少数为石英和水晶制作，都是比较典型的叶片形石器，种类有锥形器、凿形器、尖状器、片形器、柳叶形器。骨器有管、针、轮等。还出土了用桦树皮制作的筒盖、筒、三角形器、刀鞘和带、绳等毛制品。装饰品多为玛瑙、硬玉、绿松石等质料的管、珠，还出土了37颗无穿孔的海贝。发掘者认为卡莎湖墓葬的时代上至春秋，下至战国中期

---

① 参见四川省文管会、甘孜州文化馆《四川甘孜吉里龙古墓葬》，《考古》1986年第1期，第28—36页。

前,最晚也不会晚于战国中期①。

5.云南德钦县永芝石棺葬群

永芝位于怒江和澜沧江分水岭四莽大雪山的尾端,地势较高,终年积雪不化。墓葬群坐落在永芝西北太子雪山峡谷的坡地上,海拔高度约3000米。埋葬分布比较分散,同一墓地中有石棺墓也有土坑墓,石棺墓的构造比较简陋,似无顶盖石板。1974年8月,云南省博物馆文物工作队在永芝发掘了3座墓葬,一座为土坑墓,两座石棺墓。土坑墓基本完整,根据墓内人骨架分析,为仰身直肢葬。两座石棺葬均无随葬物。出土和采集的器物有铜、陶、银器。铜器有三叉格剑、带耳矛、弧背刀、实心斧、无胡戈、短柄镜、泡饰;陶器有单耳罐、三耳罐、单耳带流罐、无耳罐;银器为放于死者头部的长方形片状装饰品。发掘者认为永芝墓葬的时代约在西汉早期②。

6.云南德钦县纳古石棺葬群

纳古位于德钦县城西北约70公里的澜沧江上游东岸,白芒雪山西麓,高出江面约百余米,南距永芝约一百多公里。1976年,当地文化馆曾在此地采集到陶罐、铜矛、铜剑。1977年8月,云南省博物馆文物工作队在此地发掘了23座石棺葬。墓葬分布比较集中,存在打破关系。23座墓均为石块砌成的石棺墓,长1.5—1.95米,宽0.44—0.7米,深0.5—0.65米。有盖无底,葬式有侧身屈肢、侧身直肢两种,随葬器物较少,每墓一至六件不等。发现用兽骨随葬的现象。出土器物41件,陶器有各种类型的大双耳罐、单耳罐;铜器有柳叶形矛、曲柄剑、双圆饼首剑、镯和泡饰;石器为一种尖叶形镞;还发现716枚绿松石珠和1枚海贝。发掘者认为其时代约在春秋早中期,或可早到西周晚期。然根据出土的曲柄剑、双圆饼首剑分析,其时代应该在战国至西汉时期③。

7.云南德钦县石底墓葬群

石底墓葬群位于德钦县南,澜沧江东岸山坡上,距江面高度约500米。1977年8月,云南省博物馆文物工作队在这里清理了两座墓葬,并收集到一

---

① 参见四川省考古所、甘孜州文化局《四川炉霍卡莎湖石棺墓》,《考古学报》1991年第2期,第207—238页。

② 参见云南省博物馆文物工作队《云南德钦永芝发现的古墓葬》,《考古》1975年第4期,第244—248页。

③ 参见云南省博物馆文物工作队《云南德钦县纳古石棺葬》,《考古》1983年第3期,第220—225页。

批青铜器。两座墓葬均为竖穴土坑墓，1号墓长1.45米，宽1米，深1.3米，2号墓长1.15米，宽0.7米，深0.2米，2号墓内的人骨架保存完好，葬式为侧身屈肢葬。出土和收集的器物有陶器和铜器，陶器有大双耳罐、大单耳罐和侈口罐，双耳罐的腹部饰以螺旋纹；铜器有三叉格剑、长锋鸭嘴形箭矛、鹿头形杖首、鹫鹰形杖首、杯、匕、刀、扣饰等。发掘者认为墓葬的时代约在战国至西汉早期[①]。

8. 云南中甸石棺葬群

中甸县位于云南省西北部，地处横断山区中的金沙江东岸，在县城西北约70公里的高山峡谷中，有一条长约30公里从东北流入金沙江的小溪，在小溪中下游的两岸台地上分布着数量众多的石棺葬。1988年3—4月，云南省文物考古所对其中克乡村和布独村等三处石棺葬进行了发掘，共发掘墓葬43座。墓葬多顺山势横向排列，分布密集。石棺葬大多为单个建造，放石棺的土坑平面多为圆角长方形，也有椭圆形和长方形的，石棺用石板围砌而成，有盖无底。在清理的墓葬中有20座保存了骨架，葬式有侧身屈肢葬、仰身屈肢葬、单人二次葬、双人二次葬、解肢葬、附身直肢葬。有13座墓葬出土了随葬品，铜器有无格短剑；陶器有单耳罐、双耳罐和纺轮；另外还出土了骨片、石珠、海贝（7枚）和有机质镯。发掘报告认为，中甸石棺葬的年代约在西周时期[②]。

(二) 白狼、槃木、唐菆的部落社会

白狼、槃木、唐菆故地青铜文化的遗存目前发现的主要是石棺葬和土坑墓，两种墓葬的结构虽然不同，但出土的器物却没有大的区别。最突出的是带有甘青文化特征的大双耳罐和单耳陶罐，铜器主要有三叉格剑、曲柄剑、双圆饼首剑、短柄镜、弧背刀、镯和各式泡饰为主；墓葬中随葬家畜也是该地区的特点之一。这个区域位于西南最西的地方，山高谷深，交通不便，与蜀、滇等文化的接触较少，故其中蜀、滇文化的因素虽然少一些，但三星堆文化的一些重要的文化因素还是在该地突现出来，如杖首和三角援风格的铜戈。

在白狼、槃木、唐菆故地发现的石棺葬和属于石棺葬文化的土坑墓，其文化面貌与盐源盆地的青铜文化十分接近，基本上属于同一个文化，所以他们与

---

① 参见云南省博物馆文物工作队《云南德钦石底古墓》，《考古》1983年第3期，第275—276页。
② 参见云南省考古研究所《云南中甸的石棺墓》，《云南文物》第36期，1993年。

岷江上游、盐源盆地的族群应该属于同一个民族，即都属于羌民族集团中的笮系，白狼、槃木、唐菆只是他们部落的名称。

第四节 句町

一、句町的地理位置和族属

汉武帝元鼎六年(前 111 年)置牂牁郡，漏卧、句町并属牂牁郡。句町，《汉书·西南夷传》作钩町。《华阳国志·南中志》记载："句町县，故句町王国名也。"丁谦《西南夷传考证》说："钩町，牂牁属县，《地理志》作句町，注言有文象水，东至增食县入郁。文象水今曰西洋江，为郁江上源，知钩町在滇东广南府地。"[1]方国瑜先生考证句町地在盘龙江上游，童恩正先生认为广西的西林也是句町地，刘琳先生认为句町故城在今云南之广南、富宁，广西的西林、隆林、田林等县亦当为句町辖境[2]。王先谦《汉书补注·西南夷传》曰："句町，牂牁县，在临安府通海县东北五里。"通海南临礼社江(元江)不远，礼社江即《汉书·地理志》记载的"僕(濮)水"。方国瑜先生在《中国西南历史地理考释》一书中考证"此水(指濮水)自叶榆地区流至西随，又至交趾入海，则为今之礼社江，下游称红河之水，即《汉志》之濮水"[3]。濮水因沿岸多濮人而得名。根据沿濮水一线出土的文物面貌基本相同的特点分析，沿濮水(礼社江、红河)的元江、红河、个旧一线，大概也是句町的势力范围和句町文化的影响区域。

《华阳国志·南中志》记载句町县"其置自濮王，姓毋，汉时受封至今"，明确表明句町为濮系民族。

二、句町青铜文化

句町故地的青铜文化遗存目前发现几处，即位于红河州中部的云南元江县洼垤打篙陡墓地、元江罗垤白堵克墓地、个旧石榴坝墓地、红河县的小河底流域、广西西林普驮铜鼓墓葬。

---

[1] 丁谦:《汉书西南夷两粤朝鲜传地理考证》，"浙江图书馆丛书"第1集《汉书各外国传地理考证》，浙江图书馆校刊 1914 年版。
[2] 刘琳:《华阳国志校注》卷4《南中志》，第458—459页。
[3] 方国瑜:《中国西南历史地理考释》，第176页。

1. 云南元江洼垤打篙陡墓地

洼垤村位于元江县城东58公里的群山中,六诏山支脉罗马山间的一个小盆地内。1984年,元江县在开展文物普查时,在洼垤村北的打篙陡发现青铜器。1989年9月和1989年12月至1990年1月云南省考古研究所和玉溪地区文管所、元江县文化局两次对打篙陡墓地进行了发掘,共发掘青铜时代墓葬73座。墓葬全为规模不大的长方形竖穴土坑墓,基本上排列成行,有的有二层台或腰坑,出土器物155件,有陶、铜、玉、石器。青铜器有对称圆弧刃和不对称圆弧刃钺、条形宽刃和窄刃斧、蛇头形首剑、长胡戈、矛、刀、匕首、V形銎口锄、刻刀、扣饰、铃、杖首、镦、凿、臂甲等。陶器有直口或敞口扁腹环底罐和釜,敞口瓶等。发掘者认为该墓的时代"应为春秋晚期至战国晚期"①。

2. 云南个旧石榴坝墓地

石榴坝墓地位于个旧市石榴坝村,墓地北高南低,呈缓坡状,北面为老云山山脉。1987年7月,在当地发现青铜器。1987年7—8月,云南省博物馆文物工作队和个旧市群众艺术馆对该墓地进行了发掘,共发掘墓葬24座。全为小型长方形竖穴土坑墓,长1.9—2.5米、宽0.4—0.6米、深0.5—1.7米,墓葬分布不密集,墓向基本一致。出土器物有青铜器、陶器和玉石器等131件。青铜器有无胡戈、锛、凿、刻刀等,陶器有盘、敞口圜底和圈足罐、玉器有玦、有领镯等。发掘者认为其时代"其上限可定于战国初期或更早"②。

3. 云南元江罗垤白堵克墓地

1991年3月,云南文物考古部门在该地发掘竖穴土坑墓14座,出土青铜矛、钺、镞和陶器、石器等60余件随葬品③。

4. 云南红河小河底流域

红河县的小河底是一个很值得注意的地点,该地点没有经过正式发掘,却出土了大量青铜器,可能是一处较大的墓地。元江洼垤打篙陡墓地也位于小河底地区④。

---

① 王大道、杨帆、马勇昌:《云南元江县洼垤打篙陡青铜时代墓地》,《文物》1992年第7期,第38—54页。
② 云南省博物馆文物工作队、个旧市群众艺术馆:《云南个旧石榴坝青铜时代墓葬》,《考古》1992年第2期,第131—137页。
③ 参见李跃宾《元江罗垤白堵克青铜墓地发掘简报》,《玉溪文博》1990年第3期。
④ 参见云南省文物考古研究所《云南边境地区(文山州和红河州)考古调查报告》。

5. 广西西林普驮铜鼓墓

西林县地处广西西部,驮娘江自西向东流过,普驮墓葬位于驮娘江西南岸的一处山坡上。这座墓葬发现于1972年,因其墓葬形制特殊,出土器物众多,又是广西西部地区唯一的重要发现,对于了解该区域的古代文化有十分重要的价值[①]。

句町青铜文化的主要器物有对称圆弧刃和不对称圆弧刃钺、条形宽刃和窄刃斧、蛇头形首剑、长胡戈、矛、刀、匕首、V形銎口锄、刻刀、扣饰、铃、杖首、镦、凿、臂甲等(图7-3)。陶器有直口或敞口扁腹环底罐和釜、敞口瓶、盘、敞口圜底和圈足罐、玉器有玦、有领镯等。其中的不对称圆弧刃钺最有地方特点,这类器物是越文化的典型器物,陶器则与滇文化陶器较为接近。

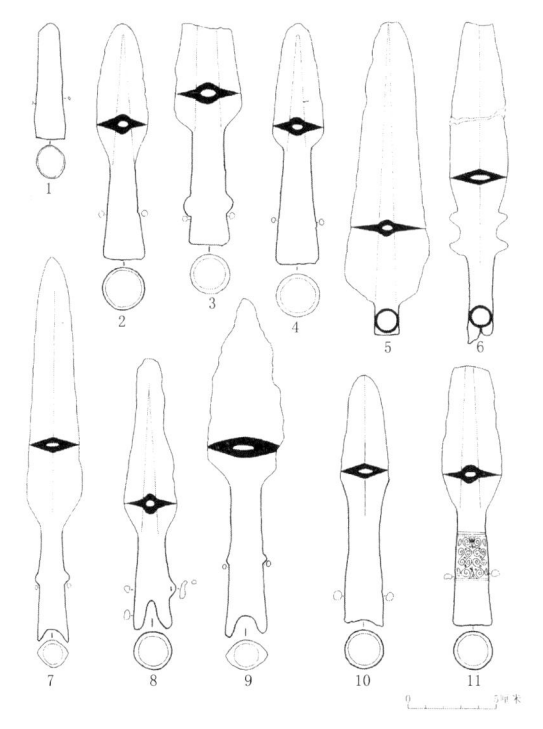

图7-3 句町青铜文化器物
广西西林县出土

---

① 参见广西壮族自治区文物工作队《广西西林县普驮铜鼓墓葬》,《文物》1978年第9期,第43—51页。

三、句町酋邦社会

句町是一个长期活动在云南东南和广西西部的族群,墓葬密集分布,所属部众人口众多。

古代文献对有关句町族群史迹的记载不多,但有三例重大事件可供了解句町社会政治组织的一些基本情况。

第一例是,《汉书·西南夷传》记载,汉昭帝始元四年,姑缯、叶榆复反,五年,"钩町侯亡波率其邑君长人民击反者,斩首捕虏有功,其立亡波为钩町王"。可见句町侯亡波因协助西汉大鸿胪田广明镇压姑缯、叶榆等部落的反叛有功,被封为句町王。

第二例是,汉成帝河平中,"夜郎王与钩町王禹、漏卧侯俞更举兵相攻"[①]。《华阳国志·南中志》也记载:"成帝时,夜郎王兴与句町王禹、漏卧侯愈更相攻击。"

第三例是,王莽时,句町王因为不满王莽贬其为侯而发动了一次影响很大的叛乱,《汉书·西南夷传》记载:"王莽篡位,改汉制,贬钩町王以为侯。(钩町)王邯怨恨,牂柯大尹周钦诈杀邯。邯弟承攻杀钦,州郡击之,不能服",以至引起"三边蛮夷愁扰尽反",虽汉军数次讨伐,然而历经数年,终不能平,及至"莽败汉兴","复旧号云",方平息了事。

从以上三例事件分析,可以知道句町侯亡波有统率其所属之邑的君长和人民出征参战的能力和权力,表明句町在所属之邑当中居于权力中心的位置,而句町的政治势力范围较广,所属的邑及邑君长亦复不少。同时,句町的政治影响还超越了其领地而扩展到周边地区和族群。很明显,句町已经发展到足以统率其所属之邑的"君长"的酋邦制阶段。

第五节　漏卧

一、漏卧的地理位置和族属

《汉书·地理志》和《续汉书·郡国志》并载有漏卧县,置自西汉,东汉、蜀汉因,晋省并。《汉书·地理志》"漏卧县"颜师古引应劭曰:"故漏卧侯国",可知漏卧原为部落或酋邦。漏卧与夜郎、句町相邻,汉成帝时曾相互举兵攻战,

---

① 《汉书》卷95《西南夷传》。

《汉书·西南夷传》记载:"成帝河平中,夜郎王兴,与句町王禹,漏卧侯俞,更举兵相攻。"方国瑜先生在《中国西南历史地理考释》中考证:"其(漏卧)地在句町以北,夜郎之南",刘琳先生考证漏卧在云南宗师一带①。结合考古材料推测,漏卧应在今云南曲靖地区南部的师宗县和红河州北部的泸西县一带。

漏卧属于濮越系族群。蜀汉时兴古郡辖有漏卧县,《华阳国志·南中志》说兴古郡"多鸠僚、濮",由此可知漏卧属于濮系民族,当无疑义。

二、漏卧青铜文化与部落社会

漏卧故地的青铜文化遗存目前已发现两处,即云南泸西县的石洞村墓地和大逸圃墓地。

泸西县石洞村墓地位于泸西坝子西部的山坡上,坡势较缓。该墓地早年即已发现,2007年12月至2008年4月,云南省文物考古研究所、红河州文管所和泸西县文管所对该墓地进行了抢救性发掘,共发掘土坑墓93座。石洞村墓葬分布密集,有打破叠压现象。墓葬皆为长方形的竖穴土坑墓,墓向基本一致,长度0.7—3米不等。部分墓葬有腰坑、生土二层台和生土头龛,因人骨保存不佳,葬式不明。有57座墓有随葬品,出土器物180余件,有铜、陶、铁、玉石、骨、木、陶器,铜器主要有无胡戈、一字格剑、削、牌、扣饰、镯、弩机等,陶器主要有罐。发掘者认为墓葬的时代大致在西汉中晚期至东汉初②。

大逸圃墓地西南距泸西县城约10千米,北距石洞村仅8千米,此地早年便有青铜器出土。云南省文物考古研究所等单位在发掘石洞村墓地的同时发掘了大逸圃墓地。大逸圃墓地共发掘了墓葬190座,均为长方形竖穴土坑墓,墓葬分布密集,有打破叠压关系,墓向基本一致,有少量墓葬带有生土二层台和壁龛,地面不见封土,葬式有仰身、俯身和侧身葬。大部分墓葬的长度在2米左右,最短的仅0.9米,最长的达2.7米,墓葬共出土器物600余件。铜器主要有三角援戈、一字格剑、三叉格剑、镞、臂甲、削、锥、凿、镯、扣饰等(图7-4),铜铁合制器有铜柄铁剑、铜骸铁矛、铜柄铁削,陶器以平底罐、敞口圜底釜为主。根据出土器物判断,大逸圃墓地的时代与石洞村墓地基本同时或稍早③。

---

① 参见刘琳《华阳国志校注》卷4《南中志》,第347、456页。
② 参见云南省文物考古研究所、红河州文物管理所《泸西石洞村大逸圃墓地》,云南科技出版社2009年版。
③ 同上。

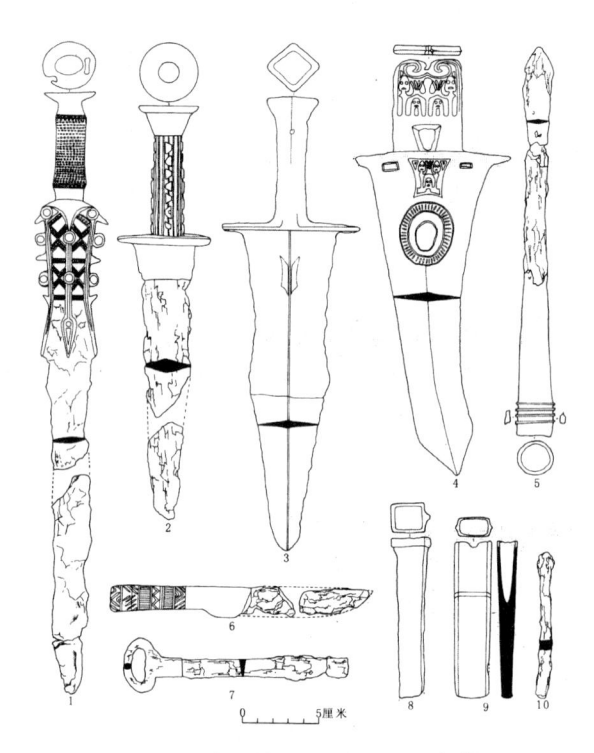

1. 铜柄铁剑(MI59∶4)　2. 铜柄铁剑(MI68∶2)　3. 铜剑(M93∶2)　4. 铜戈(M6∶1)　5. 铜骹铁矛(MI54∶1)　6. 铜柄铁削(MI5∶3)　7. 环首铁削(MI53∶3)　8. 铜凿(MI54∶2)　9. 铜凿(MI36∶1)　10. 铁凿(M46∶7)

图 7-4　大逸圃墓地出土铜器
云南省泸西县出土

虽然漏卧故地的青铜文化遗存目前只发现了泸西石洞村和大逸圃两处，但因考古材料丰富，可以在很大程度上反映出漏卧故地青铜文化的面貌。这两处墓地出土的器物在风格上基本一致，应属于同一文化，出土器物分为铜器、铁器、铜铁合制器、陶器、玉石器、骨器和木器等。出土的铜器中以滇式三角形援直内戈、一字格剑，梯形牌饰、圆形牌饰为主，还有弩机和手镯等；陶器较少，只有敛口高领罐和侈口圆腹平底罐两种；铁器有环首刀、凿、镰、锸、斧。

根据文献记载，漏卧主要的活动时间段在西汉时期，《华阳国志·南中志》载："成帝时，夜郎王兴与句町王禹、漏卧侯愈更相攻击。"此事也见《汉书·西南夷列传》。《汉书·地理志·漏卧县》曰："故漏卧侯国。"石洞村和大逸圃墓葬中出土了铜铁合制器、铁器,还出土了弩机这类汉式铜器,其时代正与上引《华阳国志·南中志》中的记载相符。漏卧侯与夜郎王、句町王相互攻击,说明他们属于各自的族群,三者之中漏卧被称为侯,而夜郎、句町被称作王,说明漏卧的势力小于前两者。中原的历史文献常根据西南夷族群势力的大小、人口的多少、活动或控制区域的广狭等情况,给西南夷族群的首领冠以汉朝王、侯的名称,如滇王、夜郎王、句町王、邛君、筰侯、漏卧侯等,但这并不表明汉朝廷正式授予了他们这种封号,唯滇王例外。

从石洞村和大逸圃两处墓地墓群的规模,墓葬的形制和出土器物观察,这个族群的社会分化不明显,社会发展水平不高,且受到滇文化较大的影响。

第六节 白马、僰、且兰、滇越、哀牢、摩些夷

除了《史记·西南夷列传》的总叙部分而外,在该篇的具体叙述中以及在《汉书·西南夷传》《后汉书·南蛮西南夷列传》和《华阳国志》等文献的记载中,还可以见到西南夷其他一些族群或类似于"君长"的"邑君"及其名称,主要有:

一、白马

《史记·西南夷列传》记载:"自冉駹以东北,君长以什数,白马最大,皆氐类也。"白马即指白马氐,先秦时分布在今四川绵阳地区北部与甘肃南部武都之间的白龙江流域①。至汉代,上述白马氐之地多见羌人活动,称为"白马羌",表明羌族中的一支已迁入其地,而因白马之号②。这支羌人,即《后汉书·西羌传》所说"或为白马种,广汉羌是也"的白马羌。白马羌的分布,除今绵阳地区北部外,也向西延展到松潘。也有学者认为武都的白马羌实为参狼种,只有蜀郡西北的才是白马羌③。

考古学上,在四川北部与甘肃东南地区发现的古代文化遗存,同历史文献

---

① 据《汉书》卷28《地理志》,汉高帝在这一区域的南部置有甸氐道(今四川九寨沟县)、刚氐道(今四川平武县东)、阴平道(今甘肃文县西北),属广汉郡,汉武帝在其北部置武都郡,所辖武都、故道、河池、嘉陵道、循成道、下辨道等,均为氐族所居。其中,今甘肃武都、文县和四川九寨沟县、平武县一带的氐人,即是白马氐。《史记》所述,正是指此。

② 参见冉光荣、李绍明、周锡银《羌族史》,四川民族出版社1984年版,第98—99页。

③ 参见马长寿《氐与羌》,上海人民出版社1984年版,第99—101页。

记载中的白马族群关系最为密切,它们主要分布在四川九寨沟、平武、甘肃文县、武都等区域。

2005—2008年,在九寨沟发现的阿梢脑汉代遗址,发现了5件铁器、1件铜器以及包括1片在内的一些陶片、石器。这里出土的凹口锸,也见于甘肃文县、四川平武、茂县、理县等地①。由于在甘肃武都新石器遗址中存在着彩陶②,因此九寨沟地区发现的彩陶可能与陇东南的早期彩陶之间存在着联系。如果是这样,那就意味着川北与陇东南之间很早就存在着文化的紧密关联。2005年发掘的四川平武水牛家寨汉代遗址,发现了锸、犁铧等铁器,石斧、石杵等石器,罐、壶、盆、钵、瓶、纺轮等陶器③。这些发现表明,分布于川北与陇东南地区的古代白马族群,处于定居农耕的生活状态。他们从汉地引入铁器,进行农耕活动,并继续使用一些石器。

二、僰

先秦时期,僰人集中分布在四川宜宾至云南昭通一带。《华阳国志·蜀志》"犍为郡"下记载:"僰道县,在南安(今四川乐山市)东四百里,距郡百里,高后六年城之。治马湖江会,水通越嶲。本有僰人,故《秦纪》言僰僮之富,汉民多,渐斥徙之。"《汉书·地理志》"僰道"下应劭注曰:"故僰侯国也。"可知今四川宜宾一带是僰人的分布中心。

僰人很早就在川南地区定居,成为川南的主要民族。《吕氏春秋·恃君览》:"氐、羌、呼唐,离水之西,僰人、野人……多无君。"《礼记·王制》:"屏之远方,西方曰棘。"棘即僰。郑玄注云:"棘,当为僰('为'字据惠栋校宋本增)。僰之言偪,使之偪寄于夷戎。"僰人入居川南的年代,可追溯到殷末以前,殷末杜宇就是来自朱提(今云南昭通)的僰人。而朱提汉属犍为郡之南部,蜀汉始分置朱提郡。《说文·人部》:"僰,犍为蛮夷也,从人棘声。"说明朱提古为僰人居地,与今宜宾地相连接。方国瑜也认为僰人以僰道县为中心,散居其南境,《秦纪》所言的僰僮应在犍为南的朱提之地④。杜宇既为朱提僰人,殷末即已北上

---

① 参见吕红亮、李永宪、陈学志、范永刚、杨青霞、王燕《九寨沟阿梢脑遗址考古调查试掘的初步分析》,《藏学学刊》第6辑,第125—136页。
② 参见陈苇《武都大李家坪遗址分期及相关问题再探》,《四川文物》2008年第4期,第30—36页。
③ 参见四川省文物考古所、绵阳市文物局、平武县文物管理所《四川平武县白马藏区水牛家寨遗址》,《考古》2006年第10期,第88—92页。
④ 参见方国瑜《中国西南历史地理考释》上册,第18—19页。

至蜀，说明殷末以前僰人已是定居在汉之犍为郡即今川南至滇东北地区的民族。

僰人是濮之支系，僰即濮。以声类求之，"僰，蒲北反"①，蒲、濮双声叠韵，故得相通。《史记·货殖列传》和《汉书·地理志》的"滇僰"，《华阳国志·南中志》作"滇濮"，证实僰为濮系民族。因其居于棘围之中，故称僰人，"从人棘声"②。所谓僰人，即是居于棘围之中的濮人③。

僰人是农业民族。《华阳国志·蜀志》记载杜宇在蜀"教民务农"，时为西周，足见西周以前僰人农业已有相当水平。《华阳国志·蜀志》还记载僰道有荔枝、姜、蒟，蒟当即蒟酱原料，而荔枝闻名遐迩，历代盛产不衰。《水经·江水注》引《地理风俗记》说："僰于夷中最仁，有人道，故字从人。"是指僰人具有较高的文化素养，超乎诸夷之上，这是同僰人较高水平的农业经济相适应的。

僰人又常被华人称为"西僰"。《史记·司马相如列传》"唐蒙略通夜郎、西僰"，"且夫邛、筰、西僰之与中国并也"，"南夷之君，西僰之长，常效贡职，不敢怠堕"，皆是。所言西僰，均应导源于上引《吕氏春秋·恃君览》和《礼记·王制》，都是指犍为之僰。"西"为方位词，因僰在华夏之西，故名。但由此却引起了僰人族属的争议。因《史记·平津侯主父列传》及《淮南衡山列传》、《后汉书·杜笃传》、《文选·长扬赋》等，每以"羌、僰"并述，《后汉书·种暠传》又说僰为"岷山杂落"之一，故《史记·司马相如列传》集解引徐广曰："僰，羌之别种也。"固然秦以后僰人之一部有可能因"汉民多渐斥徙之"，北迁至岷山山谷，但至少从先秦到西汉初叶人们都还能明辨僰、羌有别，是不同的族类。《淮南子·齐俗篇》："羌、氐、僰、翟，婴儿生皆同声，及其长也，虽重象狄鞮，不能通其言，教俗殊故也。"象，狄鞮，皆汉语"翻译"之义④。虽屡经辗转翻译，羌、僰之间仍不能通其语言，足见两者语言差异很大。而"教俗殊故也"一语，更确切指明了两者文化和风俗都完全不同，可见僰人非羌。

---

① 《史记正义》。
② 《说文解字》卷8上《人部》。
③ 参见徐中舒《论巴蜀文化》，四川人民出版社1981年版，第97页。
④ 《礼记·王制》："五方之民（按：指华夏、东夷、南蛮、西戎、北狄），语言不通，嗜欲不同。达其志，通其欲：东方曰寄，南方曰象，西方曰狄鞮，北方曰译。"

僰与蜀的交通，从杜宇入蜀可以知道，早在殷末即初步开通。春秋时代，蜀王开明氏"雄长僚、僰"①，进一步开通了成都平原与川南、滇东北的交通。以后，"秦时尝破，略通五尺道"②，对殷周至战国时代已经存在的这条道路予以进一步整修和扩建。显然，这并非其始辟。

　　汉武帝派唐蒙略通西僰，张骞因蜀、犍为发使出僰，皆由此道。这条古道即是著名的"五尺道"，以今四川宜宾为起点，南接云南昭通、曲靖、昆明，而从宜宾则可经乐山达成都，是南方丝绸之路滇、蜀段的东道（西道为牦牛道），在沟通古代中、印和中、越交通及经济文化往来方面发挥了重要作用。并且，在蜀与夜郎并经牂牁江同南越进行的商品贸易中，僰亦当交通要冲，发挥了重要作用。

　　今川南地区的山崖半山腰处，每每可见悬棺葬，相传"僰人悬棺"，应是古代僰人的文化遗存。

三、且兰

　　《史记·西南夷列传》记载，武帝元鼎六年因犍为发南夷兵击南越，"且兰君恐远行，旁国虏其老弱，乃与其众反，杀使者及犍为太守"，及至汉军破南越，以平南越之师还诛且兰君，"遂平南夷为牂牁郡"。为汉军所平的且兰，《史记·西南夷列传》记为"头兰"，《汉书·西南夷传》记为"且兰"，《水经注·江水》则采折衷之说曰："且兰，一名头兰。"实际上，头兰应是且兰。

　　《史记·西南夷列传》记载：南越既平，汉军"即引兵还，行诛头兰。头兰，常隔滇道者也。已平头兰，遂平南夷为牂牁郡"。《索隐》注头兰曰："即且兰也。"《汉书·西南夷传》记载此事，除诛且兰外其余与《史记》大同："行诛隔滇道者且兰，斩首数万，遂平南夷为牂牁郡。"颜师古注说："谓军还而诛且兰。"《史记》、《汉书》并说汉军还而行诛头兰或且兰君，遂平南夷为牂牁郡，即以头兰或且兰为牂牁郡郡治。《汉书·地理志上》记载牂牁郡郡治为"故且兰"，颜师古注引应劭曰："故且兰侯邑也。"《华阳国志·南中志》且兰县下记载："汉曰故且兰。"《续汉书·郡国志五》亦载牂牁郡郡治为"故且兰"。到三国时，《水

---

① 刘琳：《华阳国志校注》卷3《蜀志》，第185页。
② 《汉书》卷95《西南夷传》。《史记》卷116《西南夷列传》作"秦时常頞略通五尺道"，常頞或作常颇。据《汉书》，当以作"常破"为是。

经·江水》记载该县名为"且兰",已省"故"字。《水经》作者为三国时人,可知很有可能且兰县省故字,时间是在东汉末叶。此后直到两晋,该县仍称且兰①。可见,既然牂柯郡郡治为故且兰县,而故且兰县是武帝时平南越的汉军还诛且兰君后设置,此后一直沿用且兰县名,那么《史记》所说的"头兰"自然也就是《汉书》和《后汉书》所记载的且兰。从历代该县县名的沿袭可知,应以作且兰为是。且兰的所在,据诸家考证,当在今贵州黄平至贵阳一带②。

且兰的族属,当与夜郎相同,为濮越系族群。《三国志·蜀书·张嶷传》裴松之注引《益部耆旧传》说:"牂柯、兴古,獠种复反",《晋书·武帝纪》记载此事为:"太康四年六月,牂柯獠二千余部落内属。"可知且兰为獠,而獠、越、濮所指皆一,在《华阳国志·南中志》又称为"夷濮",实即今壮侗语族的先民百越民族。关于这一点,已在前文关于夜郎族属的讨论中指出,可以参看。

四、滇越

《史记·大宛列传》记载:"然闻其西(按,此指昆明之西)可千余里有乘象国,名曰滇越,而蜀贾奸出物者或至焉。"滇越,诸家均认为即是《三国志》记载的盘越,但关于滇越(盘越)的地理位置,学术界有不同意见。鱼豢《魏略·西戎传》记载:"盘越国,一曰汉越王,在天竺东南数千里,与益部相近,其人小与中国人等,蜀人贾似至焉。"③盘越,《后汉书·西域传》误作"盘起",《梁书》卷五四《中天竺传》作"盘越",《南史》卷七八作"盘越",《通志》亦作"盘越"。据沙畹研究,盘越地在东印度阿萨姆与上缅甸之间④。直到汉魏,蜀人商贾仍在东印度进行经商活动。丁谦《三国志地理考证》附《鱼豢〈魏略·西戎传〉地理考证》说:"盘越,《后汉书》作盘起,言从月氏、高附以西,南至西海,东至此国,皆身毒地,则其国当在东印度境今孟加拉部地。"⑤丁山以为是位于汉代的哀牢

---

① 《华阳国志》卷4《南中志》记载:"且兰县,音沮。汉曰故且兰。有柱蒲关也。"可见,从三国到两晋,不称故且兰,而称且兰。
② 参见方国瑜《中国西南历史地理考释》,第108—110页。刘琳《华阳国志校注》卷4《南中志》,第383、384页。任乃强《华阳国志校补图注》,第262、263页。
③ 《三国志·魏志·乌丸鲜卑东夷传》裴松之注引。
④ 参见[法]沙畹:《魏略·西戎传笺注》,载《西域南海史地考证译丛》第7编,冯承钧译,商务印书馆1962年版,第41—57页。
⑤ 丁谦:《三国志乌丸鲜卑东夷传附鱼豢魏略西戎传地理考证》,浙江图书馆丛书第一集《三国志外国传地理考证》,浙江图书馆校刊1914年版。

地区,在今云南保山市的腾冲,方国瑜先生对此说曾详加论证①。据汶江先生研究,盘越即滇越,即东印度阿萨姆的迦摩缕波②,童恩正先生亦同意此说③。从地理方位、中印交通等角度看,汶江先生的看法应当是可信的,把滇越的位置定在阿萨姆实比定在孟加拉或腾冲更加合理④。

古代东印度阿萨姆有一著名的迦摩缕波国,中国史籍记为盘越国,或滇越,滇越的东南即是上缅甸。公元前3世纪以前,上缅甸不曾存在任何国家,而印度早在阿育王时代(约前273—前232年),孔雀王朝的势力已扩张到东印度布拉马普特拉河流域⑤。《大唐西域记》卷十《迦摩缕波国》记载:"迦摩缕波国,周万余里,国大都城,周三十余里……人形卑小,容貌黧黑,语言少异中印度。"⑥这里所说迦摩缕波国"人形卑小,容貌黧黑,语言少异中印度",其实就是《魏略·西戎传》所说的"其人小与中国人等",也就是分布在东印度阿萨姆地区与雅利安人语言有异的达罗毗荼人,即《国语·鲁语》、《史记》、《后汉书》、《山海经》、《列子》、《括地志》诸书中所记载的"僬侥"。从《华阳国志·南中志》和《后汉书·哀牢传》的记载来看,西南夷的空间范围包括了后来缅甸的许多地区,是直接毗邻于东印度阿萨姆地区的⑦。《后汉书·陈禅传》记载说:"永宁元年,西南夷掸国王献乐及幻人",掸国在今缅甸,时称西南夷。《后汉书·明帝纪》更是明确记载说:"西南夷哀牢、儋耳、僬侥、盘木、白狼、动黏诸

---

① 丁山在《吴回考》一文中对此说进行过简略论说,然未加详述。方国瑜先生在《中国西南历史地理考释》中,举出五条证据对此说加以较详申论:一是从里程计,大理至腾冲十二日程,与文献所说昆明西至滇越可千余里的记载相合;二是腾冲原名腾(籐)越,滇、籐音近,腾越即滇越;三是可假定腾越为哀牢地区中心,哀牢首邑在腾冲,二者地位相当;四是滇越为乘象国,永昌郡有象,故滇越当在哀牢之地;五是《魏略》记载"盘越国亦名汉越",汉越应为滇越之误,盘与濮音近,濮即哀牢人之称,濮夷在哀牢首邑。见所著《中国西南历史地理考释》,第19—20页。

② 参见汶江《滇越考》,《中华文史论丛》1980年第2辑,第61—66页。

③ 参见童恩正《略谈秦汉时期成都地区的对外贸易》,《成都文物》1984年第2期。

④ 参见段渝《中国西南早期对外交通——先秦两汉的南方丝绸之路》,《历史研究》2009年第1期,第4—23页。

⑤ B. M. Barua, *Asoka and his Inscriptions*, Culcutta, 1955, pp.64—69. 转引自汶江《滇越考》,《中华文史论丛》1980年第2辑,第61—66页。

⑥ 季羡林等校注:《大唐西域记校注》下册,中华书局2000年版,第794页。

⑦ 《华阳国志》卷4《南中志》记载:"(哀牢)其地东西三千里,南北四千六百里"。(常璩:《华阳国志校注》,第428页)《后汉书·哀牢传》记载:"(哀牢夷)其称邑王者七十七人,户五万一千八百九十,口五十五万三千七百一十一"。方国瑜先生认为,据此可见,哀牢地广人众,包有今之保山、德宏地区,及缅甸伊洛瓦底江上游地带。(方国瑜:《中国西南历史地理考释》上册,第22、24页)方先生之说,符合古文献记载。

种,前后慕义贡献",直接把僬侥之地纳于西南夷地域范围。《大唐西域记》卷十《迦摩缕波国》还记载:"此国*东,山阜连接,无大国都。壤接西南夷,故其人类蛮僚矣。详问土俗,可两月行,入蜀之西南之境。"这些记载十分清楚地说明,出蜀之西南境即西南夷,其境地是与东印度阿萨姆地区相连接的,这一线就是古蜀人出云南到东印度进行商业活动的线路。

考古资料说明,早在旧石器时代,印度北部、中国、东南亚的旧石器就具有某种共同特征,即所谓砍砸器之盛行。而后来在中、缅、印广泛分布的细石器说明,在新石器时代,中国西南与缅、印就有文化传播和互动关系。在印度东北的阿萨姆、梅加拉亚、那加兰、曼尼普尔、比哈尔、奥里萨、乔塔那格浦尔等地,多处发现有肩石斧、石锛、长方形石斧、石锛、八字形石斧、长方形有孔石刀等,是中国云南考古中常见的形制[①]。在阿萨姆发现一种圭形石凿,刃部磨在两窄边,这在四川西南部凉山州西昌市等地区是常见之物[②]。饶宗颐先生也认为印度地区所发现的有肩石斧和有段石锛,是沿陆路从中国进入东印度阿萨姆地区和沿海路进入盘福加(孟加拉国)的,印度河文明哈拉巴文化发现的束丝符号,与理塘和四川汉墓所见相同,据此可确认丝织品传至域外,而竹王的神话,则与西南夷的信仰同出一源[③]。阿萨姆石器原料所用的翡翠,产在离中国云南边境仅150公里的缅甸猛拱地区,这个地区当属东汉永平十二年(69年)设置的永昌郡内外。阿萨姆地区新石器时代的房屋建筑是干栏式[④],这同样是中国西南云南和四川常见的建筑形式,如成都十二桥商代建筑遗址就是典型的干栏式建筑[⑤]。根据陈炎先生在《中缅文化交流两千年》中所引证的中

---

* 按:指迦摩缕波。
① 参见阚勇《试论云南新石器文化》,《云南省博物馆建馆三十周年纪念文集》,第45—67页。杨甫旺《云南和东南亚新石器文化的比较研究》,《云南文物》第37期,1994年。
② 参见礼州遗址联合考古队《四川西昌礼州新石器遗址》,《考古学报》1980年第4期,第433—456页。
③ 参见饶宗颐《梵学集》,上海古籍出版社1997年版,第353、355—356页。
④ 印度石器时代的考古资料,见 H. L. Movius,"*Early Man and Pleistocene Stratigraphy in Southern and Eastern Asia*",Paper of Peabody Museum of Archaeology and Ethnology,vol. 19. Cambridge,1944. Shshi Asthana,*History and Archaeology of India's Contacts with other Counthies-From Earliest Times to 300 B. C.*,Delhi,B. R. Publishing Corporation,1976,p. 154. 参见童恩正《古代中国南方与印度交通的考古学研究》,《考古》1999年第4期,第79—87页。
⑤ 参见四川省文管会、成都市博物馆《成都十二桥商代建筑遗址发掘简报》,《文物》1987年第12期,第1—23页。

外学术观点,印度以东缅甸的现住民,不是当地的原住土著民族,他们当中的大多数是在史前时期从中国云贵高原和青藏高原迁入,其中的孟—高棉语族是最先从云贵高原移居到缅甸的[①],这显然同有肩石器从中国西南云贵高原向缅印地区的次第分布所显示的族群移动有关[②]。

关于滇越的社会及政治组织情况,历史文献没有任何记载,但从印度孔雀王朝于公元前3世纪已扩张到阿萨姆地区来看,滇越已是孔雀王朝的领地。从在阿萨姆发现的有肩石器同中国西南多处所发现的同类石器的关系来看,滇越的社会和政治组织应当处于与西南夷史前文化大体相当的发展阶段,即处于部落时代。

五、哀牢

《华阳国志·南中志》记载:"(哀牢)其地东西三千里,南北四千六百里。"《后汉书·哀牢传》记载:"(哀牢夷)其称邑王者七十七人,户五万一千八百九十,口五十五万三千七百一十一。"方国瑜先生认为,据此可见,哀牢地广人众,包有今之保山、德宏地区,及缅甸伊洛瓦底江上游地带[③]。方先生之说,符合古文献的记载。

六、摩些夷

《华阳国志》"定笮县"下记载:"(定笮县)在(越嶲郡)西,渡泸水,宾刚徼,曰摩沙夷。"汉定笮县故城即今四川盐源县治,辖今盐源县地。据考证,摩沙即么些,为今纳西族的先民。么些为古旄牛羌的一支。么(摩)、旄音近,"沙"或"些"即"人"的意思,今纳西语称人为"西",彝语称人为"苏",俱一音之转。么些族分布在今云南中甸以东、雅砻江以西,自汉至今,迁徙不大[④]。

此外,见于史籍记载的西南夷其他族群,还有廉头、姑缯、封离、楼薄等,但都是语焉不详,文略不具,未详其行事及其所在,这里不再讨论。

---

① 参见陈炎《中缅文化交流两千年》,周一良主编:《中外文化交流史》,河南人民出版社1987年版,第3页。关于缅甸的古代民族的来源问题,参见李绍明《西南丝绸之路与藏彝走廊》,《中国西南的古代交通与文化》,第35—48页;贺圣达《缅甸藏缅语各民族的由来和发展——兼论其与中国藏缅语诸民族的关系》,方铁主编:《西南边疆民族研究》3,云南大学出版社2003年版,第1—17页。关于孟高棉语的问题,可参见何平《中南半岛北部孟高棉语诸民族的形成》,方铁主编:《西南边疆民族研究》3,第18—33页。

② 参见段渝《中国西南早期对外交通——先秦两汉的南方丝绸之路》,《历史研究》2009年第1期,第4—23页。

③ 参见方国瑜《中国西南历史地理考释》上册,第22、24页。

④ 参见刘琳《华阳国志校注》卷4《南中志》,第320、322页。

第 八 章

三星堆古蜀文化在西南夷地区的传播和影响

第一节 三星堆文化的空间分布

在广袤的成都平原,古蜀文明的物质文化遗存分布广泛,而最丰富、最集中的地域,则是广汉、成都及其周围地区。大量时代相近、文化特质集结相同的器物群体、遗迹遗址及其他文化内涵,令人信服地表明,以广汉—成都为依托的成都平原中部,就是三星堆文化的中心分布区。

在四川广汉三星堆遗址,考古学家们发现,从其第二期开始,形成了具有自身鲜明特征的文化特质集结。其文化形态,表现在考古遗存上,是一组典型器物群,包括小平底罐、盘、瓶、器盖、高柄豆以及个别鸟头形柄勺、瘦袋足鬶,并以纹饰丰富,盛行粗绳纹等为特征的器物组合群。据碳14测年数据并经树轮校正,年代在距今4070—3600年左右,略相当于中原的夏代和商代前期。继后的一期即三星堆文化第三期,大量涌现出来的典型的物质文化形态,是宽沿三袋足炊器以及个别尖底器为特征的器物组合群,出现云雷纹、乳钉纹、米粒纹等纹饰图样。这一期的年代,碳14测定为距今3600—3200年左右,约略相当于商代前期到中晚期。三星堆文化第四期,其典型器物群开始发生蜕变,薄胎陶器增多,尖底器盛行,素面增多,纹饰简化。其年代,据碳14测定约在距今3100年至2875±80年,大约相当于中原的商代末期到西周初期[①]。

---

① 参见赵殿增《三星堆考古发现与巴蜀古史研究》,《四川文物》1992年《三星堆古蜀文化研究专辑》,第3—12页。

与广汉三星堆遗址出土器物的形制及演化规律几乎一致，年代也相差无几，因而文化内涵相同的古遗址群，是成都市属于夏商周时代的古蜀文化。其发现地点，迄今有成都十二桥遗址、金沙遗址[①]、抚琴小区遗址、方池街遗址、岷山饭店遗址、指挥街遗址以及其他一些古遗址、遗迹[②]。

成都十二桥遗址10层以下文化层分为早、中、晚三期。第13层为早期，早期陶器以小平底罐、尖底器、鸟头柄勺等为基本组合，陶质以夹砂褐陶为主，泥质灰陶次之。第12层为中期，陶器以尖底器为主，陶质新出现少量夹砂红陶。第10、11层为晚期，器物种类减少，只见尖底盏、杯等，夹砂灰陶大量增加。早期的Ⅰ、Ⅱ式折腹小平底罐，与三星堆遗址二期的典型器物相同。Ⅲ式折腹小平底罐，与三星堆三期偏早的器物相同。据十二桥早期圆木的碳14测年数据，一为距今 3520±80 年，一为 4010±100 年（树轮校正）。结合器物组合及地层关系，早期的年代约为距今 3700—3500 年，相当于商代早期。中期年代约当殷墟一期，晚期年代约当商末周初之际[③]。

金沙遗址位于成都市区的西部，从2001年2月开始发掘，至今仍在进行。遗址面积达5平方公里。遗址里出土了木骨泥墙式大型房屋建筑基址5座，面积达5000平方米以上，估计是商代晚期至西周早期蜀人的宫殿遗迹。遗址发现大量灰坑，其中出土大量陶器和石器。在居住区周围，发现少量水井，还发现小型陶窑。金沙遗址已发现墓葬1000余座，均为土坑墓，墓向基本为西北—东南方向，有的墓内出土青铜器。金沙遗址发现大量祭祀遗迹，祭祀用品以象牙、石器、玉器、青铜器、野猪獠牙等为主。出土青铜器约1500件，有立人像、立鸟、牛首、虎、戈、贝饰等。出土金器200多件，有金面罩、金带、太阳神鸟金箔、蛙形金箔等。出土玉器2000余件，有琮、璧、璋、钺、戈、凿等。发现石器1000多件。出土大量象牙，国内罕见。另外还出土各种木器和陶器。金沙遗址的年代，大约为公元前1200年至前650年，相当于从商代晚期到春秋早期[④]。

---

① 参见成都文物考古研究所《金沙——21世纪中国考古新发现》，五洲传播出版社2005年版，第4—10页。
② 参见王毅《成都市巴蜀文化遗址的新发现》，《巴蜀历史、民族、考古、文化》，巴蜀书社1991年版，第75—85页。
③ 参见成都市博物馆等《成都十二桥商代建筑遗址第一期发掘报告》，《文物》1987年第12期，第1—23页。
④ 参见成都文物考古研究所《金沙——21世纪中国考古新发现》，第4—10页。

成都市抚琴小区遗址早期文化为其第四层,陶器以高颈罐、小平底罐、尖底杯、钵为基本组合。岷山饭店第六层出土的可辨识的器物,有豆、尖底盘、平底罐等,尖底盘、杯与抚琴小区所出相同。方池街遗址第七层出土的尖底杯、钵、盘,与抚琴小区所出完全相同。第六层出土尖底小罐、盘、杯等,器形上有变化,第五层有高柄豆、器座、底盘、蚕足等。指挥街遗址第六层出土陶器以尖底器为主,陶质以褐陶为主。其年代,抚琴小区第四层的碳14测定数据为距今3680±75年,树轮校正4010±80年,与三星堆遗址第二期接近。方池街遗址第七层、岷山饭店遗址第六层,年代约当商代中期,指挥街遗址第六层中也包含有某些商代的因素。方池街遗址第六层约当殷末周初[①]。

成都市古蜀文化的整个面貌,呈现出与三星堆相同的明显特点,年代也大致接近,表明是与三星堆文化同步演进的同一文化。成都市各早期文化的分布,覆盖面达到数公里,相互之间也具有明显的连接关系,是同一个大型遗址的不同组成部分。

与三星堆遗址相比较,成都市的夏商时代遗址所出的遗物,与三星堆也有一些不同之处,属于古蜀文化的成都类型[②]。其与三星堆类型应属一种因环境有所差异和政权中心有所差异的关系,两者在文化形态上并无质态的差异。

介于广汉三星堆遗址和成都遗址群之间的是新繁水观音遗址、墓葬。新繁水观音出土陶器以尖底钵、杯、器座、小平底罐等为基本组合,其地层年代当在商代中期以前或中期左右[③]。

古蜀文化是青铜时代文化,因此它被视为古蜀文明或三星堆文明。在三星堆文明的空间分布中,不仅三星堆遗址,而且成都十二桥和新繁水观音等地,均出土具有同样风格的青铜器,以三星堆所出数量巨大,器种宏富,制作最精。

在广汉三星堆遗址,出土了总重量超过1吨的大批青铜器,主要种类有:

1. 大型青铜雕像群,内含多种人物全身像、人头像、人面像、神树、动物雕像、海洋生物雕像、铜瑗等,其中二号祭祀坑所出大立人全身雕像,连座通高2.6米,为商代考古所仅见,令人叹为观止。

---

① 参见王毅《成都市巴蜀文化遗址的新发现》,《巴蜀历史、民族、考古、文化》,第75—85页。
② 参见罗开玉《三星堆遗址与古代西南文化关系初论》,《四川文物》1989年《广汉三星堆遗址研究专辑》,第31—37页。
③ 参见冯汉骥《四川彭县出土的铜器》,《文物》1980年第12期,第38—47页。

2. 青铜礼(重)器,内含尊、罍、盘等。

3. 青铜兵器,如三角形援无刃锯齿戈、柳叶形剑等。

4. 青铜杂器,如"太阳形器",大量的三角形和棱形(眼形)饰件等。

在成都十二桥遗址第 12 层内,出土凿、箭镞等小件青铜器,在遗址内新一村工地商代地层内,出土柳叶形剑等青铜器。

在新繁水观音遗址和墓葬内,出土青铜兵器和工具共 39 件,有戈、戬(三角形援无胡式蜀戈)、矛、钺、刀、削、斧、镞等,另出土青铜器的残片。

此外,在彭县竹瓦街两次发掘的古蜀国青铜器窖藏内,出土青铜器 40 件,有罍、尊、觯等容器和戈、矛、戟、钺、锛等兵器及工具,青铜器制作年代至少不晚于晚商时期。

上述几个古蜀文化遗址,不仅陶系大同,而且青铜器系统也是同一的。青铜礼器中,以罍为重器,五件一组的列罍为其巨制,并且均无中原象征天下之权的鼎。

青铜兵器,最主要的是戈、剑、矛、钺。典型的蜀式戈是无胡式戈,其最初形制为长条三角形援,上下出阑,无胡,方内。其后,援本逐渐加宽,援逐渐变短,使援呈宽三角形。广汉三星堆二号祭祀坑出土的 20 件援本较宽、援呈等腰三角形、援两侧呈锯齿形而无刃的无胡戈。这批戈分 A、B 两式。从形制上看,带有Ⅰ、Ⅱ、Ⅲ式蜀戈的某些特征,实为戈蜀戈的变体。新繁水观音出土的Ⅰ式蜀戈,彭县竹瓦街出土的Ⅱ式蜀戈,均比三星堆出土的戈形制古老,意味着Ⅰ式和Ⅱ式蜀戈的年代早于三星堆二号坑,即应为商代前期[①]。

典型的蜀式青铜剑是柳叶形剑,其特征是扁茎,无格,剑身呈柳叶形,剑茎与剑身同时铸成。蜀式柳叶形青铜剑在广汉三星堆遗址商末周初地层内出土 1 件,长 24 厘米[②];在成都十二桥商代中晚期地层内出土 1 件,残长 20.2 厘米;在新一村工地同期地层内出土 1 件,长 20.9 厘米。在三星堆一号坑内,还出土一件柳叶形玉剑。这几件柳叶形剑的出土,说明这种剑型并不像原来所认为的发源于陕西、甘肃或北京琉璃河,而是早蜀文明的原产,殷末周初传播

[①] 参见段渝《商代蜀国青铜雕像文化来源和功能之再探讨》,《四川大学学报》1991 年第 2 期,第 97—106 页。

[②] 参见林向《"三星伴月"话蜀都——三星堆考古发掘琐记》,《文物天地》,1987 年第 5 期,第 58—63 页。

到中原地区的。这种情况,与三角形援无胡蜀戈由蜀文化发源,而后北传陕南,再北传至中原商文化一样。

蜀式青铜矛以矛骹两侧的弓形耳为特征,明显区别于中原青铜矛的环形耳系。蜀矛分为长骹、短骹两种。

蜀式青铜钺也有两种,一种是直内钺,一种是銎内钺。两种钺均有不同的型式。

商代蜀国青铜文化尚有若干特点。如青铜合金术中,以加入微量磷元素为其特色;青铜器组合中,以大量工具组合为其特色。此两点可区别于其他文化区的青铜系统。

在广汉—成都轴心所形成的古蜀文化中心分布区,文字的发明和应用是文明形态较高程度的证据。三星堆出土的陶器上,刻画有类似于文字的符号,二号坑出土的石边璋上亦有一个刻画符号。成都十二桥第12层内亦出土一件上刻两字的陶纺轮。这些符号或文字,均非任意刻画,极可能是古蜀文字的孑遗[①]。它们充分证明古蜀文化是一个拥有其文字系统的古文明。

广汉三星堆遗址,从早商时代起便形成了神权政体的都城,拥有宫殿区、宗教区、作坊区、生活区,且已形成为一座规模庞大的古代城市。商代成都也形成了早期城市,同样拥有宫殿区、宗教区、作坊区、生活区。这两座城市,组成了古蜀文明的早期城市体系,意味着古蜀人的生产方式、生活方式和社会运作机制发生了历史性进步,是古蜀文明高度发达的最重要因素[②]。

广汉三星堆遗址和成都市诸古遗址群,两地距离不过40公里,同一体系的各种文化因素呈连续分布状态,形成典型的连续性分布空间。介于二者之间的新繁水观音,亦属此连续空间内连续分布的文化。从其他遗迹现象看,埋藏蜀文化窖藏铜器的彭县竹瓦街一带以及新近发现有古蜀文化遗物、遗迹的温江一带,也属同一文化的连续分布空间,可以断定属于三星堆文明的中心分布区之一隅,但处于中心区的外围部分。

不难知道,三星堆文明的中心分布区,是处于岷江和沱江之间的成都平原偏北地区。就是在这块得天独厚的富庶土地上,形成了灿烂的古蜀文明。

[①] 参见段渝《巴蜀古文字的两系及其起源》,《成都文物》1991年第3期。
[②] 参见段渝《巴蜀古代城市的起源、结构和网络体系》,《历史研究》1993年第1期,第17—34页。

第二节　古蜀文明与西南夷诸文化

对于一个泱泱大国来说，跨有不同生态的地区，控制不同类型的资源，从而把自己的国力建立在多区位、多资源、生产性经济多样化的广阔坚实的基础之上，以提高经济能力，强化政治权力，增强对于各种内外突发事件的反应力，是绝对的需要。因此，在古代史上，跨生态的文化和政治扩张成为司空见惯的历史现象。古代蜀国就是这样一个泱泱大国，它的强大国力和强硬的对外政策，就是建立在跨有大片不同生态地区的基础之上的，它对南中的文化和政治扩张，不过是它典型扩张方向的一个典型事例而已。

在地理位置上，西南夷地区相当于今天所说的云贵高原，它内部各区域虽有小生态的差异，但从大生态上说，西南夷地区生态环境是自成一体的，与横亘其北面的蜀地有较大差异。良好的生态环境，使南中物产丰饶，资源富足，尤其富于铜、锡、铅等古代最重要的战略资源。

古蜀与南中毗邻而居，自古以来就有密不可分的关系，尤其在民族关系上，均属古代氐羌系或濮越系集团，仅分支不同而已。由此，其间的政治、经济、文化联系便从各个层面铺展开来。

就青铜文化而论，古蜀文明对西南夷的传播和辐射，主要表现为杖、三角形援青铜戈、身与首一次铸成的无格青铜短剑、神树崇拜，以及青铜器造型艺术如人物、动物和植物雕像等。而这些文化因素，在西南夷诸青铜文化中有着不同程度的体现，反映了古蜀文明对西南夷地区辐射的深度和广度。

一、三星堆古蜀文明与青衣江、大渡河流域古文化

在成都平原西南，越过边缘，便是青衣江流域和大渡河流域。两条河被大相岭所隔绝，分别由北向南流经四川西南地区，在今四川乐山市注入岷江。这两个流域，有不少考古遗址，文化面貌不一，但有数处遗存与三星堆、十二桥文化雷同，是三星堆和十二桥文化向南传播、分布的结果。

大渡河流域的古遗址，以四川汉源县附近最为集中，迄今已发现不下十余处。大体言之，这些古遗址可粗略分为两种类型：狮子山类型和背后山类型[①]。狮子山类型的文化面貌与三星堆区别甚大，大约是当地的土著新石器

[①] 参见赵殿增《四川原始文化类型初探》，《中国考古学会第三次年会论文集》，文物出版社1986年版。

文化。背后山类型的文化面貌则与三星堆遗址一期有密切联系，对于当地来说，无疑是一种外来文化。

背后山类型发现于背后山、麻家山、桃坪、青杠等地点。出土的石器除一般的磨光石斧、石锛外，还有一些玉质白色的细长形凿、锛、削等，研磨和切割都很细致。陶器以泥质灰陶系为特征，有轮制、手制两种，器形有细长柄豆、竹节长柄豆、瓠形器座、尖底或小平底角状双腹杯、薄胎扁腹罐、卷沿盆等。这些文化遗物，其内涵与三星堆遗址一期一致，应是三星堆一期文化的南向传播和扩展。

在汉源背后山鹿鸣村，1976年出土商代青铜器8件，器物上留有细密的编织物印痕，原应有纺织品包裹。其中，有青铜钺3件，青铜戈2件，凿1件，斧2件①。当中的直内钺、銎内钺和Ⅰ式无胡戈，是古蜀文化兵器比较典型的形制，年代当在三星堆文化时期。这表明，继三星堆一期以后，三星堆二、三期即三星堆文化也同样在向大渡河流域扩张，而其目的应与军事行动有关。

从遗迹分布看，上述背后山类型文化应是古蜀移民从成都平原拓殖而来的结果。因为从生产工具到生活用品的一一具备，是移民的反映，而不仅仅是文化影响所能导致。可见，古蜀文化的南向传播，早在三星堆一期之时已大大超出了四川盆地，有向古代南中深入发展的趋势，到三星堆文化时，更是愈演愈烈。

在青衣江流域四川雅安沙溪遗址的下文化层，出土不少陶器。陶质以夹砂灰陶为大宗，约占有陶片总数的74％。陶片绝大多数素面无纹饰，所见纹饰种类有绳纹、划纹、凸棱纹、凹旋纹等。制法以轮制为主，也有手制。陶片大多碎小，复原器较少；以小平底器为主，约占器底总数60％，尖底器次之，约占器底总数34％，圈足器、大平底器极少，不见三足器。可辨器形有罐、杯、盏、豆、盆、钵、缸、器盖、器座和纺轮等。从陶器器底的分期看，早期多为小平底，尖底较少，晚期则以尖底为主，小平底较少。

沙溪遗址的年代，下文化层的早期约在商代后期偏早，下文化层的晚期约为商代后期偏晚。

沙溪遗址下文化层的陶器，无论就陶质、陶色、纹饰、制法，还是就器类和

---

① 参见岳润烈《四川汉源出土商周青铜器》，《文物》1983年第11期，第91页。

同类器器形而言,均与成都平原的三星堆遗址、成都十二桥、新繁水观音、成都指挥街、岷山饭店、抚琴小区、方池街等遗址的陶器有许多相似或相同之处,属于同一文化系统,具有古蜀文化面貌的陶器群是沙溪遗址下文化层的主导文化因素①。

以三星堆文化的生活用具为特色和主导的沙溪遗址下文化层,无疑是古代蜀人南下发展的驻足点之一,并且在此经历了长期的发展。陶器从小平底为主到尖底为主的演变,正是同三星堆文化的发展演变一致的。

沙溪遗址下文化层的文化面貌还反映出一个重要史实,即是:当成都平原的三星堆文明刚刚确立不久,便开始了向青衣江流域的移民和扩张。而沙溪陶器的演化所保持的与三星堆陶器演化的同步关系,又表明它并不是古蜀文化外向发展的一个孤立无援的点,证明它同古蜀文明的中心保持着密切的联系,常有往返,因而是三星堆文明中心有组织地派遣而出的南下发展小分队,是古蜀王国扩张战略的有机组成部分之一。

西周时期,也就是考古学上继三星堆文化而起的成都十二桥文化时期,古蜀人继续坚持不懈地向着南中发展。2006年四川省文物考古研究院和四川石棉县文物管理所在汉源以南的石棉县发掘的遗址中,清楚地看到了成都十二桥文化的成组、群的遗物,包括青铜兵器柳叶形青铜短剑。显然,西周时期的古蜀人继承了商代古蜀人向南扩张的战略,而这正是古文献所说西周时期蜀王杜宇"以南中为园苑"的历史背景之所在②。不难看出,对南中实施文化和政治扩张,是古代蜀国累代相继、贯彻不二的国策,具有极强的政策连续性。

川西南青衣江流域和大渡河流域,新石器文化面貌复杂,内涵不一。在这些区域内发现的古蜀文化遗址、遗存,年代均属青铜时代,是外来文化的楔入,即是由三星堆文明的南向扩张所造成的。

从迄今为止的考古材料分析,大渡河流域汉源的古蜀文明遗存和青衣江流域雅安沙溪的古蜀文明遗存,有着同时抵进,相互依托、捍卫的作用,但它们与成都平原的古蜀文明尚未形成连续性空间分布关系。在汉源,出土了蜀文

---

① 参见四川省文物考古研究所《雅安沙溪遗址发掘及调查报告》,《南方民族考古》1991年第3辑,第296—338页。
② 参见刘琳《华阳国志校注》卷3《蜀志》,第182页。

化的青铜兵器,表明曾经在此建立过军事据点,可能充任着三星堆文明南下扩张的前哨。汉源和雅安,仅一大相岭所隔,一南一北,两地扼守着古蜀文化中心与南中交通的要道。再往南,就深入到古代的"濮越之地"①。从古蜀文化的对外扩张和文化交流看,这条道路是南中金锡之道和"南方丝绸之路"的要道之一,也是古蜀文明与南亚、东南亚交流的必经之路。因此,大渡河和青衣江流域的古蜀文明据点和军事据点,肩负着开道与保驾护航的双重责任,极为重要。

为什么在远悬于古蜀文明本土之外的崇山峻岭中艰难创业、筚路蓝缕的古蜀先民的这几处文化遗存中竟会保持着与三星堆文化同步演进发展的痕迹?可以想见,若没有经常性的密切联系,没有绵延不绝的人员往返、信息往来和多种补给,那么,在长达数百年的历史岁月中,这几处孤悬在外而又远离古蜀文明中心的前出点或孤军深入据点,就不仅不可能始终保持蜀文化特色并与三星堆文明中心保持文化形态演变的一致,相反只能较快发生异化。或像后来庄蹻王滇那样,"变服,从其俗而长之"②,至多只能保持不太鲜明的古蜀文化的某些基调,而决不至于依旧是完整的蜀文化。

由此看来,大渡河、青衣江流域的蜀文化,完全是古蜀王国精心策划,有计划、有步骤安排的战略规划的一部分。而这些据点前后存在数百年之久,目的也并不仅仅在于占领几处小小的地盘(这样做对于古蜀王国来说,并无重大意义和实际价值)。如果我们将这些战略措施同古蜀王国控制南中资源、开辟南方商道和文化交流通道的战略意图联系起来,将南中富足的青铜原料资源同三星堆西南夷青铜人头像以及蜀、商的资源贸易联系起来,将南方商道同三星堆文明中出现的若干南亚以至西亚文化因素集结的情况联系起来,立即就能看出,这些古蜀文化据点之在大渡河、青衣江流域建立并巩固数百年,几乎与三星堆文明相始终,绝不是偶然的。明确地说,它们起着相当于后来"兵站"的作用,其实际战略目的在于控制西南夷地区的资源,维护南方通道的通达和安全。

---

① 参见刘琳《华阳国志校注》卷4《南中志》,第383页。
② 《史记》卷116《西南夷列传》。

二、三星堆古蜀文明与金沙江、安宁河、雅砻江流域古文化

翻过大相岭,越过大渡河,由笮都而南,便进入邛都地区,这是以金沙江支流安宁河、雅砻江流域为居息范围的邛人各部之地,其活动中心在今四川省凉山州西昌市。

1. 青铜文化

安宁河流域和雅砻江流域的古代文化面貌极为复杂,从考古学的角度看,除了可以确定为邛人文化的大石墓之外,还有多种不明族别的文化遗存。如西昌市大洋堆祭祀遗址,其不同地层就显示出不同民族的文化遗存,最早期与西北马家窑有关,后几期则族属不明。又如会理县鹿厂筲箕湾墓地,墓坑狭长而窄,有独特的埋葬习俗,年代约在春秋,却找不到可资比较的材料,也是族属不明。这类现象表明,古代安宁河流域是多种民族的南北迁徙栖息之地,一般居留时期不太长久。只有邛人,自商周定居以后,就一直在此从事辛勤开发,发展起当地的土著文化。

在安宁河流域和雅砻江流域的复杂文化中,可以看出古蜀文明极为明显的渗透、影响和扩张之迹。近年以来,在凉山州的西昌、盐源、会理等地,发现大量青铜器。这些青铜器大多出土于墓葬,但因盗掘或采集,其具体出土地点多数不能确知,妨碍了对这些青铜器及其共生物的综合研究,因而很难判断它们的来源、原因以及各种相关情况。从这些青铜器看,种类比较丰富,有兵器、礼器、宗教用器、杂器等,它们年代不一,估计最早的可早到商周,最晚的可晚到汉代,大量的则属春秋战国至西汉[①]。

根据这一区域青铜文化的面貌,可以进行如下分析。

第一,在金沙江、安宁河、雅砻江流域,发现数量极多的宗教用器,其中大量的是青铜杖、青铜杖首和青铜枝形叶片。青铜杖中最典型的是1件九节青铜杖,杖首为一只立鸡,杖身共由九节青铜管组成,杖身刻满鱼纹。近年又在盐源盆地出土了多件青铜杖和多种青铜杖首,有双虎杖首、双马杖首、三鹤杖首等,其中一件三女背水杖首尤其引人注目。盐源盆地出土的大量青铜枝形叶片,基本上是单独成片的,表明是单个插入使用而不是组装使用的。这些青

[①] 资料分别藏于四川省凉山州博物馆、盐源县文化馆、会理县文管所。

铜枝形叶片，在整体上呈树枝形，分为数种形制，其中最典型的是一种在树枝顶端立有双马，双马下方是一立人，立人双手上举执马缰，在立人的腰间斜插有一杖形物，与成都金沙遗址出土的小型青铜立人极为相似。金沙江、雅砻江流域发现的青铜杖和杖首，表明活动居息在这里的古代族群（笮人）在用杖制度方面接受了三星堆和金沙古蜀文明的用杖习俗。

第二，从这些青铜器种类看，兵器数量较多，其中既有典型的蜀式兵器如三角形援无胡方内戈，又有典型的滇式兵器，礼器中的铜鼓则是滇式的，不过似未发现因两支青铜文化之间互受影响而产生发展出的变体形制。青铜兵器中的蜀式三角形援无胡方内戈，属于蜀戈的第Ⅲ型，这种戈型在蜀国本土的流行年代是从商代中晚期到战国晚期[1]，时间跨度极长，因而很难断定是在什么时期流入安宁河流域的。但如果考虑到在汉源原属邛都地界出土的蜀式青铜器窖藏来看，其间的联系应当说是一清二楚的。即是说，两地均属古邛都之地（汉源原为邛人所居，笮人居此是汉初的事），两地分别发现的蜀式青铜兵器不论在年代上还是意义上都是相互关联的，汉源发现的蜀国窖藏青铜兵器的年代为商代中晚期或更早，那么盐源等地发现的蜀戈也不致太晚，至少应在商代中晚期。汉源蜀戈的意义在于可以说明蜀文化对南中资源的控临，盐源蜀戈也应当可以说明同样意义。并且，正是在商代中晚期，古蜀文明的大本营三星堆出现了南中各族首领的青铜人头雕像[2]，它们不论在年代还是意义上都恰与蜀戈在汉源和盐源的分布相吻合，这绝不是偶然的。因此，安宁河流域和雅砻江流域蜀式青铜器的发现，可以充分表明古蜀文明在西南夷地区传播和扩张的历史事实。

第三，在青铜剑方面，也可以看到古蜀文明对该区域的深刻影响。在安宁河流域的四川西昌大洋堆，出土一件时代相当于商代中晚期的匕首式柳叶形青铜短剑[3]。从柳叶形青铜短剑的起源看，古蜀地区无疑是出现最早的。从柳叶形青铜短剑的数量上看，古蜀地区也是商周时代的中国范围内出土最多、最集中的[4]。云南滇池区域青铜文化中的青铜短剑即是仿自古蜀柳叶形青铜

---

[1] 参见段渝《巴蜀青铜文化的演进》，《文物》1996年第3期，第36—47页。
[2] 参见段渝《商代蜀国青铜雕像文化来源和功能之再探讨》，《四川大学学报》1991年第2期，第97—106页。
[3] 资料现藏四川省凉山彝族自治州西昌市文物管理所。
[4] 参见段渝《商代中国西南青铜剑的来源》，《社会科学研究》2009年第2期，第175—181页。

短剑,其不同点仅在于滇式剑的剑茎呈扁圆形,而蜀式剑是扁茎[①]。贵州赫章可乐战国墓葬以及威宁中水汉墓内出土的青铜短剑[②],则完全是对古蜀柳叶形青铜短剑的改装。在南方丝绸之路沿线的西南夷地区,包括金沙江、安宁河和雅砻江流域,由于深受古蜀文明青铜短剑形制的影响,在战国时期创制了三叉格青铜短剑,剑身与剑茎一次铸成,剑身基本上仍呈柳叶形,这种三叉格青铜短剑在西南夷地区一直行用到汉代。

第四,在青铜器的造型艺术方面,也同样可以看到古蜀文明对金沙江、安宁河、雅砻江流域古代文化的深刻影响。在这一区域的青铜器造型艺术上,有大量的人物、动物和自然生物如树枝等的造型,它们均来源于古蜀三星堆文明中的青铜器造型艺术[③]。在三星堆青铜器造型艺术中,这些独具特色的青铜器造型艺术,随着其典型的用杖制度和青铜兵器等一道南传,进入金沙江、安宁河、雅砻江流域,为古代族群所接受,这应是没有疑问的。

第五,金沙江、安宁河、雅砻江流域所发现的青铜树枝形叶片,其实也受到古蜀文明神树崇拜的影响。

第六,金沙江、安宁河、雅砻江流域滇式青铜器的发现,说明了战国秦汉之际滇文化的北进。滇池区域青铜文化产生较晚,西汉是它的极盛时期。从安宁河流域发现的滇器看,大多制作精美,纹饰华丽繁缛,当为极盛时期的产品。这表明,战国晚期蜀灭于秦后,蜀的政治军事势力很快从南中消失,而秦国曾在西南夷地区"尝通为郡县"[④],"诸此国颇置吏焉"[⑤],但政治经济军事力量却并未深入这一地区[⑥],使这个地区出现统治真空,从而导致了当时尚不属秦王管辖的滇人的北进。因此,尽管在安宁河流域发现了滇式兵器,也发现了蜀式兵器,但二者之间却并无共生关系,即是说,先秦时代并没有在南中地区出现

---

① 参见童恩正《我国西南地区青铜剑的研究》,《考古学报》1977年第2期,第35—55页。
② 参见贵州省博物馆考古组、贵州省赫章县文化馆《赫章可乐发掘报告》,《考古学报》1986年第2期,第199—251页;贵州省博物馆考古组、威宁县文化局《威宁中水汉墓》,《考古学报》1981年第2期,第217—244页。
③ 参见四川省文物考古研究所《三星堆祭祀坑》,文物出版社1999年版,第228—235页。
④ 《史记》卷117《司马相如列传》。
⑤ 《史记》卷116《西南夷列传》。
⑥ 参见段渝《支那名称起源之再研究》,《中国西南的古代交通与文化》,四川大学出版社1994年版,第126—162页。

蜀、滇军队直接对阵交锋的情形，因为它们在南中出现的时期不同，有先后之别，并不同时。

第七，在安宁河注入雅砻江处之南，雅砻江与金沙江交汇之处，即北邻邛笮文化区、南邻滇文化区的今四川省攀枝花市，近年也发现多种蜀式兵器。把蜀、滇之间多处发现的蜀式青铜器联系起来看，主要是兵器，表明了蜀文化对南中的军事控临关系。这种军事关系，从商代中叶三星堆文化开始，"有故蜀王兵兰"①，建有驻兵营寨，到西周时代蜀王杜宇"以南中为园苑"②，把南中诸族作为附庸③，确有文献和考古材料可资证实。

2. 大石文化

除青铜文化的影响外，古蜀文明对金沙江、安宁河流域的影响还表现在大石文化的传播上。

古蜀地的大石文化传统源远流长，成都的五块石、天涯石、地角石、支机石、石笋、石镜等，岷江上游地区的邛笼（碉楼）、石棺葬（从岷江上游到青衣江、大渡河、金沙江流域均有分布）、安宁河流域的大石墓等，均属大石崇拜的文化遗迹。此外，据文献记载，四川新都有飞来石（冯汉骥先生曾亲见飞来石），还有八卦阵（八阵图），汉中也有八阵图。所谓八阵图，民间传说是蜀汉丞相诸葛亮八阵图，实际上应是先秦时期古蜀大石崇拜的历史遗迹。西汉景帝时，文翁治蜀，建立学校，名曰"石室"，显然是继承了古蜀的文化传统所致。

大石崇拜是蜀人宗教体系中一种特殊的崇拜形态，它是祖先崇拜和对祖先生存环境的崇拜相结合而形成的信仰综合体，包含着社会的和自然的两种因素。

在考古学上，新石器时代至青铜时代的大石崇拜遗迹分布十分广阔，从欧洲大西洋沿岸向南经地中海沿岸，从亚洲高加索经伊朗、印度到环太平洋地区的中国、东南亚、日本，以至太平洋岛屿和美洲大陆，多有分布。由于它以巨石建筑物如石棚、石圈、石台、石墙、石碉以及石室为特征，所以考古学上一般称之为"巨石文化"，亦即大石文化。但是应当指出，世界各地的大石文化，都程

---

① 刘琳：《华阳国志校注》卷3《蜀志》，第209页。
② 同上书，第182页。
③ 参见方国瑜《中国西南历史地理考释》上册，中华书局1987年版，第9页。

度不等地从属于所在地区的史前或青铜文化，并不是全世界所有的大石遗迹共同组成一个单独的大石文化体系，这是必须明确的一个基本概念。

根据科学分类，蜀地的大石文化遗迹可分为墓石、独石、列石三类[①]。

墓石集中分布在川西南安宁河流域，这里大量的大石墓，即属墓石之类。特点是用大石砌成墓室，顶部又覆盖以大石。大石通常重达数千斤，甚至逾万斤。川西南大石墓的年代大约在东周至西汉[②]。

独石集中分布于成都市，主要有石笋、五丁担、石镜、天涯石、地角石、支机石、五块石等。其年代，文献记为开明王朝时，但事实上应为商代以前。

列石，或称石行，亦称石阵。新都有早八阵，双流有八阵图，新繁有飞来石，皆属此类，与宗教行为直接相关。

古人普遍有崇拜祖先生存环境这样一种宗教信仰。即使进入早期城市社会后，尽管随着社会的发展和生存空间的变迁，生存环境发生了极大变化，但仍然要以不同形式表达出对祖先生存环境的崇拜。从高地迁往低地的族类尤其如此。世界文明史上早期城市中的一些巨型建筑，如埃及金字塔，巴比伦神庙，都是以埃及人和巴比伦人祖先的生存环境山洞为原型的[③]，本质上都是祖先崇拜和其生存环境崇拜两方面的综合。

古蜀的大石崇拜发源于蚕丛氏，"蚕丛始居岷山石室中"[④]，石室即"累石为室"的邛笼。岷江上游的石棺葬其实也是模仿石室建筑的墓穴。当蚕丛氏从岷江上游下迁至成都平原后，空间和环境发生了很大变化，虽不再居石室，但仍以不同形式的大石建筑来寄托对祖先及其生存环境的崇拜。此即古人所谓"祭如在，祭神如神在"。大石即为蜀人先祖灵魂和石砌建筑灵魂的共同载体，亦即二者相结合的物化形式。

值得注意的是，三星堆一号祭祀坑内出土一块与金、玉、铜器共生的大石，明显是大石崇拜的遗迹。无独有偶，在岷江上游理县佳山寨石棺葬中，也出土

[①] 参见冯汉骥《成都平原之大石文化遗迹》，《华西边疆研究学会会志》第16期。郑德坤《四川古代文化史》，华西大学博物馆1946年版。童恩正《古代的巴蜀》，四川人民出版社1979年版，第92—99页。

[②] 参见童恩正《四川西南地区大石墓族属试探》，《考古》1978年第2期，第83页。

[③] Leuis Mumford, *The City in History, Its Origins, Its Transformations, and Its Prospects*, 1981, pp. 6—11.

[④] 《古文苑》章樵注引《先蜀记》。

一块不规则的梯形自然石块。两者虽然异时异地,但其大石崇拜传统如出一辙,绝非偶然。另一饶有兴味的事实是,三星堆一号坑的方向为北偏西45°,二号坑为北偏西55°,共同朝向蚕丛氏所由兴起的岷山。而同一时期成都羊子山土台大型礼仪建筑,方向也是北偏西55°,同样朝向蚕丛氏发源的岷山。这一系列现象无不显示出存在于其中的深刻的内在联系,说明其源头都在岷山,都与蚕丛氏始居岷山石室有不可分割的渊源关系。可见,蜀国大石崇拜的祖源在岷山,大石崇拜正是对蚕丛及其所居岷山石室加以顶礼膜拜的信仰综合体。由此也可看出,成都平原的大石文化遗迹,年代应在开明氏之前,是夏商时代的遗迹。

据历史文献的记载,开明五世迁都成都①,以大石为墓志,大石为五色石。古蜀的大石墓志上是否刻有文字呢?按照常理,既然是墓志,理所当然地应当刻有文字。开明五世的年代为春秋战国之际,这一时期古蜀的文字在考古学上已发现不少,具有石刻文字的条件。在成都市商业街发掘的战国时期的蜀王族船棺葬,其中一具船棺的盖上刻有古蜀文字②。这个例子表明,古蜀确有在葬具上刻字的传统。在商业街船棺墓地,还发现有木构建筑的遗迹,应是在墓地上建有享堂之类建筑,按照古蜀开明氏立大石以为墓志的传统,在商业街船棺墓地的享堂内很有可能立有石刻墓志。据此推测,《华阳国志·蜀志》记载的古蜀的大石墓志,其上应该刻有文字,以此纪功,或表纪念。

至于成都平原大石的来源,为成都平原的地理条件所决定,必不产于当地,全部从成都平原以西的邛崃山开采,运输而来③。一方面说明成都平原的大石遗迹绝非天然生成,另一方面则有力地证明它是宗教的产物,起源于蜀人根深蒂固的大石崇拜信仰传统。

公元前316年秦灭蜀,至秦始皇巡游全国,在泰山、琅琊等地刻石纪功④,前此秦人及中原诸侯并无这种文化传统,很有可能是受古蜀文化以大石为墓

---

① 古蜀开明氏迁都成都的年代,《蜀王本纪》记载为开明五世,《华阳国志·蜀志》记载为开明九世,当从《蜀王本纪》。
② 参见成都市文物考古研究所《成都市商业街船棺、独木棺墓葬发掘报告》,《成都考古发现(2000)》,科学出版社2002年版。
③ 参见童恩正《古代的巴蜀》,第83页。
④ 参见《史记》卷6《秦始皇本纪》。

志的影响和启示而为之。正如秦人原不知使用甑、釜、甗,秦灭蜀后始知此类用器,并将其传播到中国其他地区[1]。又好比巴蜀以外地区原不知饮茶,秦灭蜀后"始知饮茶之事"[2],把茗饮之事传播到中国其他地区。

在西南夷地区,有三个区域的文化遗存与古蜀大石崇拜有关。一是安宁河谷的大石墓,有在墓室尾部竖立独石的现象,这种现象在安宁河谷中保存完好的大石墓上还可以清楚地看到,如西昌洼垴大石墓和德昌茶园大石墓。大石墓的独石与成都平原的蜀人独石之间的关系十分明显。二是与安宁河谷隔雅砻江相邻的盐源盆地,该地分布有一种石盖墓,特点是,下为土坑木椁,上盖数块上吨重的大石,大石也来自数公里之遥的地方,建造这种石盖墓也需花费大量的人力物力。三是滇西的弥渡苴力一带,也分布有一种"大石墓"。这种墓葬也用大石构筑墓室,葬式为一种十分奇特的二次丛葬,每座墓中所葬头骨以五或五的倍数整齐排列于墓坑[3]。这种以五记数的文化现象,很有可能同古蜀文明的"尚五"传统习俗有关[4]。

三、古蜀文化与滇文化

滇文化是分布在云南东部以滇池区域为中心的一支地方文化,其创造者为古代滇人。滇池地区青铜文化的时代,据近年来的考古发掘及碳14测年数据,上限约为公元前5世纪,下限约为公元前1世纪,相当于春秋末战国初到西汉,前后相续达四百余年。

滇文化是一支灿烂的青铜时代文化,具有极为发达的青铜器农业、进步的青铜器手工业,各种青铜器不仅制作精美,而且富于鲜明的民族特色,在中国青铜文化中具有不可低估的地位,也足以和世界上任何一种青铜文化相媲美。

四川凉山州和云南等地古称南中。在南中广袤的土地上,很早便有古蜀文化的足迹。西汉元、成间博士褚少孙补《史记·三代世表》说:"蜀王,黄帝后世也,至今在汉西南五千里,常来朝降,输献于汉。"正义引《谱记》说:"蜀之先,肇于人皇之际……历夏、商、周。衰,先称王者蚕丛国破,子孙居姚、嶲等处。"唐时姚、嶲二州分别治今云南姚安和四川西昌,均属古代南中地域范围。这说

---

[1] 参见李学勤《东周与秦代文明》,文物出版社1984年版,第67页。
[2] 顾炎武:《日知录》。
[3] 参见刘弘《巴蜀文化在西南地区的辐射与影响》,《中华文化论坛》2007年第4期,第19—35页。
[4] 参见段渝《先秦巴蜀文化的尚五观念》,《四川文物》1999年第5期,第15—18页。

明,蚕丛后世中的某些支系,曾长期活动在南中地区,从先秦到汉代,未曾断绝,并且成为当地的土著先民之一。

据《华阳国志·蜀志》记载,西周时代,"(蜀王)杜宇称帝……以汶山为畜牧,南中为园苑",园苑即指势力范围;《华阳国志·蜀志》又说南中"有蜀王兵栏",兵栏实指武库。这就意味着,包括滇池区域在内的南中地区,都受到了古蜀文化的文化和政治影响。方国瑜先生认为,南中是蜀的附庸[1],是有根据的。到战国晚期,蜀王后世选择南中为避难生息之地,便与其先王同南中的政治与文化联系有关。《水经·叶榆水注》所载蜀王子安阳王南迁的史迹,确切地反映了这种关系。

南中的古代居民,《华阳国志·南中志》说是"盖夷、越之地",而滇人又是"滇濮"或"滇越",即滇地之濮或滇地之越。濮、越属于一个大的民族系统。在南中地区,随处可见濮人的风俗民情,比如干栏式建筑,在晋宁石寨山和江川李家山出土的青铜器上,便有这类图像。这与蜀文化居民居干栏的风俗十分相近,而西周以后蜀文化的主体民族之一,便是濮人[2]。

百濮民族多居水边,长于操舟。巴蜀文化的船棺葬,是主人生前交通的主要工具。巴蜀青铜器上,也常见操舟作战等图像。滇文化的居民也长于操舟,青铜器上有不少这类图像。如晋宁石寨山出土的一件铜鼓上的船纹,就是一种竞渡船。

云南古代曾大量使用贝币,这些贝币主要来源于印度洋,不是云南土产。广汉三星堆祭祀坑出土的大量白色海贝,背部穿孔,为齿贝,也来源于印度洋,显然是经由南中地区获取的。

历史文献有关滇文化的记载,最早见于《史记·西南夷列传》,言之极为简略。《华阳国志·南中志》对滇文化的记载,也是语焉未详。由于文献不足征,前人总以滇王国为蛮荒之国。可是,历史事实却完全相反。近几十年来的考古新发现证实,滇文化原来是一支灿烂的青铜文化,它具有极为发达的青铜器农业,进步的青铜器手工业,有着异常鲜明的民族文化特征。它不仅在中国青铜文化中占有不可低估的地位,而且可以和世界上任何一支青铜文化相媲美。

---

[1] 参见方国瑜《中国西南历史地理考释》上册,第1页。
[2] 参见段渝《四川通史》第1册,四川大学出版社1993年版,第125页。

不论从考古学还是历史文献看，以成都平原为中心的古蜀青铜文化，诞生年代较之滇文化久远，持续时期也比滇池区域青铜文化长久。固然这两种青铜文化各有优长之处，互有影响，但成都平原青铜文化较早地渗入和影响了滇文化，却是考古学上的事实。

20世纪50—90年代先后发掘的滇文化墓葬——晋宁石寨山、江川李家山墓群中，有较为明显的成都平原早、中期青铜文化的某些因素。晋宁在汉代是滇池县，为故滇国之所在①。这里出土了大量青铜器，其中有几种因素十分引人注目。这几种因素是：用青铜铸造人物雕像和动物雕像，用杖表示权力和地位，青铜兵器中大量无格式青铜剑和三角形援无胡戈。这几种风格完全不同于中原文化和楚文化，却与三星堆青铜文化有着惊人的相似之处，造型艺术也较接近，应来源于古蜀三星堆文化②。

晋宁石寨山青铜雕像人物中，有椎髻、辫发、穿耳等各种形式，与三星堆青铜雕像人物不乏某些共同之处。石寨山出土的一件长方形铜片上刻画的符号当中，有一柄短杖的图像，杖身有四个人首纹。这种杖，虽无实物发现，但杖首铜饰在滇文化中却是一突出特点，表明曾经有过发达的用杖制度。有学者认为上刻四个人首纹的杖，可能是某种宗教用物或代表权力的节杖③。这种用杖之制与三星堆青铜文化中的金杖极其相似，而且杖身刻画人首纹，也正是三星堆金杖的显著特征。石寨山出土的一件铜鼓，上刻伎乐图像，其中的人、鱼、鸟图像，也与三星堆金杖图案以人、鱼、鸟为主题相同。从蜀、滇相邻，民族、民俗有若干近似等情况出发，两地青铜文化的近似，自不能说是偶然的巧合，完全有文化交流传播的可能。三星堆青铜文化早于滇文化，滇文化从蜀文化中采借了这些文化因素，是并非没有可能的④。

古蜀文化与滇文化在政治上的最相近似之处，是它们都不用鼎象征王权、

---

① 参见刘琳《华阳国志校注》卷4《南中志》，第396、397页。
② 参见段渝《古代中国西南的世界文明》，中国先秦史学会第4次年会论文，1989年。段渝《论商代长江上游川西平原青铜文化与华北和世界古文明的关系》，《东南文化》1993年第2期，第1—22页。
③ 参见林声《试释云南晋宁石寨山出土铜片上的图画文字》，《云南青铜器论丛》，文物出版社1981年版，第72页。
④ 参见段渝《论商代长江上游川西平原青铜文化与华北和世界古文明的关系》，《东南文化》1993年第2期，第1—22页。

神权和经济特权,两者的权力象征系统,都是杖。广汉三星堆商代蜀文化的金杖和滇文化出土的大量杖首,形制虽然并不完全相同,但以杖来标志至高无上的权力,其文化内涵却完全一致。从年代早晚进行时空对照,滇文化的这种风习当与古蜀文化的南传有关。而这种文化的南传,也正与史籍所述古蜀对南中的政治和文化扩张相一致,绝不是偶然的。

滇文化青铜兵器也有浓厚的古蜀文化色彩。晋宁石寨山、江川李家山等地都发现了无格式青铜剑,这种剑与巴蜀式扁茎无格柳叶形青铜剑相比,主要区别仅在于滇式无格剑为圆茎,巴蜀式剑则为扁茎,两种剑实际上属于同一风格,没有本质区别。滇文化的无格式剑与巴蜀文化,显然存在文化交流和传播的关系[1]。滇文化的青铜戈,最大特点是以无胡戈为主,占总数的3/4以上,这一特点与蜀文化也很近似。其基本形制只有四种,除前锋平齐的一种外,都是戈援呈三角形,这正是蜀式戈最具特色之处。这种形制的蜀式戈,起源甚早,商代便已开始流行,而在滇文化中出现的年代是在战国早、中期。并且,滇文化青铜戈上的"太阳纹"或"人形纹",在蜀戈上也是早已有之。固然,滇文化无胡戈具有自身的风格特点,也都制作于当地,但显然在它的发展演变中受到了蜀式戈的重要影响,这与商周时期古蜀王国对南中的文化和政治扩张有关[2]。

成都平原青铜文化对滇文化的影响,一般说来年代较早,原因复杂,不过其中的主要原因之一,在于蜀早于滇进入文明时代。在紧相毗邻的两种文化中,文明的波光总会自然而然地波及文明尚未出现的社会,这是文化史上的规律。当然,绝大多数文化交流总是互动的、双向的,巴蜀文化与滇文化的青铜文化交流也是如此。晚期巴蜀青铜文化中常见各种形式的异形钺,就明显地受到滇文化的影响。

云南自古富产铜矿、锡矿。早在商代,中原商王朝就已经大量地从云南输入铜、锡,作为青铜器制作的原料。中国科技大学运用铅同位素比值法对殷墟5号墓所出部分青铜器进行了测定,结果表明,这些青铜器的矿料不是取自中

---

[1] 参见童恩正《我国西南地区青铜剑的研究》,《云南青铜器论丛》,文物出版社1981年版,第168页。张增祺《滇西青铜文化初探》,《云南青铜器论丛》,第94页。

[2] 参见段渝《论商代长江上游川西平原青铜文化与华北和世界古文明的关系》,《东南文化》1993年第2期,第1—22页。

原，而是来自云南①。金正耀教授的研究成果也充分证实了这一点②。蜀与滇相紧邻，蜀地固然有其铜矿，但商代是否开采，目前还没有确切材料予以说明，而锡却必须仰给于蜀境以外。除了东方的长江中游地区可能是蜀国青铜矿料的供应地之一外，云南的铜矿、锡矿，当是古蜀王国青铜原料的最大来源。古蜀国青铜器合金成分与滇文化青铜器比较接近，显然与其矿产地和矿料来源有关。蜀、滇两地都曾使用贝币，为大宗的金锡交易提供了相同的等价物，是一个十分有利的条件③。可见，滇文化对巴蜀青铜文化的发展曾经做出了重要贡献，其积极作用不可低估。

四、古蜀文化与黔中和黔西北青铜文化

（一）蜀王开明氏与黔中

根据史书的记载，春秋中叶到战国时期，古代蜀国的统治者是蜀王开明氏。关于蜀王开明氏的来源和族属，向有争议。《蜀王本纪》、《本蜀论》、《舆地纪胜》卷一六四引《华阳国志》及其他诸书并谓开明氏为荆人。荆者楚也，即荆楚之人。按荆作为地名，最初为泛称，泛指江汉平原及以东的广袤地域，而非族称④。史籍所记早期的"荆蛮"、"楚蛮"，乃是泛指居于荆楚之地的广大非华夏族类。自西周初年周成王"封熊绎于楚蛮"⑤，熊氏之国方称楚国，而荆、楚始作为国名，成为芈姓季连后代的专有国称。但春秋战国时代，楚国以外仍有许多地名称荆称楚，直到秦汉时代亦然⑥。可见，荆、楚作为地名，不一定就是指楚国，而荆人也不一定就是楚国人。那么，开明氏称为荆人，究竟是指楚族、楚国人，还是楚国以外的荆地之人呢？这个问题还得从鳖灵之名说起。

蜀王开明，史称其名为"鳖灵"，一作"鳖令"，或作"鼈令"。鳖灵名称见于《蜀王本纪》、《华阳国志·序志》，鳖令名称见于《风俗通义》所引《楚辞》，鼈令名称见于《本蜀论》。"鄨"，《说文·邑部》："鄨，牂牁县。"段玉裁《说文解字注》云："牂牁郡，武帝元鼎六年开。"又云："鄨字必其时所制。今贵州遵义府府城

---

① 参见中国科学技术大学科研处《科研情况简报》第6期，1983年5月14日。
② 参见金正耀等《广汉三星堆遗物坑青铜器的铅同位素比值研究》，《文物》1995年第2期，第80—85页。
③ 参见段渝《四川通史》第1册，第146页。
④ 参见段渝《楚为殷代男服说》，《江汉论坛》1982年第9期，第61—65页。
⑤ 《史记》卷40《楚世家》。
⑥ 参见段渝《荆楚国名问题》，《江汉论坛》1984年第8期，第71—76页。

西有鳖县故城是也。"《汉书·地理志》:"不狼山,鳖水所出,东入沅。"可见鳖得名于鳖水。鳖字从鱼敝声,虽不见于《说文》,但以鳖水而言,得其初义,显然是指水中之鳖。而鳖水,以其初义而言,实应作鳖水,以其水中多鳖故也。因此,鳖为后起新造字,因建县于鳖水旁,故从邑敝声。"鳖令"的"令",令者长也,氏族长、部族长之义。"鳖灵"的灵,古文从玉,《说文·玉部》:"靈,巫也,以玉事神。从玉霝声。靈,靈或从巫。"《楚辞·九歌·东皇太一》"灵偃蹇兮姣服",《云中君》"灵连蜷兮既留",《东君》"思灵保兮贤姱"。诸篇"灵"字,王逸注皆云:"灵,谓巫也",又说:"楚人名巫为灵子。"这里所谓楚人,是指战国末叶的楚国人,非楚王族。"灵"字义与"令"通,《尚书·吕刑》"苗民弗用灵",《礼记·缁衣》引作"苗民不用令"。命者令也,令者长也。古代社会实行神权政治,君长即是以玉事神之巫。正如陈梦家所说:"王者自己虽为政治领袖,同时仍为群巫之长。"[1]灵为巫,巫即长也。因此,鳖灵、鳖令、鳖令,字形虽异,而其实相一。但以形义而言,用鳖灵二字为名,早于鳖令二字。

据上所考,鳖灵来源于鳖水流域,原以地为氏,为鳖氏。称鳖灵,乃因其为群巫之长,亦即君长。所称开明,则是其族的称号,并非私名。

鳖灵既为鳖水流域族类,何以称为荆人呢?这实际来源于后人对鳖水流域属地的一种通称。

古代常见地名称谓由后以名前的情况,即《谷梁传·桓公二年》所说"名从主人"。由于战争、灾害以及其他各种原因造成的迁徙和移民,常将过去地名带至新徙之地。如楚都丹阳、郢,均先后数易其地而都名不变。而随着疆域的扩大,将新占之区按占领者的国名称之,又是亘古以来的常理。战国时代,楚国带甲百万,地半天下,所占领地区全部划入其版图,通称为荆、为楚,被占领区的原住各族也随之被通称为荆人、楚人,这也是自古以来的常理,丝毫也不奇怪。如楚灭吴、越后,"通号吴、越之地为荆"[2]。而《史记》则将楚灭吴、越前其地的上古居民直称为"荆蛮",则是地名由后以称前、由今以例古的显著例证。

鳖地位于黔中,其地于战国年间为楚所有。《史记·秦本纪》载:"秦孝公元年,河山以东强国六……楚自汉中,南有巴、黔中。"楚占黔中后,黔中成为楚

---

[1] 陈梦家:《商代的神话与巫术》,《燕京学报》第20期,1936年,第491—497页。
[2] 《史记》卷31《吴太伯世家》正义。

地,其地居民也被通称为楚人、荆人。鳖灵虽早在楚占黔中以前就已西上入蜀,但由于地名由今例古、由后称前的惯例,战国秦汉间人乃称述其为荆人,这是不足为异的。鳖灵之称荆人,实源于此。可见,鳖灵既非楚族,亦非楚国人。

那么,鳖灵当属何国何族人呢?史籍说明,鳖地古属夜郎之地,为"夜郎旁小邑"①。夜郎,诸史并称为僚②,或称为濮③。鳖灵既来源于此,显然就是僚人或濮人,而僚、濮实为一系,可知鳖灵出自百濮系统。鳖灵一族入蜀,与蜀族融合后,使原先蜀族中已有的濮人文化成分得以加重,蜀族的濮人之风更加明显。

(二)古蜀文明与黔西北青铜文化

古蜀文明在向滇文化做强劲辐射的同时,还向紧邻滇东北的黔西北地区积极扩张。古蜀开明三世时期,国力强盛,于是大举向南兴兵,沿岷江南下,征服僚、僰之地。

据《华阳国志·蜀志》记载,古蜀开明王朝保子帝时,曾挥师南下,"雄张僚、僰",表明僚、僰之地这时已为蜀国所控制,成为蜀之附庸。④ 僚指夜郎,今贵州安顺地区至黔西北地区;僰指僰道,今四川宜宾到云南昭通地区。在金沙江下游以南的昭通地区,已有四处发现了青铜文化遗存,青铜器以兵器为主,有柳叶形剑、蛇首空心茎无格剑、三角形援直内无胡戈、短体鸭嘴形銎口矛、圆銎双耳矛、短骨交弓形耳矛、圆刃折腰空心钺,以及铜鍪、印章、带钩等。其年代约为东周至西汉。在四川宜宾,亦发现有大量巴蜀青铜兵器,以三角形援直内无胡戈、柳叶形剑、弓形耳矛等为主。黔西北地区战国秦汉时期的青铜文化亦深受巴蜀文化的影响,尤其青铜兵器如扁茎无格式柳叶形剑⑤、三角形援无胡戈⑥,年代为战国至西汉,均具十分典型的巴蜀式兵器特征。这些考古发现,可以说明开明王朝"雄张僚、僰"的史实。

早在西周春秋之际,即公元前800年左右,今贵州西部地区就受到了来自

---

① 刘琳:《华阳国志校注》卷4《南中志》,第383页。
② 参见《三国志》卷43《蜀书·张嶷传》引《益部耆旧传》。
③ 参见刘琳《华阳国志校注》卷4《南中志》,第343页。
④ 参见方国瑜《中国西南历史地理考释》上册,第9页。
⑤ 参见熊水富《锦屏亮江出土一批战国青铜器》,《贵州田野考古四十年》,第55页。贵州省博物馆考古组等《威宁中水汉墓》,《考古学报》1981年第2期,第217—244页。
⑥ 参见贵州省博物馆考古组等《威宁中水汉墓》,《考古学报》1981年第2期,第217—244页。

四川盆地青铜文化的强烈影响,文化发生了变异①。2002 年,贵州省文物考古研究所在黔西北地区威宁县中水的水果站墓地钻探出土扁(直)内青铜钺和有领玉镯。2004—2005 年,在威宁中水红营盘墓地发掘出土柳叶形扁茎无格青铜短剑②。这些青铜兵器和玉器,都是古蜀文化的典型形制。其中,直内青铜钺与四川彭县竹瓦街、四川汉源背后山出土的相同,有领玉环与三星堆相同。典型的蜀式青铜直内钺和蜀式扁茎无格青铜短剑在黔西北地区出土,这个现象非常值得注意。它表明,蜀王国的军事力量在这个时期已经深入到黔西北,控制了当地僚人的上层。从黔西北威宁中水几处墓地只发现蜀式青铜兵器和玉镯,却没有发现蜀人的陶器等生活用品的情况分析,很有可能是蜀王在征服僚地后,迫使僚人纳贡服役,并将蜀式兵器发放给当地上层,使其镇抚边地,作为蜀之附庸。僰,僰侯之国今川南滇东北地区,以四川宜宾为中心③,本有僰人,故名。这个地区历年来出土不少蜀式青铜器,均与蜀王南征有关。《水经·江水注》载:南安(今四川乐山市)"县治青衣江会,衿带二水矣,即蜀王开明故治也。"《华阳国志·蜀志》说:"僰道有故蜀王兵兰。"兵兰指武库,此谓蜀王为前出攻僰所筑驻兵之所,并非都城。这些材料说明,蜀王"雄张僚、僰",开疆拓土,其结果是使蜀地"南接于越"④,广地至于南中濮越之地。

第三节　三星堆文化与西南夷各族群的关系

三星堆一、二号祭祀坑内出土的大批各式青铜人物雕像,有全身像、人头像、人面具等,它们的服式、冠式、发式各异,显示了不同族类的集合,表现出一个以蜀为核心的、拥有众多族类的统治集团结构⑤。众多青铜人物雕像围绕青铜大立人,表现了以古蜀文明神权政治领袖为中心,聚合西南各族首领而举行的大型礼仪活动,充分展现出三星堆神权在跨地域政治社会中的双重功能。

---

① 参见王红光《贵州考古的新发现和新认识》,《考古》2006 年第 8 期,第 3—10 页。
② 参见贵州省文物考古研究所《2005 年度全国十大考古新发现——贵州威宁中水史前至汉代遗址》,2006 年 6 月,打印稿。
③ 《水经·江水注》。
④ 刘琳:《华阳国志校注》卷 3《蜀志》,第 175 页。
⑤ 参见段渝《商代蜀国青铜雕像文化来源和功能之再探讨》,《四川大学学报》1991 年第 2 期,第 97—106 页。

一方面，西南各族君长汇聚三星堆古蜀都，共奉蜀人神权领袖，同祭蜀地信奉之神，表明各族承认三星堆古蜀神权的至上地位。青铜人头像代表着西南地区各族的君长，而这些君长在各自的族群中也同样被尊为神。既然蜀人神权领袖控制了这些各族之长，那么他也就控制了各族的神，并进一步实现了他对西南各族意识形态的控制。另一方面，这些各个族群的君长形象，都是用青铜材料制作而成的，它们与蜀王形象的制作材料毫无二致，仅有体量大小的区别，而与用石质材料雕刻出来的奴隶像绝然不同，又意味着它们在以三星堆神权为中心的跨地域政治社会中具有相当高的地位，扮演着并非不重要的角色。这表明，在三星堆神权文明的跨地域扩张中，十分巧妙地发挥了神权的双重功能，既达到了扩张势力范围的目的，又达到了稳固势力范围现存秩序并增强凝聚力、吸引力的目的。

这就表明，政治权力的宗教化，不论对内统治还是对外扩张，都是为古代统治者所经常使用而且富于成效的政治手段，它本身并不是目的，其实质是宗教化了的政治权力。

当统治阶级凭藉暴力取得政权后，为了稳定政治秩序，一般情况下不再继续使用强权，不再继续推行强权统治。为了使统治权力在公众眼目中成为公正的代表和正义的化身，以避免公众的反抗和对立情绪，通常情况下都将强权加以转化，在统治方式上把强权政治转化为神权政治，使权力充分合法化。这方面例子非常之多。在古代社会，一般说来，统治者更乐意将强权披上一层宗教外衣，通过宗教仪式、宗教感情等文化联系，使强权转化为温情脉脉或神秘莫测的神权统治，这比直接的、赤裸裸的强权统治更加容易奏效。例如，秦灭蜀以后，秦之蜀守李冰就充分利用了蜀人传统的尚五宗教观念，"作石犀五头以压水精"[1]，不但成功地修建了都江堰水利工程，还成功地制服了蜀人，赢得了蜀人的世世爱戴。秦始皇也是这样，在蜀地南边所修道路，不是按秦制"数以六为纪""而舆六尺"[2]而是利用蜀人的尚五宗教观念修建"五尺道"[3]，使文化专制转化为宗教认同[4]，其用意是十分明显的。

---

[1] 刘琳：《华阳国志校注》卷3《蜀志》，第202页。
[2] 《史记》卷6《秦始皇本纪》。
[3] 《史记》卷116《西南夷列传》。
[4] 参见段渝《论秦汉王朝对巴蜀的改造》，《中国史研究》1999年第1期，第22—35页。

商代三星堆文化浓厚的宗教气氛,把蜀王国装点成为一个神秘王国[①],这是强权宗教化的典型例子。三星堆祭祀坑出土的大批青铜制品、贝币、象牙等,是古蜀的神权政体控制了西南地区的战略性资源和贸易路线的反映。

在商代中晚期之前,古蜀地区未见如此宏阔而洋洋大观的文明成果,似可说明是从三星堆文化二期开始的,应是这一时期古蜀向西南夷地区大力开发所取得的重大成果。三星堆青铜器中所含铅料,据同位素测试,来源于云南。三星堆青铜器的锡料,也应来自云南,因为蜀地无锡矿。三星堆青铜器多含有微量磷元素,这是古蜀文化青铜器的传统合金特征,与中原全然不同,却与云南青铜器极为相似,似表明三星堆青铜器所用铜矿原料,也与铜矿石藏量极为丰富的云南有关。三星堆发现的成千枚海贝,其中的白色齿贝与云南历年所出的相同,云南齿贝来源于印度洋,三星堆齿贝也不能不来源于印度洋,因为这种齿贝为印度洋所独产,并非南海产品。三星堆和金沙遗址出土的数量极大的象牙,鉴定为亚洲象的牙,亚洲象原产印度,在印、缅和中国云南最多。古蜀地区上古可能有大象,却无大批成群大象活动的记载,而三星堆和金沙遗址出土的象牙达1吨以上。如此之多的象牙,不可能取之于成都平原本土,应与滇、缅、印地区有关。以这些资料结合古代印度地区包括印度洋沿岸地区以白色齿贝为货币,而云南直到清代还大量使用这种贝币的情况分析,三星堆神权政体必定是控制了中国西南地区的内外贸易路线,控制了西南夷地区的矿产资源,从而才可能为它辉煌青铜文明的出现奠定下丰厚的物质基础[②]。迄今为止还没有在西南夷地区发现直接为古蜀人所征服的考古遗迹,不过古代文献曾记载有蜀人两度大批南迁的事例,一为蜀王后代[③],一为蜀王子安阳王[④],并且考古学上包括三星堆文化在内的先秦古蜀青铜文化对云南青铜文化的影响也是显著的[⑤],可以表明古代蜀国对南中西南夷地区的控制。方国瑜先生

---

① 参见段渝《古代中国西南的神秘王国》,《丝语中文时报》,伦敦,1996年6月。
② 参见段渝《支那名称起源之再研究——论支那名称本源于蜀之成都》,《中国西南的古代交通与文化》,四川大学出版社1994年版,第73页。
③ 参见《史记》卷13《三代世表》。
④ 参见《水经·叶榆水注》引《交州外域记》。
⑤ 参见段渝《论商代长江上游川西平原青铜文化与华北和世界古文明的关系》,《东南文化》1993年第2期,第1—22页。

在谈到古代蜀国与西南夷的关系时也说,南中是古蜀国的附庸[①]。可以看出,古蜀对西南夷的控制有两条途径,一是通过观念和技术的直接传播来影响西南夷各族,一是通过直接或间接的强权来统治西南夷各族,至少也是以强权作为强大后盾和暴力制裁的威慑力量的。

但是强权既不能够保证被控制地区的各个族群长期成为古蜀王国的附庸,也不能够保证各族不起而反抗,同时强权统治者又不可能无耻地宣称强权代表正义和公正,即令如此,也不可能为人相信。为了达到长久控制西南夷地区战略资源的目的,最好的办法是使强权统治转化为宗教统治,以宗教掩盖政治,以文化代替暴力,使控制合法化。三星堆文化出土的大量遗物尤其是青铜器,其中有的形制(不是指器物本身)就有可能来自于西南夷地区的族群,而在古蜀制作,目的在于体现宗教化了的强权对于西南夷地区的"柔远能迩"政策。三星堆以作为古蜀群巫之长的青铜大立人为中心,以作为西南夷各族群巫的各式青铜人头像为外围所形成的有中心、分层次的人物像群,实际上正是表现出一个庞大宗教集团的组织结构,通过对各地各族宗教神物的采用和按一定的方式排列组合,将各地各族的宗教组织到古蜀的宗教体系当中,并使它们成为次级宗教。通过这种方式,一方面可以宣称自己是西南夷各族宗教神权的总代表,另一方面又博得了西南夷各族的文化认同和宗教认同,并在这个基础上使自己对南中的控制合法化。三星堆一号坑与二号坑在年代上相差百年以上,但两坑所出青铜人头像在衣、冠、发式上基本一脉相承,说明蜀对西南夷地区的控制是长久的,同时说明这个宗教集团的组织结构是稳定的,并且还有新的发展和扩充。

既然三星堆青铜雕像群表现了一个宗教化了的政治集团的大型礼仪活动,那么其内容丰富的各种礼仪形式就必然是为各地各族所共同认可、共同接受的。三星堆古蜀都城既是这样一个跨地域、跨民族的大型礼仪中心,那么它的强大凝聚力就绝不可能仅仅依靠强权来维持(当然,必须指出,强权是基础,是前提),它对各地各族必须还具有强烈的吸引力,这种吸引力来自三个方面:一是宗教中心,二是提供军事保护,三是通过蜀的转介,同中原地区进行文化交流和贸易往还,殷墟5号墓出土青铜器的部分矿料来自云南,看来就是通过

---

① 参见方国瑜《中国西南历史地理考释》上册,第16页。

蜀为中介从云南获取的,这也是蜀人控制了南中与中原之间贸易路线的证据。

从这个角度出发来分析三星堆两个祭祀坑内的遗物,势必能够从中析出某些属于西南夷各族群的器物风格,而不再把它们统统作为古蜀人观念的物化形式。当然,当时西南夷各地还没有进入青铜时代,它们原有的各种器物分别使用木、石、骨、角等原料制作,不过当其器物在三星堆出现时,其中一些应当由蜀人用青铜原料加以仿制,正像蜀人用青铜原料制作了西南夷各族群首领的雕像一样。

由此看来,古蜀与西南夷各族的关系,是各族之长而不是各族之君的关系,是群巫之长而不是群巫之君的关系,正如商王室是天下方国之长而非天下方国之君一样。

第 九 章

西南夷道的开通

《史记·司马相如列传》记载从蜀郡成都通往西南夷地区的道路为"西南夷道"。从《史记》、《汉书》和《后汉书》有关西南地区的记载可以看出,先秦秦汉时期的西南夷道分为东、中、西三条线路:西线是"灵关道",或称为"零关道"、"牦牛道"(一作"旄牛道"),由蜀之成都通往云南;中线为"五尺道",由蜀之成都通往贵州西北部和云南东北部;东线是"牂牁道",或称为"夜郎道"、"南夷道",由蜀之成都经贵州通往两广以至南中国海。西线灵关道早在新石器时代就已初通,在商周以来的整个历史时期,它都一直发挥着中国西部民族与文化南来北往交流互动的通道作用,并充当着中国西南对外经济文化交往的国际交通线,具有十分重要的战略地位。对于这方面的认识,学术界基本达成共识。对于中线五尺道的开通时代,学术界长期以来认为是战国末叶秦时开凿,亦有认为秦始皇时开凿,很少异议。但是,历来对于五尺道开通年代的认识却难以经得起推敲,实有重新研究的必要。

第一节 五尺道的开通问题

一、五尺道并非秦人开凿

五尺道从古代成都南下南安(今四川乐山),经僰道(今四川宜宾)、夜郎西境(今贵州威宁、云南昭通),直通南中之建宁(今云南曲靖),是古蜀以及中原地区通往西南夷地区的重要通道之一,同时也是古代中国西南与东南亚、南亚地区交流往还的重要线路。《史记·西南夷列传》记载:"秦时常頞略通五尺道。"《索隐》谓:"栈道广五尺。"《正义》引《括地志》云:"五尺道在郎州。颜师古云：'其处险陡,故道才广五尺。'如淳云：'道广五尺。'"不少学者据此认为,五尺道是战国末叶秦国开通的,也有学者认为是秦汉时开通的。笔者曾在1993年出版的《四川通史》第1册中简略论证说,蜀、滇五尺道,《史记》记为秦时官道,但早在殷末,杜宇即由此从昭通北上至蜀。春秋时代,蜀王开明氏"雄张僚、僰"①,进一步开通了成都平原与川南、滇东北的交通。以后,"秦时尝破,略通五尺道"②,对自商周至战国时代已经存在的这条道路予以进一步整修。这就意味着,五尺道并不开凿于秦,秦仅是对五尺道加以重修和整建③。葛剑雄先生在《关于古代西南交通的几个问题》一文中,亦认为五尺道的开凿不始于秦,该文认为秦法既然是"数以六为纪,符、法冠皆六寸,而舆六尺,六尺为步,乘六马",却公然会修建"五尺道",而严峻的秦法是不可能容忍"五尺"之制存在的,从而否定五尺道始修造于秦④。从秦法而论,葛先生的质疑确有道理。

关于五尺道的命名问题,本文后面还要论说,这里首先对是否秦人开凿五尺道进行考察。细审文献,《史记·西南夷列传》"秦时常頞略通五尺道"句中所说的"略通",并不是"开凿始通"的意思。《史记·司马相如列传》说："相如为郎数岁,会唐蒙使略通夜郎西僰中",《索隐》引张揖曰："蒙,故鄱阳令,今为郎中,使行略取之。"《汉书·司马相如传下》说："相如为郎数岁,会唐蒙使略通夜郎、僰中",师古注曰："行取曰略。夜郎、僰中,皆西南夷也。僰音蒲北反。"如果"略通"是"开凿始通"的意思,那么为何秦时常頞已经"开凿始通",汉时唐蒙又来"开凿始通"？可见,"略通"并非"开凿始通"之义,而是略取并使之保持畅通的意思。可以看出,《史记》和《汉书》先后使用"略通"一词,恰好说明了五尺道在秦"行略取之"前已经存在的事实。至于《汉书·西南夷传》记载此事为"秦时尝破,略通五尺道",则有着整修和修治之义,这与《史记》的记载其实并不矛盾,略取和整修往往是前后相接、一以贯通的。

二、蜀故徼的开、关问题

《史记·西南夷列传》记载：

---

① 刘琳：《华阳国志校注》卷2《蜀志》,巴蜀书社1984年版,第185页。
② 《汉书》卷95《西南夷传》。《史记》卷116《西南夷列传》作"秦时常頞略通五尺道"。
③ 参见段渝《四川通史》第1册,四川大学出版社1993年版,第161、257页。
④ 参见葛剑雄《关于古代西南交通的几个问题》,四川大学历史系编：《中国西南的古代交通与文化》,四川大学出版社1994年版,第1—13页。

> 秦时常頞略通五尺道，诸此国颇置吏焉。十余岁，秦灭。及汉兴，皆弃此国而开蜀故徼。巴蜀民或窃出商贾，取其筰马、僰僮、髦牛，以此巴蜀殷富。

但《汉书·西南夷传》的记载却是：

> 秦时尝破，略通五尺道，诸此国颇置吏焉。十余岁，秦灭。及汉兴，皆弃此国而关蜀故徼。巴蜀民或窃出商贾，取其筰马、僰僮、旄牛，以此巴蜀殷富。

对于"蜀故徼"，《史记》记为"开"，《汉书》记为"关"，究竟是开还是关呢？对此，历史文献的记载颇不一致①，但这个问题对于我们理解五尺道的开通时代却具有关键性作用，需要认真考订。

所谓"蜀故徼"，即是西南夷诸族经由五尺道通往蜀地的途中所设置的关隘。这里的"开蜀故徼"，"开"为开通的意思。细审历史文献及其文意，我们认为，《史记·西南夷列传》"开蜀故徼"的"开（開）"字，实应为"关（関）"字之误。

《史记·西南夷列传》这段文字所说的秦时"诸此国颇置吏焉"，这里的"诸此国"，是指位于古蜀国以西和以南的邛、筰、冉、駹以及丹、犁②等古国，这些古国在公元前316年秦灭蜀以后的相当一段时间还继续效忠于长期以来一直是"西辟之国而戎狄之长"的故蜀国③，而蜀国的反抗也一直没有停歇，直到秦昭王二十二年（公元前285年），秦国才在蜀彻底地建立起郡县制度④，此后秦国才可能道通西南夷。《史记·司马相如列传》记载："邛、筰、冉、駹者近蜀，道

---

① 对于究竟是"开蜀故徼"还是"关蜀故徼"，历史文献的记载颇不一致。文渊阁四库全书本、中华书局1959年点校本《史记》卷116《西南夷列传》作"及汉兴，皆弃此国而開蜀故徼"；中华书局1962年点校本《汉书》卷95《西南夷传》作"及汉兴，皆弃此国而関蜀故徼"，文渊阁四库全书本《玉海》卷24《地理》、卷173《汉北边城·外城》、《册府元龟》卷956《外臣部》、《通志》卷197《四夷传四·西南夷序略》、宋杨侃辑《两汉博闻》卷5《西南夷传》等，均作"関蜀故徼"、"關蜀故徼"或"闗蜀故徼"。

② 《史记》卷4《秦本纪》记载，秦惠王更元十四年（公元前311年），"丹、犁臣蜀"，足见古蜀在西南夷地区的影响力之强大，即令在古蜀国灭亡后这种影响力还长期存在。

③ 《战国策》卷3《秦策一》。

④ 参见段渝《论秦汉王朝对巴蜀的改造》，《中国史研究》1999年第1期，第23—35页。

亦易通,秦时尝通为郡县,至汉兴而罢。"这里所说"秦时",是指秦昭王以后的时段,而所说"秦时尝通为郡县",则表明从秦昭王至秦灭的时段内西南夷与蜀之间道路畅通的事实。《史记·司马相如列传》接下来继续说:"今诚复通,为置郡县,愈于南夷。"由此可知,既然秦在这些地方开通了郡县,置有守吏,那么这些地方之间的道路和关隘必然就是开通而不是关闭的。至秦灭汉兴,这些地方的族群"皆弃此国",即拒绝汉王朝的统治,那么这时"诸此国"与汉王朝之蜀郡间的通道就只可能是关闭的,而不是开通。而司马相如所说:"今诚复通,为置郡县,愈于南夷",意指在当前关闭的情况下应当恢复开通。这就确切说明,在邛、筰、冉、駹等西南夷请求内附之前,汉王朝与西南夷间的交通关隘是关闭而不是开通的。正是因为邛、筰、冉、駹等"诸此国"关闭了蜀与西南夷地区之间的通道,所以才会出现"巴蜀民或窃出商贾"到南中做买卖的现象,以至产生西南夷诸族阻碍汉使十余批出使大月氏的结果。假若是"开蜀故徼",那么巴蜀民就不会"窃出"西南夷地区,而汉武帝为打通与大月氏联系所派遣的十余批汉王朝使臣,也就不可能在西南夷道上遭遇到"其北方闭氐、筰,南方闭巂、昆明"[①]那样的尴尬局面,受到西南夷的重重阻碍。开、关二字,古文形近,今本《史记·西南夷列传》所用的"开"字,显然是在传抄过程中因形近而导致的讹误,致使谬种流传,我们自然不能根据错讹的字义来领会史书所载历史。

据上所论,蜀与西南夷之间早有商道可通,这就是"蜀故徼"。而这个"蜀故徼",在秦王朝"略通五尺道"以前的商周时代就已经存在了。

第二节　五丁力士与五尺道

五尺道之所以称为"五尺",应与古蜀王国"数以五为纪"有关。史书虽未明言蜀人数以五为纪,但是蜀人崇尚五这个数字,从王室祭祀制度、社会组织直到宗教信仰,都以五计数,却是斑斑可见,史不绝书。并且,古蜀的文物制度多以五为纪的情况,也为历年来的考古发掘资料所证实。历史文献与考古资料的一致性,十分明确地反映了古蜀这一特有的制度。

---

① 《史记》卷123《大宛列传》。

一、五丁力士

古代蜀人的尚五宗教观念形成甚早,从目前的资料看,至少可以追溯到距今4000年以前古蜀文明起源时代今四川郫县三道堰古城村遗址中部大型房屋内的五座卵石台基①,由此连续贯彻到商周、春秋战国各个时期,其遗风至汉魏之际犹可观瞻。在尚五观念的支配下,古蜀人发展出了一系列"数以五为纪"的文化:以五为朝代数的王朝盛衰史,以五为庙制的宗庙祭祀制度,以五为王制的青铜器组合,以五为单位的社会组织形式等等,都是以尚五观念为核心凝成的文化特质。由此可见,尚五观念已成为一种具有规范意义的文化模式和行为方式,规定并支配着蜀人的精神活动和社会行为。例如,青铜器中的罍、无胡三角形援戈、柳叶形剑等,从商代连续发展到战国,表现出古蜀青铜文化的显著特征,自有其演进规律;然而青铜器的组合却以五为纪,而为巨制,为王制(从新都蜀王墓中可充分证实此点),并且同样从商代连续发展到战国,存而不改,则表明古蜀青铜文化组合方式是在蜀人尚五观念支配下产生的一种行为方式,它的发展受到了尚五观念的严重制约。又如,五丁制度作为古蜀的社会组织形式,尽管其具体由来目前尚不清楚,但可以肯定的是,这种组织形式同样是在尚五观念支配下发展出来的社会行为方式。至于其他以五为纪的事物,也莫不受到尚五观念的支配和制约②。

公元前316年蜀亡于秦以后,虽然古蜀文明物质文化形式的发展受到遏制,社会组织形式完全被秦予以改造,政治经济制度发生了根本变革,但由于尚五观念极深地镌刻在蜀文化的精神实质当中,具有极广大的社会功能和极强劲的历史惯性,所以秦蜀守李冰为了稳定其统治秩序,不得不利用尚五观念来作为工具,因势利导,以期引起广大蜀人的共鸣,李冰在兴修都江堰时之所以"作石犀五头以压水精"③,正在于他准确地抓住了古蜀文化的宗教观念,准确地抓住了古蜀文化的精神实质,因而他就牢牢把握住了治蜀的精神武器,终于成功地修建了都江堰,创造出历史的奇迹。而秦时"略通五尺道",也是出于同样的情况,因而成功地"略通"了五尺道,在西南夷地区"通为郡县"④,"颇置

---

① 参见成都市文物考古工作队等《四川省郫县古城遗址调查与试掘》,《文物》1999年第1期,第32—42页。
② 参见段渝《先秦巴蜀文化的尚五观念》,《四川文物》1999年第5期,第15—18页。
③ 刘琳:《华阳国志校注》卷3《蜀志》,第202页。
④ 《史记》卷117《司马相如列传》。

吏焉"①。这些史例,十分清楚地反映了尚五观念在古代蜀人和先秦蜀文化中所占有的核心凝聚力地位。

二、五丁力士与五尺道的开通时代

五尺道的命名同样也是出于蜀人数以五为纪的制度。《蜀王本纪》和《华阳国志》记载古蜀"五丁力士"的主要任务是担任国家公共工程的修建,而凿山开道、开辟和维修交通路线又是五丁力士的最重要义务之一。蜀人数以五为纪,所辟道路亦以五计数,两者之间当有必然的内在联系。而且,由五丁力士所开的道路,称为"五尺道",也是理所当然。由此看来,五尺道始辟于蜀人而非秦人,乃是信而有征的。这也说明,五尺道是古蜀国通往西南夷地区的道路。

从商周之际古蜀已经形成数以五为纪的制度来看,五尺道的初通应始于商代。其实史籍关于杜宇入蜀的记载,已经为这条交通线路开辟的年代在商代提供了有力证据。史称杜宇为朱提人,朱提为今云南昭通②,由云南昭通北上,经大关、盐津至四川宜宾,正是五尺道所经由的线路之所在。杜宇为朱提僰人(濮人)③,入蜀自当由僰(今四川宜宾)北上,可见杜宇时期这条道路已经开通。杜宇由云南昭通入蜀,只可能走这条线路,再从今四川宜宾沿岷江河谷北上达于成都平原。杜宇为朱提之濮,杜宇入蜀当是以他为首的整支族群入蜀,否则不可能具有如此强大的力量和社会基础,足以在蜀地推翻古蜀王鱼凫氏的统治,"乃自立为蜀王,号曰望帝"④,建立起杜宇王朝。由杜宇从朱提入蜀"自立为蜀王",亦可知朱提当时已经属于蜀的势力范围。至于春秋时期蜀王开明氏"雄张僚、僰",则应理解为开明王对僚、僰之地的实际控制,僚、僰从此成为蜀之附庸。可见,杜宇氏族从昭通入蜀,说明五尺道至少在商代晚期就已经开通的事实。据《逸周书·王会篇》所载商代初年成汤令伊尹为四方献令之词,提到殷畿的正南诸族中有"百濮",这个殷畿正南的百濮,当即云南之濮⑤。《逸周书·王会》记载西周初周成王举行成周之会,"卜人以丹砂",王先

---

① 《史记》卷116《西南夷列传》。
② 参见《汉书》卷28《地理志》。
③ 《史记》张守节《正义》:"僰,蒲北反",二字音近相通,参见段渝《四川通史》第1册。
④ 〔清〕严可均辑:《全汉文》卷53扬雄《蜀王本纪》,中华书局1958年版,第414页。
⑤ 章太炎:《西南属夷小记》,《制言半月刊》第25期,1936年,见《西南民族研究论文选(1904—1949年)》,第1—6页。

谦补注："盖濮人也。"濮或作卜,见于殷卜辞："丁丑贞,卜又象,□旧卜。"郭沫若释为："卜即卜子之卜,乃国族名。"[1]西周初年正南之濮进入中原参加周成王的成周之会,其间通道必然是经由灵关道或五尺道至蜀,再出蜀之金牛道,经褒斜道转至陕南而达中原[2]。这也意味着,西周初年从四川盆地至云南东北的交通线已经开通。

虽然,五丁力士之称见于《华阳国志》是在春秋战国的开明王朝时期,但扬雄《蜀王本纪》并不如此,而是说："天为蜀生五丁力士,能徙蜀山。"蜀山,见于古蜀早期的历史,指岷江上游"蜀山氏"之蜀山,即《史记·五帝本纪》所记载的黄帝元妃嫘祖娶于蜀山氏的蜀山,时代相当早,反映出五丁力士之制在蜀地的初现,至少在虞夏之际就有其萌芽。不论在《蜀王本纪》还是在《华阳国志》里,五丁力士都常与大石相联系,但大石崇拜并非只是开明王朝的特征及文化现象,它早在夏商时代就已经存在,三星堆一号坑的一块自然梯形石块,与四川理县佳山墓葬的现象一致,表明至少在商代,蜀人已形成这一制度及其文化传统。而理县地处"蜀山"之中,它的大石崇拜遗迹正好证明了大石文化与蜀山的关系。这种关系又与《蜀王本纪》关于"天为蜀王生五丁力士,能徙蜀山,王无五丁,辄立大石"的记载恰相吻合[3],绝非偶然,它恰恰表明大石崇拜与五丁力士的形成年代是在夏商时代,而不是战国时代。

其实,《华阳国志·蜀志》只是在叙述战国时代的蜀国历史时才提及五丁之制,这并不等于说五丁之制形成于战国。历代史籍对有关史事的记述几乎都是这样,"左史记言,右史记行",无事则不记。由于战国时代蜀王调遣五丁

---

[1] 郭沫若《殷契粹编考释》卷26,北京图书馆出版社1937年版。

[2] 褒斜道见诸史乘很早。《史记》卷129《货殖列传》记载："巴蜀亦沃野……然四塞,栈道千里,无所不通,唯褒斜绾毂其口,以所多易所鲜。"《史记》卷29《河渠书》："褒水通沔,斜水通渭,皆可行船漕。"褒斜道是水、陆两条并行的古道。褒斜道在商代即见开通。殷卜辞所见蜀与商王朝交往,蜀文化中所见商文化因素,多由此道南入汉中,再入蜀之本土。武丁期卜辞"伐缶与蜀",缶即褒,可见褒、蜀有路相通。殷末蜀师北出褒斜伐纣,西周末年之遗民南奔南郑,春秋初蜀、秦商品的流通,战国时蜀、秦争南郑,蜀有褒、汉之地等,都说明褒斜道在先秦时长期畅通不衰。故道是北出蜀地,联系关中的另一条重要道路。因此道沿嘉陵江东源故道水河谷行进,故名。故道在商周之际已经开通。近年在宝鸡发现的大量早期蜀文化遗物,即由故道进入。西周早期在宝鸡的渭水之南建有散国,周初青铜器《散氏盘》铭文中记有"周道",王国维考证此周道即是故道(王国维《散氏盘跋》,《观堂集林》卷18《史林》10,中华书局1956年版,第887页)。《水经注》卷19《渭水下》也提到宝鸡附近渭水支流扞水有"周道谷"。可见故道之开通,其年代大概与褒斜道相差不远。

[3] 〔清〕严可均辑:《全汉文》卷53扬雄《蜀王本纪》,第414页。

力士从蜀本土出发,远至武都(今甘肃武都)担土,返回成都为蜀王之妃修墓,这一举动成为当时的大事,而五丁力士在往返途中,沿途开山修道,又产生了不少怪异的传说①,成为蜀人街谈巷议之资,流传久远,为史官载入史册,当属极自然之事。我们自然不能仅凭史籍对战国事物的叙述而把这些事物统统看作只是在战国才出现的事物。

大石崇拜与五丁制度形成于古蜀先王蚕丛氏之时,还有史迹可征。《古文苑·蜀都赋》章樵注引《先蜀记》说:"蚕丛始居岷山石室中",其地在今四川茂县北境的叠溪,《汉书·地理志》载蜀郡蚕陵县,治今叠溪,旧称蚕陵,即"南过蚕陵山,古蚕丛氏之国也"②。蚕丛氏的来源之地,山崖陡险,怪石嶙峋,由其生存环境而产生大石崇拜,当属自然,这种情况在古代民族中是共通现象。五丁制度与大石相联系,而大石崇拜产生于夏商时代,那么五丁之制同样也是产生在这个时代。这两种制度(王室的祭祀制度和社会组织的五丁制度)相辅相成,是很有意思的,清楚地表明了王权与其社会基础的关系,王室正是建立并凌驾在五丁这种社会组织基础之上。一为统治者,一为被统治者。可见,大石崇拜与五丁制度并非神话,它们体现了真实的历史和文化内容。

第三节 五尺道:蜀通西南夷的重要通道

一、蜀通西南夷

古蜀与西南夷地区大规模交通的始辟年代至晚也在商代中晚期,其时古蜀王国已向南发展到今四川雅安大渡河流域下游,而古蜀文化圈也已扩张到西南夷广大地区,并在金沙江流域的中游和下游建立了永久性的居住地点③。考古学上,近年相继在四川汉源出土古蜀文化的柳叶形青铜短剑,时代为商周之际④。在汉源富林,1976年出土商代青铜器8件,器物上留有细密的编织物

---

① 参见刘琳《华阳国志校注》卷3《蜀志》,第190页。
② 〔清〕陈登龙撰、陈一津分疏:《蜀水考》卷1,巴蜀书社1985年版。
③ 这是指蜀王蚕丛后世在姚、嶲等地建立的立足点。《史记》卷13《三代世表》褚少孙补曰:"蜀之先……先称王者蚕丛国破,子孙居姚、嶲等处。"
④ 四川省文物考古研究院近年在四川汉源发掘,收获甚丰,出土文物中不乏古蜀柳叶形青铜短剑。资料现藏四川省文物考古研究院。

印痕,原应有纺织品包裹,其中有青铜钺3件、青铜戈2件、凿1件、斧2件①。当中的烟荷包式钺和蜀式无胡戈,都是古蜀文化的典型形式,年代在三星堆二、三期之间(商代中晚期),这表明,继三星堆一期以后,三星堆二、三期即三星堆文化也同样在向大渡河流域扩展,而其目的与军事行动有关。

至于蜀与西南夷交通的早期年代,则在夏商之际,即古蜀王蚕丛败亡,南逃西南夷地区的年代②。西汉元、成间博士褚少孙补《史记·三代世表》载:"蜀王,黄帝后世也,至今在汉西南五千里,常来朝降,输献于汉。"正义引《谱记》说:"蜀之先,肇于人皇之际。历虞夏、商、周。衰,先称王者蚕丛国破,子孙居姚、嶲等处。"唐时姚州治今云南姚安,嶲州治今四川西昌,均为西南夷重地所在。蚕丛国破,年代约当夏商之际,正是三星堆文化兴起之时。蜀王蚕丛后代南下姚、嶲之间,世代在那里活动居息,对于古蜀文化在西南夷地区立稳足根,世代传承起了重要作用,同时也对古蜀文化在西南夷地区发生持续影响起了重要作用。《史记·三代世表》既然记载汉代蜀王后世能够常至京师朝降输献,那就说明蜀王后世必为当地邑君,这也正是褚先生补《史记·三代世表》对所谓黄帝后世"王天下之久远"的举证,表明蜀王后世从夏商到西汉一直在西南夷地区保有相当的势力和影响,而又北与蜀地保持着畅达的交通。

蚕丛氏南迁西南夷地区,绝非孤家寡人,亦非只有少数随从相跟,当是较大规模的族群迁徙。只有这样,蚕丛氏后代才可能在西南夷地区的社会和自然环境中生存下来,不断发展,也才有可能到西汉时具有往还于中央王朝,"常来朝降,输献于汉"③的能力和资格。

据《水经·江水注》载:南安(今四川乐山市)"县治青衣江会,衿带二水矣,即蜀王开明故治也。"南安紧邻僰道,是蜀通五尺道的重要据点,不但曾是蜀开明王的治所,还是成都平原农业经济、城市手工业经济同西南夷半农半牧经济进行交流的要冲④。《华阳国志·蜀志》记载蜀开明王"雄张僚、僰",表明僚、僰之地为蜀国所实际控制,为蜀之附庸⑤。僚指夜郎,今贵州安顺地区至黔西

---

① 参见岳润烈《四川汉源出土商周青铜器》,《文物》1983年第11期,第91页。
② 《史记·三代世表》褚少孙补曰:"蜀之先……先称王者蚕丛国破,子孙居姚、嶲等处。"
③ 《史记·三代世表》褚少孙补曰:"蜀王,黄帝后世也,至今在汉西南五千里,常来朝降,输献于汉。"
④ 段渝:《巴蜀古代城市的起源、结构和网络体系》,《历史研究》1993年第1期,第17—34页。
⑤ 参见方国瑜《中国西南历史地理考释》上册,中华书局1987年版,第9页。

地区;僰指僰道,今四川宜宾到云南昭通地区。《华阳国志·蜀志》还记载说:"僰道有故蜀王兵兰",兵兰指驻兵营寨①,应当是古蜀王国建立在僰道的驻兵之所,目的在于蜀军进一步前出南中。考古学上,在云南昭通和贵州威宁发掘了大批古蜀文明的青铜器②,贵州威宁出土的古蜀青铜器,时代在公元前800年前后,威宁中水还出土古蜀三星堆文化(前3700—前3100,商代中晚期)的玉器,均说明古蜀文明在云南东部和贵州西部的传播时代可以上溯到商周时期,与历史文献的记载完全吻合。既有文明的传播,必有传播的通途。云南昭通和贵州威宁恰好位于五尺道的主干线上。这就意味着,五尺道的开通年代,至少是它的初通年代,一定不会晚于商代晚期,否则对于昭通和威宁地区在那一时代出现古蜀文明因素的现象,将无法给以合理的解释。

二、五尺道:蜀通西南夷的官道

一般以为,五尺道的命名来源于山势陡峭,难以开凿,所以道路仅宽五尺,这种看法源自三国如淳和唐代颜师古之说。《史记·西南夷列传》"秦时常頞略通五尺道"句下张守节《正义》引如淳曰:"道广五尺。"《汉书·西南夷传》"秦时尝破,略通五尺道"句下颜师古注:"其处险陀,故道才广五尺。"其实,且不说以五尺为道完全违反秦法,绝不可能为秦法所容许,我们只看汉武帝时遣唐蒙通西南夷道,可以将道路开凿宽至丈余,就可知道颜师古关于"其处险陀,故道才广五尺"的说法之不可信。《史记·平准书》记载:"唐蒙、司马相如开路西南夷,凿山通道千余里,以广巴蜀,巴蜀之民罢焉。"唐蒙、司马相如所"开路"的西南夷道,即指五尺道。据《水经·江水注》记载:"汉武帝感相如(按:指司马相如)之言,使县令(按:僰道县令)南通僰道,费功无成。唐蒙南入,斩之,乃凿石开阁,以通南中,迄于建宁,二千余里。山道广丈余,深三四丈,其錾痕之迹犹存。"唐李吉甫《元和郡县图志》卷31《剑南道上·戎州》亦载:"初,秦军破滇,通五尺道,至汉武帝建元六年,遣唐蒙发巴、蜀卒通西南夷,自僰道抵牂牁,凿石开道,二十(按:十当为千)余里,通西南夷,置僰道县,属犍为郡。"由此可知,五尺道的名称绝不可能来源于所谓"其处险陀,故道才广五尺",即不可能是由

---

① 参见徐中舒《巴蜀文化续论》,《四川大学学报》1960年第1期,第75—117页。
② 参见贵州省文物考古研究所、四川大学历史文化学院考古系、威宁县文物管理所《贵州威宁县红营盘东周墓地》,《考古》2007年第2期,第7—18页。王涵《云南昭通营盘古墓群发掘简报》,1995年《云南文物》第41期。

于山势陡峭不易开凿只能道宽五尺而得名。

其实,问题的关键并不在于五尺道是否道宽五尺,而在于论者将道宽五尺与秦人开凿联系在一起,从而造成了秦人开凿五尺道的错觉。如果我们仔细考察史书,立即就可知道,不论《史记》还是《汉书》,都没有说秦人开凿五尺道,仅仅说秦人"略通"五尺道,而如淳、颜师古等注家在说到五尺道时,也仅仅是说道广五尺,并没有把五尺道与秦人开凿相联系。仅仅因为颜师古在《汉书·西南夷传》"秦时尝破,略通五尺道"句下注明道广五尺,论者就以为是秦人开凿了仅宽五尺的五尺道,这显然是误读史书,违背了史书的原意。实际上,从《汉书·西南夷传》所记载的"秦时尝破,略通五尺道"来看,倒是在秦人进入西南夷地区以前,五尺道就已经存在,只是因为秦时五尺道曾经破损,而经由秦人整修罢了。

那么,为什么秦人仅将从今四川宜宾至云南昭通之间的交通线路称为五尺道,而从蜀地进入西南夷地区的另一条交通线灵关道却不称为五尺道呢?这与秦人整修五尺道并沿袭其旧称有关。五尺道为蜀国五丁力士所开凿,原为蜀王国的官道,属于古蜀王国的国家工程,故以五尺为名,称为五尺道。从史籍可见,战国时秦人从蜀至西南夷地区,分为两路南行,东路沿五尺道,西路沿牦(一作旄)牛道(灵关道),这两条交通线均为蜀时故道。东路的五尺道可由黔西北通往黔中,历来为秦王朝所特别重视,同时为笼络蜀人,利用蜀人维修整治,故沿袭蜀时旧名。而秦沿西路牦牛道南下,其政治军事势力仅达越巂而止,而且这条道路也没有经过秦人修整,所以其旧名没有为秦人所沿袭下来。五尺道之所以以"五"为称,而不是为秦王朝"一断于法"之下"数以六为纪"的以"六"为称,原因就在于"五尺道"是沿袭古蜀王国的故道和旧称,而不是由秦人新辟和命名。

事实上,先秦时期不论中原诸侯还是西方秦国,他们与巴蜀以南的西南夷地区都没有多少直接联系,先秦文献对于西南夷地区的道路也极少记载,即令五尺道的名称也是由于秦灭蜀以后才见于文献记载,而西南夷道、牦牛道或灵关道等名称,也都是始见于汉代文献的名称,至于先秦古蜀王国时期这几条道路叫什么名称,文献并没有留下任何记载,是否亦由"五"命名或与之相关,今已难知其详。

根据《史记·西南夷列传》和《汉书·西南夷传》的记载,秦人在蜀地南部分东西两路南下进入西南夷地区,一路沿五尺道,在五尺道上"颇置吏焉",一路沿牦牛道,在邛、笮"通为郡县",两道的"略通"年代均在秦灭前十余年,远远晚于古蜀通西南夷的时代。而且,秦人所略通的这两道都是沿着旧时古蜀王国通往西南夷的道路而下,并没有新辟道路,这两道都在秦灭后就立即恢复了旧日的古蜀关隘,而蜀商要进入西南夷地区必须偷越五尺道。《史记·西南夷列传》记载秦灭后,西南夷诸族立即"开蜀故徼"。所以,一当西南夷脱离秦王朝的统治,"蜀故徼"也就立即随之恢复,蜀商必须偷越关隘才能进入西南夷地区进行贸易。《史记·大宛列传》载:"然闻其西(按:指滇、昆明之西)可千里,有乘象国,名曰滇越,而蜀贾奸出物者或至焉。"这里所说的"蜀贾奸出物者",与《史记·西南夷列传》所说"巴蜀民或窃出商贾"是一致的,都是指偷越"蜀故徼"南出西南夷地区的蜀人商贾。所谓"蜀故徼",是指故蜀与西南夷诸族交通贸易的关隘或关卡,古蜀王国曾在此设置关卡收取关税,相当于《孟子》所说中原地区的"关市之征"。这同时也可以说明,先秦五尺道是古蜀王国时期的官道。

结　　语

一、不同时空背景下西南夷的区域性政治中心

根据考古资料分析，西南夷的区域性政治中心主要但并不完全建立在单一民族（血缘）或民族（血缘）集团的基础上，其中有两种情况：一种是比较单一的血缘政治集团的中心，在共同地域内但不同小生态之间的各个血缘性（亲缘性）族群生态互补的基础上形成的政治中心，如滇的几个层级、邛都的七部营军等，就属于这类情况；另一种并不是单一或纯粹的血缘性（亲缘性）集团的政治中心，而是建立在自然地域内小生态族群之间的生态互补关系的基础上所形成的血缘与地缘相结合的政治集团的中心，如冉、駹等。

西南夷地区的各个区域性政治中心并不完全具有共时性，它们并不完全是在同一时期并存于世的。根据对西南夷考古资料和古代文献记载的分析，西南夷地区形成酋邦及社会的时代，主要是从春秋到西汉这一时间段。考古资料揭示，在这个较长时段中，随着区域内不同地点青铜文化的消长，以前的一些区域性政治中心消失不存了，而同样的青铜文化却在不同的地点成长壮大起来，意味着区域政治中心的转移。整个西南夷地区各个区域性政治中心的共时性并存与历时性变化，便构成了时空变换中西南夷政治秩序的壮丽图景，揭示出先秦至西汉时期西南夷文化纷繁复杂的历时性变化与演进。

二、青铜时代西南夷区域性政治秩序的重建

在西南夷新石器文化向青铜文化的演变过程中，可以看到社会复杂化政治权力的逐步集中化发展：在从史前时期向青铜时代早期的演进过程中，聚落的数量逐步增多，意味着社会组织和政治组织在地域上的扩展或扩大。而在从青铜时代早期到青铜时代鼎盛时期的演进过程中，区域内的聚落数量更是

大大增长，但是这种情况却并不意味着政治单位的增加，换句话说，这并不是反映了各个聚落作为独立的政治单位的存在，这些聚落并不是独立性的政治单位，它们数量的增长恰恰反映了区域内政治单位的减少，而政治层级却在这种局面中增加了；同一文化体的空间界域没有缩小，但权力中心诞生了，政治权力实施的深度和广度增加了。古代文献记载的西南夷的"最大"的"君长"，就是文明起源时代西南夷社会复杂化和政治秩序重建的结果。这种社会组织和政治秩序的重大变化，表现在考古学上，就是西南夷地区各个区域内新石器晚期文化向青铜文化的演变以及区域性青铜文化中心的出现。

在西南夷新石器晚期文化向青铜文化演变过程中，同一区域内的新石器文化聚落并没有消失，但在政治演变化进程中却已变成为某个青铜文化中心的下属政治层级，即演变为重新组合生长发展起来的区域性政体中的成员，而不再是新石器时代晚期独立的村落和氏族。如：在滇池区域，青铜时代的滇文化就涵盖了新石器晚期的白羊村类型、闸心场类型和石寨山类型，这一考古学文化现象意味着，从前的白羊村类型、闸心场类型和石寨山类型等新石器晚期文化的村落，现已演变为以石寨山、李家山等滇池区域青铜文化中心即古滇国的下属政治层级或单位，两者之间不再具有往日的平等关系。

尽管西南夷各族群在先秦时期已产生了青铜文化，并且在战国秦汉时期达到了青铜文化的鼎盛，但由于西南夷各个族群长期依赖于所安身立命的大河支流内小生态，未能在村落及族群扩展和复杂化方面取得突破，形成具有城市水平的新的分层体系来对政治和资源进行再分配，而其本身的资源获取能力不足，资源需求不足，促进政治组织演进的动力不足，以及组织机制的力量不足，所以尽管个别酋邦如滇、夜郎等的政治组织已经演进到相当水平，但仍然不能有效扩张其政治与文化势力，并以此促进内部政治分层和政治结构的进一步复杂化，其发达的青铜文化也没有能够促成国家水平政治组织的诞生，因而在迈向国家的道路上不能够取得长足发展，长期停留在酋邦制社会。

三、西南夷地区文明的起源

一般认为，文明包括两方面的要素，一方面是物质文明要素，一方面是政治组织制度。物质文明要素包括城市、文字、金属器物和大型礼仪建筑等。C.克拉克洪（C. kluckholm）认为，至少要有两个物质文明要素加上大型礼仪建筑同时出现在一个社会里,才能称得上文明①。政治组织制度方面,文明形成的唯一标志是国家的诞生。文明起源时代是相对于文明时代而言的。文明起源时代,是指文明诸要素相继逐步诞生的时代。在史前时代与文明时代之间,有一个社会逐步演化的过程,这个过程表现在物质文化的演化和社会政治组织的演化两个方面。物质文化上的演化,是指物质文明要素的相继产生,政治组织上的演化,是指从部落制演化为酋邦制,而由酋邦向国家逐步演化。

酋邦制与单个物质文明要素的出现具有对应关系。单个物质文明要素的产生、存在乃至高度发展,并不意味着酋邦时代的结束,必须要有物质文明要素的集中出现,这个社会才进入文明,酋邦才演化为国家。这在中外古代社会里有大量例证可以援引。例如,在龙山时代,黄河中下游的河南、山东地区,黄河上游的河套地区,长江上游的成都平原,长江中游的两湖地区,都出现了若干古城甚至古城群,黄河上游出现了零星、小件的青铜器,黄河下游山东丁公出现了成行的陶文,但都不是同时出现在同一个社会里,因此那些社会还处在文明时代的前夜,即处于文明起源的时代。又如,古史记载中的蚩尤,铜头铁额,兵锋坚利,但至多只能表明他使用了金属器物,这仍然是单个文明要素,不能认为进入了文明社会。在太平洋群岛,也有诸如此类的例子,如复活节岛上虽建有大型礼仪建筑,却无其他相关的文明要素存在,所以仍不能视为进入文明。从政治社会的发展角度看,文明要素的单个出现,意味着在酋邦制组织中还没有产生复杂社会的更高需要,没有形成它的社会组织基础和经济技术条件②。

用这种观点来分析西南夷地区的青铜时代,我们认为,它同样也处于文明起源的时代。以下对此进行扼要论述。

(一)物质文化要素

分析西南夷地区青铜时代的发展水平,我们同样从物质文明要素和政治组织制度两方面入手。

首先必须特别指出的是,在中原地区,青铜时代特指夏商周三代,其时已

---

① C. Kluckhohn, *The Moral Order in the Expending Society*, *City Invincible: An Orlental Instute Symposium*, 1960. p.400.

② 参见段渝《政治结构与文化模式——巴蜀古代文明研究》,学林出版社1999年版,第143—144页。

是文明时代,青铜时代被作为文明时代的同义语。这里所说西南夷地区的青铜时代,内涵与中原不同,仅仅是从青铜文化的流行这个角度来说的,二者在性质上大有区别。

以下我们先看西南夷青铜时代的物质文化特征:

1. 青铜器

从目前掌握的资料看,西南夷青铜文化起源于商周之际,以金沙江上游南岸云南剑川海门口遗址出土的青铜器[①]和金沙江中游北岸四川西昌大洋堆出土的青铜器[②]为代表。前者的碳测年代为公元前12世纪,属商代晚期,后者据地层关系分析,应属商周时期。

关于西南夷地区最早青铜器的来源问题,过去曾有争论[③]。云南考古界一般认为,剑川海门口铜器中的斧、钺、镯以及钺范等,与后来的滇西青铜文化中的同类器相似,表明其间有因袭关系,而剑川海门口是滇西青铜文化的最早发祥地。这种认识应当说是正确的,但所解决的是流的问题,并没有解决剑川海门口铜器的源的问题。根据同位素源X光荧光仪的检测结果,剑川海门口铜器中有10件是锡青铜(个别含铅),5件是红铜器,其中有6件含锡量在1%至10%之间[④]。这种情形,意味着剑川海门口遗址的青铜合金技术已走出原始阶段,达到比较成熟的水平。如果说这是滇西青铜文化的起源,那显然与其比较成熟的合金技术不符。同时,在金沙江上游以至整个西南夷地区,还没有发现比剑川海门口更早的青铜器及其合金技术。这种情形,很大程度上意味着剑川海门口遗址的青铜器合金技术是从外引进,而青铜器是在当地制作的(遗址内发现石质钺范)。

再看四川西昌大洋堆出土的青铜器,这是一件舌匕首形茎青铜短剑,也有学者认为是戈。这种形制的剑,在西南夷地区的青铜文化中是绝无仅有的,且孤立地出现在大洋堆第一期文化层内,而其形制又与大洋堆同一文化层内出

---

① 参见云南省博物馆《剑川海门口古代文化遗址清理简报》,《考古通讯》1958年第2期。肖明华《云南剑川海门口青铜时代早期遗址》,《考古》1995年第9期,第775—787页。
② 资料现藏西昌市文物管理所。
③ 参见云南省博物馆《云南古代文化的发掘与研究》,《文物考古工作三十年(1949—1979)》,第372—383页。
④ 参见李昆声《云南考古五十年》,《云南省博物馆建馆五十周年论文集》,云南教育出版社2001年版,第1—43页。

土的长条形石戈（或剑茎）绝不相同，显然它不是当地的产物。

从商周之际开始，西南夷地区逐步进入青铜时代，到战国秦汉间，青铜器高度发展，日益发达，制作工艺日臻成熟。青铜器种类繁多，兵器、容器、宗教礼仪用器、杂器等，无所不有。在各个器种中，数量最多、特色最突出的是兵器和宗教礼仪用器，突出表现出"国之大事，在祀与戎"的古国特征。

2. 大型礼仪建筑

迄今在西南夷地区考古中发现的大型礼仪建筑甚少，西昌大洋堆应是一处大型祭祀中心的所在。除此而外，滇文化贮具器上颇多祭祀礼仪活动场面，有的也表现了大型礼仪建筑的存在。

3. 文字

在西南夷的考古发掘中，"夜郎旁小邑"的陶器上曾发现过刻画的符号[1]，贵州威宁中水西南夷公共墓地器物上也有刻画符号之发现[2]。而根据汪宁生先生研究，云南晋宁石寨山出土一长方形铜片上的大量图案，属于"原始的图画文字"[3]。也有学者认为晋宁石寨山 M13 的图画文字体现了滇王的"文治武功"[4]。这些现象似乎意味着，古代西南夷可能已经出现了早期的原始文字。但到目前为止，这些个别的观点似乎还未得到学术界的共识，因此尚不能得出西南夷社会已经产生了文字的结论。

4. 城市

根据迄今为止的考古材料，在西南夷地区还没有发现先秦时期的早期古城，文献记载则是或"有邑聚"，或"随畜迁徙"，没有城市的记载。

根据以上特征来看，可以知道，在西南夷地区的青铜时代，物质文明要素正在逐步产生，在某些地域类型中已具备青铜器和大型礼仪建筑两项要素，如滇文化等，但物质文明要素还没有集中出现。这表明，西南夷地区的青铜时代仍然处于文明时代的前夜，即处于文明起源的时代。

（二）政治组织演化程度

再从政治组织的角度来看青铜时代西南夷的演化水平。

---

[1] 参见李衍垣《夜郎青铜时代的文物》，《夜郎考》第 2 集，第 12 页。
[2] 参见何凤桐、万光云《威宁中水"西南夷"陶器》，《贵州文史丛刊》1984 年第 3 期，第 47 页。
[3] 参见汪宁生《试释晋宁石寨山出土铜片上的图画文字》，《民族考古学论集》，第 390—397 页。
[4] 参见樊海涛《再论云南晋宁石寨山刻纹铜片上的图画文字》，《考古》2009 年第 1 期，第 65—72 页。

以晋宁石寨山和江川李家山等滇国大型墓葬考古所反映的情况,整个社会依靠宗教祭祀的意识形态,获得了极大的整合,神权政治的精英通过对意识形态的垄断,与暴力的垄断开始结合,并通过战争进一步巩固了宗教统治,青铜储贝器上所表现的献祭,正是战争与宗教密切整合的结果。同时,丰富的青铜武器,显示了资源、技术、劳动力已经有效组织为战争链条,为有组织系统的暴力活动服务。换言之,滇文化所显示的复杂发展水平,已经处于进入文明的前夜。根据塞维斯的理论,我们认为滇人的社会性质属于复杂酋邦,处于国家和文明的前夜[①]。

通过对邛都考古材料及传世文献的综合研究,可以知道,邛都夷尚处在文明起源时代的较早阶段,它的社会结构分为三个层次,即若干血缘氏族——七个部落——酋邦,其武装力量也是从七个血族组织的族群中产生,暴力活动的垄断性与战争、意识形态的复杂水平,均不能与滇文化相比。

筰都族群内已经有了明显的社会分层,墓葬可分为大、中、小三型,不同类型的墓葬存在墓葬规模大小、随葬器物多寡的明显差异,根据盐源老龙头墓葬的情况,当时这支族群的社会至少可以分为五个阶层。发现有各种青铜武器,也有被用于宗教献祭而杀戮的死者[②]。因此,这是一个高度复杂化的社会。不过,尽管筰都的神权控制与暴力活动已经达到了相当复杂的程度,但并不具备国家的水平,应该属于复杂酋邦。

有学者指出,夜郎社会的复杂化水平与滇较为接近,其社会分层结构也较为类似[③]。在夜郎故地的考古遗存中,不但有丰富的青铜武器、铜鼓、玉器,还有反映宗教与意识形态的"套头葬"现象。此种现象,与垄断了意识形态控制的巫觋组织有密切之关联[④]。而大量青铜钺、剑、戈、矛、刀等武器的发现,也显示了战争的频繁[⑤]。虽然如此,但由于至今尚无大型墓葬被发现,所以夜郎酋邦的复杂化程度还没有达到滇那样的发展水平。

值得注意的是,西南夷酋邦的很多考古迹象显示了青铜文化的发达。这

[①] 参见段渝《酋邦与国家起源:长江流域文明起源比较研究》,中华书局2007年版,第79页。
[②] 参见凉山州博物馆、成都市文物考古所《老龙头墓地和盐源青铜器》,文物出版社2008年版。
[③] 参见王明珂《华夏边缘:历史记忆与族群认同》,社会科学文献出版社2006年版,第195—196页。
[④] 参见杨勇《试论可乐文化》,《考古》2010年第9期,第73—86页。
[⑤] 参见宋世坤《从赫章出土文物探索夜郎社会性质》,《夜郎考》第3集,第69页。

个现象很容易造成一种假象，即按照中原的文明起源现象，进而推测西南夷地区已经达到了中原三代时期的"青铜文明"阶段。实际上，西南夷的青铜文化是受到古蜀文明剧烈影响之后的结果，古蜀文明在独立于中原文明独自演进的过程中，本身发展出并具备了大型礼仪中心、发达的青铜文明、城市以及发达的宗教控制和暴力的垄断，是整个长江流域唯一由复杂酋邦演进为国家文明水平的社会体[①]。因此，西南夷的青铜文化并不能被视为达到了同等条件下独立发展的技术高度。正如直到近代，凉山的彝族已经开始使用火器作战，但并不意味着这一社会组织已经发展到近代水平。

对于西南夷地区而言，以滇、邛都、筰都等为代表的政治组织走在了金沙江流域各族社会演进的前列，处于酋邦向国家演进、史前向文明过渡的阶段。如果没有秦王朝尤其是汉王朝国家力量的进入，将汉文化包括铁器和政治制度在内的各种文明要素在西南夷地区作强劲扩展和传播，造成西南夷地区从史前青铜时代跨入铁器时代，并将其纳入秦汉国家体制的政治秩序之内，西南夷族群仍旧会按照自身的发展方向和逻辑，完成向国家社会的演进。换言之，西南夷复杂酋邦已经站在了文明曙光的门槛前。

四、西南夷与长江中下游、古蜀、中原酋邦的比较

由于"酋邦"这一概念本身的丰富性，因此"酋邦"并不能被简单理解为一种"前国家"的复杂社会。换言之，早期国家由某种复杂酋邦逐渐演进而成，但更多的酋邦社会并不一定能有条件演进而进入早期国家。在通往早期国家之路的过程中，曾有一些酋邦社会发展出非常复杂的组织力量和管理系统，可是这些复杂酋邦同样未能演进成为早期国家。而一些较为简单的酋邦，则逐渐演变为国家水平[②]。因此，要更深入理解西南夷酋邦社会的发展，还有必要将其放置在整个文明前夜"满天星斗"[③]的背景中，与长江中、下游，上游的古蜀，以及中原从仰韶到龙山以来的不同模式进行初步比较。

（一）与长江中、下游酋邦的比较

在长江中游地区，从屈家岭文化时期到石家河文化，出现了9座屈家岭文

---

① 参见段渝《酋邦与国家起源：长江流域文明起源比较研究》，第12页。
② 参见陈星灿《何以中原？》，《读书》2005年第5期，第35—36页。
③ 苏秉琦：《中国文明起源新探》，生活·读书·新知三联书店2001年版，第126页。

化的古城,而在湖北天门石家河发现了面积达 120 万平方米的古城址,是已知中国史前晚期最大的古城址之一。从屈家岭文化到石家河文化早、中期的几百年时间内,长江中游地区聚集着密集的古城。这些古城均是依靠各城自身独立力量修建,仅石家河古城环壕出土量就达到 50 万立方米以上,而城垣的建造则需要 1000 人工作 10 年才能完成,并且需要 2 万至 4 万人才能供养这 1000 人。这就显示,长江中游史前这些古城中心具有非常复杂的指挥、管理和再分配体系[1]。

如果只是建造城垣,就需要 2 万至 4 万以上的劳动力提供粮食,则这一共同体的规模只能更加庞大。而根据柯林·伦福儒和保罗·巴恩的分析,酋邦的规模差异很大,人口一般在 5000—20000 人之间[2]。按照这一标准,石家河酋邦的规模显然已经超过了一般酋邦的水平,属于非常复杂的酋邦。根据段渝的研究,长江中游几座史前古城的高大城垣,内外两侧都被筑造成斜坡状,既有利于外敌入侵,也有利于内部出逃。因此,这些巨大城址的最重要功能,既不是为了防洪,也不是出于军事目的,而是一种政治行为。巨大的城垣工程显示了酋邦组织的巨大权威,标志着统治精英的卡里斯玛身份与支配能力。另一方面,石家河很多玉器、玉料来自长江下游地区,统治精英不惜人力物力,耗费大量资源生产这些艺术品,显然也是将其作为意识形态控制的卡里斯玛象征物品[3]。这就表明,长江中游史前的古城政治体,是依靠意识形态进行充分社会整合与管理、再分配的组织系统,这一社会依靠精英的宗教力量与艺术品生产,通过大规模的工程,整合了资源与社会结构,这些意识形态物化的表征反过来又能进一步强化意识形态的控制力量。

在长江下游的良渚,存在着包括了反山、瑶山、汇观山、福泉山、寺墩等在内的多个中心,这些核心的家族拥有不同的墓葬中心、祭祀礼仪中心,也拥有不同的玉器生产技术人员和奢侈品交换、贸易的途径,不同的核心家族生产不同的神圣艺术品,并在上面雕琢不同家族的神徽标识。这些核心家族,可能也垄断了文字书写的巫术力量[4]。

---

[1] 参见段渝《酋邦与国家起源:长江流域文明起源比较研究》,第 138—152 页。
[2] 参见〔英〕柯林·伦福儒、保罗·巴恩《考古学:理论、方法与实践》,中国社会科学院考古所译,文物出版社 2004 年版,第 176 页。
[3] 参见段渝《酋邦与国家起源:长江流域文明起源比较研究》,第 152—174 页。
[4] 参见张光直《中国古代王的兴起与城邦的形成》,《中国考古学论文集》,生活·读书·新知三联书店,第 394—395 页。

正如前文所述，良渚各个中心之间存在着分享了共同意识形态基础的不同小共同体之间的激烈竞争，这些竞争很大程度上表现为在墓葬、祭祀中心、艺术品消费等各方面的奢侈竞赛。例如，在良渚存在着一种名为"玉敛葬"的宗教行为。1978年寺墩M3出土21件玉璧是被击碎后埋入的。从M3：70玉璧破碎情况分析，裂块是二次对向受力致碎，带有方向性，因此证明是人为故意打碎①。在1982年发掘的寺墩M3，一些玉璧、玉琮还有被火烧过的痕迹②。这样在某种仪式中毁灭神圣艺术品的行为，很容易令人联想到西北美和东北亚一些文化中的竞争活动，将珍贵的铜器丢入海中，或者放火烧掉豪宅，既是显示实力，也是为了向神灵献祭③。

因此，良渚文化中巨大的礼仪中心、坟墓与不计成本投入的精密艺术品，均是基于意识形态控制下的酋邦社会运转所需要的机制。尤其值得注意的是，不管是长江中游的酋邦，或是下游的良渚，都很少发现武器和暴力活动的材料。说明这些社会基本是依靠意识形态进行控制，而暴力则仅仅是一种非常次要的辅助手段④。由于国家的社会整合除了依靠强有力的意识形态之外，还依赖于制度化的暴力实现组织化和资源的再分配，因此几乎完全建立在发达宗教意识形态基础之上的复杂酋邦，很容易陷入一种僵化的运转模式，并在耗尽资源或环境发生变化之后陷入崩溃，而不能演化为早期国家。正如陈淳先生所说，这种发达的神权体制既是维持现状的一种力量，同时也是毁灭现状的一种力量⑤。

相比而言，西南夷酋邦并没有出现长江中下游意义上这样几乎完全依靠发达的意识形态整合实现社会复杂化的例子。滇人的社会类似于良渚，有一些在意识形态领域互相竞争的卡里斯玛家族，但滇人的这些核心家族并非只是沟通天地鬼神的巫觋，而是还扮演了战争首领的身份。通过将意识形态与战争活动、资源分配权力的垄断，这些酋邦精英能够维系一个复杂化的酋邦秩

---

① 参见屠燕治《试论良渚玉璧在货币文化中的地位》，《中国钱币》1998年2期，第46页。
② 参见汪遵国《良渚文化"玉敛葬"述略》，《文物》1984年第2期，第29页。
③ 参见〔法〕马塞尔·莫斯《礼物：古式社会中交换的形式与理由》，汲喆译，上海人民出版社2005年版，第27页。
④ 参见段渝《酋邦与国家起源：长江流域文明起源比较研究》，第386—389页。李竞恒《干戈之影：商代的战争观念、武装者与武器装备研究》，四川师范大学电子出版社2011年版，第33—35页。
⑤ 参见陈淳《考古学的理论与研究》，学林出版社2003年版，第569—570页。

序,并持续通过各种活动加速社会复杂化的进程,并可能通往早期国家。而良渚酋邦、石家河酋邦的这些高度神权化的社会,则最终不免于崩溃的命运。至于夜郎,则是由军事领袖组织起的一个复杂社会,意识形态的复杂程度和控制力根本无法与长江中下游的这些复杂酋邦相提并论。而邛都这样的社会,则尚处于简单酋邦阶段。

(二)与古蜀酋邦的比较

长江上游的古蜀文明,是整个长江流域诸史前复杂社会中唯一一个演进到国家和文明水平的社会。从某种意义上讲,古蜀文明的发展,很能显示战争对社会复杂化倾向及有效促使复杂酋邦向早期国家转型的重要性。

从考古材料来看,在宝墩文化时期的成都平原古蜀酋邦与长江中下游地区一样,基本是一个依靠大型工程与礼仪中心强化意识形态对社会进行组织和管理的复杂酋邦。在成都平原发现八座宝墩文化时期古城址,都与长江中游石家河古城非常相似,城墙底部大大宽于顶部,整个城墙截面呈梯形,其陡坡面有利于外部入侵,也有利于内部出逃。因此,这些成都平原早期酋邦建造的巨型建筑,并不具有军事功能,与长江中游一样,是为了强化酋邦的意识形态物化表征。同时,在郫县古城村古城中发现了F5大型礼仪建筑,拥有五个鹅卵石台基,此种大型礼仪建筑强烈对"五"的凸显,与古蜀酋邦意识形态中的宇宙论基础有密切联系[①]。古蜀酋邦的暴力组织痕迹非常罕见,因此这是一个建立在神权基础上的复杂社会组织。

可是,与长江中下游地区不同的是,由于来自岷江上游地区的外部族群进入,并与成都平原的人群发生了争夺土地和资源的战争,这些战争活动刺激了成都平原地区的社会复杂化倾向。另一方面,随着族群的流动与社会复杂化的方向的逐渐倾斜,在公元前两千年代中后期之前逐渐发展出复杂的青铜工业[②]。由于社会复杂化的内在动力,开矿、运输、贸易、铸造技术等一系列复杂的网络得到组织,青铜既被用于铸造神器,也被用于铸造武器,推动了战争与祭祀活动的发展。反映到传说中,则表现为古蜀数代王朝的兴替。这种流动和兴替的变量社会,显然不同于静止而稳定的长江中下游神权模式,因此成都

---

① 参见段渝《酋邦与国家起源:长江流域文明起源比较研究》,第243—250页。
② 参见段渝《玉垒浮云变古今:古代的蜀国》,四川人民出版社2001年版,第244页。

平原产生了早期国家。

　　相对而言,西南夷地区的情况更为复杂。古蜀地区迈向早期国家之路的重要推动力量是族群之间的流动与资源竞争导致的组织力量与再分配系统复杂化,伴随着一系列的战争活动,代替了以前单纯依靠意识形态进行管理的稳定模式。由于地理原因,西南夷地区的族群极为复杂,且交往密切,并频繁为争夺资源而发生战争。最典型的表现为滇人和昆明人群的关系。在滇人的贮贝器、雕铸件饰上经常表现对辫发的昆明人群进行袭击并大获全胜的图像,而昆明人群的墓葬中也同样显示出弥漫着武装活动的氛围。例如,在云南剑川鳌凤山墓地,M42墓主断肢却有殉人,M54无人头,M19有殉人,同时还伴随有大量青铜武器①。这就表明,昆明人也同样袭击滇人,有人在战斗中失去头颅,也有人残废。但他们也将捕获的滇人用于殉葬。因此,这种长期的武装冲突必然导致双方内部战争组织力量和资源管理的强化。

　　古蜀地区社会在意识形态方面具有非常发达的基础,从宝墩文化时期的巨型城垣和河卵石台基礼仪建筑一直到三星堆祭祀遗址和金沙祭祀中心,均显示出意识形态控制在这一社会中具有的强大整合力与惯性。古蜀的首领蜀王国时拥有意识形态权力(神权)与政治军事权力(王权)②,类似于埃及和美索不达米亚神庙祭司与世俗权力之间存在着斗争那样典型的例子,尚未在成都平原的考古中发现。因此,古蜀的统治精英具有"神圣"与"世俗"相对结合的二重性特征,二者在国家的运转方面相当协调。而在古滇人的社会中,虽然宗教精英同时也是战争首领,战争与宗教紧密关联,但却未能形成一个有效的政治、宗教权力中心,而是长期处于竞争之中。至于夜郎人群,则分散为一些由武士首领组织的小酋邦,虽然夜郎王的出生传说在维系夜郎地区族群意识形态方面发挥了重要作用,但由于威宁和赫章可乐的文化存在着差异,而套头葬只见于赫章可乐墓地,显示了夜郎地区诸族群在文化认同上存在差异。因此,夜郎不可能依靠共同文化、礼仪、祭祀的力量实现社会整合,而更多是一种武士社会和战争活动进行的联系。

---

① 参见云南省博物馆文物工作队《云南剑川鳌凤山墓地发掘简报》,《文物》1986年第2期,第4—7页。
② 参见〔德〕罗曼·赫尔佐克《古代的国家:起源和统治形式》,赵蓉恒译,北京大学出版社2003年版,第130—136页。

(三) 与中原酋邦的比较

根据刘莉的研究，黄河流域的史前酋邦大致可以被分为山东龙山文化与中原地区龙山文化两种演进模式的区别。在山东龙山文化地区，精英主要通过对神圣艺术品如蛋壳陶器的再分配与祭祀实现社会与权力的整合，但这种建立在凸显精英的社会在自然环境等作用改变下承担很大风险，容易走向衰落。而河南龙山文化作为一种比较简单的酋邦组织，由于重视内部的合作与公共利益，因此反而容易实现社会的整合，走向国家水平[①]。

学者可以不一定完全同意刘莉对中原地区产生早期国家原因的解释，但夏王朝确实最早产生于河南龙山文化发展的基础上，而不是山东龙山文化。实际上，区别于长江中下游的复杂酋邦模式，整个黄河流域——包括了山东和河南的龙山文化，都显示出更为剧烈的竞争关系，尤其是军事功能的城堡与大量的战争活动[②]。应该说，龙山时代的黄河流域社会已经非常复杂，临近了国家诞生的前夜。表现为：出现了大量规模巨大的城址，最大的面积达到了35万平方米[③]。区别于长江中下游的酋邦，龙山古城的城墙是直立式挡土墙，内侧才是斜坡[④]。这种差异，显示了龙山酋邦组织的大型工程背后伴随着巨大的军事竞争压力。另外，龙山时期灰坑、建筑基址中常见被制度性暴力杀戮或用于献祭的死者遗骸，反映了有组织的战争和暴力活动有效地促使社会复杂化的进程。除此之外，张光直先生尤其强调了中原地区在宗法制度的形成、劳动力管理效率的提升、巫术与文字攫取权力的功能、祭祀与神权的垄断这些综合作用下产生早期国家的意义[⑤]。

以陶寺为例，这里已经产生了用于军事防御功能的巨大城墙，在陶寺晚期的一处遗迹中，有大量战死的遗骸，有的被砍杀，有的体内则有大量箭镞[⑥]。

[①] Li Liu, *The Chinese Neolithic: Trajectories to Early States*, pp. 250—251.
[②] 参见李竞恒《干戈之影：商代的战争观念、武装者与武器装备研究》，第35—47页。
[③] 参见山东省文物考古研究所、聊城地区文化局文物研究室《山东阳谷县景阳冈龙山文化城址调查与试掘》，载《考古》1997年第5期，第23页。
[④] 参见中国社会科学院考古研究所山西队等《山西襄汾陶寺城址2002年发掘报告》，《考古学报》2005年第3期，第316—317页。
[⑤] 参见张光直《中国古代王的兴起与城邦的形成》，《中国考古学论文集》，第388—399页。
[⑥] 参见中国社会科学院考古研究所山西队等《山西襄汾陶寺城址2002年发掘报告》，《考古学报》2005年第3期，第316—345页。

另一方面,在陶寺的大型墓葬中,有玉器、石磬、鼍鼓、漆器等礼仪艺术品,还有用于战争的石钺、箭镞。另一方面,在陶寺也发现了用于祭祀和观测天象的大型礼仪中心,显示了这一政治体把囊括了整个宇宙、时间的解释力整合在包括祭祀在内的意识形态物化与控制的程序之中。此外,在这里也发现了早期的金属器物以及用于意识形态功能的文字[①]。因此,如果按照 C. 克拉克洪对于文明标准的界定,陶寺实际上已经处在了史前和文明交接的"临界点"上。这种复杂化社会的演进程度,可以被视为一系列包括了技术、流通、组织、战争、意识形态等复杂内容不断互相作用交织演化的结果。

西南夷地区的不同人群,与中原地区的演进之间各有异同。像陶寺这样复杂的社会,基本已经可以被视为最接近甚至已经达到早期国家水平的阶段。不过,目前还没有足够的证据可以显示这一共同体内部的管理方式,或者说是否存在一个精神与权力的中心。由于陶寺是在战争中被毁灭[②],因此不能将之视为在演进中自我崩溃的复杂酋邦。滇人的社会复杂化程度与陶寺比较接近,统治精英既是意识形态的垄断者,也是战争活动的首领,二者的大墓都出土大量宗教礼器和不同数量的武器,均能很好反映这一点。二者也都存在大型礼仪中心,陶寺的礼仪中心更倾向于通过对宇宙和时间的解释力量获得对诸神献祭的合法性,这一点更接近于玛雅。而滇人的意识形态控制,则倾向于向神灵献祭,宇宙论的背景并不明确。夜郎的社会复杂化程度显然不能与陶寺和滇相比,但考虑到夜郎社会是一个相对较为简单的组织系统,而二里头这样的早期国家[③]并不是在相对更为发达的山东龙山文化中产生,而是产生于较为简单、精英意识形态基础相对而言并不发达的豫中龙山文化中。那么,就没有理由认为夜郎社会没有向国家水平演进的可能性。至于像邛都这样内部既缺乏意识形态基础,又较为缺少制度性的组织力量之社会,则远未达到黄河流域龙山文化的发展水平。

五、融入秦汉文明

秦灭巴、蜀后,经过数十年苦心经营,终于在古蜀地区建立起单一的郡县

[①] 参见解希恭主编《襄汾陶寺遗址研究》,科学出版社 2007 年版,第 41—60、100—118、175 页。
[②] 参见李竞恒《干戈之影:商代的战争观念、武装者与武器装备研究》,第 40 页。
[③] Li Liu, *The Chinese Neolithic: Trajectories to Early States*, p. 225.

制度。此后,秦在巴蜀以南的西南夷地区相继进行开发。秦蜀守李冰对青衣江与岷江交汇处进行河道疏浚夷险,"通正水道"①,从成都循岷江南下,又劈山开道,通往僰地,此道因此称为"僰道"。秦将常頞"略通五尺道,诸此国颇置吏焉"②,所说的"诸此国",据《史记·司马相如列传》记载:"邛、笮、冉、駹者近蜀,道亦易通,秦时尝通为郡县。"说明秦在西南夷地区设置郡县进行管理和开发。但秦在西南夷地区的统治为期不长,"十余岁,秦灭"③,西南夷重新回到部落和酋邦林立的状态。

及至汉武帝开西南夷,设置郡县,才真正从政治上把西南夷纳入中央王朝统治秩序的范畴,从文化上开启了把西南夷融入以汉文明为符号的中华文明的历史进程当中。从考古资料可以知道,汉代西南夷地区有大量汉式墓葬,这意味着有大量内地移民进入西南夷地区。从历史文献看,"移民万家"④、"徙上郡实之"⑤一类记载多见于文献。不过,汉代对西南夷的开发和治理,是一个长期的过程,汉武帝只是开了风气之先,到东汉永平年间永昌郡归汉,这个过程才算有了重大结果。汉代数百年间,西南夷数反,对汉帝国取排斥的姿态,其中一个重要原因就在于西南夷文化的发展方向被汉文化的进入所切断,而西南夷各君长自然不会放弃本身的文化传统,一旦时机成熟就会卷土重来。《后汉书·邛都夷传》记载:"豪帅放纵,难得制御。"正是对这种情况的描述。虽然如此,但终汉之世,西南夷一直在汉代中央王朝的管理之下,经济文化取得了重要进步。

汉王朝开西南夷,先后在西南夷地区设置了六个郡。汉王朝在西南夷地区设置郡县,目的是巩固新辟的疆土,加强王朝的统治,控制当地的资源。大多数的县都设置在当地少数民族聚居区,如"夜郎郡,故夜郎国也","滇池县,故滇国也"。一些县的衙署驻地干脆就直接设置在少数民族的邑聚上,如邛都县,"因邛邑名也"。邑乃一个聚落,而一个县的范围不会如此狭小,所以这里所说的"县",实乃县衙署的所在地。另据《汉书·百官公卿表》"县有蛮夷曰

---

① 刘琳:《华阳国志校注》卷3《蜀志》,第207页。
② 《史记》卷116《西南夷列传》。
③ 同上。
④ 刘琳:《华阳国志校注》卷3《蜀志》,第194页。
⑤ 同上书,第244页。

道",西南夷地区的汉县多有名"道"者,如零关道、平乐道、嘉陵道、循成道、下辩道、汶江道、湔氐道、绵虒道等。还有一些县的名称带有其境内主要少数民族的族名,如定筰、大筰、筰秦、故且兰、牦牛、徙、青衣等。另有一类县的县名当是用汉字记录的少数民族地名。如比苏、毋单、弄栋、谈指、进桑、镡封等。

根据《汉书》、《后汉书》和《华阳国志》的记载,汉王朝将一些县设在资源出产之地,尤其是设置在出产盐、铁、铜、锡、铅、盐、丹、漆等的地区。如,邛都县"南山出铜",定筰"出盐",连然"有盐官",俞元"怀山出锡",贲古"北采山出锡,西羊山出银、铅,南乌山出锡"等。铁、铜、锡、铅、盐、丹、漆皆为当时重要的战略物资,汉王朝在这些地方设置郡县,无疑为其控制当地资源提供了政治及军事上的保证。

汉王朝还在一些交通枢纽、重要关隘之地设置了县。如零关道上的阑、邛都、会无、弄栋;五尺道上的味、滇池、同劳;博南道上的邪龙、云南;南夷道上的夜郎、进桑、句町等。这主要是为了交通和军事上的目的[①]。

汉代西南夷地区的城市,事实上都不是典型意义上的城市,而是汉王朝在西南夷地区建立的统治基地,都是作为县衙所在地,因此具有极强的政治意义和军事意义。从经济的角度看,这些城市除从蜀郡输入铁器外,对于领导和协调西南夷各族的经济发展与进步,几乎没有发挥其所应有的经济功能,各地各族仍然按照其原有经济生活方式进行生计作业。但是,由于各条交通线路的整修、开辟和发展,以及南方丝绸之路的继续通达,使得西南夷地区的一些城市还具备了相当的贸易驿站功能。而从文化的角度看,汉代在西南夷地区建立的城市,不但对于汉文化在西南夷地区的传播起着桥梁和纽带作用,而且还在西南夷文化的进步过程中发挥着重要的引领作用。

西汉盐铁官营,由国家直接管理盐业和铁业,实质是运用法律和法令的手段,由国家直接控制社会各生产者人群和集团的生活与生产性基本资源。其结果,各地独特而又同其基本资源相关的物质文化很快就化于无形,那些各具特色的地域性古文明纷纷演化为汉文化的地域文化,不再作为独立或半独立的文化而存在。在西南夷地区,情况同样如此。如铸刻有"蜀郡铁锸"字样的铁制农具在西南夷地区考古中多有发现,就说明汉王朝以统一的汉式农具取

[①] 参见刘弘《西南夷地区城市的形成及其功能》,《四川文物》2003年第5期,第33—39页。

代了西南夷地区原有的农具,使得西南夷对汉朝农具的依赖性逐步加强,同时也从农业生产资料来自于内地郡县这一独特的角度加强了中央王朝对西南夷的凝聚力,这无疑从物质文化层面到意识形态层面加速了西南夷对于汉代文明的向心力。

汉王朝在西南夷地区设置郡县,开辟交通,其结果是加强了中央王朝对西南夷地区的统治,把西南夷地区纳入到汉代文明的范畴,从而加速了西南夷融入汉代文明的历史进程。

参 考 文 献

一、古代文献

班　固:《汉书》,中华书局1962年版。
陈登龙撰、陈一津分疏:《蜀水考》,巴蜀书社1985年版。
陈皓注:《礼记》,上海古籍出版社1987年版。
陈　寿:《三国志》,中华书局1959年版。
杜　预:《春秋释例》,商务印书馆1936年版。
范　晔:《后汉书》,中华书局1973年版。
季羡林等校注:《大唐西域记校注》下册,中华书局2000年版。
郦道元:《水经注》,巴蜀书社1985年版。
刘　琳:《华阳国志校注》,巴蜀书社1984年版。
刘向集录:《战国策》,上海古籍出版社1985年版。
任乃强:《华阳国志校补图注》,上海古籍出版社1987年版。
司马迁:《史记》,中华书局1959年版。
许　慎:《说文解字》,中华书局1963年版。
荀　悦:《汉纪》,文渊阁四库全书本。
扬　雄:《蜀王本纪》,严可均辑:《全上古三代秦汉三国六朝文·全汉文》卷53,中华书局1958年版。
张衍田辑校:《史记正义》,北京大学出版社1985年版。
章　樵:《古文苑》,商务印书馆1937年版。
左丘明:《国语》,上海古籍出版社1978年版。
左丘明:《左传》,文渊阁四库全书本。

二、学术著作

1.国内著作

陈淳:《考古学的理论与研究》,学林出版社2003年版。

陈　淳:《考古学理论》,复旦大学出版社2004年版。
陈　淳:《文明与早期国家探源:中外理论、方法与研究之比较》,上海书店出版社2007年版。
成都文物考古研究所:《金沙——21世纪中国考古新发现》,五洲传播出版社2005年版。
段　渝:《酋邦与国家起源:长江流域文明起源比较研究》,中华书局2007年版。
段　渝:《四川通史(卷一先秦)》,四川人民出版社2010年版。
段　渝:《四川通史》第1册,四川大学出版社1993年版。
段　渝:《玉垒浮云变古今:古代的蜀国》,四川人民出版社2001年版。
段　渝:《政治结构与文化模式——巴蜀古代文明研究》,学林出版社1999年版。
方国瑜:《中国西南历史地理考释》,中华书局1987年版。
方铁主编:《西南边疆民族研究》第3辑,云南大学出版社2003年版。
郭沫若:《殷契粹编考释》卷26,北京图书馆出版社1937年版。
胡新生:《中国古代巫术》,山东人民出版社2006年版。
江应梁:《西南边疆民族论丛》,珠海大学1948年版。
李竞恒:《干戈之影:商代的战争观念、武装者与武器装备研究》,四川师范大学电子出版社2011年版。
李学勤:《东周与秦代文明》,文物出版社1984年版。
李衍垣:《夜郎青铜时代的文物》,《夜郎考》第2集,贵州人民出版社1981年版。
林大雄:《失落的文明:玛雅》,华东师范大学出版社2001年版。
罗常培等:《国内少数民族语言文字的概况》,中华书局1954年版。
罗二虎:《文化与生态、社会、族群:川滇青藏民族走廊石棺葬研究》,科学出版社2012年版。
马长寿:《氐与羌》,上海人民出版社1984年版。
屈小强、李殿元、段渝:《三星堆文化》,四川人民出版社1993年版。
冉光荣、李绍明、周锡银:《羌族史》,四川民族出版社1984年版。
饶宗颐:《梵学集》,上海古籍出版社1997年版。
任乃强:《川大史学·任乃强卷》,四川大学出版社2006年版。
陕西省考古研究所等:《陕南考古报告集》,三秦出版社1994年版。
沈长云、张渭莲:《中国古代国家起源与形成研究》,人民出版社2009年版。
四川省文物考古研究所:《三星堆祭祀坑》,文物出版社1999年版。
宋治民:《蜀文化与巴文化》,四川大学出版社1998年版。
苏秉琦:《中国文明起源新探》,生活·读书·新知三联书店2001年版。
童恩正:《古代的巴蜀》,四川人民出版社1979年版。
王明珂:《华夏边缘:历史记忆与族群认同》,社会科学文献出版社2006年版。
王震中:《中国文明起源的比较研究》,陕西人民出版社1998年版。
谢维扬:《中国早期国家》,浙江人民出版社1995年版。
解希恭主编:《襄汾陶寺遗址研究》,科学出版社2007年版。
熊水富、宋先世主编:《贵州田野考古四十年》,贵州民族出版社1993年版。

徐中舒:《论巴蜀文化》,四川人民出版社1981年版。

易建平:《部落联盟与酋邦——民主·专制·国家:起源问题比较研究》,社会科学文献出版社2004年版。

尤　中:《中国西南民族史》,云南人民出版社1984年版。

云南省文物考古研究所:《曲靖八塔台与横大路》,科学出版社2003年版。

云南省文物考古研究所:《探寻历史足迹,保护文化遗产——纪念云南省文物考古研究所成立五十年》,云南教育出版社2009年版。

张光直:《中国青铜时代》,生活·读书·新知三联书店1983年版。

章太炎:《太炎文集·续篇》,武汉印书馆1938年版。

周一良主编:《中外文化交流史》,河南人民出版社1987年版。

2. 国外著作

〔美〕E. R. 塞维斯:《文化进化论》,黄宝玮等译,华夏出版社1991年版。

〔英〕J. G. 弗雷泽:《金枝》上册,徐育新、汪培基、张泽石译,新世界出版社2006年版。

〔英〕柴尔德:《远古文化史》,周进楷译,上海文艺出版社1990年版。

〔英〕柯林·伦福儒、保罗·巴恩:《考古学:理论方法与实践》,中国社会科学院考古所译,文物出版社2004年版。

〔德〕罗曼·赫尔佐克:《古代的国家:起源和统治形式》,赵蓉恒译,北京大学出版社2003年版。

〔德〕马克斯·韦伯:《韦伯作品集Ⅱ:经济与历史支配的类型》,康乐等译,广西师范大学出版社2004年版。

〔德〕马克斯·韦伯:《宗教社会学》,康乐等译,广西师范大学出版社2006年版。

〔法〕马塞尔·莫斯:《礼物:古式社会中交换的形式与理由》,汲喆译,上海人民出版社、世纪出版集团2005年版。

〔英〕沙畹:《魏略·西戎传笺注》,载《西域南海史地考证译丛》第7编,冯承钧译,商务印书馆1962年版。

〔美〕巫鸿:《礼仪中的美术:巫鸿中国古代美术史文编》上册,郑岩等译,生活·读书·新知三联书店2005年版。

C. Kluckholm, *The Moral Order in the Expending Society*, *City Invincible: An Oriental Institute Symposium*, 1960.

Leuis Mumford, *The City in History, Its Origins, Its Transformations, and Its Prospects*, 1981.

Li Liu, *The Chinese Neolithic: Trajectories to Early States*, Cambridge University Press, 2004.

Mircea Eliade, *Shamanism: Archaic Techniques of Ecstasy*, Translated from the French by Willard R. Trask, Princeton and Oxford: Princeton University Press, 2004.

Oberg, K., *Types of Social Structure Among the Lowland Tribes of South and Central America*, American Anthropologist, 1955.

Service, E. R., *Origins of the State and Civilization*, New York, Norton, 1975; Fried, M.: *The

Notion of Tribe, Menlo Park, Cummings, 1975.

Timothy Earle, *Chiefdoms in Archaeological and Ethrohistorical Perspectives. Annual Review of Anthropology*, 1987; "The Evolution of Chiefdom", in T. K. Earle(ed.): *Chiefdom:Power,Economy and Ideology*, Cambridge University Press, 1991.

三、考古报告、简报

安宁河流域联合考古队:《西昌坝河堡子大石墓发掘简报》,《考古》1976年第5期。

宝兴县文化馆:《四川宝兴出土的西汉铜器》,《考古》1978年第2期。

宝兴县文化馆:《四川宝兴县汉代石棺墓》,《考古》1982年第4期。

保山地区文物管理所:《昌宁县大田坝青铜兵器出土情况调查》,《云南文物》1983年6月。

宾川县文管所:《宾川县石棺墓、土坑墓调查报告》,《云南文物》1992年第31期。

成都市文物考古工作队、都江堰市文物局:《四川都江堰市芒城遗址调查与试掘》,《考古》1999年第7期。

成都市文物考古工作队:《成都史前城址发掘又获重大收获》,《中国文物报》1997年1月19日。

成都市文物考古工作队:《郫县古城发掘取得重大收获》,《中国文物报》1998年3月18日。

成都市文物考古工作队:《四川省郫县古城遗址调查与试掘》,《文物》1999年第1期。

成都市文物考古工作队:《四川温江县鱼凫村遗址调查与试掘》,《文物》1998年第12期。

成都市文物考古工作队:《四川新津县宝墩遗址调查与试掘》,《考古》1997年第1期。

成都市文物考古研究所、阿坝藏族羌族自治州文物管理所、茂县羌族博物馆:《四川茂县白水寨和沙乌都遗址2006年调查简报》,《四川文物》2007年第6期。

成都市文物考古研究所、阿坝州文管所、茂县羌族博物馆:《四川茂县白水寨及下关子遗址调查简报》,《成都考古发现(2005)》,科学出版社2007年版。

成都市文物考古研究所、阿坝州文管所、茂县羌族博物馆:《四川茂县沙乌都遗址调查简报》,《成都考古发现(2004)》,科学出版社2006年版。

成都市文物考古研究所、凉山彝族自治州博物馆、西昌市文物管理所:《四川西昌市经久乡马鞍山遗址发掘简报》,《成都考古发现(2005)》,科学出版社2007年版。

成都市文物考古研究所、凉山彝族自治州博物馆、西昌市文物管理所:《四川西昌市营盘山遗址发掘简报》,《成都考古发现(2005)》,科学出版社2007年版。

成都市文物考古研究所、凉山彝族自治州博物馆:《四川西昌市大兴横栏山遗址调查试掘简报》,《成都考古发现(2004)》,科学出版社2006年版。

成都市文物考古研究所、凉山州博物馆、德昌县文物管理所:《四川凉山州德昌县汪家坪遗址调查简报》,成都文物考古研究所编:《成都考古发现(2007)》,科学出版社2009年版。

成都市文物考古研究所、新津县文物管理所:《新津宝墩遗址调查与试掘简报(2009—2019年)》,《成都考古发现(2009)》,科学出版社2011年版。

成都市文物考古研究所:《成都市商业街船棺、独木棺墓葬发掘报告》,《成都考古发现(2000)》,科学出版社2002年版。

成都市文物考古研究所:《四川茂县营盘山遗址试掘报告》,《成都考古发现(2000)》,科学出版社2002年版。

成都市文物考古研究所等:《茂县营盘山石棺葬墓地2000—2006年发掘报告》,文物出版社2009年版。

成都文物考古研究所、阿坝藏族羌族自治州文物管理所、茂县羌族博物馆:《四川茂县营盘山遗址发掘报告》,待出版。

程学忠:《普安铜鼓山遗址首次试掘》,《贵州文物》1985年第2期。

重庆市博物馆:《四川嘉陵江中下游新石器时代遗址调查》,《考古》1983年第6期。

楚雄彝族自治州文物管理所、云南省博物馆文物队:《云南永仁永定镇石板墓清理简报》,《文物》1986年第7期。大理白族自治州文化馆:《云南弥渡苴力公社出土两具早期铜鼓》,《考古》1981年第4期。

大理州文物管理所、祥云县文化馆:《云南祥云大波那木椁墓》,《文物》1986年第7期。

大理州文物管理所:《宾川古底石棺墓发掘简报》,《云南文物》第41期,1995年8月。

大理州文物管理所:《黄坪土坑墓调查清理简报》,《云南文物》总第36期,1993年12月。

冯汉骥、童恩正:《岷江上游的石棺葬》,《考古学报》1973年第2期。

冯汉骥:《成都平原之大石文化遗迹》,《华西边疆研究学会会志》第16期。

冯汉骥:《四川彭县出土的铜器》,《文物》1980年第12期。

甘孜考古队:《四川巴塘、雅江的石棺墓》,《考古》1981年第3期。

甘孜州文化局、雅江县文化馆:《四川雅江呷拉石棺葬清理简报》,《考古与文物》1983年第4期。

葛季芳:《云南昭通闸心场新石器时代遗址的发掘》,《考古》1960年第5期。

个旧市群众艺术馆:《云南个旧石榴坝青铜时代墓葬》,《考古》1992年第2期。

广西壮族自治区文物工作队:《广西西林县普驮铜鼓墓葬》,《文物》1978年第9期。

贵州省博物馆筹备处:《贵州地区发现的几件石器》,《文物参考资料》1955年第9期。

贵州省博物馆考古组、贵州省赫章县文化馆:《赫章可乐发掘报告》,《考古学报》1986年第2期。

贵州省博物馆考古组、威宁县文化局:《威宁中水汉墓》,《考古学报》1981年第2期。

贵州省博物馆考古组:《贵州威宁中水第二次发掘》,《文物资料丛刊》1987年第10期。

贵州省文物考古研究所、四川大学历史文化学院考古系、威宁县文物保护管理所:《贵州威宁县红营盘东周墓地》,《考古》2007年第2期。

贵州省文物考古研究所、四川大学历史文化学院考古系、威宁县文物保护管理所:《贵州威宁县鸡公山遗址2004年发掘简报》,《考古》2006年第8期。

贵州省文物考古研究所、四川大学历史文化学院考古系、威宁县文物保护管理所:《贵州威宁县吴家大坪商周遗址》,《考古》2006年第8期。

贵州省文物考古研究所:《2005年度全国十大考古新发现——贵州威宁中水史前至汉代遗址》,2006年6月,打印稿。

贵州省文物考古研究所:《赫章可乐2000年发掘报告》,文物出版社2008年版。

汉源县文化馆:《四川汉源大窑石棺葬清理简报》,《考古与文物》1983年第4期。

何凤桐、万光云:《威宁中水"西南夷"陶器》,《贵州文史丛刊》1984年第3期。
何凤桐:《毕节青场新石器》,《贵州文物》1982年第1期。
何金龙:《通海县海东村贝丘遗址》,《中国考古学年鉴(1990)》,文物出版社1991年版。
河南省文物研究所、中国历史博物馆考古部:《登封王城岗遗址的发掘》,《文物》1983年第3期。
河南省文物研究所、周口地区文化局文物科:《河南淮阳平粮台龙山文化城址试掘简报》,《文物》1983年第3期。
黄家祥:《汶川姜维城遗址发掘的初步收获》,《四川文物》2004年第3期。
黄家祥:《汶川县姜维城新石器时代遗址及汉明城墙》,《中国考古学年鉴(2001年)》,文物出版社2002年版。
会理县文物管理所、凉山彝族自治州博物馆、四川省文物考古研究所:《四川会理县粪箕湾墓群发掘简报》,《考古》2004年第10期。
吉林大学边疆考古研究中心、云南省文物考古研究所、玉溪市文物管理所、澄江县文物管理所:《云南澄江县学山遗址试掘简报》,《考古》2010年第10期。
蒋志龙:《云南昆明天子庙贝丘遗址发掘获重要收获》,《中国文物报》2005年9月28日。
金正耀:《广汉三星堆遗物坑青铜器的铅同位素比值研究》,《文物》1995年第2期。
昆明市博物馆:《嵩明凤凰窝古墓葬发掘报告》,《云南文物》2003年第1期。
昆明市文物管理委员会:《呈贡天子庙滇墓》,《考古学报》1985年第4期。
昆明市文物管理委员会:《呈贡天子庙古墓群第三次发掘简报》,《云南文物》第39期,1994年12月。
昆明市文物管理委员会:《昆明呈贡石碑村古墓群第二次发掘》,《考古》1984年第3期。
雷雨、陈德安:《巴中月亮岩和通江擂鼓寨遗址调查简报》,《四川文物》1991年第6期。
礼州遗址联合考古发掘队:《四川西昌礼州新石器时代遗址》,《考古学报》1980年第4期。
李衍垣:《贵州清镇、平坝发现的石器》,《考古》1965年第4期。
李永衡、王涵编:《昆明市西山区王家墩发现青铜器》,《考古》1983年第5期。
李跃宾:《元江罗垤白堵克青铜墓地发掘简报》,《玉溪文博》1990年第3期。
凉山彝族地区考古队:《四川凉山喜德拉公社大石墓》,《考古》1978年第2期。
凉山州博物馆、成都市文物考古研究所:《老龙头墓葬和盐源青铜器》,文物出版社2008年版。
凉山州博物馆、成都市文物考古研究所:《四川西昌市咪咪啷遗址调查试掘简报》,成都市文物考古研究所编:《成都考古发现(2004)》,科学出版社2006年版。
凉山州博物馆、成都文物考古研究所:《老龙头墓地与盐源青铜器》,文物出版社2009年版。
凉山州博物馆、冕宁县文物管理所:《四川凉山冕宁三分屯遗址试掘简报》,《四川文物》2006年第5期。
凉山州博物馆、四川大学考古学系、昭觉县文物管理所:《四川昭觉县好谷村古墓群的调查和清理》,《考古》2009年第4期。
凉山州博物馆:《四川普格小兴场大石墓》,《考古与文物》1982年第5期。
凉山州博物馆:《四川西昌北山、小花山、黄水塘大石墓》,《文物》1990年第5期。

凉山州博物馆:《四川西昌一号墓发掘简报》,《考古学集刊》1983年第3期。
凉山州博物馆:《西昌市郊大石墓》,《考古》1983年第6期。
凉山州博物馆等:《四川喜德清理的一座大石墓》,《考古》1987年第3期。
林名均:《四川威州彩陶发现记》,《说文月刊》第4卷,1944年。
林　向:《"三星伴月"话蜀都——三星堆考古发掘琐记》,《文物天地》1987年第2期。
刘恩元、熊水富:《普安铜鼓山遗址发掘报告》,《贵州田野考古四十年》,贵州民族出版社1993年版。
刘弘、唐亮:《盐源发现古代民族墓葬和祭祀坑》,《中国文物报》2002年9月28日。
刘盘石、魏达仪:《四川汉源县大树公社狮子山发现新石器时代遗址》,《文物》1974年第5期。
刘　旭:《元谋大墩子遗址发掘》,云南省文物考古研究所:《探寻历史足迹,保护文化遗产——纪念云南省文物考古研究所成立五十年》,云南教育出版社2009年版。
茂汶羌族自治县文化馆蒋宣忠:《四川茂汶别立、勒石村的石棺葬》,《文物资料丛刊》第9辑,文物出版社1985年版。
茂汶羌族自治县文化馆:《四川茂汶营盘山的石棺葬》,《考古》1981年第5期。
茂县博物馆、阿坝州文物管理所:《四川茂县牟托一号石棺墓及陪葬坑清理简报》,《文物》1994年第2期。
弥渡县文物管理所:《云南弥渡合家山出土古代石、陶范和青铜器》,《文物》2000年第11期。
闵　锐:《大理银梭岛遗址发掘》,云南省文物考古研究所:《探寻历史足迹,保护文化遗产——纪念云南省文物考古研究所成立五十周年》,云南教育出版社2009年版。
闵　锐:《剑川海门口遗址发掘》,云南省文物考古研究所:《探寻历史足迹,保护文化遗产——纪念云南省文物考古研究所成立五十周年》,云南教育出版社2009年版。
山东省文物考古研究所、聊城地区文化局文物研究室:《山东阳谷县景阳冈龙山文化城址调查与试掘》,《考古》1997年第5期。
四川省博物馆:《川东长江沿岸新石器时代遗址调查简报》,《考古》1959年第8期。
四川省博物馆:《四川省长江三峡水库考古调查简报》,《考古》1959年第8期。
四川省博物馆:《四川巫山大溪新石器时代遗址发掘记略》,《文物》1961年第11期。
四川省博物馆:《巫山大溪遗址第三次发掘》,《考古学报》1981年第4期。
四川省文物管理会、阿坝州文馆所:《四川理县佳山石棺葬发掘清理报告》,《南方民族考古》第1辑,四川大学出版社1987年版。
四川省文物管理会、宝兴县文化馆:《四川宝兴陇东东汉墓群》,《文物》1987年第10期。
四川省文物管理会、成都市博物馆:《成都十二桥商代建筑遗址发掘简报》,《文物》1987年第12期。
四川省文物管理会、甘孜州文化馆:《四川甘孜吉里龙古墓葬》,《考古》1986年第1期。
四川省文物管理会、茂汶县文化馆:《四川茂汶羌族自治县石棺葬发掘报告》,《文物资料丛刊》第7期。
四川省文物管理会、石棉县文物管理所:《四川石棉县永和乡战国土坑墓》,《考古》1996年第11期。
四川省文物管理会、雅安地区文物管理所、宝兴县文物管理所:《四川宝兴汉塔山战国土坑积石墓发掘报告》,《考古学报》1999年第3期。

四川省文物管理会等:《广汉三星堆遗址》,《考古学报》1987年第2期。

四川省文物考古所、阿坝藏族羌族自治州文物管理所、汶川县文物管理所:《四川汶川县姜维城新石器时代遗址发掘简报》,《考古》2006年第11期。

四川省文物考古所、绵阳市文物局、平武县文物管理所:《四川平武县白马藏区水牛家寨遗址》,《考古》2006年第10期。

四川省文物考古研究所、阿坝州文物管理所、汶川县文物管理所:《四川汶川县姜维城新石器时代遗址发掘报告》,《四川文物》2004年增刊。

四川省文物考古研究所、达州地区文物管理所、宣汉县文物管理所:《四川宣汉县罗家坝遗址2003年发掘简报》,《文物》2004年第9期。

四川省文物考古研究所、甘孜州文化局:《丹巴县中路乡罕额依遗址发掘简报》,《四川考古报告集》,文物出版社1998年版。

四川省文物考古研究所、甘孜州文化局:《四川炉霍卡莎湖石棺墓》,《考古学报》1991年第2期。

四川省文物考古研究所、通江县文物管理所:《通江县擂鼓寨遗址试掘报告》,《四川考古报告集》,文物出版社1998年版。

四川省文物考古研究所:《奉节县老关庙遗址第三次发掘》,《四川考古报告集》,文物出版社1998年版。

四川省文物考古研究所:《雅安沙溪遗址发掘及调查报告》,《南方民族考古》第3辑,1991年。

四川省文物考古研究院、凉山彝族自治州博物馆、西昌市文物管理所:《安宁河流域大石墓》,文物出版社2006年版。

四川省文物考古研究院、凉山彝族自治州博物馆、西昌市文物管理所:《凉山州西昌市栖木沟遗址试掘简报》,《四川文物》2006年第1期。

四川省文物考古研究院、凉山彝族自治州博物馆:《凉山州德昌县王家田遗址发掘简报》,《四川文物》2006年第1期。

四川省文物考古研究院、凉山州博物馆、西昌市文管所:《凉山州西昌市麻柳村灰坑清理简报》,《四川文物》2006年第1期。

四川省文物考古研究院、凉山州博物馆、西昌市文物管理所:《2004年西昌洼垴、德昌阿荣大石墓发掘简报》,《文物》2006年第2期。

四川省文物考古研究院、雅安市文物管理所、汉源县文物管理所:《四川汉源县麦坪遗址2008年发掘简报》,《考古》2011年第9期。

宋先世、王燕子:《贵州发现的磨制石器及其形制》,熊水富、宋光世主编:《贵州田野考古四十年1953—1993年》,贵州民族出版社1993年版。

宋兆麟:《云南景洪附近的新石器时代遗址》,《考古》1965年第11期。

腾冲县文管所:《滇西南首次发现青铜器》,《云南文物》总第31期,1992年。

童恩正、林向:《四川理县汶川县考古调查简报》,《考古》1965年第12期。

王大道、杨帆、马勇昌:《云南元江县洼垤打篙陡青铜时代墓地》,《文物》1992年第7期。

王大道:《滇西史前考古的重要收获,大花石遗址墓地发掘硕果累累》,《中国文物报》1992年4月19日。

王大道:《考古工作主要收获》,《云南年鉴·文化·文物》1990年。

王　涵:《云南昭通营盘古墓群发掘简报》,《云南文物》1995年第41期。

王　涵:《云南昭通营盘古墓群发掘简报》,云南省文物考古研究所:《云南考古文集》,云南民族出版社1998年版。

王鲁茂、黄家祥:《四川姜维城遗址》,《中国文物报》2000年11月26日。

魏达仪:《雅安石器调查记》,《文物参考资料》1958年第1期。

西昌地区博物馆:《西昌河西大石墓》,《考古》1978年第2期。

西昌地区博物馆等:《冕宁县三块石古墓葬清理发掘简报》,《凉山彝族奴隶制研究》1978年第2期。

西昌地区博物馆等:《西昌坝河堡子大石墓第二次发掘简报》,《考古》1978年第2期。

西昌市文物管理所、四川省文物考古研究所、凉山彝族自治州博物馆:《四川西昌市经久乡大洋堆遗址的发掘》,《考古》2004年第10期。

西昌市文物管理所:《四川西昌市横栏山新石器时代遗址调查》,《考古》1998年第2期。

席克定、宋先世:《贵州毕节瓦窑遗址发掘简报》,《考古》1987年第4期。

肖明华:《云南剑川海门口青铜时代早期遗址》,《考古》1995年第9期。

熊水富、宋先世主编:《贵州田野考古四十年1953—1993》,贵州民族出版社1993年版。

熊水富:《锦屏亮江出土一批战国青铜器》,《贵州田野考古四十年1953—1993》,贵州民族出版社1993年版。

熊水富:《普安铜鼓山遗址》,《贵州文物》1982年第1期。

熊正益:《云南东川普车河古墓群》,《云南文物》总第26期,1989年。

晏祖伦:《威宁东山新石器》,《贵州文物》1984年第1期。

晏祖伦:《威宁吴家大坪新石器时代遗址的调查》,《贵州文物》1983年第1期。

叶茂林、李明斌:《宝墩文化发现新遗址》,《中国文物报》2000年7月12日。

叶茂林、罗进勇:《四川汶川县昭店村发现的石棺葬》,《考古》1999年第7期。

游有山:《鲁甸野石山新石器时代遗址调查报告》,《云南文物》总第18期,1985年。

禹明先:《土城发现新石器线索》,《贵州文物》1983年第3、4期合刊。

岳润烈:《四川汉源出土商周青铜器》,《文物》1983年第11期。

云南省博物馆、昌宁县文化馆:《近年来云南昌宁出土的青铜》,《考古》1990年第3期。

云南省博物馆:《江川李家山古墓葬发掘报告》,《考古学报》1975年第2期。

云南省博物馆:《元谋大墩子新石器时代遗址》,《考古学报》1977年第1期。

云南省博物馆:《云南宾川白羊村遗址》,《考古学报》1981年第3期。

云南省博物馆:《云南晋宁石寨山第三次发掘简报》,《考古》1959年第9期。

云南省博物馆:《云南晋宁石寨山古墓第四次发掘简报》,《考古》1963年第9期。

云南省博物馆:《云南维西戈登村新石器》,《云南文物》1985年第18期。

云南省博物馆保管部:《云南永胜金官龙潭出土青铜器》,《云南文物》总第19期,1986年。

云南省博物馆筹备处:《剑川海门口古代文化遗址清理简报》,《考古通讯》1958年第6期。

云南省博物馆考古发掘工作组:《云南晋宁石寨山古遗址及墓葬》,《考古学报》1956年第1期。

云南省博物馆文物工作队、四川大学历史系考古专业七四级学员:《云南省楚雄县万家坝古墓群发掘简报》,《文物》1978年第10期。

云南省博物馆文物工作队:《昆明大团山滇文化墓葬》,《考古》1983年第9期。

云南省博物馆文物工作队:《云南呈贡龙街石碑村古墓群发掘简报》,《文物资料丛刊》第3期。

云南省博物馆文物工作队:《云南呈贡天子庙古墓群的清理》,《考古学集刊》第3辑,1983年。

云南省博物馆文物工作队:《云南德钦县纳古石棺葬》,《考古》1983年第3期。

云南省博物馆文物工作队:《云南德钦永芝发现的古墓葬》,《考古》1975年第4期。

云南省博物馆文物工作队:《云南剑川鳌凤山墓地发掘简报》,《文物》1986年第7期。

云南省博物馆文物工作队:《云南江川团山古墓葬发掘简报》,《文物资料丛刊》第8期。

云南省博物馆文物工作队:《云南麻栗坡县小河洞新石器时代洞穴遗址》,《考古》1983年第12期。

云南省博物馆文物工作队:《云南弥渡苴力战国石墓》,《文物》1986年第7期。

云南省博物馆文物工作队:《云南宁蒗大兴镇古墓》,《考古》1983年第3期。

云南省博物馆文物工作队:《云南云县忙怀新石器时代遗址调查》,《考古》1977年第3期。

云南省大理白族自治州文物管理所:《云南祥云县检村石棺墓》,《考古》1982年第12期。

云南省考古研究所:《剑川鳌凤山古墓发掘报告》,《考古学报》1990年第2期。

云南省文物工作队:《楚雄万家坝古墓群发掘报告》,《考古学报》1983年第3期。

云南省文物工作队:《昆明上马村五台山古墓清理报告》,《考古》1984年第3期。

云南省文物工作队:《云南安宁太极山古墓葬清理报告》,《考古》1965年第9期。

云南省文物工作队:《云南祥云大波那木椁铜棺墓清理报告》,《考古》1964年第12期。

云南省文物工作队:《云南昭通马厂和闸心场遗址调查简报》,《考古》1962年第10期。

云南省文物考古研究所、大理市博物馆、大理市文物管理所、大理州文物管理所:《云南大理市海东银梭岛遗址发掘简报》,《考古》2009年第8期。

云南省文物考古研究所、大理州文物管理所、剑川县文物管理所:《云南剑川县海门口遗址》,《考古》2009年第7期。

云南省文物考古研究所、大理州文物管理所、剑川县文物管理所:《云南省剑川县海门口第三次发掘》,《考古》2009年第8期。

云南省文物考古研究所、大理州文物管理所、永平县文物管理所:《云南永平新光遗址发掘报告》,《考古学报》2002年第2期。

云南省文物考古研究所、红河州文物管理所:《泸西石洞村大逸圃墓地》,云南科技出版社2009年版。

云南省文物考古研究所、晋宁县文物管理所:《云南晋宁县小平山遗址试掘简报》,《考古》2009年第8期。

云南省文物考古研究所、昆明市博物馆、官渡区博物馆:《昆明羊甫头墓地》,科学出版社2005年版。

云南省文物考古研究所、昆明市博物馆、晋宁县文物管理所:《晋宁石寨山第五次发掘报告》,文物出版社 2009 年版。

云南省文物考古研究所、昆明市文物管理会、晋宁县文物管理所:《云南晋宁石寨山第五次抢救性清理发掘简报》,《文物》1998 年第 6 期。

云南省文物考古研究所、曲靖市麒麟区文物管理所:《曲靖市潇湘平坡墓地发掘报告》,《云南考古报告集(之二)》,云南科技出版社 2006 年版。

云南省文物考古研究所、玉溪市文物管理局、江川县文化局:《江川县李家山第二次发掘报告》,文物出版社 2007 年版。

云南省文物考古研究所、昭通市文物管理所、鲁甸县文物管理所:《云南鲁甸县野石山遗址发掘简报》,《考古》2009 年第 8 期。

云南省文物考古研究所:《云南边境地区(文山州和红河州)考古调查报告》,云南科技出版社 2008 年版。

云南省文物考古研究所:《云南昌宁坟岭岗青铜时代墓地》,《文物》2005 年第 8 期。

云南省文物考古研究所等:《玉溪刺桐关青铜时代遗址发掘报告》,《云南考古报告集》,云南科技出版社 2006 年版。

张琪亮:《昌宁白沙坡再次出土青铜兵器》,《云南文物》总第 36 期,1993 年。

张绍全:《昌宁县第三次出土古代编钟》,《云南文物》总第 36 期,1993 年。

张兴永、何金龙等:《云南个旧阿帮考古调查简报》,《云南文物》总第 20 期,1986 年。

张以容:《贵州威宁中河发现新石器时代遗物》,《文物》1973 年第 1 期。

张　昭:《云南弥渡合家山出土古代石、陶范和青铜器》,《文物》2000 年第 11 期。

中国社会科学院考古研究所:《四川广元市张家坡新石器时代遗址的调查与试掘》,《考古》1991 年第 9 期。

中国社会科学院考古研究所山西队等:《山西襄汾陶寺城址 2002 年发掘报告》,《考古学报》2005 年第 3 期。

中国社会科学院考古研究所四川工作队:《四川汉源县大树乡两处古遗址调查》,《考古》1991 年第 5 期。

中国社会科学院考古研究所四川工作队:《四川绵阳边堆山新石器时代遗址调查简报》,《考古》1990 年 4 期。

中国社会科学院考古研究所长江三峡考古工作队:《四川巫山县魏家梁子遗址的发掘》,《考古》1996 年第 8 期。

中日联合考古调查队、成都市文物考古工作队:《四川新津县宝墩遗址 1996 年发掘简报》,《考古》1998 年第 1 期。

中央民族学院研究部:《贵州毕节专区发现新石器》,《考古通讯》1956 年第 3 期。

周志清、王昊:《四川西昌市发现两件铜杖》,《考古》2011 年第 9 期。

四、论文

〔美〕布雷特·辛斯基:《气候变迁和中国历史》,蓝勇等译,《中国历史地理论丛》2003 年 6 月。

陈德安:《三星堆遗址的发现与研究》,《中华文化论坛》1998年第2期。
陈　剑:《四川盆地西北缘龙山时代考古新发现述析》,《中华文化论坛》2007年第2期。
陈梦家:《商代的神话与巫术》,《燕京学报》第20期,1936年。
陈　苇:《武都大李家坪遗址分期及相关问题再探》,《四川文物》2008年第4期。
陈卫东:《长江上游地区巴文化研究的回顾与展望》,《四川文物》2007年第6期。
陈星灿:《何以中原?》,《读书》2005年第5期。
丁　谦:《汉书西南夷两粤朝鲜传地理考证》,浙江图书馆丛书第一集《汉书各外国传地理考证》,浙江图书馆校刊1914年版。
丁　谦:《三国志乌丸鲜卑东夷传附鱼豢魏略西戎传地理考证》,浙江图书馆丛书第一集《三国志外国传地理考证》,浙江图书馆校刊1914年版。
杜廼松:《论巴蜀青铜器》,《江汉考古》1985年第3期。
段　渝:《巴人来源的传说与史实》,《历史研究》2006年第6期。
段　渝:《巴蜀古代城市的起源、结构和网络体系》,《历史研究》1993年第1期。
段　渝:《巴蜀古文字的两系及其起源》,《成都文物》1991年第3期。
段　渝:《巴蜀古文字的两系及其起源》,《考古与文物》1993年第1期。
段　渝:《巴蜀青铜文化的演进》,《文物》1996年第3期。
段　渝:《楚为殷代男服说》,《江汉论坛》1982年第9期。
段　渝:《古代中国西南的神秘王国》,《丝语中文时报》,伦敦,1996年6月。
段　渝:《古代中国西南的世界文明》,中国先秦史学会第四次年会论文,1989年。
段　渝:《荆楚国名问题》,《江汉论坛》1984年第8期。
段　渝:《论"早期巴文化"》,《巴渝文化》第3辑,西南师范大学出版社1994年版。
段　渝:《论巴蜀地理对文明起源的影响》,《四川大学学报》1988年第2期。
段　渝:《论金沙江文化与文明起源》,《中华文化论坛》2002年第4期。
段　渝:《论秦汉王朝对巴蜀的改造》,《中国史研究》1999年第1期。
段　渝:《论商代长江上游川西平原青铜文化与华北和世界古文明的关系》,《东南文化》1993年第2期。
段　渝:《论蜀史"三代论"及其构拟》,《社会科学研究》1987年第6期。
段　渝:《略谈罗家坝遗址M33的时代和族属》,《四川文物》2004年第1期。
段　渝:《商代蜀国青铜雕像文化来源和功能之再探讨》,《四川大学学报》1991年第2期。
段　渝:《西南夷考释》,《天府新论》2012年第5期。
段　渝:《先秦巴蜀的尚五观念》,《四川文物》1999年第5期。
段　渝:《渝东长江干流青铜文化的几个问题——兼论渝东与川东渠江流域青铜文化的关系》,《考古与文物》2011年第5期。
段　渝:《支那名称起源之再研究——论支那名称本源于蜀之成都》,《中国西南的古代交通与文化》,四川大学出版社1994年版。
段　渝:《中国西南早期对外交通——先秦两汉的南方丝绸之路》,《历史研究》2009年第1期。

樊海涛:《再论云南晋宁石寨山刻纹铜片上的图画文字》,《考古》2009年第1期。
冯汉骥:《云南晋宁石寨山出土文物的族属问题试探》,《考古》1961年第9期。
葛剑雄:《关于古代西南交通的几个问题》,四川大学历史系编:《中国西南的古代交通与文化》,四川大学出版社1994年版。
耿德铭、张绍全:《云南昌宁青铜器综说》,《文物》1992年第5期。
何志国:《绵阳边堆山文化初探》,《四川文物》1993年第6期。
江章华、颜劲松、李明斌:《成都平原的早期古城址群——宝墩文化初论》,《中华文化论坛》1997年第4期。
江章华:《安宁河流域考古学文化试析》,《四川文物》2007年第5期。
蒋成、陈剑:《2002年岷江上游考古的发现与探索》,《中华文化论坛》2003年第4期。
蒋成、陈剑:《岷江上游考古新发现述析》,《中华文化论坛》2001年第3期。
靳桂云:《龙山时代的古城与墓葬》,《华夏考古》1998年1期。
阚勇:《试论云南新石器文化》,《云南考古文集》,云南民族出版社1998年版。
李绍明:《关于羌族古代史的几个问题》,《历史研究》1963年第5期。
李绍明:《唐代西爨及昆明的族属问题》,《思想战线》1983年第2期。
林声:《试释云南晋宁石寨山出土铜片上的图画文字》,《云南青铜器论丛》,文物出版社1981年版。
林向:《古蜀文化的发现与研究》,《寻根》1997年第4期。
林向:《论古蜀文化区——长江上游的古代文明中心》,《三星堆与巴蜀文化》,巴蜀书社1993年版。
林向:《四川西南山地盐源盆地出土的战国秦汉青铜树》,《华夏考古》2001年第3期。
刘弘:《巴蜀文化在西南地区的辐射与影响》,《中华文化论坛》2007年第4期。
刘弘:《西南夷地区城市的形成及其功能》,《四川文物》2003年第7期。
刘旭、孙华:《野石山遗存的初步分析》,《考古》2009年第8期。
罗开玉:《三星堆遗址与古代西南文化关系初论》,《四川文物》1989年"广汉三星堆遗址研究专辑"。
吕红亮、李永宪、陈学志、范永刚、杨青霞、王燕:《九寨沟阿梢脑遗址考古调查试掘的初步分析》,《藏学学刊》第6辑,四川大学出版社2010年版。
宋世坤:《从赫章出土文物探索夜郎社会性质》,《夜郎考》三集,贵州人民出版社1981年版。
孙次舟:《古蜀国之起源》,《川大史学·历史地理卷》,四川大学出版社2006年版。
孙华:《滇东黔西青铜文化初论——以云南昭通及贵州毕节地区的考古资料为中心》,《四川文物》2007年第5期。
童恩正:《古代中国南方与印度交通的考古学研究》,《考古》1999年第4期。
童恩正:《略谈秦汉时期成都地区的对外贸易》,《成都文物》1984年第2期。
童恩正:《四川西南地区大石墓族属试探》,《考古》1978年第2期。
童恩正:《我国西南地区青铜剑的研究》,《云南青铜器论丛》,文物出版社1981年版。
童恩正:《中国西南夷地区的古代酋邦制度:云南滇文化中所见的实例》,《中华文化论坛》1994

年第 1 期。

屠燕治:《试论良渚玉璧在货币文化中的地位》,《中国钱币》1998 年第 2 期。

汪宁生:《试释晋宁石寨山出土铜片上的图画文字》,《民族考古学论集》,文物出版社 1989 年版。

汪遵国:《良渚文化"玉敛葬"述略》,《文物》1984 年第 2 期。

王大道:《云南青铜文化与新石器晚期文化的关系》,《云南考古文集》,云南民族出版社 1998 年版。

王大道:《再论云南新石器文化的类型》,《云南考古文集》,云南民族出版社 1998 年版。

王红光:《贵州考古的新发现和新认识》,《考古》2006 年第 8 期。

王　劲:《鄂西峡江沿岸夏商时期文化与巴蜀文化关系》,李绍明、林向、赵殿增编:《三星堆与巴蜀文化》,巴蜀书社 1993 年版。

王　鑫:《忠县瓦井沟遗址群哨棚嘴遗址分析》,《四川考古论文集》,文物出版社 1996 年版。

王震中:《国家形成的标志之管见:兼与"四级聚落等级的国家论"商榷》,《历史研究》2010 年第 6 期。

卫聚贤:《巴蜀文化》,《说文月刊》第 3 卷第 4 期,1941 年。

卫聚贤:《巴蜀文化》,《说文月刊》第 3 卷第 7 期,1942 年。

汶　江:《滇越考》,《中华文史论丛》1980 年第 2 辑。

肖明华:《论滇文化的青铜贮贝器》,《考古》2004 年第 1 期。

谢尊修:《石网坠》,《贵州文物》1984 年第 1 期。

徐中舒:《巴蜀文化续论》,《四川大学学报》1960 年第 1 期。

杨甫旺:《云南和东南亚新石器文化的比较研究》,《云南文物》总第 37 期,1994 年。

杨权喜:《荆楚地区巴文化因素的初步分析》,李绍明、林向、赵殿增编:《三星堆与巴蜀文化》,巴蜀书社 1993 年版。

杨　勇:《石寨山考古的新成果和再认识:读〈晋宁石寨山——第五次发掘报告〉》,《文物》2011 年第 8 期。

杨　勇:《试论可乐文化》,《考古》2010 年第 9 期。

叶其峰:《我国古代叟族的印章》,《文物》1980 年第 9 期。

张光直:《中国古代王的兴起与城邦的形成》,《中国考古学论文集》,生活·读书·新知三联书店 1999 年版。

张合荣、罗二虎:《试论鸡公山文化》,《考古》2006 年第 8 期。

张增祺:《滇国的战马、马具及马镫》,《考古》1997 年第 2 期。

张增祺:《滇西青铜文化初探》,《云南青铜器论丛》,文物出版社 1981 年版。

赵殿增:《三星堆考古发现与巴蜀古史研究》,《四川文物·三星堆古蜀文化研究专辑》1992 年。

赵殿增:《四川原始文化类型初探》,《中国考古学会第三次年会论文集》,文物出版社 1986 年版。

郑德坤:《四川古代文化史》,华西大学博物馆 1946 年版。

图书在版编目(CIP)数据

西南酋邦社会与中国早期文明:西南夷政治与文化的演进/段渝,刘弘,李竞恒著.—北京:商务印书馆,2015
(国家哲学社会科学成果文库)
ISBN 978-7-100-11139-3

Ⅰ.①西… Ⅱ.①段…②刘…③李… Ⅲ.①西南夷—民族文化—文化研究 Ⅳ.①K289

中国版本图书馆 CIP 数据核字(2015)第 053836 号

所有权利保留。
未经许可,不得以任何方式使用。

西南酋邦社会与中国早期文明
——西南夷政治与文化的演进
段 渝 等著

商 务 印 书 馆 出 版
(北京王府井大街36号 邮政编码100710)
商 务 印 书 馆 发 行
北 京 冠 中 印 刷 厂 印 刷
ISBN 978-7-100-11139-3

| 2015年4月第1版 | 开本 710×1000 1/16 |
| 2015年4月北京第1次印刷 | 印张 20¾ 插页3 |

定价:65.00元